LEVERKUS · DIE TOLLEN MOTORRÄDER DER 50ER JAHRE

Ernst Leverkus

Die tollen Motorräder der 50er Jahre

»Klacks« erinnert sich

Motorbuch Verlag Stuttgart

Einband und Schutzumschlag: Siegfried Horn
Bildquellen: Werkbilder und Archiv Inge Rogge

ISBN 3-87943-849-8

1. Auflage 1982

Eine Abteilung des Buch- und Verlagshauses Paul Pietsch GmbH & Co. KG.

Satz und Druck: Becht-Druck, 7403 Ammerbuch-Pfäffingen.
Bindung: Verlagsbuchbinderei Werner Müller, 7000 Stuttgart 80
Printed in Germany.

Inhalt

III. Unvergeßliche Namen

IV. Bedeutender Motorrad-Sport

Dies ist leider etwas mehr als nur ein Vorwort

Jetzt muß ich endlich dieses Buch schreiben.
Das erste Mal fuhr ich mit vier Jahren auf einem Motorrad. Das war im blattgefederten Seitenwagen einer 750-cm³-Zweizylinder-Indian, die dem Piloten gehörte, mit dem mein Vater seine Reisen flog. In einer einmotorigen Junkers F 13, in der der Flugzeugführer noch lustig im offenen Cockpit saß und während eines Abstechers von seiner Flugroute zwischen Leipzig und Frankfurt aus ca. 200 m Höhe über der Wiese vor unserer Sommerpension eine Pralinen-Schachtel für meine Mutter abwerfen konnte.
Die nächsten Motorrad-Kontakte gab es dann vor dem Haus meines Großvaters in der Nähe von Beyenburg bei Wuppertal, wo die Tornax-Versuchsfahrer mit den 1000er Jap-Motoren auf der Chaussee durch die Staubkurve von 90 ° an der Papierfabrik vorbeiknatterten (Otto Karpe vorne weg!).
1936 ging es auf einer 200-cm³-»Blutblasen«-DKW von Onkel Hatti auf der Nordseeinsel Borkum weiter. Heimlich natürlich und mit zerrissenen Hosen. Auch die 98er Wanderer von Kinderarzt Dr. Bensch in Borkum war nicht sicher vor uns.
1937 hockte ich auf dem Soziussitz einer 500-cm³-NSU, das war das Modell mit dem Königswellen-Ventiltrieb. Es gehörte meinem Onkel Heiner, der als großer Jagdflieger schulte. Leute, das war ein Geschoß — !
Und dann ging's schon los, daß die Familie Angst davor bekam, ich könnte eines Tages vom Motorrad-Bazillus befallen werden. Denn da gab es noch einen Onkel, der immer unter unseren Fenstern am Körnerwall in Bremen pfiff, wenn er mit seiner Indian zum Böcke-Jagen in die Lüneburger Heide fuhr.
Aber das Schicksal war nicht aufzuhalten. Kaum 1941 beim Kommiß, saß ich auf Motorrädern drauf. Auf »Krädern«, wie man sagte (was'n blöder Ausdruck!). Ich wußte, wer Karl Gall gewesen war, wer Schorsch Meier war, was Ewald Kluge schon alles gewonnen hatte, und daß H. P. Müller eine große Kanone sein mußte. Die BMW R 5, die DKW SB 500, die Zündapp K 800 — das waren so meine Träume. Und nun lernte ich das Fahren auf der wahnsinnig kopflastigen BMW R 4 (Einzylinder, 400 cm³, Preßstahl-Rahmen, Blattfeder-Vorderradgabel !) im Heller Gelände von Dresden. Da hatten sie auch die Zündapp K 800. Solo und mit Seitenwagen.
Die Lehrmethoden waren alles andere als zimperlich (ein heutiger Bundeswehr-Ausbilder würde dafür wochenlang nicht aus dem Bau wieder rauskommen!), aber wir lernten unheimlich fahren. Und das war gut so, denn als wir später mit der DKW NZ 350, mit einer 600er NSU OSL (wahnsinnig bei deren geringer Bodenfreiheit auf den Knüppeldämmen!) und dann mit dem Zündapp-KS-750-Gespann in Rußlands Weiten durch sehr eisenhaltige Luft hindurch mußten, da waren wir dankbar für alle fahrerischen und technischen Tricks, die uns

Auf diesem kopflastigen Klotz — BMW R 4 — wurde dem ›Klacks‹ das Krad-Melden eingeprügelt

der Unteroffizier beigeprügelt hatte.
Kann man sich das vorstellen? Kradmelder und dann trotzdem hinterher noch motorradverrückt sein? Irgendwas mußte also doch mit diesen verflixten Donnervögeln los sein, daß sie mich so unglaublich faszinierten.
Wie ein Wunder kamen wir nach Hause. Und 1949 ging es dann wieder los. Zuerst mit der 125-cm³-Ardie. 1952 folgte eine Horex T6 mit 600er Columbus-Motor, Einzylinder, seitengesteuert, Baujahr 1938. Ein Triumph Cornet 200 cm³ war das Nächste. Weiter ging es mit dem KS-601-Gespann von Zündapp, mit einer NSU-Supermax, einer BMW R 50, einer BMW R 69 mit Seitenwagen. Dann kam ein sehr seltenes Stück — eine 175-cm³-Zweizylinder Berneg aus Italien (ohc!). Schließlich eine BMW R 60 und eine R 69 S mit Seitenwagen. Und dann natürlich alle die Testmaschinen, die ich beim MOTORRAD fuhr.
Und wir fuhren mit Vollgas in die 50er Jahre hinein!
Was war das zwischen 1950 und 1960 für eine tolle Zeit.

Zuerst große Euphorie ringsum — das Motorradgeschäft blühte und blühte, der Sport lebte und lebte. Und fast alle dachten, daß es nun ewig so weitergehen würde.
Dann kamen die Jahre nach 1955, von deren dann aufkommenden Problemen in diesem Buch noch oft die Rede sein muß. Da will ich nichts vorwegnehmen.
Aber es muß gesagt werden, daß meine Freunde und ich den einmal empfangenen Motorrad-Bazillus nie wieder losgeworden sind. Die Begeisterung an den schnellen und freien Sause-Dingern ließ nie nach, eher steigerte sie sich von Maschine zu Maschine. Das war bei meinem beruflichen Lehrmeister ab 1954, dem Chefredakteur vom MOTORRAD, Carl Hertweck, bei meinen Freunden und Kollegen in der Redaktion (ja, wir waren Freunde *und* Kollegen !) ebenso. Wenn Paul Simsa und Heinz Hahmeyer diskutierten, dann ging es nicht darum, *ob* Motorradfahren gut sei, sondern darum *wie* man das wohl am besten publizieren könne. Es war ein »Geist« unter uns. Als 1958 Carls Nachfolger, Oberingenieur Siegfried Rauch, auf der Bildfläche er-

schien, kam wieder ein Motorrad-Mensch in unseren Lebenskreis, der nicht nur zum alten, traditionsreichen und freundschaftlichen Mitarbeiter-Motorrad-Zirkel des MOTORRAD gehörte (etwas, was von Friedmann und Gussi Mueller vor dem Kriege fast familiär aufgebaut und gepflegt worden war!), sondern der ebenfalls — wie Christian Christophe (= Crius) sagte — das »heilige Motorradfeuer« in sich trug.
Ich bin dem Schicksal immer dankbar, daß ich im Bereich meiner Leidenschaft für Motorräder *solche* wertvollen Menschen getroffen habe. Sie waren meine Vorreiter für alles, was ich erleben durfte. Mit Motorrädern. Mit Fahrern.
Während ich dieses Buch schreibe, fahren sie alle wieder an mir vorbei und winken mir zu. Und wer von ihnen nicht mehr lebt, der ist trotzdem unter ihnen und in diesen Buchseiten mit dabei.

*

Ach, ja — diese 50er Jahre haben uns alle gefordert. Mit Bla-Bla-Artikeln, Bilderbuch-Illustrierten und oberflächlichen Aussagen war nichts zu gewinnen. Unsere Motorradfahrer brauchten echte, wertvolle, tiefere und richtige Informationen in »ihrer« Zeitschrift. Denn — das war ein besonderes Thema — mit Werkstatthilfen war es oft sehr schlecht bestellt, und eine Motorradpanne am Hauptbahnhof von Stuttgart war genauso problemreich, als wäre sie mitten in der Sahara passiert.
Schmetterlingsfarben an Motorradanzügen hätten uns höchstens zum Lachen gereizt, Achtung flößte uns eher ein bescheiden gebliebener Fahrkünstler und versierter Do-It-Yourself-Kenner ein. Carl Hertweck eckte furchtbar an, als er schrieb, daß »Wettefahrer ihren Kopf nur zum Drauffallen hätten«, Paul Simsa kreierte den wahren Spruch, daß »ein Sturz eine Schande ist«, Heinz Hahmeyer verlangte Rennen mit Schalldämpfern, und die noch nicht fertig entwickelten elektrischen Anlasser ließen in uns Empörungsschreie über den »elektrischen Gammel« los.
Zu den Motorrädern hatten wir eine Art inneres Verhältnis. Die 600er Zündapp nannte Carl den »Grünen Elefanten«, die 250-cm^3-Tornax mit dem weichen Schwingenfahrwerk »Schwarze Josefine«. Die BMWs kriegten keine Namen. Denn dazu hatte man ein Verhältnis wie zum degenerierten Adel. Wäre C. T. Hoepner, wäre der Klankermaxe und wäre Meister Achatz nicht dort gewesen, hätte sich da wenig mit den Edlen aus den oberen Etagen abgespielt.

Wer in den 50er Jahren nicht unterwegs bauen konnte, blieb besser daheim (Imperator-Motor)

Aber bei NSU saß Arthur Westrup, bei Zündapp saß Erasmus Grüttefien — das waren »unsere« Männer, mit denen wir uns zusammenrauften. Es waren Motorradfahrer wie wir und lagen auf der gleichen Welle. Sie teilten unsere Freuden und — speziell Erasmus — später auch unsere Sorgen und Leiden, als die Motorradgeschichte langsam und sicher auf Talfahrt ging.
Der Nürburgring war für uns meß- und aufzeichenbares Vergleichs- und Testfeld. Ein Motorrad, das dort durchhielt und verwertbares Prüfmaterial lieferte, das war im Alltag draußen auch zu gebrauchen. Schon die ersten beiden Runden zeigten uns oft, was mit einer Maschine los war. Ein Sixdays-Erfolg galt bei uns sehr viel, die Grand-Prix-Weltmeisterschaft auf der Straße wurde leidenschaftlich verfolgt. In erster Linie deswegen, weil dort noch eine echte Untersuchung von Material und Konstruktion stattfand. Die Technik nahm mindestens 50 % unseres Daseins ein.
Aber ohne Fahren und immer wieder Fahren ging nichts.
Nur daher kamen unsere Gedanken, unser Wissen, unsere Erfahrung. Beim Fahren entstanden die besten Ideen, und wenn der Wind über den Straßen um unsere Nasen blies, dann tankten wir Freude und Kraft.
Nächtelanges Schlossern, um an das Innere von Testmotoren zu gelangen und deren Geheimnis zu enträtseln, gehörte ebenso zum Ablauf unseres Lebens wie das Mitfahren bei Sportveranstaltungen oder der Versuch, mit irgendeinem Motorrad-Prototyp zurechtzukommen. Die engsten Kontakte hatten wir mit den Technikern in der Industrie, mit den alten erfahrenen Werkmeistern und Versuchsleuten. Männer wie Ulrich Pohl bei Maico, Max Klankermeier bei BMW, Meister Krausold, Ernst Keitel oder Georg Weiß bei Zündapp, Meister Horch und Ingenieur Praxl bei NSU waren beispielsweise unsere Partner. Auf der Bank vor der BMW-Versuchswerkstatt in München sind manche technischen Gedanken in den Sand gekratzt worden — !

Mit diesen Leuten *fuhren* wir aber auch. Das heißt wir fuhren *alle* — vom Chefredakteur bis zu einem unserer »Hundertpfund-Mädchen« an der Schreibmaschine. Unsere Frauen fuhren auch. Und das war — 1955 beispielsweise — noch etwas Unerhörtes. »Ein Mädchen auf einem Motorrad? Na, die kann doch nicht richtig ticken! Die soll lieber Rennen um den Küchentisch fahren!« war so die einschlägige öffentliche Meinung. Daß die Thouret-Töchter, daß Emmi Stahl, daß andere Frauen und Mädchen — wie z. B. Inge Stoll — Wettbewerbe oder Rennen mitfuhren, das kam in den Augen biederer Bürger der Flintenweiberei gleich. Aber wir hatten trotzdem — oder gerade deswegen erst recht — unseren Spaß, wenn Vater und Sohn mit dem R-60-Gespann und dahinter die Inge und die Oma mit dem R-69-S-Gespann, oder wenn früher die ganze Familie samt der kompletten MOTORRAD-Redaktion auf den Zündapp-Gespannen ins Abenteuer fuhren.
Da schauten und glotzten sich die lieben Nachbarn kopfschüttelnd die Augen aus dem Kopf — ! Sowas Verrücktes, für *das* Geld, was diese blöden Motorräder da kosten, könnten die doch jeder mindestens einen Mittelklasse-Wagen fahren — !
Ja, könnten »die« — taten »die« aber nicht. Und dann ging es wieder zum Nürburgring. 14 Tage Urlaub. Und was taten »die« da? 1956?
Motorräder fahren. Vier Stück hatten sie gleich mitgebracht, und die Vollpension im Sporthotel kostete nur DM 11,— pro Person. Opa Licht war noch Streckenwärter, und abends brannte hinter dem Garagenhof mit Blick auf die Nürburg ein großes Lagerfeuer. Da saßen wir alle drumrum, erzählten die tollsten Motorradgeschichten und hörten uns die Wilderer-Stories von Opa Licht an.
Oder Carl erzählte das Ding mit den verlorenen Ventilkeilen am offenen Ventiltrieb seiner MAG von 1934 »— da huppte doch 'was weg — !«
Und wenn der Mond aufgegangen war,

dann konnten wir noch lange deswegen nicht schlafen, weil wir unablässig darüber nachgrübelten, warum denn nun an dem verteufelten Horex-Prototyp mit dem Imperator-Motor zum dritten Mal etwas hinter der Fuchsröhre gebrochen war — !
So, ihr lieben Freunde aus jener herrlichen Motorradzeit, das war mein Vorwort zu diesem Buch.

Und nun kommt alle, alle her und laßt uns von dieser Zeit erzählen. Als Motorräder und als Motorradfahren das Letzte, aber auch das Allerletzte für Menschen zu sein schien, die man ansonsten doch als ganz normal bezeichnete — !

Es geht los. Schlagt die erste Seite auf!

Motorrad-Typentafeln 1950 bis 1960

DEUTSCHE MOTORRÄDER 1950

Marke	Modell	Typ	Zahl der Zyl.	Bohrung mm	Hub mm	Hub-volumen ccm	Leistung PS	Drehzahl U/min.	Verdichtungsverhältnis	Ventil-anordnung Spülung	Vergaserquerschnitt mm	Gesamtübersetzung
100 ccm												
Adler	M 100	2	1	50	50	98	3,6	4500	7	US	14	8,78
Bismarck	LM 100 K	2	1	50	50	98	2,8	4000	5,5	QS		9
Dürkopp	M 100	2	1	50	50	98	2,8	4000	5	QS		10
Geier	100 K	2	1	50	50	98						
Göricke	Gö 100 K	2	1	50	50	98	2,8	4000	5,5	QS		
Hoffmann	MJK 100/3											
Imme	R 100	2	1	52	47	99	4,5	5800	7	US	16	9,54
NSU	Fox	4	1	50	50	98	6	6500	7,8	ohv	14	8,58
Rabeneick	KM 100	2	1	50	50	98	2,8	4000	5,5	QS		
125 ccm												
Anker	661	2	1	52	58	123	5,	5000	6	QS	16	
Ardie	B 125	2	1	51	60	122	5,5	4500	7	KS	16	8,85
Bastert	B/MG125E	2	1	52	58	123	5	5000	6	QS	16	7,66
Bismarck	LM 125 K	2	1	52	58	123	5	5000	6	QS	16	7,66
Bücker	TZ 125	2	1	52	58	123	5	5000	5,8	QS	14	
	TZ125Sport	2	1	52	58	123	7,5	6500	7,5	QS	14 u. 14	
DKW	RT 125	2	1	52	58	123	5	4500	5,9	US	16	7,85
Dürkopp	M 125	2	1	52	58	123	5	4800	6,5	US	16	7,67
Expreß	Radex 125	2	1	52	58	123	5	4800	6,5	US	16	
Geier	125	2	1	52	58	123	5	4200	5,85	QS	16	6,9
Göricke	Gö 125 K	2	1	52	58	123	5	4200	5,85	QS	16	
Hecker	K 125	2	1	52	58	123	5	4800	6,5	QS	16	
Heidemann	KR 125	2	1	52	58	123	5	4800	6,5	QS	16	
Hercules	H 125	2	1	52	58	123	5	4800	6,5	QS	16	
Hoffmann	NIK 125	2	1	52	58	123	5	4800	6,5	QS	16	
Hoffmann	Sport 125	2	1	52	58	123	7.5	6500	7,5	QS		
Maico	M 125	2	1	52	58	123					16	
Meister	M 55 J	2	1	52	58	123	5	4800	6,5	QS	16	
NSU	125 Z DB	2	1	52	58	123	5	4900	7,5	US	16	7,9
Panther	KJ 125	2	1	52	58	123	5	5000	6,5	QS	16	
Patria	Grenzland	2	1	52	58	123	5	5000	6,5	16	QS	
Rabeneick	SM 125	2	1	52	58	123	5	4800	6,5	QS	16	6,97
Reh	125	2	1	52	58	123	5	4000	6,5	QS	16	
Rixe	KT 125	2	1	52	58	123	5	4800	6,5	QS	16	
Sudbrack	TM 3	2	1	52	58	123	5	4800	6,5	QS	16	
Tornax	K 125	2	1	52	58	123	5	4800	6,3	QS	16	7,7
Torpedo	116	2	1	52	58	123	5	4800	6,5	QS	16	
Triumph	BDG 125	2	1	2 × 35,5	62	123	6,5	4800		GU	20	
UT	KTN 125	2	1	52	58	123	5	4800	6,5	QS		7,29
150—250 ccm												
Ardie	B 250	2	1	66	72	246	9	4500	7,25	KS		
BMW	R 24	4	1	68	68	247	12	5600	6,75	ohv		6,44
Maico	M 150	2	1	57	58	150						
NSU	251 OSL	4	1	64	75	241	10,5	5000	6,4	ohv		6,4
Tornax	T 175	2	1	58	66	175	7,5	5000	6,5	QS		
Triumph	BDG 250	2	1	2 × 45	78	248	11	3800	6,2	GU		5,35
Victoria	KR 25	2	1	67	70	247	8	4800	6	KS		
Zündapp	DB 201	2	1	60	70	198	7,5	4200	6,2	US		
350—600 ccm												
Horex	SB 35	4	1	69	91,5	342	18	5000	6,35	ohv		5,47
	Regina	4	1	69	91,5	342	18	5000	6,75	ohv		5,47
BMW	R 51/2	4	2	68	68	494	24	5800	6,7	ohv		3,89
Zündapp	KS 601	4	2	75	67,6	598	28	4700	6,6	ohv		5,375

In der Tabelle bedeuten:

Typ:
2 = Zweitakt
4 = Viertakt

Ventilanordnung:
ohv = hängende Ventile
sv = seitengesteuerte Ventile
US = Umkehrspülunge
QS = Querstromspülung
KS = Kreuzstromspülung
GU = Gleichstromspülung
D = Drehschieber
U = Zylinder

Schaltung:
F = Fuß
H = Hand

D = Drehgriff

Vorderradfederung:
TR = Trapezgabel
TE = Teleskopgabel
SH = Schwinghebelgabel

Hinterradfederung:
TE = Teleskopfederung
SG = Schwinggabel
ZS = Zentralschwinge

Verbrauch:
Normverbrauch

(Alle Angaben ohne Gewähr!)

Adler M 100. . . . .
Bismarck LM 100 K . . . .
Dürkopp M 100. . . . .
Geier 100 K . . . .
Göricke Gö 100 K. . . . .
Hoffmann MJK 100/3 . . . .
Imme R 100 . . . .
NSU Fox . . . .
Rabeneick KM 100. . . . .

Anker 661 . . . .
Ardie B 125 . . . .
Bastert B/MG 125 E . . . .
Bismarck LM 125 K . . . .
Bücker TZ 125 . . . .
TZ 125 Sport . . . .
Buschkamp. . . . .
DKW RT 125 . . . .

...rsetzung in den Gängen			Schaltung	Vorderradfederung	Hinterradfederung	Radstand mm	Reifen vorne	Reifen hinten	Bremsen mm ø vorne	Bremsen mm ø hinten	Inhalt Brennstoff-Tank	Gewicht kg	Geschwindigkeit km/st	Verbrauch L/100km
1,4	0,92		F	SH	TE	1200	2,50×19	2,50×19	105	105	6,5	55	70	2,2
3,86			F	TE	SG	1250	2,50×19	2,50×19	105	105				
1,93			F	TR		1315	2,25×26	2,25×26	100	100	11	65	60	1,9
			H	TR		1300	2,50×19	2,50×19	100	100		60		
1,67	1		D	TR	ZS	1295	2,50×19	2,50×19	115	115	8,5	57	75	2,3
1,62	1		F	SH	SS	1220	2,50×19	2,50×19	125	125	8,2	78	85	1,8
1,93			H				2,50×19	2,50×19	105	120	8,3	57	68	1,9
1,53	1		F	TR		1270	2,50×19	2,50×19	125	125	11		75	2,6
1,75	1		FH	TR/T		1250	2,50×19	2,50×19	125	125	10,5	80	80	2,5
1,53	1		F	TE			2,50×19	2,50×19	125	125	11	93	75	2,6
1,53	1		F	TE	SG		2,50×19	2,50×19	125	125	12	80	75	2,5
1,53	1		F	TR/T		1270	2,50×19	2,50×19	125	125	10	76	75	2,6
1,37	1		F	TR/T		1270	2,50×19	2,50×19	125	125		76		
1,49	1		F	TR		1265	2,50×19	2,50×19	125	125	9,5	75	75	2,25
1,53	1		F	TE		1300	2,75×19	2,75×19	125	125	9	84	75	2,4
1,53	1		F	TE		1255	2,50×19	2,50×19	125	125		80	75	2,5
1,53	1		F	TR		1300	2,50×19	2,50×19	110	110	10	90	65	2,6
1,53	1		F	TR/T		1300	2,50×19	2,50×19	124	124	10	85	75	2,6
1,53	1		F/H	TR/T		1289	2,50×19	2,50×19	125	125	10	82	75	2,6
1,53	1		F	TE			2,50×19	2,50×19	125	125	9		75	2,6
1,53	1		F	TR			2,50×19	2,50×19	125	125	10	82	75	2,6
			F	T		1310			125	125		75	75	2,6
			F	T		1310	2,75×19	2,75×19	125	125		75		
			D	T		1300	2,50×19				12	84	75	2,05
1,53	1		F	TR		1300	2,50×19	2,50×19	125	125		78	75	2,6
1,45	1		F	TR		1280	2,50×19	2,50×19	125	125	10	85	75	2,4
1,53	1		F	TE			2,50×19	2,50×19	120	120	10	85	75	2,50
1,53	1		F	TE		1265	2,50×19	2,50×19	125	125		74	75	2,6
1,53	1		F	TE			2,50×19	2,50×19	138	154	8,6	86	75	2,6
1,53	1		F	TE	SG		2,50×19	2,50×19	125	125	9.	75	75	3
1,53	1		F	TE/T			2,50×19	2,50×19	125	125	10	89	75	2,75
1,53	1		F				2,50×19	2,50×19	125	125	10	75	75	2,6
1,53	1		F	TE		1300	2,75×19	2,75×19	125	125	10	85	75	2,6
1,53	1		F	TR/T,			2,50×19	2,50×19	125	125		85	75	2,6
1,45	1		F	TE		1290	2,75×19	2,75×19	125	125	9	81	85	
1,53	1		F	TE/T		1285	2,50×19	2,50×19	125	125	10	85	75	2,6
,61	1,61	1	F	TR/T		1350	3,25×19	3,25×19	150	150				3
3	2,04	1,54	F	TE			3,00×19	3,00×19	160	180	12.	130	100	3,5
			D	TE	TE	1300	3,00×19	3,00×19			12	87	84	2,4
,1	1,37	1	F	TR		1280	3,25×19	3,25×19	140	140	11,5	126	100	2,7
			F				3,00×19	3,00×19					90	
,8	1,33	1	H	TE		1330	3,25×19	3,25×19	150	150	11,3	145	105	3
1,59	1,29	1	F/H	TR/T		1375	3,00×19	3,00×19	140	150		120	90	2,85
1,727	1		F	TE		1304	3,25×19	3,25×19	150	150		111	85	
1,81	1,33	1	F	TR		1410	3,25×19	2,25×19	150	150	13,5	153	115	2,6
1,81	1,33	1	F	TE	TE	1410	3,25×19	3,25×19	150	150	13,5	142	115	2,6
2,28	1,7	1,3	F/H	TE	TE		3,50×19	3,50×19	200	200	14	182	140	4
1,8	1,135	0,88	F	TE	TE	1425	3,50×19	3,50×19	230	230		200	135	4,5

MOTORRAD-PREISE 1950

Dürkopp M 125	
Expreß Radex 125	980.—
Geier 125	990.—
Göricke Gö 125 K	1050.—
Hecker K 125	995.—
Heidemann KR 125	965.—
Hercules H 125	990.—
Hoffmann NIK 125	
Maico M 125	951.—
Meister M 55 J	990.—
NSU 125 Z DB	900.—
Panther KJ 125	990.—
Patria Grenzland	995.—
Rabeneick SM 125	1050.—
Reh 125	1075.—
Rixe KT 125	
Sudbrack TM 3	1050.—
Tornax K 125	1045.—
Torpedo 116	998.—
Triumph BDG 125	970.—
UT KTN 125	990.—
Ardie B 250	1525.—
BMW R24	1750.—
NSU 251 OSL	1395.—
Maico M 150	
Tornax KTN 175	
Triumph BDG 250	1525.—
Victoria KR 250	1425.—
Zündapp DB 201	1195.—
Horex SB 35	1775.—
Regina	1975.—
BMW R51/2	2750.—
Zündapp KS 601	2550.—

AUSLÄNDISCHE MOTORRÄDER 1953

Hersteller	Motorenhersteller	Zylinderzahl	Arbeitsweise	Bohrung/Hub mm	Hubraum ccm	Leistung bei Drehzahl PS	Verg.-⌀ mm	Verdichtung 1:	Literleistung PS/Ltr.	Gangzahl	Ges. Untersetzung	Art der Schaltung	Art d.Zündung	Lichtmasch.-Leistung W	Radstand mm	Bereifung	Vorderradfederung	Hinterradfederung	Leergewicht kg	Leistungsgewicht kg/PS	Höchstgeschwindigkeit km/h	Normverbr. l/100 km	Preis DM
AJS 16 MS	AJS	1	4	69/93	347	18/5600	—	6,5	52	4	5,8	F	M	32	—	3,25—19	E/Tele	E/S	169	9,4	—	—	2585.-
16 MCS	AJS	1	4	69/93	347	26/5600	—	9,4	75	4	5,8	F	M	32	—	3,25—19	E/Tele	E/S	145	5,6	—	—	2900.-
7 R	AJS	1	4	74/81	348	—/7400	—	9,4	—	4	5,0	F	M	32	—	3,25—19	E/Tele	E/S	132	—	—	—	—
18 S	AJS	1	4	82,5/93	498	23/5400	—	6,3	46	4	5,0	F	M	32	—	3,50—19	E/Tele	E/S	174	7,6	—	—	2850.-
18 CS	AJS	1	4	82,5/93	498	29/5400	—	9,4	58	4	5,8	F	M	32	—	3,50—19	E/Tele	E/S	147	5,1	—	—	3150.-
T 20	AJS	2	4	66/72,5	498	29/6800	—	7,0	58	4	5,3	F	M	32	—	3,50—19	E/Tele	E/S	181	6,2	—	—	3190.-
T 20 R	AJS	2	4	66/72,5	498	—/7400	—	8,0	—	4	5,3	F	M	32	—	3,50—19	E/Tele	E/S	181	—	—	—	3530.-
BSA C 11	BSA	1	4	65/80	249	11/5400	—	6,5	44	4	—	F	B	—	—	3,00—19	E/Tele	E/Tele	—	—	114	—	2150.-
B 31	BSA	1	4	70/88	348	17/5500	—	6,5	49	4	—	F	M	—	—	3,25—19	E/Tele	E/Tele	—	—	127	—	2600.-
A 7	BSA	2	4	66/72,6	497	29/5800	—	6,6	58	4	—	F	M	—	—	3,50—19	E/Tele	E/Tele	—	—	154	—	2950.-
A 10	BSA	2	4	70/84	646	35/5750	—	6,5	54	4	—	F	M	—	—	3,50—19	E/Tele	E/Tele	—	—	165	—	3350.-
Csepel 125	Csepel	1	2	54/54	123	4,5/ —	—	—	37	3	7,34	F	M	25	—	2,50—19	E/Tele	E/Tele	—	—	—	—	—
250	Csepel	1	2	68/68	246	10/4300	24	6,4	41	4	6,2	F	M	45	1320	3,25—19	E/Tele	E/Tele	130	13,0	90	3,5	—
CZ 150	JAWA	1	2	—	148	6/4500	—	—	41	3	—	F	M	—	—	2,75—19	E/Tele	E/Tele	90	15,0	85	2,5	1250.-
Excelsior G 2	Goblin	1	2	—	98	2,6/3500	—	—	27	2	—	H	M	—	—	25 × 2,25	E/—	—	59	22,7	—	—	1087.-
U 2	Villiers	1	2	—	125	4,9/4400	—	—	39	3	—	F	B	—	—	2,75—19	E/Tele	E/Tele	82	16,7	—	—	1592.-
R 2	Villiers	1	2	—	197	8,4/4000	—	—	43	3	—	F	B	—	—	3,00—19	E/Tele	E/Tele	86	10,2	—	—	1890.-
TT 1	Excelsior	2	2	—	246	10,2/4500	—	—	42	4	—	F	B	—	—	3,00—19	E/Tele	E/Tele	104	10,2	—	—	2235.-
STT 1	Excelsior	2	2	50/62	246	12,5/ —	—	—	51	4	—	F	M	30	—	3,00—19	E/Tele	E/S	112	9,0	115	3,0	2145.-
Gillet 250	Gillet	1	2	—	250	9/4200	—	—	36	4	—	F	—	36	—	3,00—19	E/Tele	—	122	13,5	—	—	2495.-
250	Gillet	1	4	—	250	11/5200	—	—	44	4	—	F	—	36	—	3,00—19	E/Tele	—	128	11,6	—	—	2645.-
500	Gillet	1	4	—	500	18/5200	—	—	36	4	—	F	—	36	—	2,60 × 3,5	E/Tele	—	160	8,9	—	—	3350.-
JAWA 150	JAWA	1	2	—	150	8/4000	—	—	53	3	—	F	—	—	—	—	E/Tele	E/Tele	90	11,2	85	2,4	1250.-
250	JAWA	1	2	65/75	249	14/4000	—	—	56	4	—	F	—	—	1297	3,00—19	E/Tele	E/Tele	115	8,2	100	2,8	1650.-
350	JAWA	2	2	58/65	334	18/4400	—	—	54	4	—	F	B	45	—	—	E/Tele	E/Tele	120	6,7	110	3,3	1950.
Matchless G3/LS	Matchless	1	4	—	347	18/5600	—	—	52	4	—	F	M	45	—	3,50—19	E/Tele	E/S	160	8,9	120	—	2555.
G 80/S	Matchless	1	4	—	498	23/5400	—	—	46	4	—	F	M	45	—	3,50—19	E/Tele	E/S	175	7,6	135	—	2675.
G 9	Matchless	2	4	—	498	30,5/6800	—	—	61	4	—	F	M	45	—	3,50—19	E/Tele	E/S	178	5,9	155	—	3195.
G 45	Matchless	2	4	66/72,8	498	48/7000	—	9,5	96	4	4,6	F	—	—	—	3,25—19	E/Tele	E/Tele	148	3,1	—	—	—
Moto Guzzi 65	MotoGuzzi	1	2	—	65	2/5000	—	—	31	3	—	H	M	—	—	26 × 2,00	E/Tr	E/S	45	22,5	50	2,0	800.
Airone	MotoGuzzi	1	4	—	250	9,5/4800	—	—	38	4	—	F	M	—	—	3,00—19	E/Tele	E/S	142	14,9	95	3,3	2500.
Airone-Sp.	MotoGuzzi	1	4	—	250	13,5/6000	—	—	54	4	—	F	M	—	—	3,00—19	E/Tele	E/S	142	10,5	118	3,5	2600.
Astore	MotoGuzzi	1	4	—	500	19/4300	—	—	38	4	—	F	M	—	—	3,50—19	E/Tele	E/S	—	—	120	5,0	4200.
Falcone	MotoGuzzi	1	4	—	500	23/4500	—	—	46	4	—	F	M	—	—	3,50—19	E/Tele	E/S	167	7,3	135	5,2	3100.
Norton 16 H	Norton	1	4	79/100	490	—	—	4,9	—	4	5,0	F	M	50	—	3,25—19	E/Tele	—	166	—	—	—	—
18	Norton	1	4	79/100	490	—	—	6,2	—	4	4,75	F	M	50	—	3,25—19	E/Tele	—	170	—	—	—	—
ES 2	Norton	1	4	79/100	490	—	—	6,2	—	4	4,75	F	M	50	—	3,25—19	E/Tele	E/S	172	—	—	—	2850.
500 T	Norton	1	4	79/100	490	—	—	6,0	—	4	5,5	F	M	50	—	4,00—19	E/Tele	—	136	—	—	—	—
N 7	Norton	2	4	66/72,6	497	—	—	6,7	—	4	5,0	F	M	50	—	3,50—19	E/Tele	E/S	187	—	—	—	3195.
88	Norton	2	4	66/72,6	497	—	—	6,7	—	4	5,0	F	M	50	—	3,50—19	E/Tele	E/S	178	—	—	—	3645.
Big 4	Norton	1	4	82/113	593	—	—	4,5	—	4	5,6	F	M	50	—	3,25—19	E/Tele	—	169	—	—	—	—
Royal Enfield RE	RE	1	2	54/55	125	—	—	5,5	—	3	7,6	F	M	—	1220	2,75—19	E/Tele	—	64	—	80	1,9	—
150 Ensign	RE	1	2	56/60	148	—	—	6,5	—	3	7,0	F	M	—	1220	2,75—19	E/Tele	E/S	70	—	88	2,4	—
S	RE	1	4	64/77	248	12,5/ —	—	6,5	51	4	6,3	F	M	—	1360	3,00—19	E/Tele	—	152	12,2	110	2,3	2305.
SF	RE	1	4	64/77	248	12,5/ —	—	6,5	51	4	—	F	M	—	1360	3,00—19	E/Tele	E/S	—	—	115	2,3	2545
G	RE	1	4	70/90	346	18/ —	—	6,0	52	4	5,6	F	M	—	1360	3,25—19	E/Tele	—	168	9,3	120	2,6	2428
350 Bullet	RE	1	4	70/90	346	21/ —	—	6,5	60	4	5,7	F	M	—	1375	3,25—19	E/Tele	E/S	158	7,6	132	2,8	2856
500 Twin	RE	2	4	64/77	496	27/ —	—	6,5	55	4	5,0	F	M	—	1375	3,25—19	E/Tele	E/S	177	6,6	150	3,8	3310
500 Bullet	RE	1	4	84/90	499	26/ —	—	6,5	52	4	4,9	F	M	—	1375	3,50—19	E/Tele	E/S	168	6,5	150	3,6	3105
J 2	RE	1	4	84/90	499	22/ —	—	5,5	44	4	5,1	F	M	—	1380	3,50—19	E/Tele	—	179	8,2	140	3,6	2737.
Meteor 700	RE	2	4	70/90	692	36/ —	—	6,5	52	4	4,5	F	M	—	1375	3,50—19	E/Tele	E/S	184	5,1	165	4,7	3536
Triumph Terrier	Triumph	1	4	57/58,5	149	—	—	—	—	4	6,7	F	M	40	1225	2,75—19	E/Tele	E/Tele	78	—	—	—	—
53/5 T	Triumph	2	4	—	498	27/6300	—	—	54	4	—	F	B	60	—	3,50—19	E/Tele	E/F	165	6,1	140	—	2895
Speed Twin	Triumph	2	4	—	498	28/6300	—	—	56	4	—	F	M	—	—	3,50—19	E/Tele	E/F	166	5,9	140	—	3295
TR 5	Triumph	2	4	—	498	28,5/6500	—	—	57	4	—	F	M	60	—	4,00—19	E/Tele	E/F	134	4,7	150	—	3195
T 100	Triumph	2	4	—	498	32/6500	—	—	64	4	—	F	M	60	—	3,50—19	E/Tele	E/F	160	5,0	150	—	3145
T 100 C	Triumph	2	4	—	498	35/7000	—	—	70	4	—	F	M	—	—	3,50—19	E/Tele	E/F	160	4,6	160	—	3475
6 T	Triumph	2	4	—	649	35/6300	—	—	54	4	—	F	M	60	—	3,50—19	E/Tele	E/F	168	4,8	160	—	3125
Velocette LE	Veloce	2	4	50/49	192	—	—	—	—	3	7,3	H	B	30	—	3,00—19	E/Tele	E/S	—	—	—	—	—
MAC	Veloce	1	4	68/96	349	—	—	6,5	—	4	5,5	F	M	—	1365	3,25—19	E/Tele	E/S	161	—	113	—	—
Vincent-Firefly	Vincent	1	2	38/42	48	—	—	5,0	—	1	—	—	M	9	—	—	—	—	—	—	—	—	—

DEUTSCHE MOTORRÄDER 1953

Hersteller	Motoren-hersteller	Zylinderzahl	Arbeitsweise	Bohrung/Hub mm	Hubraum ccm	Leistung bei Drehzahl PS	Verg.-Ø mm	Verdichtung 1:	Literleistung PS/Ltr.	Gangzahl	Ges. Untersetzung	Art der Schaltung	Art d. Zündung	Lichtmasch.-Leistung W	Radstand mm	Bereifung	Vorderrad-federung	Hinterrad-federung	Leergewicht kg	Leistungs-gewicht kg/PS	Höchst-geschwindig-keit km/h	Normverbr. l/100 km	Preis DM
Adler M 100	Adler	1	2	50/50	98	3,8/4800	16	5,7	39	3	9,24	F	M	30	1200	2,50—19	E/S	E/Tele	65	17,1	70	1,8	935.—
M 125	Adler	1	2	54/54	123	6,8/....	19	5,4	55	3	8,13	F	M	30	1200	2,75—19	E/S	E/Tele	90	13,2	88	2,2	1185.—
M 150	Adler	1	2	54/59	147	8,4/....	—	5,4	57	4	6,64	F	M	30	1225	3,25—16	E/S	E/Tele	110	13,1	95	2,35	1475.—
M 200	Adler	1	2	—	200	—	—	—	—	4	6,64	F	—	—	1225	3,25—16	E/S	E/Tele	—	—	—	—	—
M 200	Adler	2	2	54/58	195	11,6/5600	—	5,7	60	4	6,23	F	B	60	1225	3,25—16	E/S	E/Tele	126	10,8	101	2,9	1675.—
M 250	Adler	2	2	54/54	247	16/5600	—	5,7	65	4	5,53	F	B	60	1225	3,25—16	E/S	E/Tele	126	7,9	116	3,6	1895.—
Ardie BD 175	Ardie	1	2	60/61	172	9/5600	24	—	52	3	—	F	M	30	1290	3,00—19	E/Tele	E/Tele	100	11,1	95	2,5	1470.—
B 252	Ardie	1	2	66/72	244	13/5250	27	7,5	53	4	6,31	F	B	60	1335	3,25—19	E/Tele	E/Tele	128	9,8	105	2,8	1840.—
Bauer B 250	Bauer	1	4	68/68	248	12/5500	—	6,5	48	4	—	F	B	60	1350	3,25—19	E/Tele	E/Tele	128	10,7	110	2,8	—
BMW R 25/3	BMW	1	4	68/68	245	13/5600	22	6,8	49	4	6,93	F	B	60	1353	3,50—18	E/Tele	E/Tele	140	10,8	110	2,9	2060.—
R 51/3	BMW	2	4	68/68	494	24/5800	22	6,3	49	4	5,06	F	M	75	1400	3,50—19	E/Tele	E/Tele	185	7,7	135	4,0	3050.—
R 67/2	BMW	2	4	72/73	590	28/5600	24	5,6	47	4	4,63	F	M	60	1400	3,50—19	E/Tele	E/Tele	192	6,8	145	4,6	3235.—
R 68	BMW	2	4	72/73	590	35/7000	—	—	60	4	—	F	M	—	—	3,50—19	E/Tele	E/Tele	—	—	160	4,6	3950.—
DKW RT 125	DKW	1	2	52/58	125	4,75/4800	16	5,9	38	3	7,87	F	M	45	1260	2,75—19	E/Tele	—	70	14,7	76	2,1	1135.—
RT 175	DKW	1	2	62/58	175	9,5/5000	—	6,2	54	4	6,78	F	B	60	1280	3,00—19	E/Tele	E/Tele	108	11,3	100	—	—
RT 200	DKW	1	2	62/64	192	8,5/4500	24	6,3	44	3	6,33	F	M	60	1350	3,00—19	E/Tele	E/Tele	133	15,6	92	2,4	1595.—
RT 250	DKW	1	2	70/64	244	11,5/4500	26	6,3	47	3	6,02	F	M	60	1350	3,25—19	E/Tele	E/Tele	121	10,5	100	2,8	1825.—
RT 350	DKW	2	2	62/58	350	18/4500	—	6,2	52	4	—	F	B	90	—	—	E/Tele	E/Tele	—	—	115	—	—
Dürkopp MD150	Dürkopp	1	2	53/60	150	7,5/5300	24	—	50	3	7,62	F	M	30	1290	2,75—19	E/Tele	—	100	13,3	90	2,5	1275.—
MD200	Dürkopp	1	2	61/64	198	10,2/5500	26	—	52	3	7,24	F	M	30	1300	3,00—19	E/Tele	E/Tele	106	10,4	96	2,9	1535.—
Hoffmann Gouverneur	Hoffmann	2	4	47/58	248	13,4/....	18	6,5	54	4	6,46	F	M	60	1350	3,25—19	E/Tele	E/Tele	130	9,7	112	2,8	2350.—
Horex Regina 0,2	Horex	1	4	65/75	248	17/6500	26	7,0	64	4	6,56	F	B	60	1435	3,25—19	E/Tele	E/Tele	155	9,7	120	3,4	2125.—
Regina 0,3	Horex	1	4	69/91,5	342	19,4/6250	26	6,8	55	4	5,61	F	B	60	1435	3,25—19	E/Tele	E/Tele	160	8,4	126	4,0	2285.—
Regina 400	Horex	1	4	74,5/91,5	399	22/....	27	6,8	55	4	6,05	F	—	—	—	3,50—19	E/Tele	E/Tele	235	10,7	105	4,5	2835.—
Imperator	Horex	2	4	65/75	497	35/7000	—	7,0	70	4	—	F	B	60	1400	3,50—19	E/Tele	E/Tele	175	5,0	160	4,5	—
Kreidler K 50	Kreidler	1	2	38/44	50	2,2/5000	14	7,3	44	2	—	L	M	18	1160	26—2,00	E/Tele	—	45	20,5	55	1,5	588.—
K 51	Kreidler	1	2	38/44	50	2,2/5000	14	7,3	44	2	—	L	M	18	1160	26—2,00	E/Tele	—	45	20,5	55	1,7	668.—
Maico M 175	Maico	1	2	61/59,5	174	9,2/5300	26	7,0	53	4	—	F	M	45	1300	3,00—19	E/Tele	E/S	—	—	94	2,4	1425.—
Fanal	Maico	1	2	61/59,5	174	9,2/5300	26	7,0	53	4	—	F	M	45	1300	3,00—19	E/Tele	E/Tele	—	—	94	2,4	1295.—
M 200	Maico	1	2	65/59,5	197	11/5000	26	—	56	4	6,8	F	B	60	1300	3,25—19	E/Tele	E/S	108	9,9	100	2,4	1637.—
Taifun	Maico	2	2	61/59,5	348	19/5300	26	7,2	55	4	5,05	F	B	60	1300	3,50—18	E/S	E/S	146	7,7	125	3,6	2260.—
NSU-Quick	NSU	1	2	49/52	98	3/4750	14	6,0	31	2	11,3	L	M	15	1225	26—2,50	E/Trapez	—	69	24,6	55	1,9	660.—
Fox 4-Takt	NSU	1	2	50/50	98	6/6500	14	7,2	59	4	9,08	F	M	25	—	2,50—19	E/S	E/S	85	14,7	80	2,3	1160.—
Fox 2-Takt	NSU	1	2	52/58	123	5/5000	16	6,1	41	4	8,18	F	M	25	1220	2,50—19	E/S	E/S	84	16,8	72	2,1	1135.—
Lux	NSU	1	2	62/66	198	8,6/5250	22	6,0	44	4	6,86	F	B	60	1304	3,00—19	E/S	E/S	135	15,7	95	2,9	1595.—
Max	NSU	1	4	66/69	247	17/6500	26	7,4	69	4	6,78	F	B	45	1310	3,25—19	E/S	E/S	155	9,1	113	3,2	1990.—
Konsul I	NSU	1	4	75/79	346	17,5/5500	26	6,2	51	4	5,71	F	B	60	1414	3,50—19	E/Tele	E/Tele	190	10,8	104	3,5	2350.—
Konsul II	NSU	1	4	80/99	494	21,5/5000	27	6,3	44	4	4,97	F	B	60	1414	3,50—19	E/Tele	E/Tele	195	9,1	118	3,6	2560.—
Puch 125 SL	Puch	2	2	—	123	7,6/5900	—	—	60	4	—	F	B	—	—	3,00—19	E/Tele	E/S	96	12,6	89	2,7	1620.—
150 TL	Puch	2	2	—	148	6,2/5200	—	—	42	4	—	F	B	—	—	3,00—19	E/Tele	E/S	96	15,5	82	2,5	1510.—
175 SV	Puch	2	2	42/62	175	10/5800	—	6,5	57	4	6,46	F	B	35	1265	3,25—16	E/Tele	E/S	103	10,3	93	2,7	—
175 SVS	Puch	2	2	42/62	175	12,3/5200	—	6,5	70	4	6,46	F	B	35	1265	3,25—16	E/Tele	E/S	104	8,5	100	2,7	—
250 TF	Puch	2	2	45/78	246	12/4500	—	—	49	4	—	F	B	60	—	3,25—19	E/Tele	E/Tele	131	10,9	100	3,0	1975.—
250 TFS	Puch	2	2	45/78	246	15/5000	—	—	61	4	—	F	B	60	—	3,25—19	E/Tele	E/Tele	120	8,0	110	3,0	2200.—
250 SGS	Puch	2	2	45/78	246	16,5/5800	—	6,5	67	4	5,09	F	B	60	—	3,50—16	E/Tele	E/S	123	7,5	110	3,2	—
Triumph BDG 125	Triumph	2	2	35,5/62	123	6,5/4800	20	6,4	53	4	6,91	F	B	45	1290	2,75—19	E/Tele	—	82	12,6	80	2,2	1145.—
BDG 125 H	Triumph	2	2	35,5/62	123	6,5/4800	20	6,4	53	4	6,91	F	B	45	1290	2,75—19	E/Tele	Ju/Tele	95	14,6	80	2,2	1245.—
Cornet	Triumph	2	2	45/62	197	10,1/5000	26	—	51	4	—	F	B	60	—	3,00—19	E/Tele	E/S	122	12,1	103	2,8	1650.—
BDG 250 H	Triumph	2	2	45/78	246	11/3800	20	6,2	45	4	4,96	F	B	60	—	3,25—19	E/Tele	E/Tele	138	12,5	94	2,8	1840.—
BDG 250 S	Triumph	2	2	45/78	246	12/4000	26	—	49	4	—	F	B	60	—	3,25—19	E/Tele	E/Tele	137	11,4	100	3,2	1920.—
BDG 250 L	Triumph	2	2	45/78	246	10,5/3600	24	—	43	4	—	F	B	60	—	3,25—19	E/Tele	E/Tele	146	13,9	94	2,8	—
Boß	Triumph	2	2	53/78	346	16/3800	—	—	44	4	—	F	B	—	—	3,50—19	E/Tele	E/Tele	—	—	115	—	—
Victoria Bifix	Victoria	1	2	51/60	123	5/4400	17	6,3	41	3	7,43	L	M	30	1230	2,75—19	E/Tele	—	72	14,4	80	2,2	1050.—
KR 25 HM	Victoria	1	2	67/70	247	10,5/4700	24	5,8	43	4	5,87	F	B	60	—	3,25—19	E/Tele	—	124	11,8	100	3,3	1600.—
KR 26 Aero	Victoria	1	2	67/70	247	14/5250	24	—	57	4	5,60	F	B	60	1365	3,25—18	E/Tele	E/Tele	140	10,0	110	3,1	1895.—
Bergmeister	Victoria	2	4	64/54	347	21/6300	26	7,4	61	4	5,88	F	B	60	1400	3,50—19	E/Tele	E/Tele	166	7,9	120	—	2475.—
Zündapp Norma	Zündapp	1	2	60/70	196	8,3/4600	17	—	42	4	5,88	F	B	60	1315	3,00—19	E/Tele	—	115	13,8	86	2,5	1335.—
Comfort	Zündapp	1	2	60/70	196	8,7/4250	17	—	44	4	5,88	F	B	60	1315	3,25—19	E/Tele	E/Tele	122	14,0	86	2,4	1495.—
Norma-Luxus	Zündapp	1	2	60/70	196	8,3/4600	17	6,1	42	4	5,88	F	B	60	1315	3,00—19	E/Tele	E/Tele	122	17,7	86	2,5	—
Elastic	Zündapp	1	2	60/70	196	9,5/4700	—	6,6	48	4	—	F	B	60	—	—	E/Tele	E/S	—	—	—	—	—
250 ccm	Zündapp	2	4	54/54	247	18,5/....	—	6,6	75	4	—	F	B	60	—	3,25—16	E/S	E/S	—	—	—	—	—
KS 601	Zündapp	2	4	75/67,6	597	28/4700	25	6,4	47	4	4,73	F	B	90	1415	3,50—19	E/Tele	E/Tele	210	7,5	140	5,3	3125.—

FAHRWERKE MIT EINBAUMOTOREN 1953

AWD SZ 100	F & S	1	2	48/54	98	3/4500	16,5	6,0	31	—	—	—	M	—	1275	2,50—19	-/Tele	—	78	26,0	60	2,1	945.—
SZ 125	Jlo	1	2	—	123	6/5500	—	—	49	3	—	F	B	—	—	2,50—19	Ju/Tele	Ju/Tele	86	14,3	75	2,5	1240.—
SZ 175	Jlo	1	2	58/66	173	8,2/5000	—	6,7	47	3/4	—	F	B	—	—	2,75—19	Tig/Tele	Ju/Tele	96	11,7	85	2,8	1525.—
SZ 250	Jlo	1	2	65/75	247	12,8/4750	27,5	6,8	52	3	—	F	B	60	1360	2,75—19	Tig/Tele	Ju/Tele	—	—	—	—	1795.—
SZ 252	Jlo	2	2	52/58	246	15,1/6000	24	6,9	62	4	—	F	B	60	1360	3,25—19	Tig/Tele	Ju/Tele	—	—	—	—	1995.—
Bastert B/SM51	S & F	1	2	57/58	147	6,5/5000	20	6,5	44	4	6,41	F	M	30	1270	2,75—19	E/Tele	Ju/Tele	98	15,1	85	2,5	1393.—
B/M 175	Jlo	1	2	58/66	173	8,5/5000	20	6,5	49	4	6,84	F	M	60	1270	3,00—19	E/Tele	Ju/Tele	103	12,6	85	3,0	1535.—
B/M 200	Jlo	1	2	62/66	198	11/5000	—	6,6	56	4	—	F	M	60	1300	3,25—19	E/Tele	Ju/Tele	118	10,7	95	3,5	—
Bauer B 150	F & S	1	2	57/58	147	6/4700	—	6,5	41	4	—	F	M	30	1260	3,00—19	E/Tele	E/Tele	110	18,3	80	2,5	1350.—
Bismarck LM 98 k	F & S	1	2	48/54	98	3/4500	16,5	6,0	31	2	—	L	M	20	—	26×2,50	E/Trapez	—	64	21,4	55	1,5	850.—
M 150 S	F & S	1	2	57/58	147	6,5/5000	20	6,5	44	4	—	F	M	30	1325	2,75—19	E/Tele	E/Tele	105	16,2	80	2,2	1390.—
M 175 k	Jlo	1	2	58/66	173	8,5/5000	20	6,5	49	4	—	F	M	60	—	3,00—19	E/Tele	E/S	—	—	85	2,5	1430.—

FAHRWERKE MIT EINBAUMOTOR 1953

Hersteller	Motoren-hersteller	Zylinderzahl	Arbeitsweise	Bohrung/Hub mm	Hubraum ccm	Leistung bei Drehzahl PS	Verg.-⌀ mm	Verdichtung 1:	Literleistung PS/Ltr.	Gangzahl	Ges. Untersetzung	Art der Schaltung	Art d. Zündung	Lichtmasch.-Leistung W	Radstand mm	Bereifung	Vorderrad-federung	Hinterrad-federung	Leergewicht kg	Leistungs-gewicht kg/PS	Höchst-geschwindig-keit km/h	Normverbr. l/100 km	Preis DM
Bücker TZ175/4	Jlo	1	2	58/66	174	9,6/....	—	6,5	55	3/4	—	F	B	60	1310	3,00—19	E/Tele	Ju/Tele	110	11,5	90	2,6	1435.—
TZ 200	Jlo	1	2	62/66	198	11/5000	26	6,6	56	4	6,4	F	B	60	1300	3,00—19	E/Tele	Ju/Tele	110	10,0	100	2,8	1590.—
TZ 200/S	Jlo	1	2	62/66	198	11/5000	26	6,6	56	4	6,4	F	B	60	1300	3,00—19	E/Tele	E/S	110	10,0	100	2,8	—
Ilona I	Jlo	1	2	65/75	247	12,8/4750	27,5	6,9	52	4	5,9	F	B	60	1360	3,25—19	E/Tele	Ju/Tele	140	10,9	105	3,0	1875.—
Ilona II	Jlo	2	2	52/58	246	15,1/6000	24	6,9	62	4	5,4	F	B	60	1360	3,25—19	E/Tele	Ju/Tele	145	9,6	115	3,2	1980.—
Expreß SL 107	F & S	1	2	48/54	98	3,1/4500	—	6,0	32	2	10,3	L	M	17	1275	26 × 2,50	E/Trapez	—	71	22,9	60	1,5	698.—
Radex 100 N	F & S	1	2	48/54	98	3,1/4500	—	6,0	32	2	—	L	M	17	1265	23 × 2,50	E/Tele	—	75	24,2	60	1,7	869.—
Radex 125	Jlo	1	2	52/58	122	6/5500	17	—	49	3	—	F	M	45	1255	2,50—19	E/Tele	Ju/Tele	84	14,0	75	2,5	1098.—
Radex 149	F & S	1	2	57/58	147	7,2/4800	20	6,5	49	4	—	F	M	30	1280	2,75—19	E/Tele	—	90	12,5	80	1,7	1240.—
Radex 152	F & S	1	2	57/58	147	7,2/4800	20	6,5	49	4	6,12	F	M	30	1280	3,00—19	E/Tele	Ju/Tele	103	14,3	80	2,2	1398.—
Radex 174 S	F & S	1	2	62/58	173	9,5/5250	24	6,6	55	4	6,12	F	M	45	1275	3,00—19	E/Tele	Ju/Tele	103	10,9	90	2,3	1518.—
Radex 201	Jlo	1	2	62/66	197	11,2/5300	26	6,5	57	4	6,5	F	B	60	1285	3,00—19	E/Tele	Ju/Tele	113	10,1	95	2,4	1585.—
Radex 251	Jlo	1	2	65/75	248	12,8/4750	27,5	—	52	4	—	F	M	60	1360	3,25—19	E/Tele	Ju/Tele	130	10,2	105	3,0	1880.—
Radex 252	Jlo	2	2	52/58	244	15,1/6000	—	—	62	4	6,14	F	M	60	1360	3,25—19	E/Tele	Ju/Tele	144	9,6	115	3,2	2025.—
Radex 254	OPTI	2	4	56/50	247	14/6000	—	8,0	57	4	7,0	F	B	60	—	3,25—16	E/S	E/S	—	—	110	3,0	—
Göricke 150 S	F&S SM51	1	2	57/58	147	6,5/5000	20	6,5	44	4	—	F	M	30	—	3,00—19	E/Tele	E/S	—	—	—	—	1385.—
175 S	Jlo M 175	1	2	58/66	173	8,5/5000	—	6,5	49	4	—	F	M	45	—	3,00—19	E/Tele	E/S	—	—	—	—	1498.—
175 S	F & S	1	2	58/62	174	9,5/5250	24	6,6	54	4	—	F	M	60	—	3,00—19	E/Tele	E/S	—	—	—	—	—
200 S	Jlo M 200	1	2	62/66	198	11/5000	—	6,6	56	4	—	F	M	60	—	3,00—19	E/Tele	E/S	—	—	—	—	1535.—
Gold-Rad T 51	F & S	1	2	48/54	98	3/4500	16,5	6,0	31	2	10,0	L	M	15	—	2,50—19	KPZ/Tele	—	—	—	67	1,7	850.—
Gritzner Mofa	F & S	1	2	48/54	98	3/4500	16,5	6,0	31	2	6,0	L	M	17	1300	26 × 2,50	Tig/Tele	—	68	22,7	60	1,5	—
100	F & S	1	2	48/54	98	3/4500	16,5	6,0	31	2	6,0	L	M	17	1300	23 × 2,50	Tig/Tele	—	68	22,7	60	1,5	—
150 F	F & S	1	2	57/58	147	6,5/5000	20	6,5	44	4	6,64	F	M	30	1300	3,00—19	Tig/Tele	Ju/Tele	95	14,6	80	2,2	—
175 F	F & S	1	2	62/58	174	9,5/5250	24	6,6	55	4	6,64	F	M	45	1300	3,00—19	Tig/Tele	Ju/Tele	98	10,3	90	2,3	—
175 S	F & S	1	2	62/58	174	9,5/5250	24	6,6	55	4	6,64	F	M	45	1300	3,00—19	Tig/Tele	Ju/S	105	11,0	90	2,3	—
Hecker K 125	Jlo	1	2	52/58	122	6/5500	16	6,8	49	3	7,66	F	M	45	1280	2,75—19	E/Tele	Ju/Tele	84	14,0	80	2,5	1250.—
K 175	Jlo	1	2	58/66	173	8,5/5000	20	6,5	49	3/4	7,15	F	M	60	1300	3,00—19	E/Tele	Ju/Tele	100	11,8	82	2,7	1410.—
K 200	Jlo	1	2	62/66	197	11/5000	—	6,6	56	4	—	F	M	60	1300	3,00—19	E/Tele	Ju/Tele	104	9,5	95	2,4	1545.—
K 250	Jlo	1	2	65/75	247	12,8/4750	—	6,9	52	4	—	F	M	60	1340	3,25—19	E/Tele	Ju/Tele	130	10,1	105	3,0	1885.—
K 250 Z	Jlo	2	2	52/58	246	15,1/6000	—	6,9	62	4	—	F	M	60	1340	3,25—19	E/Tele	Ju/Tele	139	9,2	110	3,2	1995.—
Hercules 212	F & S	1	2	48/54	98	3/4000	16,5	6,0	31	2	10,1	H	M	15	1250	26 × 2,50	E/Trapez	—	60	20,0	60	1,9	756.—
316	F & S	1	2	48/54	98	3/4000	16,5	6,0	31	2	9,5	H	M	15	1245	2,50—19	E/Trapez	—	66	22,0	60	1,9	870.—
312	Jlo	1	2	52/58	123	6/5500	22	6,8	49	3	7,66	F	M	35	1290	2,75—19	E/Tele	—	82	13,7	75	2,2	1125.—
313	F & S	1	2	57/58	147	6,5/5000	20	6,5	44	4	6,6	F	M	30	1290	2,75—19	E/Tele	Ju/Tele	83	12,8	80	2,2	1410.—
320	Jlo	1	2	62/66	197	11/5270	26	6,7	56	4	—	F	B	—	1290	3,00—19	E/Tele	E/S	123	11,4	93	2,4	—
321	F & S	1	2	58/62	175	9/5250	—	—	—	4	—	F	M	—	1290	3,00—19	E/Tele	E/S	118	12,2	90	2,3	—
322	Jlo	2	2	52/58	244	15,1/6000	24	—	6,1	4	6,15	F	B	60	1330	3,25—19	E/Tele	E/S	155	9,3	110	3,2	—
Hoffmann																							
WHF 125	Jlo	1	2	52/58	124	6/5500	17	6,5	48	3	7,3	F	M	45	1310	2,50—19	E/Tele	E/Tele	80	13,3	75	2,0	1280.—
175–2	Jlo	1	2	58/66	173	9,6/5050	22	6,4	55	4	5,9	F	M	60	1340	2,75—19	E/Tele	E/Tele	100	10,4	90	2,2	1540.—
250	Jlo	1	2	65/75	248	12,8/4680	—	6,9	52	4	5,6	F	M	60	1337	3,25—19	E/Tele	E/Tele	125	9,8	106	3,0	1830.—
Mammut 257 I	F & S	1	2	57/58	147	6,5/5000	20	6,5	44	4	—	F	M	30	1260	2,75—19	KPZ/Tele	Ju/Tele	96	14,8	80	2,2	1332.—
258 I	F & S	1	2	62/58	174	9,5/5250	—	—	55	4	—	F	M	45	1260	3,00—19	KPZ/Tele	Ju/Tele	117	12,3	85	2,3	—
261 I	Jlo	1	2	66/62	197	11/5000	—	6,6	56	4	—	F	M	45	1260	3,00—19	KPZ/Tele	Ju/Tele	118	10,7	88	2,6	1698.—
Mars-Stella 175	F & S	1	2	58/62	174	9,5/5250	24	6,5	54	4	5,89	F	M	45	1270	3,25—16	E/Tele	E/S	100	10,5	90	2,3	1478.—
50 S	F & S	1	2	48/54	98	3/4500	16,5	6,0	31	2	6,0	L	M	17	—	26 × 2,50	E/Tele	—	56	18,7	—	—	718.—
Meister M 57 SJ	F & S	1	2	57/58	147	6,5/5000	20	6,5	44	4	—	F	M	30	1260	2,75—19	KPZ/Tele	Ju/Tele	96	14,8	80	2,2	1332.—
M 58 SJ	F & S	1	2	62/58	174	9,5/5250	—	—	56	4	—	F	M	45	1260	3,00—19	KPZ/Tele	Ju/Tele	117	12,3	85	2,3	—
M 61 J	Jlo	1	2	62/66	197	11/5000	—	6,6	56	4	—	F	M	45	1260	3,00—19	KPZ/Tele	Ju/Tele	118	10,7	88	2,6	1698.—
Miele 100 ccm	F & S	1	2	48/54	98	3/4000	—	6,0	30,5	2	—	L	M	17	1265	2,50—19	–/Tele	—	69	23,0	60	1,5	841.—
150 ccm	F & S	1	2	57/58	147	6,5/4500	20	6,5	44	4	6,64	F	M	30	1290	—	–/Tele	Ju/Tele	95	31,6	80	2,2	—
Panther TS 98	F & S	1	2	48/54	98	3/4000	16,5	6,0	31	2	9,13	L	M	15	1240	26 × 2,25	E/Trapez	—	71	23,7	60	1,9	785.—
KS 99	F & S	1	2	48/54	98	3/4000	16,5	6,0	31	2	—	L	M	15	—	2,50—19	E/Trapez	—	78	26,0	60	1,9	935.—
KS 151/152	F & S	1	2	57/58	147	6,5/5000	—	6,5	44	4	—	F	M	30	—	3,00—19	E/Tele	Ju/Tele	105	16,2	80	2,2	1375.—
KS 175/176	F & S	1	2	58/62	175	9/5200	—	—	—	4	—	F	M	45	—	3,00—19	E/Tele	Ju/Tele	110	12,2	90	2,3	1528.—
Phänomen 75 I	F & S	1	2	57/58	147	6,5/5000	—	6,5	44	4	—	F	M	30	1260	2,75—19	KPZ/Tele	Ju/Tele	96	14,8	80	2,2	1332.—
76 I	F & S	1	2	62/58	174	9,5/5250	—	—	55	4	—	F	M	45	1260	3,00—19	KPZ/Tele	Ju/Tele	117	12,3	85	2,3	—
81	Jlo	1	2	62/66	197	11/5000	26	6,7	56	4	—	F	M	45	1260	3,00—19	KPZ/Tele	Ju/Tele	118	10,7	88	2,6	1698.—
Rabeneick																							
LK 100	F & S	1	2	48/54	98	3/4500	16,5	6,0	31	2	9,2	L	M	20	1270	2,50—19	E/Tele	—	85	28,3	65	1,9	—
GD 150	F & S	1	2	57/58	147	6,5/5000	20	6,5	44	4	6,64	F	M	30	1325	3,00—19	E/Tele	E/Tele	107	16,5	75	2,2	1395.—
LS 175	F & S	1	2	62/58	173	9,5/5250	24	6,6	55	4	6,64	F	M	45	1325	3,00—19	E/Tele	E/Tele	119	12,5	90	2,3	1525.—
LI 200	Jlo	1	2	62/66	197	11/5000	26	6,6	56	4	6,11	F	B	60	1320	3,00—19	E/Tele	E/Tele	125	10,7	95	2,8	1595.—
F 250/1	Jlo	1	2	65/75	247	12,8/4600	26	6,9	52	4	5,3	F	B	60	1315	3,25—19	E/Tele	E/Tele	138	10,7	100	3,6	1795.—
F 250/2	Jlo	2	2	52/58	244	15,1/6000	24	6,8	62	4	6,26	F	B	60	1315	3,25—19	E/Tele	E/Tele	150	9,2	105	3,5	1920.—
Rixe K 98–50	F & S	1	2	48/54	97	3/4500	16,5	6,0	31	2	—	L	M	20	1230	2,50—19	KPZ/Tele	—	73	24,4	64	1,5	840.—
R 150	F & S	1	2	57/58	147	6,5/4750	20	6,5	44	4	—	F	M	30	1290	3,00—19	E/Tele	E/Tele	105	16,9	85	2,2	1370.—
R 175	F & S	1	2	62/58	174	9,5/5250	24	6,6	55	4	—	F	M	45	1290	3,00—19	E/Tele	E/Tele	107	11,2	90	2,4	1425.—
R 200	Jlo	1	2	62/66	197	11/5000	26	6,7	56	4	—	F	M	60	1290	3,00—19	E/Tele	E/Tele	114	10,3	95	2,8	1495.—
R 250/2	Jlo	2	2	52/58	244	15/6100	24	7,0	61	4	—	F	M	60	1290	3,25—19	E/Tele	E/Tele	143	9,5	115	3,2	1795.—
Sitta-Sport 125	Jlo	1	2	—	123	5,8/ —	—	—	47	3	—	F	—	45	1360	2,75—19	E/Tele	Ju/Tele	85	14,6	75	2,4	1250.—
175	Jlo	1	2	58/66	173	9,6/5050	24	6,9	55	4	—	F	—	60	1360	3,00—19	E/Tele	Ju/Tele	100	10,5	95	2,8	1475.—
200	Jlo	1	2	62/66	197	11/5000	26	6,7	56	4	—	F	—	60	1360	3,00—19	E/Tele	Ju/Tele	105	9,6	100	2,8	1545.—
250	Jlo	1	2	65/75	247	12,8/4720	27,5	6,8	52	4	—	F	—	60	1380	3,25—19	E/Tele	Ju/Tele	125	9,8	105	3,2	1760.—
250	Jlo	2	2	52/58	244	15/6100	24	7,0	61	4	—	F	—	60	1380	3,25—19	E/Tele	Ju/Tele	135	9,0	108	3,5	1860.—
Tornax K 125 H	Jlo	1	2	52/58	123	5,9/5500	17	7,0	48	3	7,68	F	B	35	1295	2,75—19	E/Tele	E/Tele	87	14,8	75	2,4	1230.—
T 175	Jlo	1	2	58/66	174	8,2/5000	22	5,7	47	3	7,15	F	B	60	1295	3,00—19	E/Tele	E/Tele	115	14,0	85	2,7	1398.—
V 175	Jlo	1	2	58/66	173	9,5/5000	31	6,9	55	4	6,56	F	M	60	1290	3,00—19	E/Tele	E/Tele	126	13,2	92	2,4	1555.—
V 200	Jlo	1	2	62/66	197	11/5270	26	6,6	56	4	6,56	F	M	60	1290	3,00—19	E/Tele	E/Tele	126	11,4	95	2,4	1595.—
E 250	Jlo	1	2	65/75	248	10/4650	27,5	6,8	40	4	—	F	M	60	1290	3,25—19	E/Tele	E/Tele	—	—	100	2,9	1895.—
Z 250	Jlo	2	2	52/58	244	15/6000	24	6,9	62	4	6,14	F	M	60	1290	3,25—19	E/Tele	E/Tele	160	10,7	113	3,3	1945.—
ZV 250		2	4	56/50	247	15/6000	19	6,9	61	4	5,44	F	M	60	1290	3,25—19	E/Tele	E/Tele	143	9,5	110	2,5	2045.—
S 250	Jlo	2	2	52/58	244	15/6000	24	6,9	62	4	6,14	F	M	60	1300	3,50—16	E/S	E/S	154	10,2	112	3,3	2195.—
V 250		2	4	56/50	247	15/6000	19	6,9	61	4	5,44	F	M	60	1300	3,50—16	E/S	E/S	147	9,8	110	2,5	2295.—

FAHRWERKE MIT EINBAUMOTOR 1953

Hersteller	Motoren-hersteller	Zylinderzahl	Arbeitsweise	Bohrung/Hub mm	Hubraum ccm	Leistung bei Drehzahl PS	Verg.-⌀ mm	Verdichtung 1:	Literleistung PS/Ltr.	Gangzahl	Ges. Untersetzung	Art der Schaltung	Art d. Zündung	Lichtmasch.-Leistung W	Radstand mm	Bereifung	Vorderrad-federung	Hinterrad-federung	Leergewicht kg	Leistungs-gewicht kg/PS	Höchst-geschwindig-keit km/h	Normverbr. l/100 km	Preis DM
UT KTN 125	Jlo	1	2	52/58	123	5,8/5500	17	6,8	45	3	7,32	F	B	25	1285	2,75—19	E/Tele	—	87	15,8	80	2,4	1080.—
KTN 175	Jlo	1	2	58/66	174	8,5/5000	20	6,8	49	3	7,15	F	M	60	1285	2,75—19	E/Tele	—	92	10,8	90	2,8	1280.—
KTV 175	Jlo	1	2	58/66	174	8,5/5000	20	6,8	49	4	6,03	F	M	60	1285	2,75—19	E/Tele	Ju/Tele	98	11,5	90	2,8	1360.—
KTV 200	Jlo	1	2	62/66	197	11/5000	26	6,6	56	4	6,04	F	M	60	1285	3,00—19	E/Tele	Ju/Tele	122	11,1	104	3,2	1460.—
TS 200	Jlo	1	2	62/66	197	11/5000	26	6,7	56	4	6,04	F	M	60	1300	3,00—19	E/Tele	E/S	122	11,1	104	—	1580.—
TS 250	Jlo	1	2	65/75	248	12,8/4750	27,5	—	52	4	5,90	F	M	60	1325	3,25—19	E/Tele	E/S	130	10,1	95	3,2	1820.—
TS 252	Jlo	2	2	52/58	246	15,1/6000	24	—	61	4	6,15	F	M	60	1325	3,25—19	E/Tele	E/S	140	9,3	110	—	1980.—

MOPEDS 1953

Hersteller	Motoren-hersteller	Zylinderzahl	Arbeitsweise	Bohrung/Hub mm	Hubraum ccm	Leistung bei Drehzahl PS	Verg.-⌀ mm	Verdichtung 1:	Literleistung PS/Ltr.	Gangzahl	Ges. Untersetzung	Art der Schaltung	Art d. Zündung	Lichtmasch.-Leistung W	Radstand mm	Bereifung	Vorderrad-federung	Hinterrad-federung	Leergewicht kg	Leistungs-gewicht kg/PS	Höchst-geschwindig-keit km/h	Normverbr. l/100 km	Preis DM
Achilles	F & S	1	2	38/42	48	1/4000	20	6,0	21,0	2	—	L	M	17	1070	26 × 2,00	E/S	—	32,5	32,5	40	1,2	—
Amo Amoped	Amo	1	2	39,8/40	50	1/3600	—	6,8	20,0	1	19,0	—	M	3	—	26 × 2,00	E/P	—	32	32	45	1,4	—
Bastert B	Jlo	1	2	38/43	49	1,5/4200	11	—	30,5	1	—	—	M	17	—	26 × 2,00	—	—	—	—	—	1,5	—
Bücker Moped	F & S	1	2	38/42	48	1,3/4100	12	6,0	27,0	1	—	—	M	3	—	26 × 2,00	—	—	—	—	—	—	—
Expreß-Radexi	Expreß	1	2	42/36	49	1,2/4500	10	6,0	30,0	1	21,8	—	M	3	1140	26 × 2,00	E/P	—	32	27	40	1,3	498.—
Falter-Star	Jlo	1	2	38/43	49	1,5/4200	11	—	30,5	1	—	—	M	16	—	26 × 2,00	—	—	30	20	35	1,2	525.—
	F & S	1	2	38/42	48	1,3/4200	12	6,0	27,0	1	—	—	M	3	—	26 × 2,00	—	—	30	23	35	1,2	525.—
	Zündapp	1	2	38/42	48	1,3/4800	10	5,5	27,0	1	—	—	M	3	—	26 × 2,00	—	—	30	23	35	1,2	525.—
Göricke-Domina	Jlo	1	2	38/43	49	1,5/4200	11	—	30,5	1	—	—	M	16,5	—	26 × 2,00	Gobi	—	—	—	—	1,5	495.—
Diva-Luxus	Jlo	1	2	38/43	49	1,5/4200	11	—	30,5	1	—	—	M	16,5	—	26 × 2,00	Gobi	—	—	—	—	1,5	548.—
	F & S	1	2	38/42	48	1,3/4100	12	6,0	27,0	1	—	—	M	3	—	26 × 2,00	Gobi	—	—	—	—	1,5	—
Gold-Rad „Moped"	Jlo	1	2	38/43	49	1,5/4200	11	—	30,5	1	18,0	—	M	16	—	26 × 2,00	—	—	—	—	—	—	495.—
54 S	F & S	1	2	38/42	48	1,3/4100	12	6,0	27,0	2	17,0	L	M	3	—	26 × 2,00	E/P	—	—	—	—	—	591.—
Gritzner Brummi	Gritzner	1	2	35/32	31	0,9/5300	—	—	29,0	1	—	—	M	3	—	26 × 2,00	—	—	29	32	38	0,8	435.—
	Gritzner	1	2	—	40	—	—	—	—	1	—	—	M	3	—	26 × 2,00	—	—	29	—	40	1,3	—
	F & S	1	2	38/42	48	1,3/ —	12	6,0	27,0	1	21,3	—	M	3	1220	26 × 2,00	E/—	—	29	22	48	1,2	—
Heinkel	Heinkel	1	2	38/43	49	1,5/4500	10	6,7	30,0	2	—	L	M	3	—	23 × 2,00	E/Tele	E/S	30	20	40	1,2	—
Hercules-Moped	Zündapp	1	2	38/42	48	1,3/4800	10	5,5	27,0	1	—	—	M	3	1160	26 × 2,00	E/P	—	30	23	40	1,2	567.—
Kreidler Junior	Kreidler	1	2	38/44	50	1,5/5000	—	—	33,0	1	—	—	M	3	—	23 × 2,00	—	—	—	—	40	—	455.—
Lutz RE 53	Lutz	1	2	40/39,5	49	1,6/ —	10	6,5	32,5	1	—	—	M	6	—	26 × 2,00	E/P	—	—	—	40	—	—
LS 53	Lutz	1	2	40/39,5	49	1,6/ —	10	6,5	32,5	1	—	—	M	6	—	26 × 2,00	E/P	E/S	—	—	40	—	—
PS 53	Lutz	1	2	40/39,5	49	1,6/ —	10	6,5	32,5	1	—	—	M	6	—	26 × 2,00	E/P	—	—	—	40	—	—
P 53	Lutz	1	2	40/39,5	49	1,6/ —	10	6,5	32,5	1	—	—	M	6	—	26 × 2,00	E/P	—	—	—	40	—	—
Mammut Bimbo	Jlo	1	2	38/43	49	1,5/4200	11	—	30,5	1	—	—	M	17	1190	26 × 2,00	Sil.	—	33	22	35	1,2	—
Tourist	F & S	1	2	38/42	48	1,3/4100	12	6,0	27,0	2	—	L	M	3	1190	26 × 2,00	Sil.	—	33	26	35	1,2	—
Meister-Junior	Jlo	1	2	38/43	49	1,5/4200	—	—	30,5	1	—	—	M	16	1190	26 × 2,00	Sil.	—	33	22	35	1,2	—
Saxoni	F & S	1	2	38/42	48	1,3/4100	12	6,0	27,0	2	—	L	M	3	1190	26 × 2,00	Sil.	—	33	26	35	1,2	—
Miele 50	F & S	1	2	38/42	48	1,3/4100	12	6,0	27,0	1	—	—	M	3	—	26 × 2,00	—	—	33	26	35	1,2	598.—
Phänomen Bobby	Jlo	1	2	38/43	49	1,5/4200	11	—	30,5	1	—	—	M	17	1190	26 × 2,00	Sil.	—	33	22	35	1,2	—
Fix	F & S	1	2	38/42	48	1,3/4100	12	6,0	27,0	2	—	L	M	3	1190	26 × 2,00	Sil.	—	33	26	35	1,2	—
Rabeneick MS	F & S	1	2	38/42	48	1,3/4100	12	6,0	21,0	2	17,1	L	M	3	1150	26 × 2,00	E/S	—	30	23	—	—	575.—
MJ	Jlo	1	2	38/43	49	1,5/4200	11	—	49,0	1	20,0	—	M	16	1130	26 × 2,00	E/S	—	30	20	—	—	545.—
M 53	Rabeneick	1	2	36/32	32	0,85/4500	12	6,8	26,5	1	17,9	—	M	—	1150	26 × 2,00	—	—	30	35	35	1,2	398.—
Rixe	F & S	1	2	38/42	48	1,3/4100	12	6,0	27,0	2	17,0	L	M	3	1165	26 × 2,00	—	—	—	—	30	1,2	—
Schürhoff	Jlo	1	2	38/43	49	1,5/4200	11	—	30,5	1	—	—	M	16	—	26 × 2,00	E/Tele	—	30	20	35	1,2	—
	F & S	1	2	38/42	48	1,3/4100	12	6,0	27,0	1	—	—	M	3	—	26 × 2,00	E/Tele	—	30	23	35	1,2	—
	Zündapp	1	2	38/42	48	1,3/4800	10	5,5	27,0	1	—	—	M	3	—	26 × 2,00	E/Tele	—	30	23	35	1,2	—
Sitta-Moped	Jlo	1	2	38/42	48	1,5/4200	11	—	30,5	1	—	—	M	17	1350	26 × 2,00	—	—	33	22	40	1,5	—
Triumph-Knirps	Triumph	1	2	—	48	1,5/ —	—	—	32,0	1	—	—	M	3	—	26 × 2,00	—	—	30	20	40	—	548.—
Victoria-Vicky II	Victoria	1	2	35/40	38	1/5150	10	6,0	26,0	2	—	L	M	3	—	26 × 2,00	E/P	—	—	—	30	—	498.—
Wittekind	Komet	1	2	35/42	40	1/ —	—	—	25,0	1	—	—	M	—	—	26 × 2,00	—	—	—	—	30	1,3	—
Wittler	Zündapp	1	2	38/42	48	1,3/4800	10	5,5	27,0	1	—	—	M	3	—	26 × 2,00	E/P	—	—	—	—	1,3	—
	F & S	1	2	38/42	48	1,3/4100	12	6,0	27,0	2	17,0	L	M	3	—	26 × 2,00	E/P	—	—	—	—	1,3	—
Zündapp-Combinette	Zündapp	1	2	38/42	48	1,3/4800	10	5,5	27,0	1	—	—	M	3	—	26 × 2,00	—	—	30	23	30	1,2	—

DEUTSCHE MOTORROLLER 1953

Typ	Motorenhersteller	Zylinderzahl	Arbeitsweise	Bohrung/Hub mm	Hubraum ccm	Leistung bei Drehzahl PS	Verg.-Ø mm	Verdichtung 1:	Literleistung PS/Ltr.	Gangzahl	Ges. Untersetzung	Art der Schaltung	Art d. Zündung	Lichtmasch.-Leistung W	Radstand mm	Bereifung	Vorderradfederung	Hinterradfederung	Leergewicht kg	Leistungsgewicht kg/PS	Höchstgeschwindigkeit km/h	Normverbr. l/100 km	Preis DM
Achilles Sport	F & S	1	2	57/58	147	6,5/4500	20	6,5	43	4	—	F	M	30	1250	3,50—10	–/Tele	E/S	125	19,2	85	2,2	1505.—
AMI-Sport	F & S	1	2	62/58	174	9,5/5250	24	6,6	55	4	—	F	M	45	1250	3,50—10	–/Tele	E/S	125	13,2	90	2,3	—
Bastert-Einspurauto	Jlo	1	2	58/66	173	7,6/4500	24	6,8	44	4	—	F	M	45	1410	3,50—13	E/Tele	Ju/Tele	140	18,5	80	3,0	2175.—
Faka-Tourist	Jlo	1	2	57/58	147	6,7/5000	24	6,2	46	3	—	F	M	60	1365	4,00—8	E/Tele	E/Schw	106	15,8	70	2,7	1570.—
Commodore	Jlo	1	2	58/66	173	7,6/5000	24	6,8	44	4	—	F	M	60	1365	4,00—8	E/Tele	E/Schw	125	16,5	85	3,0	1895.—
Commodore	Jlo	1	2	62/66	197	9,3/5000	26	6,7	56	4	—	F	B	60	1365	4,00—8	E/Tele	E/Schw	132	13,7	90	3,8	—
Fend-Flitzer	F & S	1	2	57/58	147	6/4500	20	6,5	41	3	—	L	M	30	1600	4,00—8	—	—	—	—	70	3,0	1850.—
Heinkel-Tourist	Heinkel	1	4	59/54,5	149	7,2/5200	18	6,7	48	3	5,3	L	B	45	1330	4,00—8	E/Tele	E/S	120	18,0	90	2,1	1790.—
Hoffmann-Vespa	Vespa	1	2	56,5 49,8	125	—	17	6,5	37	3	4,85	L	M	27	1130	3,50—8	E/S	E/S	94	20,4	75	2,5	1395.—
Isaria-Goggo 125	Jlo	1	2	52/58	123	5/5000	—	—	41	3	—	F	M	35	1319	4,00—8	E/Tele	E/S	105	21,0	70	2,2	1463.—
150	Jlo	1	2	57/58	147	6,7/5000	24	6,2	46	3	—	F	M	35	1332	4,00—8	E/S	E/S	115	17,1	80	2,3	1505.—
200	Jlo	1	2	62/66	197	9,5/5000	26	6,7	48	4	—	F	B	45	1352	4,00—8	E/S	E/S	125	13,1	90	2,8	1695.—
Kreidler R 50	Kreidler	1	2	38/44	50	2,2/5000	14	7,3	44	—	2	L	M	18	1160	23 × 2,25	E/Tele	—	58	26,4	50	1,7	865.—
Kroboth 150	F & S	1	2	57/58	147	6,5/4500	—	6,5	44	4	—	F	M	30	1250	4,00—8	E/Tele	—	110	16,9	80	2,5	1560.—
175	F & S	1	2	62/58	174	9,5/5250	24	6,6	55	4	—	F	M	45	1250	4,00—8	E/Tele	—	—	—	—	—	1670.—
Lutz R-3—C 2	Lutz	1	2	—	58	1/4000	—	—	17	1	5,1	—	M	3	—	3,50—8	—	—	55	55,0	—	—	890.—
R 175	Lutz	1	2	58/66	174	6/4800	18	6,5	35	2	—	F	M	60	1350	4,00—8	E/S	E/S	110	18,4	75	2,5	1425.—
Maicomobil	Maico	1	2	61/59,5	174	8,5/5000	22	7,0	49	4	6,1	F	B	45	1300	3,00—14	E/Tele	E/S	112	13,2	90	2,3	1785.—
Messerschmitt-Kabinenroller	F & S	1	2	62/58	174	9,5/5250	24	6,6	51	4	—	H	M	30	2037	4,00—8	—	—	175	18,4	80	2,3	2375.—
NSU-Lambretta	Lambretta	1	2	52/58	123	5,1/5200	16	6,1	42	3	5,18	L	M	25	1230	4,00—8	E/S	E/S	102	20,0	75	2,2	1545.—
Permo-Biene	Victoria	1	2	35/40	38,5	1/5000	—	—	26	2	—	L	M	3	1000	12,50-2,25	—	—	—	—	45	1,5	458.—
Pirol-Miranda	F & S	1	2	58/62	174	9,5/5250	24	6,6	55	4	—	F	M	45	1350	4,00—8	E/Tele	E/ST	—	—	90	2,3	1685.—
200	Küchen	1	2	60/70	198	6,5/4000	—	—	33	4	—	F	M	30	1310	4,00—8	E/S	E/S	93	14,3	80	2,8	1545.—
Progreß Strolch	F & S	1	2	57/58	147	6,5/4700	20	6,5	43	4	—	F	M	30	1400	3,25—16	E/S	E/S	130	—	80	2,2	1650.—
	F & S	1	2	62/58	174	9,5/5250	24	6,6	55	4	—	F	M	45	1400	3,25—16	E/S	E/S	135	—	90	2,3	1750.—
Puch RL 125	Puch	1	2	52/57	121	5/5100	18	6,5	41	3	6,6	L	M	30	1270	3,25—12	E/Tele	E/S	76	15,2	70	2,2	1650.—
Röhr-Rolletta	Jlo	1	2	62/66	197	9,5/5000	26	6,7	56	4	—	L	M	60	1400	3,50—12	E/Tele	E/S	130	13,7	90	2,8	1600.—
Servos	Victoria	1	2	35/40	38	1/5100	—	6,0	26	2	—	L	M	3	—	12¼ × 2,25	E/S	—	30	30	—	1,5	—
Sitta 125	Jlo	1	2	52/58	122	5,2/5500	—	—	42	3	—	F	M	45	1380	4,00—8	E/Tele	—	105	20,2	70	2,3	1375.—
150	Jlo	1	2	57/58	147	6,5/5000	24	6,2	44	3	—	F	M	45	1380	4,00—8	E/Tele	—	105	16,1	80	2,5	1415.—
175	Jlo	1	2	58/66	173	8/5000	24	6,6	46	4	—	F	M	45	1380	4,00—8	E/Tele	—	110	13,7	85	2,8	—
Streamliner	Jlo	1	2	57/58	147	6,5/5000	24	6,2	42	4	—	F	M	60	1380	3,50—12	E/Tele	—	—	—	—	—	—
Streamliner	Jlo	1	2	58/66	173	8,0/5000	24	6,6	44	4	—	F	M	60	1380	3,50—12	E/Tele	—	—	—	—	—	—
Streamliner	Jlo	1	2	62/66	197	9,5/5000	26	6,7	56	4	—	F	M	60	1380	3,50—12	E/Tele	—	130	13,7	100	3,3	—
Varel FF	Varel	1	2	—	43	0,8/3000	—	—	—	—	—	—	—	—	—	20—2,25	—	—	37	46,3	40	1,7	475.
Varelli	Mota	1	2	53/45	99	4,5/4800	—	6,0	—	3	—	F	M	18	—	2,50—16	/Tele	—	—	—	—	—	1150.
Venus 150	F & S	1	2	57/58	147	6,5/4700	20	6,5	43	4	—	F	M	30	—	4,00—8	–/Tele	–/Tele	—	—	—	—	1590.
175	F & S	1	2	62/58	174	9,5/5250	24	6,6	55	4	—	F	M	45	—	4,00—8	–/Tele	–/Tele	—	—	90	2,3	1690.
Victoria Peggy	Victoria	1	2	65/60	200	—	—	—	—	4	—	L	—	—	—	—	E/S	E/S	98	—	—	—	—
Zündapp Bella	Zündapp	1	2	57/58	146	7/4700	20	6,7	48	4	5,9	F	B	60	—	3,50—12	E/Tele	E/S	130	18,6	80	2,2	1650.
Bella	Zündapp	1	2	—	200	—	—	—	—	4	5,9	F	B	60	—	3,50—12	E/Tele	E/S	—	—	—	—	—

DEUTSCHE MOTORRÄDER 1956

Fabrikat und Type	Zylinderzahl	Arbeitsweise	Bohrung/Hub mm	Hubraum ccm	Leistung bei Drehzahl/Ps/U/min	Verg.-Ø mm	Verdichtungsverhältnis	Literleistung PS/l	Gangzahl	Gesamtübersetzung (Solo)	Art der Schaltung	Art der Zündung	Lichtmasch.-leistung W	Radstand mm	Bereifung vorn hinten	Vorderradfederung	Hinterradfederung	Leergewicht kg	Leistungsgewicht kg/PS	Höchstgeschwindigkeit (Werksangabe) km/h	Kraftstoff-Normverbr. l/100 km	Preis DM
Adler																						
M 100	1	2	50/50	98	4,1/5200	16	5,5	41,8	3	9,15	F	M	25/30	1200	2,75—19	E/S	E/Tele	87	21,2	70	1,8	895.—
MB 201	1	2	65/60	199	10,5/4750	22	5,7	53	4	5,59	F	M	35/40	1260	3,25—16	E/S	E/Tele	140	13,3	100	2,5	1595.—
MB 200	2	2	48/54	195	11,4/5450	19	5,75	58	4	6,27	F	B	60/90	1260	3,25—16	E/S	E/Tele	143	12,5	101	2,9	1785.—
MB 250	2	2	54/54	247	16,0/5600	22	5,75	65	4	5,57	F	B	60/90	1260	3,25—16	E/S	E/Tele	145	9,1	116,5	3,45	1985.—
MB 250 S	2	2	54/54	247	18/6200	22	6,6	73	4	5,57	F	B	60/90	1260	3,25—16	E/S	E/Tele	145	8,0	125	3,8	2316.50
Ardie																						
BD 176	1	2	60/61	172	10,5/5600	24		61,5	4	7,24	F	M	30	1325	3,00—19	E/Tele	E/S	112	11,8	100	2,5	1525.—
BD 201	1	2	64/61	194	12/5900	24		62	4	6,72	F	M	30	1325	3,00—19	E/Tele	E/S	121	10,5	105	2,8	1575.—
B 252	1	2	66/72	244	13/5240	27,5		50	4	6,32	F	B	60	1335	3,25—19	E/Tele	E/Tele	130	11,3	108	3,0	1595.—
B 252 Sport	1	2	66/72	244	14,3/5050	27,5		55,2	4	6,32	F	B	60	1335	3,25—19	E/Tele	E/Tele	138	10,4	110	3,2	1775.—
BZ 350	2	2	60/61	344	20/5000	24		57	4	5,17	F	B	60	1355	3,25—19	E/Tele	E/Tele	148	8,3	125	3,2	2115.—
BMW																						
R 25/3 Touren	1	4	68/68	245	13/5800	24	7,0	53	4	6,41	F	B	60	1365	3,25—18	E/Tele	E/Tele	150	11,5	119	2,9	1795.—
R 26 Sport	1	4	68/68	245	15/6400	26	7,5	61,2	4	6,4	F	B	60	1390	3,25—18	E/S	E/S	158	10,5	128	3,3	2150.—
R 50	2	4	68/68	490	26/5800	24	6,8	53	4	4,90	F	B	60/90	1415	3,50—18	E/S	E/S	195	7,5	140	4,1	3050.—
R 60	2	4	72/73	590	28/5600	24	6,5	47,4	4	4,49	F	B	60/90	1415	3,50—18	E/S	E/S	195	6,9	145	4,2	3235.—
R 67/3	2	4	72/73	590	28/5600	24	6,5	47,4	4	4,90	F	B	60/90	1400	3,50—19	E/Tele	E/Tele	192	6,8	145	4,6	3235.—
R 69	2	4	72/73	590	35/6800	26	8,0	59,3	4	4,90	F	B	60/90	1415	3,50—18	E/S	E/S	202	5,7	165	3,6	3950.—
DKW																						
RT 125	1	2	52/58	122,2	6,4/5600	20	6,1–6,3	52,3	3	7,67	F	B	45	1268	2,75—19	E/Tele	—	85,8	13,4	92	2,3	1045.—
RT 125 H	1	2	52/58	122,2	6,4/5600	20	6,1–6,3	52,3	3	7,83	F	B	45	1268	2,75—19	E/Tele	E/Tele	97	15,1	92	2,3	1175.—
RT 175 S	1	2	62/58	174	9,6/5000	24	6,1–6,3	55	4	6,49	F	B	60	1278	3,00—18	E/Tele	E/S	130	13,5	101	2,7	1475.—
RT 200 S	1	2	66/58	197	11/5000	24	6,3–6,5	56	4	6,12	F	B	60	1278	3,00—18	E/Tele	E/S	132	12	103,5	2,8	1525.—
RT 250	1	2	70/64	244	14,1/4700	27	6,1–6,3	57,8	4	5,94	F	B	70	1350	3,25—19	E/Tele	E/Tele	143	10,1	114	3,3	1590.—
RT 350	2	2	62/58	348	18,5/5000	26	6,3–6,5	52	4	5,35	F	B	90	1350	3,50—18	E/Tele	E/S	176	9,5	120	3,8	2250.—
Dürkopp																						
MD 150	1	2	53/60	149,8	7,5/5300	24	6,8	50	3	7,62	F	M	30	1295	2,75—19	E/Tele	—	107	14,3	90	2,5	1195.—[1]
MD 200	1	2	61/64	198	10,2/5500	26	6	52	3	7,24	F	M	30	1300	3,00—19	E/Tele	E/Tele	115	11,3	96	2,9	1475.—[1]
Horex																						
Regina 250	1	4	65/75	248	17/6640	26	7	64	4	6,56	F	B	60	1390	3,25—19	E/Tele	E/Tele	155	9,1	120	3,4	
Regina 350	1	4	69/91,5	342	19,4/6250	26	6,8	55	4	5,61	F	B	60	1390	3,50—19	E/Tele	E/Tele	160	8,2	126	3,7	
Regina 400	1	4	74,5/91,5	399	22/5750	27,5	6,8	55	4	5,32	F	B	60	1390	3,50—19	E/Tele	E/Tele	165	7,5	130	3,7	
Resident 250	1	4	77/53,4	248	18,5/7000	27,5	7,1	74	4	6,92	F	B	60	1350	3,25—18	E/S	E/S	150	9,2	120	3,3	2090.—
Resident 350	1	4	77/75	349	24/6260	27,5	7,1	65	4	5,68	F	B	60	1350	3,25—18	E/S	E/S	150	7	130	3,7	2150.—
Imperator	2	4	61,5/66	392	28/6670	24	7,5	61	4	5,7	F	B	60	1380	v.3,25–18 h.3,50–18	E/Tele [2]	E/S	175	8,0	135	4,5	2585.—[2]
Kreidler																						
K 50	1	2	38/44	50	2,2/5500	14	7,3	44	2	16,3	L	M	18	1160	26×2,00	E/Tele	—	45	20,5	55	1,5	598.—
K 51	1	2	38/44	50	2,2/5500	14	7,3	44	2	16,3	L	M	18	1160	26×2,00	E/Tele	—	45	20,5	55	1,5	640.—
Maico																						
175/S II	1	2	61/59,5	174	10,6/5200	26	7,4	61	4	6,71	F	B	45/60	1360	v.2,75–19 h.3,00–19	E/Tele	E/S	120	11,3	ca. 100	2,95	1395.—
M 200/S II	1	2	65/59,5	197	11/5000	26	7,5	56	4	6,71	F	B	45/60	1360	v.2,75–19 h.3,00–19	E/Tele	E/S	120	10,9	ca. 100	3,1	1445.—
M 250/S II Blizzard	1	2	67/70	247	14/5000	26	6,8	56,5	4	6,06	F	B	45/60	1330	v.3,00–18 h.3,25–18	E/S	E/S	136	9,7	110	3,3	1790.—
Taifun 350	2	2	61/59,5	348	19,5/5100	26	8	56	4	5,31	F	B	60/90	1300	3,50—18	E/S	E/S	180	9,25	125	3,5	2260.—
Taifun 400	2	2	65/59,5	395	22,5/5250	26	8	57	4	5,31	F	B	60/90	1300	3,50—18	E/S	E/S	180	8,0	130	3,6	2350.—
NSU																						
Superfox	1	4	52/58	123	8,8/6500	20	8,5	71,5	4	8,65	F	B	45	1285	2,75—19	E/S	E/S	132	15	95	2,7	1420.—
Superlux	1	2	62/66	198	11/5200	24	6,0	55	4	6,86	F	B	60	1320	3,00—19	E/S	E/S	152	13,8	102	3,3	1595.—
Max	1	4	69/66	247	17/6500	26	7,4	69	4	6,78	F	B	60	1320	3,25—19	E/S	E/S	165	9,7	126	3,2	1990.—
Puch																						
MS 50	1	2	38/43	49	1,8/4600	12	6,5	36,8	2	14,8	L	M	17	1160	23×2,00	E/Tele	E/S	39	21,8	50	1,4	670.—
175 SV	1	2	2×42/62	172	10/5800	24	6,5	58	4	6,46	F	B	50	1265	3,25—16	E/Tele	E/S	103	10,3	100	2,7	1495.—
175 SVS	1	2	2×42/62	172	12,3/6200	2×22	6,5	71,5	4	6,46	F	B	50	1265	3,25—16	E/Tele	E/S	104	8,5	110	2.9	1595.—
250 SG	1	2	2×45/78	246	14/5800	32	6,5	55,5	4	5,4	F	B	60	1345	3,50—16	E/Tele	E/S	135	9,8	105	3,1	1895.—
250 SGS	1	2	2×45/78	246	17/6000	32	6,5	66,5	4	5,4	F	B	60	1345	3,50—16	E/Tele	E/S	135	8,2	122	3,3	1995!—
250 SGA	1	2	2×45/78	246	14/5800	32	6,5	55,5	4	5,4	F	B	60	1345	3,50—16	E/Tele	E/S	135	9,8	105	3,1	
250 SGSA	1	2	2×45/78	246	17/6000	32	6,5	66,5	4	5,4	F	B	60	1345	3,50—16	E/Tele	E/S	135	8,2	122	3,3	
Triumph																						
BDG 125 L	1	2	2×35,5/62	123	6,5/4800	20	6,4	53	4	7,3	F	B	60	1300	2,75—19	E/Tele	E/Tele	103	15,8	80	2,16	1265.—
Cornet	1	2	2×45/62	197	10,1/5000	26	6,5	51	4	6,39	F	B	60	1300	3,00—19	E/Tele	E/S	121,5	12,0	102,5	2,8	1595.—[3]
BDG 250 SL	1	2	2×45/78	248	12/4000	26	6,2	48	4	5,38	F	B	60	1330	3,25—19	E/Tele	E/Tele	152	12,6	106	3,2	1675.—
Boss	2	2	2×53/78	344	16/3800	24	6,1	47	4	4,76	F	B	60	1330	3,50—19	E/Tele	E/Tele	177	11,0	120	4,6	1995.—
Victoria																						
Swing	1	2	65/60	197	11,3/5300	24	7,2		4		L el.	B	60	1260	3,25—16	E/S	E/S			100	2,8	1385.—
KR 26N Aero	1	2	67/70	245	14/5250	24	7,2	57	4	5,61	F	B	60	1365	3,25—18	E/Tele	E/Tele	140	10,0	110	3,1	1795.—
Bergmeister	2	4	64/54	345	21/6300	26	7,5	61	4	5,88	F	B	60	1400	3,50—19	E/Tele	E/Tele	166	7,9	135	3,2	2475.—
Zündapp																						
175 S	1	2	60/62	174	10,5/5400	24	6,8	60	4	6,00	F	B	60/90	1300	v.3,00–16 h.3,25–16	E/Tele	E/S	131	12,5	95	3,2	1475.—
200 S	1	2	64/62	197	12/5400	24	6,5	60	4	6,00	F	B	60/90	1300	3,25—16	E/Tele	E/S	131	10,0	100	3,3	1525.—
Elastic 250	1	2	67/70	246	13/5200	26	6,7	53	4	6,12	F	B	60/90	1350	v.3,00–19 h.3,25–19	E/Tele	E/S	147	11,3	100	3,3	1495.—
KS 601	2	4	75/67,6	597	28/4700	25	6,7	47	4	4,87	F	B	60/90	1415	3,50—19	E/Tele	E/Tele	224	8,0	140	5,8	3125.—
KS 601 S	2	4	75/67,6	597	33,5/6100	25	7,3	56	4	4,87	F	B	60/90	1415	3,50—19	E/Tele	E/Tele	208	5,6	150	5,3	3225.—

FAHRWERKE MIT EINBAUMOTOR 1956

Fabrikat und Type	Motoren-hersteller	Zylinderzahl	Arbeitsweise	Bohrung/Hub mm	Hubraum ccm	Leistung bei Drehzahl/PS U/min	Vergaser-durchlaß mm	Verdichtungs-verhältnis	Literleistung PS/l	Gangzahl	Gesamtüber-setzung(Solo)	Art der Schaltung	Art d. Zündung	Lichtmasch.-leistung W	Radstand mm	Bereifung vorn hinten	Vorderrad-federung	Hinterrad-federung	Leergewicht kg	Leistungs-gewicht kg/PS	Höchstge-schwindigkeit (Werksang.) km/h	Kraftstoff-Normverbr. l/100 km	Preis DM
AWD																							
SZ 125	Jlo	1	2	52/58	122	6/5500	17	6,5	49	3	7,66	F	B	35/45	1300	2,50–19	Tig/Tele	Ju/Tele	86	14,3	75	2,6	1245.–
SZ 150	F & S	1	2	57/58	146	6,5/4700	20	6,5	44	4	6,64	F	M	30	1300	2,75–19	Tig/Tele	Ju/Tele	96	16,5	80	2,6	1395.–
SZ 175–1	Jlo	1	2	58/66	173	9,6/5050	24	6,8	55	4	6,56	F	B	45/60	1300	2,75–19	Tig/Tele	Ju/Tele	106	11,0	90	2,8	1525.–
SZ 175–2	F & S	1	2	62/58	173	9,5/5250	24	6,5	55	4	6,64	F	M	45	1300	2,75–19	Tig/Tele	Ju/Tele	106	12,5	90	2,8	1525.–
SZ 200	Jlo	1	2	62/66	197	11/5000	26	6,6	56	4	6,56	F	B	45/60	1330	3,00–19	Tig/Tele	Ju/Tele	116	11,4	100	3,0	1585.–
SZ 250	Jlo	1	2	65/75	247	12,8/4750	27,5	6,8	52	4	5,9	F	B	45/60	1360	3,25–19	E/Tele	Ju/Tele	129	10,6	110	3,3	1795.–
SZ 252	Jlo	2	2	52/58	244	15,1/6000	24	6,9	62	4	5,4	F	B	45/60	1360	3,25–19	E/Tele	Ju/Tele	135	9,6	114	3,6	2060.–
Bastert																							
B/SM 51	F & S	1	2	57/58	146	6,5/4700	20	6,5	44	4	6,41	F	M	30	1270	2,75–19	E/Tele	Ju/Tele	98	15,1	85	2,5	1293.–
BS/M 175	F & S	1	2	62/58	173	9,5/5250	24	6,5	55	4		F	M	45	1270	3,00–19	E/Tele	Ju/Tele	105	11,7	85	3,0	1395.–
B/M 200	Jlo	1	2	62/66	197	11/5000	26	6,6	56	4		F	B	45/60	1300	3,25–19	E/Tele	Ju/Tele	118	10,7	95	3,5	1495.–
Bismarck																							
LM 98 k	F & S	1	2	48/54	97	3/4500	16,5	6,0	31	2		L	M	20	1210	2,50–19	E/Tele	—	64	21,4	55	1,5	850.–
Bücker																							
TZ 200	Jlo	1	2	62/66	197	11/5000	26	6,6	56	4	6,4	F	B	45/60	1300	3,00–19	E/Tele	Ju/Tele	115	10,0	100	2,8	1350.–
TZ 200/S	Jlo	1	2	62/66	197	11/5000	26	6,6	56	4	6,4	F	B	45/60	1300	3,00–19	E/Tele	E/S	115	10,0	100	2,8	1560.–
Jlona II	Jlo	2	2	52/58	244	15,1/6000	24	6,9	62	4	5,4	F	B	45/60	1360	3,25–19	E/Tele	Ju/Tele	145	9,6	115	3,2	1880.–
Jlona II/S	Jlo	2	2	52/58	244	15,1/6000	24	6,9	62	4	5,4	F	B	45/60	1310	3,50–16	E/Tele	E/S	145	9,6	115	3,2	1980.–
Expreß																							
Radex 101	F & S	1	2	48/54	97	4,8/5250	20	6,0	52	3	8,56	L	M	30	1260	v.2,50–19 h.2,75–19	E/Tele	—	86	16,5	75	2	979.–
SL 107	F & S	1	2	48/54	97	3/4500	16,5	6,0	31	2	10,3	L	M	17	1275	26×2,50	E/Trapez	—	71	23,7	60	1,5	698.–
SDL 108	F & S	1	2	48/54	97	3/4500	16,5	6,0	31	2	10,3	L	M	17	1275	26×2,50	E/Trapez	—	69	23,0	60	1,5	713.–
Radex 125	Jlo	1	2	52/58	122	6/5500	17	7,0	49	3	7,3	F	B	35/45	1255	2,50–19	E/Tele	Ju/Tele	92	15,3	75	2,5	1098.–
Radex 154	F & S	1	2	57/58	146	6,5/4700	20	6,5	44	4	6,19	F	M	30	1275	3,25–16	E/S	E/S	129	19,8	80	2,2	1490.–
Radex 175 S	F & S	1	2	62/58	173	9,5/5250	24	6,5	55	4	6,19	F	M	45	1275	3,25–16	E/S	E/S	132	13,9	90	2,3	1585.–
Radex 201	Jlo	1	2	62/66	197	11/5000	26	6,6	56	4	6,73	F	B	45/60	1295	3,50–16	E/S	E/S	137	12,5	95	2,4	1685.–
Radex 255	Jlo	2	2	52/58	244	15,1/6000	24	6,8	62	4	6,4	F	B	45/60	1330	3,50–16	E/S	E/S	163	10,8	110	3,2	2110.–
Göricke																							
Gö 98 TH	F & S	1	2	48/54	97	3/4500	16,5	6,0	31	2	10,3	L	M	17		26×2,25	Tele	—	68	22,7	60	1,5	767.–
Gö 100 K	F & S	1	2	48/54	97	3/4500	16,5	6,0	31	2		L	M	20		23×2,50	Tele	—	73	24,4	60	1,5	887.5
Gö 150 S	F & S	1	2	57/58	146	6,5/4700	20	6,5	44	4	6,28	F	M	30		3,25–16	E/Tele	E/S	129	19,8	80	2,2	1375.–
Gö 175 S	F & S	1	2	62/58	173	9,5/5250	24	6,5	55	4	6,2	F	M	45		3,25–16	E/Tele	E/S	117	12,3	90	2,3	1440.–
Hecker																							
K 175 V	Jlo	1	2	58/66	173	9,6/5050	24	6,8	55	4	6,5	F	B	45/60	1315	3,00–19	E/Tele	E/S	119	12,4	88	2,3	1565.–
K 175 S	F & S	1	2	62/58	173	95,/5250	24	6,5	55	4	6,6	F	M	45	1315	3,00–19	E/Tele	E/S	119	12,5	90	2,3	1545.–
K 200	Jlo	1	2	62/66	197	11/5000	26	6,6	56	4	6,5	F	B	45/60	1375	3,00–19	E/Tele	Ju/Tele	119	10,8	93	2,4	1495.–
K 250 Z	Jlo	2	2	52/58	244	15,1/6000	24	6,8	62	4	6,15	F	B	45/60	1340	3,25–19	E/Tele	Ju/Tele	153	10,1	110	3,2	1945.–
Hercules																							
316	F & S	1	2	48/54	97	3/4500	16,5	6,0	31	2	9,5	L	M	20	1245	2,50×19	E/Trapez	—	74	22,0	50	1,9	840.–
320	F & S	1	2	62/58	173	10/5250	24	6,5	55	4	6,62	F	M	45	1300	3,00–19	E/Tele	E/S	125	11,4	85	2,6	1485.–
321	Jlo	1	2	62/66	197	11/5000	26	6,6	56	4	6,5	F	B	45/60	1300	3,00–19	E/Tele	E/S	129	12,2	94	2,7	1497.–
322	Jlo	2	2	52/58	244	15,1/6000	24	6,8	62	4	6,15	F	B	45/60	1320	3,25–19	E/Tele	E/S	159	9,3	105	3,25	1885.–
A 175*	F & S	1	2	62/58	173	9,5/5250		6,5		4	6,04	F	M	90	1300	3,00/ 3,25–16	E/Tele	E/S	140		90	2,4	1565.–
K 175	F & S	1	2	62/58	173	10/5250		6,5		4	6,04	F	M	45	1300	3,00/ 3,25–16	E/Tele	E/S	134		90	2,4	1520.–
K 100	F & S	1	2	48/54	97	5,2/5250		6,0		3		L				3,00–16	E/S	E/S	89		80	2,2	984.–
* elektr. Anl.																							
Mammut																							
249		1	2	48/54	98	3/4000	16,5	6,0	31	2	10,3	L	M	17	1265	2,50–19	Tele	—	76	25,3	6	1,5	885.–
257	F & S	1	2	57/58	146	6,5/4700	20	6,5	44	4		F	M	30	1260	2,75–19	KPZ/Tele	—	96	14,8	80	2,2	1332.–
258	F & S	1	2	62/58	173	9,5/5250	24	6,5	55	4		F	M	45	1260	3,00–19	KPZ/Tele	Ju/Tele	117	12,3	85	2,3	1590.–
261	Jlo	1	2	62/66	197	11/5000	26	6,6	56	4		F	B	45/60	1260	3,00–19	KPZ/Tele	Ju/Tele	118	10,7	88	2,6	1645.–
Mars																							
SP 100	F & S	1	2	48/54	97	3/4500	16,5	6,0	31	2		L	M	17		23×2,50	Tig/Tele	—	67	22,4	60	1,5	788.–
SK 100	F & S	1	2	48/54	97	3/4500	16,5	6,0	31	2		L	M	17		23×2,50	Tig/Tele	—	65	21,7	60	1,5	898.–
Stella175DS	F & S	1	2	62/58	173	9,5/5250	24	6,5	55	4		F	M	45	1270	3,25×16	E/S	E/S	114	12,0	90	2,3	1538.–
Meister																							
M 49 S	F & S	1	2	48/54	98	3/4000	16,5	6,0	31	2	10,3	L	M	17	1265	2,50–19	Tele	—	76	25,3	60	1,5	885.–
M 57 S	F & S	1	2	57/58	146	6,5/4700	20	6,5	44	4		F	M	30	1260	2,75–19	KPZ/Tele	—	96	14,8	80	2,2	1332.–
M 58 S	F & S	1	2	62/58	174	9,5/5250	24	6,5	55	4		F	M	45	1260	3,00–19	KPZ/Tele	Ju/Tele	117	12,3	85	2,3	1590.–
M 61 J	Jlo	1	2	62/66	197	11/5000	26	6,6	56	4		F	B	45/60	1260	3,00–19	KPZ/Tele	Ju/Tele	118	10,7	88	2,6	1645.–
Panther																							
TS 98	F & S	1	2	48/54	97	3/4500	16,5	6,0	31	2	9,13	L	M	17	1240	26×2,25	Trapez	—	71	23,7	60	1,9	735.–
KS 99	F & S	1	2	48/54	97	3/4500	16,5	6,0	31	2		L	M	17	1260	2,50–19	E/Tele	—	78	26,0	60	1,9	835.–
KS 151/152	F & S	1	2	57/58	146	6,5/4700	20	6,5	44	4		F	M	30	1300	3,00–19	E/Tele	Ju/Tele	105	16,2	80	2,2	1365.–
KS 175/176	F & S	1	2	62/58	173	9,5/5200	24	6,5	55	4		F	M	45	1330	3,00–19	E/Tele	Ju/Tele	110	12,2	90	2,3	1485.–
Phänomen																							
72		1	2	48/54	98	3/4000	16,5	6,0	31	2	10,3	L	M	17	1265	2,50–19	Tele	—	76	25,3	60	1,5	885.–
75	F & S	1	2	57/58	146	6,5/4700	20	6,5	44	4		F	M	30	1260	2,75–19	KPZ/Tele	—	96	14,8	80	2,2	1332.–
76	F & S	1	2	62/58	173	9,5/5250	24	6,5	55	4		F	M	45	1260	3,00–19	KPZ/Tele	Ju/Tele	117	12,3	85	2,3	1590.–
81	Jlo	1	2	62/66	197	11/5000	26	6,6	56	4		F	B	45/60	1260	3,00–19	KPZ/Tele	Ju/Tele	118	10,7	88	2,6	1645.–
Rabeneick																							
GD 150	F & S	1	2	57/58	146	6,5/4700	20	6,5	44	4	6,64	F	M	45	1325	3,00–19	E/Tele	E/Tele	107	16,5	75	2,2	1370.–
LS 175	F & S	1	2	62/58	173	9,5/5250	24	6,5	55	4	6,64	F	M	45	1325	3,00–19	E/Tele	E/Tele	119	12,5	90	2,3	1420.–
LJ 200	Jlo	1	2	62/66	197	11/5000	26	6,6	56	4	6,11	F	B	45/60	1320	3,00–19	E/Tele	E/Tele	125	10,7	95	2,8	1480.–
F250/2 Luxus	Jlo	2	2	52/58	244	15,1/6000	24	6,8	62	4	6,26	F	B	45/60	1315	3,25–19	E/Tele	E/Tele	150	9,2	116	3,5	1940.–
Rixe																							
K 98–50	F & S	1	2	48/54	97	3/4500	16,5	6,0	31	2		L	M	20	1230	2,50–19	KPZ/Tele	—	73	24,4	64	1,5	790.–
R 175	F & S	1	2	62/58	173	9,5/5250	24	6,5	55	4		F	M	45	1290	3,00–19	E/Tele	E/Tele	107	11,2	90	2,4	1325.–
RS 175	F & S	1	2	62/58	173	9,5/5250	24	6,5	55	4		F	M	45	1320	3,00–19	E/Tele	E/S	—		90	2,8	1425.–
RS 250/2	Jlo	2	2	52/58	244	15,1/6000	24	6,8	62	4		T	B	45/60	1320	3,25–18	E/Tele	E/S	150	10,0	115	3,2	1795.–
UT																							
TS 175 F	F & S	1	2	62/58	173	9,5/5250	24	6,5	55	4	6,5	F	M	45	1300	3,00–19	E/S	E/S	125	13,2	95	2,8	1550.–
TS 175 J	Jlo	1	2	58/66	173	9,6/5050	24	6,8	55	4	6,6	F	B	45/60	1325	3,00–19	E/S	E/S	130	13,5	95	2,8	1550.–
TS 200	Jlo	1	2	62/66	197	11/5000	26	6,6	56	4	6,04	F	B	45/60	1400	3,00–19	E/S	E/S	130	11,8	104	—	1580.–
TS 252	Jlo	2	2	52/58	244	15,1/6000	24	6,8	62	4	6,15	F	B	45/60	1325	3,25–19	E/S	E/S	140	9,3	110	—	1920.–

DEUTSCHE MOTORRÄDER 1959

Fabrikat und Type	Zylinderzahl	Arbeitsweise	Bohrung/Hub mm	Hubraum ccm	Leistung bei Drehzahl/PS U/min	Verg.-Ø mm	Verdichtungs-verhältnis	Literleistung PS/l	Gangzahl	Gesamtübersetzung (Solo)	Art der Schaltung	Art. d. Zündung	Lichtmasch.-leistung W	Radstand mm	Bereifung vorn hinten	Vorderrad-federung	Hinterrad-federung	Leergewicht kg	Leistungs-gewicht kg/PS	Höchstgeschwindigk. (Werksangabe) km/h	Kraftstoff-Normverbr. l/100 km	Preis DM
BMW																						
R 26	1	4	68/68	245	15/6400	26	7,5	61,2	4	6,4	F	B	60/90	1390	3,25–18	S	S	158	10,5	128	3,9	2150.—
R 50	2	4	68/68	490	26/5800	24	6,8	53	4	4,90	F	B	60/90	1415	3,50–18	S	S	195	7,5	140	5,2	3050.—
R 60	2	4	72/73	590	28/5600	24	6,5	47,4	4	4,49	F	B	60/90	1415	3,50–18	S	S	195	6,9	145	5,3	3235.—
R 69	2	4	72/73	590	35/6800	26	7,5	59,3	4	4,90	F	B	60/90	1415	3,50–18	S	S	202	5,7	165	5,4	3950.—
VEB Simson/ Suhl (DDR)																						
Simson 425 S	1	4	68/68	247	14/6300	26	7,2	56,2	4	6,37	F	M	45/60	1374	3,25–18	Tele	S	162	11,6	110	3,7	
Simson 425	1	4	68/68	247	12/5500	22	6,7	48,5	4	6,37	F	M	45/60	1361	3,25–19	Tele	Tele	146	12,2	100	3,3	
DKW																						
RT 175 VS	1	2	62/58	174	9,6/5000	24	6,1–6,3	55	4	6,49	F	B	60	1278	3,00–18	S	S	132	13,7	101	2,7	1645.—
RT 200 VS	1	2	66/58	197	11/5000	24	6,3–6,5	56	4	6,12	F	B	60	1278	3,00–18	S	S	134	12,2	111	2,8	1695.—
Dürkopp																						
MD 176	1	2	60/61	172	10,5/5600	24		61,5	4	7,24	F	M	30	1325	3,00-19	Tele	S	112	11,8	100	2,5	1525.—
Horex																						
Resident 250	1	4	77/53,4	247	18,5/7110	27,5	7,1	72	4	6,92	F	B	60/90	1350	3,25–18	S	S	170	—	120	3,3	2195.—
Resident 350	1	4	77/75	349	24/6250	27,5	7,1	65	4	5,67	F	B	60/90	1350	3,50–18	S	S	170	—	130	3,7	2260.—
Imperator 450	2	4	66/66	452	30/5700	28	8		4	5,71	F	B	45/60	1380	3,25–18 3,50–18	S	S	196	—	145	5,5	2940.—
Kreidler Florett	1	2	40/39	50	3/5500	14	8,5	60	3	11,5	L	M	17	1200	23x2,50	S	S	64	21,3	65	1,6	838.—
Maico																						
M 175 Geländesport	1	2	61/59,5	174	15,5/6400	26	9	89	4	8,35	F	B	45/60	1330	3,00–21 v. 3,25–19h.	S od. Tele	S	138	8,9	—	—	1885.—
M 175 Moto Cross	1	2	61/59,5	174	16/6400	26	9	92	4	11,35	F	B	—	1330	3,00–21 v. 3,25–19h.	S od. Tele	S	132	8,25	—	—	2285,—
M 250 Geländesport	1	2	67/70	247	17/5800	26	8,3	68,9	4	6,3	F	B	45/60	1330	3,00–21 v. 3,25–19h.	S od. Tele	S	140	8,25	—	—	1985.—
M 250 Moto Cross	1	2	67/70	247	18/6000	26	9	73	4	9,75	F	B	—	1330	3,00–21 v. 3,25–19h.	S od. Tele	S	134	7,45	—	—	2385.—
M 277 Geländesport	1	2	71/70	277	17,6/5800	26	8,3	63,5	4	6,3	F	B	45/60	1330	3,00–21 v. 3,25–19h.	S od. Tele	S	140	7,96	—	—	
M 277 Moto Cross	1	2	71/70	277	18,5/6000	26	9	66,8	4	9,75	F	B	—	1330	3,00–21 v. 3,25–19h.	S od. Tele	S	134	7,25	—	—	
Motorradwerk Zschopau (DDR)																						
MZ 125/2	1	2	52/58	123	6,0/5200	20	7,25	51	3		F	B	35/45	1250	2,75–19	Tele	Tele	90		88	2,3	950.—
MZ ES 175	1	2	58/65	172	11/5000	27	7,5	55	4		F	B	45/60	1325	3,25–16	S	S	141	14,2	ca. 100	3,6	1395.—
MZ ES 250	1	2	70/65	250	14,5/5000	27	7,0	54,5	4	5,02	F	B	45/60	1325	3,25–16	S	S	150	10,1	114	3,2	1590.—
NSU Maxi	1	4	62/58	174	12,5/6500	22	8,0	71	4	7,44	F	B	45	1285	3,25–18	S	S	137	10,5	110	2,6	1648.—
Supermax	1	4	69/66	247	18/7000	26	7,4	72	4	6,78	F	B	60	1320	3,25–19	S	S	174	9,7	126	3,2	2076.—
Puch																						
175 SV	1	2	2x42/62	172	10/5800	24	6,5	58	4	6,46	F	B	50	1265	3,25–16	Tele	S	103	10,3	100	2,7	1440.—
175 SVS	1	2	2x42/62	172	12,3/6200	2x22	6,5	71,5	4	6,46	F	B	50	1265	3,25–16	Tele	S	104	8,5	110	2,9	1540.—
250 SG	1	2	2x45/78	246	14/5800	32	6,5	55,5	4	5,4	F	B	60	1345	3,50–16	Tele	S	135	9,8	105	3,1	1725.—
250 SGS	1	2	2x45/78	246	17/6000	32	6,5	66,5	4	5,4	F	B	60	1345	3,50–16	Tele	S	135	8,2	122	3,3	1830.—
250 SGA	1	2	2x45/78	246	14/5800	32	6,5	55,5	4	5,4	F	B	60	1345	3,50–16	Tele	S	135	9,8	105	3,1	
250 SGSA	1	2	2x45/78	246	17/6000	32	6,5	66,5	4	5,4	F	B	60	1345	3,50–16	Tele	S	135	8,2	122	3,3	
Victoria																						
Avanti K	1	2	38/42	47	2,54/6000		7,2		3		L			1150	23x2,50	S	S	57		55	1,8	775.—
Zündapp																						
Falconette	1	2	39/41,8	50	2,5/4200	13	6,5	50	3	11,8	F	M	15		23x2,50	S	S	55		55	1,8	818.—
175 S Trophy	1	2	60/62	174	10,5/5400	24	6,8	60	4	6,00	F	B	60/90	1300	3,25–16	Tele	S	131	12,4	95	3,2	1575.—
201 S Trophy	1	2	62/64	197	12/5400	24	6,5	61	4	6,00	F	B	60/90	1300	3,25–16	S	S	131	10,9	100	3,8	1626.—
250 S Trophy	1	2	67/70	248	14/5500	36	7,0	56	4	5,72	F	B	60/90	1260	3,25–16	S	S	136		110	3,8	1795.—

Fabrikat und Type		Zylinderzahl	Arbeitsweise	Bohrung/Hub mm	Hubraum ccm	Leistung bei Drehzahl/PS U/min	Verg.-Ø mm	Verdichtungs-verhältnis	Literleistung PS/l	Gangzahl	Gesamtübersetzung (Solo)	Art der Schaltung	Art. d. Zündung	Lichtmasch.-leistung W	Radstand mm	Bereifung vorn hinten	Vorderrad-federung	Hinterrad-federung	Leergewicht kg	Leistungs-gewicht kg/PS	Höchstgeschwindigk. (Werksangabe) km/h	Kraftstoff-Normverbr. l/100 km	Preis DM
AWD																							
SZ 125	Jlo	1	2	52/58	122	6/5500	17	6,5	49	3	7,66	F	B	35/45	1300	2,50–19	Tele	Tele	86	14,3	75	2,6	1245.—
SZ 150	F & S	1	2	57/58	146	6,5/4700	20	6,5	44	4	6.64	F	M	30	1300	2,75–19	Tele	Tele	96	16,5	80	2,6	1395.—
SZ 175-1	Jlo	1	2	58/66	173	9,6/5050	24	6,8	55	4	6,56	F	B	45/60	1300	2,75–19	Tele	Tele	106	11,0	90	2,8	1525.—
SZ 175-2	F & S	1	2	62/58	173	9,5/5250	24	6,5	55	4	6,64	F	M	45	1300	2,75–19	Tele	Tele	106	12,5	90	2,8	1525.—
SZ 200	Jlo	1	2	62/66	197	11/5000	26	6,6	56	4	6,56	F	B	45/60	1330	3,00–19	Tele	Tele	116	11,4	100	3,0	1585.—
SZ 250	Jlo	1	2	65/75	247	12,8/4750	27,5	6,8	52	4	5,9	F	B	45/60	1360	3,25–19	Tele	Tele	129	10,6	110	3,3	1795.—
SZ 252	Jlo	2	2	52/58	244	15,1/6000	24	6,9	62	4	5,4	F	B	45/60	1360	3,25–19	Tele	Tele	135	9,6	114	3,6	2060.—
Expreß																							
Radex 102	F & S	1	2	48/54	97	5,2/5250	20	6,0	52	8,56	3	L	M	30	1195	3,00–16h. 2,50–16 v.	S	S	93	15,0	80	2,0	1050.—
Göricke																							
Gö 100 S 57	F & S	1	2	48/54	97	5,2/5250	20	6,0	52	3	7,92	L	M	30		2,50–16	S	S			75	2,2	1125.—
Gö 175 S 54	F & S	1	2	62/58	173	9,5/5250	24	6,5	55	4	6,2	F	M	45		3,25–16	Tele	S	117	12,3	90	2,3	1440.—
Gö 50 K	F & S	1	2	38/42	47	2,2/6300	24	6		3	9,06	L	M	17		23x2,25	S	S	52		60	1,8	765.—
Gö 50 K 2	F & S	1	2	38/42	47	2,2/6300	12	6		3	9,06	L	M	17		23x2,50	S	S	52		60	1,8	865.—
Hercules																							
K 100	F & S	1	2	48/54	97	5,2/5250	20	6,0	52	3	7,92	L	M	30	1180	3,00–16	S	S	89	17,1	80	2,2	996.—
K 175 S	F & S	1	2	62/58	173	10/5250	24	6,5	55	4	6,04	F	M	45	1300	3,00–18 v. 3,25–18h.	Tele	S	134	13,4	90	2,4	1575.—
218 K	F & S	1	2	38/42	47	2,2/6300				3		L		17	1115	23x2,25	S	S	54		60		774.—
Horex																							
Rebell 100	F & S	1	2	48/54	97	5,2/5500	20	6,0	52	3	7,95	L	M	30	1165	3,00–16	S	S	87	16,7	80	2,2	1048.—
Panther																							
KS 176	F & S	1	2	62/58	173	9,5/5200	24	6,5	55	4		F	M	45	1330	3,00–19	Tele	Tele	110	12,2	90	2,3	1300.—
KS 175 S	F & S	1	2	62/58	173	9,5/5200	24	6,5	55	4		F	M	45	1330	3,00–19	Tele	S	110	12,2	90	2,3	1400.—
Rixe																							
K 98-50	F & S	1	2	48/54	97	3/4500	16,5	6,0	31	2		L	M	20	1230	2,50–19	Tele	—	73	24,4	65	1,5	790.—
RS 175	F & S	1	2	62/58	173	9,5/5250	24	6,5	55	4		F	M	45	1320	3,00–19	Tele	S			90	2,8	1425.—
RS 100/3	F & S	1	2	48/54	98	5,2/5500	6	6,0		3		L	M	30	1200	3,00–16	S	S	91		70	2,0	1025.—
UT																							
VS 100	F & S	1	2	48/54	97	5,2/5250	20	6,0	52	3	7,92	L	M	30	1185	3,00–16	S	S			80	2,2	1080.—
TS 175	F & S	1	2	62/58	173	9,5/5250	24	6,5	55	4	6,5	F	M	45	1300	3,00–19	S	S	125	13,2	95	2,8	1490.—
TS 252	Jlo	2	2	52/58	244	15,1/6000	24	6,8	62	4	6,15	F	B	45/60	1325	3,25–19	S	S	140	9,3	110		1980.—
Viktoria																							
Avanti 100	F & S	1	2	48/54	97	5,2/5250	20	6,0	52	3	8,56	L	M	30	1195	3,00–16h. 2,50–16 v.	S	S	93	15,0	80	2,0	1050.—

DEUTSCHE MOTORRÄDER 1960

Fabrikat	Typ	Arbeitsweise	Zylinderzahl	Bohrung mm	Hub mm	Leistung	bei Drehzahl	Primärantrieb	Gangzahl	Schaltung	Hinterradantrieb	Rahmen	Vordergabel	Hinterradfederung	Bereifung	Eigengewicht	Geschwindigkeit	Normverbrauch	Richtpreis
50 ccm Steuer: frei, Versicherung: DM 22.–																			
Dürkopp	Mokick	2	1	38	43	3,6	4500	Ke	3	H	Ke	Pr	S	S	23x2,50	65	70	—	—
Goebel	GS 11	2	1	38	42	3,2	6800	Za	3	H	Ke	Pr	S	S	21x2,75	64	65	1,9	—
Göricke	346	2	1	38	42	3,2	6800	Za	3	H	Ke	Pr	LS	S	23x2,50	65	65	—	940.–
Hercules	220 K	2	1	38	42	3,2	6800	Za	3	H	Ke	Pr	LS	S	23x2,50	62	65	2,3	—
Kreidler	Florett	2	1	40	39,7	3,6	6000	Za	3	H	Ke	Pr	LS	S	23x2,50	73	70	1,8	928.–
Miele	K 53	2	1	38	42	3,2	6800	Za	3	H	Ke	Pr	LS	S	23x2,50	—	65	—	948.–
Panther	K 9	2	1	48	42	3,2	6800	Za	3	H	Ke	R	LS	S	21x2,75	—	65	—	944.–
Puch	DZ 50 SK 2	2	1	38	43	2,6	7400	Za	3	H	Ke	Pr	Te	S	23x2,50	68	58	1,6	–.–
Rex	Silberpfeil	2	1	40	39,5	3,6	6000	Za	3	H	Ke	Pr	LS	S	21x2,75	68	70	1,8	965.–
Zündapp	Falconette	2	1	—	—	3,6	—	Za	3	F	Ke	—	—	—	21x2,75	—	65	—	–.–
	KS 50	2	1	—	—	4,2	—	Za	4	F	Ke	—	—	—	21x2,75	—	75	—	—
Zweiradunion	155	2	1	40	39	3,7	6800	Za	3	H	Ke	Pr	LS	S	20x2,75	74	70	1,7	998.–
75 ccm Steuer: DM 11.–, Versicherung: DM 22.–																			
Zündapp	KS 75	2	1	—	—	5,6	—	—	4	F	Ke	—	—	—	21x2,75	—	80	—	—
100 ccm Steuer: DM 15.–, Versicherung: DM 22.–																			
Göricke	Gö 100 S 57	2	1	48	54	6,6	5750	Ke	3	F	Ke	R	LS	S	3,00–16	100	85	2,2	1195.–
Hercules	K 100	2	1	48	54	5,2	5250	Ke	3	H	Ke	R	LS	S	3,00–16	89	75	—	—
	K 101	2	1	48	54	6,6	5750	Ke	3	F	Ke	R	LS	S	3,00–16	102	85	—	—
	K 102	2	1	48	54	6,6	5750	Ke	3	F	Ke	R	LS	S	2,50/3,00–16	89	85	—	—
Rixe	RS 100/3	2	1	48	54	5,2	5250	Ke	3	F	Ke	R	LS	S	3,00–16	91	80	2,0	1070.–
125 ccm Steuer: DM 18.–, Versicherung: DM 75.–																			
MZ	RT 125/3	2	1	52	58	6,5	5200	Ke	4	F	Ke	R	Te	Te	2,75/3,00–19	109	85	2,3	995.–
Puch	SV	2	1	2x38	55	6,5	5800	Ke	4	F	Ke	Pr	Te	S	3,25–16	117	80	2,3	–.–
	SVS	2	1	2x38	55	8	6100	Ke	4	F	Ke	Pr	Te	S	3,25–16	117	90	2,5	–.–
175 ccm Steuer: DM 26.–, Versicherung: DM 75.–																			
Hercules	K 175 SE	2	1	62	58	11	5250	Ke	4	F	Ke	R	Te	S	3,25/3,50–18	134	100	—	—
Maico	M 175 SS	2	1	61	59,5	15,5	6500	Ke	4	F	Ke	R	S	S	3,00/3,25–18	135	110	2,6	1630.–
	175 GS (Geländesport)	2	1	61	59,5	15,5	6500	Ke	4	F	Ke	R	Te	S	3,00–21/3,25–19	138	—	—	1885.–
	175 MC (Moto Cross)	2	1	61	59,5	16	6400	Ke	4	F	Ke	R	Te	S	3,00–21/3,25–19	132	—	—	2285.–
MZ	ES 175/1	2	1	58	65	11	5000	Za	4	F	Ke	R	LS	S	3,25/3,50–16	155	95	2,9	1470.–
NSU	Maxi	4	1	62	58	12,5	6500	Za	4	F	Ke	Pr	S	S	3,00–18	137	110	2,6	1698.–
Puch	SV	2	1	2x42	62	9	5850	Ke	4	F	Ke	Pr	Te	S	3,25–16	119	90	2,7	–.–
	SVS	2	1	2x42	62	11	6300	Ke	4	F	Ke	Pr	Te	S	3,25–16	119	95	2,9	–.–
Zündapp	Trophy 175 S	2	1	—	—	10,5	—	Ke	4	F	Ke	R	Te	S	3,00–18	—	95	—	–.–
250 ccm Steuer: DM 36.–, Versicherung: DM 107.–																			
BMW	R 27	4	1	68	68	18	7400	Dir	4	F	Ka	R	LS	S	3,25–18	158	120	3,9	–.–
Maico	Blizzard	2	1	67	70	14	5200	Ke	4	F	Ke	R	S	S	3,00/3,25–18	137	102	3,3	1790.–
	250 GS (Geländesport)	2	1	67	70	17	5800	Ke	4	F	Ke	R	Te	S	3,00–21/3,25–19	140	—	—	1985.–
	250 MC (Moto Cross)	2	1	67	70	18	6000	Ke	4	F	Ke	R	Te	S	3,00–21/3,25–18	134	—	—	2385.–
MZ	ES 250/1	2	1	70	65	14,25	5100	Za	4	F	Ke	R	LS	S	3,25/3,50–16	158	110	3,6	1690.–
NSU	Supermax	4	1	69	66	18	6500	Za	4	F	Ke	Pr	S	S	3,25–19	147	120	3,2	2076.–
Puch	SG	2	1	2x45	78	12	5500	Ke	4	F	Ke	Pr	Te	S	3,50–16	155	100	3,1	–.–
	SGS	2	1	2x45	78	14,2	6000	Ke	4	F	Ke	Pr	Te	S	3,50–16	155	105	3,3	–.–
Simson	Sport	4	1	68	68	15	6300	Dir	4	F	Ka	R	Te	S	3,25/3,50–18	156	108	3,7	–.–
Zündapp	Trophy 250 S	2	1	—	—	14,5	—	Ke	4	F	Ke	R	Te	S	3,00–18	—	110	—	–.–
350 ccm Steuer: DM 44.–, Versicherung: DM 220.–																			
Maico	277 GS (Geländesport)	2	1	71	70	17,6	5800	Ke	4	F	Ke	R	Te	S	3,00–21/3,25–19	140	—	—	2050.–
	277 MC (Moto Cross)	2	1	71	70	18,5	6000	Ke	4	F	Ke	R	Te	S	3,00–21/3,25–19	134	—	—	2450.–
500 ccm Steuer: DM 72.–, Versicherung: DM 275.–																			
BMW	R 50	4	2	68	68	26	5800	Dir	4	F	Ka	R	LS	S	3,50–18	195	130	5,1	–.–
	R 50 S	4	2	68	68	35	7650	Dir	4	F	Ka	R	LS	S	3,50–18	198	145	5,2	–.–
600 ccm Steuer: DM 87.–, Versicherung: DM 275.–																			
BMW	R 60	4	2	72	73	30	5800	Dir	4	F	Ka	R	LS	S	3,50–18	198	135	5,0	–.–
	R 69 S	4	2	72	73	42	7000	Dir	4	F	Ka	R	LS	S	3,50–18	202	160	5,3	–.–

I. Maschinen aus Deutschland

Wir und die deutschen Motorräder zwischen 1950 und 1960

Gleich nach der Währungsreform war das Motorrad in Deutschland ein wichtiges Transportmittel. Vor allem war es zu haben — Autos gab's noch nicht gleich so viele, wie man hätte brauchen und — bezahlen können. Motorräder waren also auch vor allem billig in der Anschaffung und wirtschaftlich.

Genau das war das benötigte Fahrzeug. Damit ergab sich so eine Art Boom in dieser Branche. Kein Mensch dachte darüber nach, ob wohl eines Tages ein vierrädriges Vehikel mit einem Dach drüber so preiswert sein kann, daß es dem Motorrad den Rang ablaufen könnte.

Man baute also und investierte. In Produktionsanlagen und natürlich auch in Entwicklungen.

Das Wirtschaftswunder schien sich zunächst nach der Währungsreform im Sommer 1948 auch hier abzuzeichnen. Der Sport blühte wieder auf, man fand wieder den notwendigen internationalen Anschluß, und alles schien eitel Freude und Sonnenschein zu werden.

Motorräder wurden auch als Sportinstrumente benutzt, und das Abenteuerliche zog viele junge Menschen wieder in seinen Bann.

Neben dem Gebrauchsgegenstand Motorrad aber versuchten geniale Techniker bereits eine Art Motorrad-Zukunft zu ergründen.

Norbert Riedels Imme, Albert Roders NSU-Fox und NSU-Max, die Taifun von Maico, später die Swing von Victoria, die Zündapp B 250 und noch andere Modelle sollten einen Weg weisen.

Komfortable Fahrwerke, narrensichere E-Werke, leistungsgünstige Motoren, produktionstechnisch rationelle Konstruktionen, robuste und anspruchslose Antriebs-Systeme, niedrig gehaltene Geräuschentwicklungen, stärkere und zuverlässigere Batterien, mehr Schutz gegen Wetter- und Winter-Unbill und vieles andere mehr standen auf den Programmen.

Doch ab 1955 ging die Motorradwirtschaft abwärts. »Mobile«, Kleinwagen, Kabinenroller, Dreiräder, dann bestimmt die ersten richtigen kleineren Automobile, auch die

Die Talfahrt der 50er Jahre: Halbjahresumsatz an Verkäufen. Dunkle Säulen = neue, helle Säulen = gebrauchte Motorräder

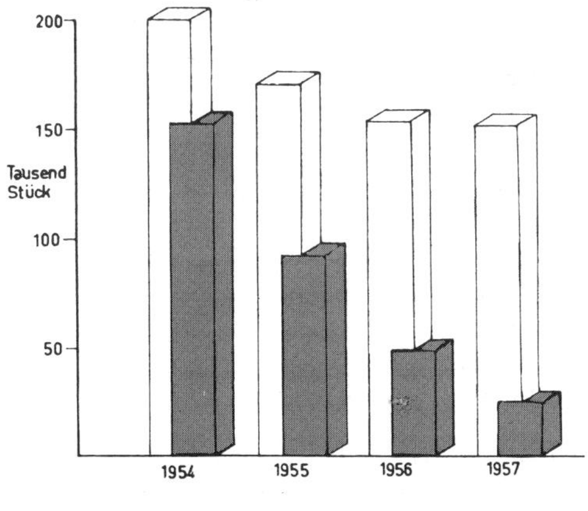

Motorroller mit Wetterschutz, Ansehen und Lebens-Prestige — das alles war des Hasen Tod, des Motorrades Tod ab Mitte der 50er Jahre.
Ringsum blühte die Wirtschaft, ringsum waren der Wiederaufbau und das Geldverdienen in vollem Gange — wir Motorrad-Leute aber bangten um unsere Existenz.
Man begann in Presse und Rundfunk, in Parlamenten und Gremien, das Fahrzeug Motorrad und seine Fahrer zu verteufeln. Sie schienen nicht mehr in die Zeit zu passen. Und als Motorradfahrer kam man sich oft so vor, als würden die Leute schadenfroh, mitleidig oder ablehnend mit dem Finger auf einen zeigen — !
Ja, tatsächlich — als Motorradfahrer schien man einer suspekten Minderheit anzugehören. Und allein darüber, über Begegnungen mit negativ eingestellten Mitbürgern und -menschen, könnte ich ein Buch schreiben. Heutige, doch sehr glückliche Motorradfahrer, würden kaum glauben, was wir da alles erleben mußten.
Jedenfalls hielten es Ministerpräsidenten (wie der Franz-Josef von Bayern heute), Politiker oder irgendwelche andere Prominenten noch nicht »für angebracht«, sich auf Motorrädern in der Öffentlichkeit als unsere Spezis zu präsentieren. Sowas hätte ihrem Ansehen vielleicht sogar schaden können, und so hielt ein Willy Brandt z. B. »die Abkehr vom motorisierten Zweirad durchaus für angebracht« (Zitat-Ende). Nur ein Hans Albers ließ sich gern mit Siegern von Motorradrennen fotografieren.

Wenn's regnete, traf man sich unter den Brücken. Denn meist war Motorradbekleidung nicht wasserdicht.

Nicht umsonst entstand aus dieser Situation im Januar 1956 das Elefanten-Treffen Dann zogen die Versicherungsprämien an, und Heinz Hahmeyer schrieb 1955 einen berühmten Artikel im MOTORRAD »Ist Motorradfahren schon verboten?«
Eine Motorradfabrik nach der anderen schloß ihre Tore oder produzierte etwas anderes. 39 Marken gab es 1951 in Deutschland, unter denen Motorradmodelle hergestellt wurden — 1959 standen in der Liste nur noch 18 Namen. 1960 waren es noch 8 — in Worten: *acht*. Ohne »Ausländer«, wie MZ oder Puch.
Namen wie (in alphabetischer Reihenfolge) Adler, Ardie, DKW, Dürkopp, Express, Hoffmann, Horex, Imme, Mars, Miele, Tornax, Triumph, UT, Victoria u. a. (um nur einige zu nennen) waren von der Motorrad-Szene verschwunden. NSU folgte nach 1960.
Bei dieser Entwicklung bewahrten wir uns aber unsere Freude am Motorradfahren. Nun erst recht. Und neben dem, was wir beruflich für das Motorrad einzusetzen gewillt waren und worum wir auch tagtäglich bangten, überlegten wir uns noch andere Maßnahmen, um das Feuer der Begeisterung am Brennen zu halten.
Ja, das Elefantentreffen zum Beispiel. Aber auch Dinge, wie ein guter Wetterschutz — der berühmte Marquardt-Mantel — oder wie eine gute Ausrüstung — zum Beispiel so etwas wie ein vernünftiger Tankrucksack u. a. — wurden plötzlich furchtbar wichtig, um unsere Freunde bei der Stange zu halten.
Dann drehten wir 8-mm-Filme über das *schöne* Motorradfahren (für unser privates Geld) und zogen damit, im Seitenwagen, über Land, um sie möglichst vielen Menschen zu zeigen, die sich kritisch mit uns Motorradfahrern auseinandersetzten. Wir hielten Vorträge und organisierten »Pro-Motorrad«-Veranstaltungen. Wir diskutier-

Auf der Solitude 1956.
Von links: Mars 175 (Jürgen Goebel), Rumi-Twin 125 (Behringer), AJS 18 CS 500, Guzzi-Falcone 500 (Heck), Eigenbau 125 (Röcker), Puch SGA 250 (Peter Mueller)

ten mit Technikern und Kaufleuten und wurden so eine Art Institution, wo unsere Motorradfreunde auch ihre Sorgen los werden konnten und gute Ratschläge erhielten. Mit dem einfachen Machen der Zeitschrift »Das MOTORRAD« war es schon lange nicht mehr getan.
Und vor diesem ganzen Hintergrund, der unser aller Leben bestimmte, fuhren wir und probierten wir die deutschen Motorräder weiter. Und jeder Kilometer um den Nürburgring oder weit über Land durch ganz Europa brachte uns selbst die Freude und damit die Kraft, diese Jahre durchzustehen.
Maschinen gab es dann auch noch, die immer wieder die Aktivitäten anheizten. So, wie es 1950 mit einer Horex-Regina war, so war es 1959 mit der BMW R 69. Solche Maschinen waren das Salz an der Suppe unseres Lebens.

*

Vielleicht sollte man jetzt erwähnen, daß die Einheit »kW« zur Leistungsbestimmung eines Motors erst 1977 offiziell in Gebrauch kam und die alte Einheit »PS« ablöste. In den 50er Jahren war unser Wertmaßstab jedenfalls noch PS. Und darum habe ich diese Bezeichnung und diesen Wert auch in der Geschichte der Motorräder jener Jahre beibehalten. Auch die Drehzahlangaben U/min wurden deswegen noch nicht überall in die heutige Bezeichnung 1/min geändert.

Von Westerwald- und flüsternden Motorrädern

Nach der Währungsreform, während der ersten Jahre des Wiederaufbaues nach dem Krieg, brauchte man billige und zuverlässige Fahrzeuge und Transportmittel. Das Motorrad bot sich dazu besonders an, denn es verbrauchte wenig Benzin und Öl, kostete nicht so viel wie ein Auto, war leicht abzustellen, hatte genügend Wendigkeit und Beweglichkeit zum Transport einer oder zweier Personen, es ließ sogar Überlandreisen zu und brauchte wenig Verkehrsraum.

Seine Nachteile — die Wetterabhängigkeit von Sicherheit, Komfort und Zuverlässigkeit, seine größere technische Anfälligkeit, seine Spur-Unsicherheit bei Nässe, Glätte und schlechter Straßenbeschaffenheit — fielen in den ersten Nachkriegsjahren gegenüber seinen Vorteilen noch nicht so stark ins Gewicht.

Die Menschen, die am Motorrad echte Fahrfreude, ein sportliches Erleben, ein technisches Spiel und das besonders Abenteuerliche liebten, waren zwar da oder aus der Zeit der großen Förderung der Kraftfahrt vor dem Krieg wieder da — aber zunächst baute die Industrie trotz aller sportlichen Ambitionen keine Motorradsport- sondern Nutzfahrzeuge. Mit zwei Rädern. Einspurig. Möglichst billig.

Von diesem Trend her stammen viele Modelle. Aber nur durch sie kamen das Motorradfahren und später auch der Sport und die Freude wieder in das Leben hinein.

Zunächst brillierte niemand mit besonders hohen Motorleistungen. Eine 100er hatte durchschnittlich 3 PS, eine 125er wurde mit 5 bis 6 PS angeboten, eine 200er stand mit 7 PS in den Listen, eine 250er mit 12 PS. Die 350er kamen höchstens auf 18 PS, und eine 500er wurde mit 24 PS, eine 600er mit 28 PS angeboten. Letztere waren aber schon Fahrzeuge, die einen reinen Nutzwert kaum erbrachten.

Die 125er und 250er waren zunächst die Gebrauchsmaschinen, mit denen viele Menschen anfingen, eine neue oder alte Existenz aufzubauen, um damit zur Arbeitsstelle oder zu Kunden zu fahren.

Angetan mit einer einfachen Lederkappe (die »Patschkappe«), einer billigen Celluloid-Fahrbrille, einer Schutzhose, einer Lederjacke oder sogar mit einem Ledermantel bewegte man sich anfangs der 50er Jahre auf einer 250er in der Stadt oder über Land. An Sturzhelme dachte man noch nicht — höchstens Rennfahrr. Wenn es zu regnen anfing, dann sah man meist lecker aus. Oder im Winter, wenn man fahren *mußte*. So war es auch kein Wunder, daß jeder, dem das Motorrad nur Alltagswerkzeug war, nach einem besseren Fahrzeug suchte, bei dem er unter einem Dach sitzen konnte, wenn er auch nur die geringste Chance hatte, finanziell dem Motorrad zu entkommen. Doch das fand dann erst nach 1955 statt, als die Kleinwagen, »Mobile« und Kabinenroller mehr und mehr als Vorläufer von Automobilen in Mode kamen.

Unter den Maschinen aber, die in den Alltag hinein damals von uns gefahren wurden — teils auch mit viel Freude wie bei uns, aber teils eben nur unter dem harten Muß finanzieller und beruflicher Umstände wie bei anderen — waren einige doch bemerkenswerte Modelle. Wenn auch ihre Motorleistung oder ihr Äußeres nichts Mitreißendes zu bieten hatten.

Von der markantesten 100er — der NSU-Fox — sprechen wir an anderer Stelle, sie war auch bestimmt mit ihren 6 PS kein »Westerwald«-Motorrad. Von den 125ern berichte ich anhand meiner damaligen Ardie. Doch von den 200ern und 250ern soll hier die Rede sein, soweit sie nicht in die Richtung des ausgesprochen sportlichen Flairs gingen.

Einfachheit mußte vorherrschen: Zündapp-Norma-Motor 200 cm³ mit Ziehkeilgetriebe

In alphabetischer Reihenfolge und ohne Rücksicht auf das Jahr, in dem sie eine dominierende Rolle spielten, wären da etwa folgende Marken und Modelle zu nennen:

Ardie B 250 — Einzyl.-Zweitakt, 9 PS
BMW R 24 — Einzyl.-Viertakt, 12 PS
NSU 251 OSL — Einzyl.-Viertakt, 10 PS
Triumph BDG — Einzyl.-Doppelkolben-Zweitakt, 11 PS
Victoria KR 25 — Einzyl.-Zweitakt, 8 PS
Zündapp DB 201 — Einzyl.-Zweitakt, 8 PS

Das war um 1949 und 1950 herum. Aber ab 1951 belebte sich die Szene zusehends. Adler präsentierte die M 200, die Auto Union hatte die DKW-Modelle RT 200 und RT 250, bei BMW erschien die R 25, bei Maico gab es eine 175-cm^3-Maschine, im Hause NSU kam die 200er Lux zu der OSL 251, Triumph brachte die Doppelkolben-Maschine BDG 250 H, und mit dem 200er und 250er Einzylinder-Zweitaktmotor von Ilo sowie auch mit dem neu aufgekommenen 250er Zweizylinder-Zweitakter desselben Hauses in Pinneberg rüsteten viele Konfektionäre ihre Maschinen aus. Inzwischen waren auch der 150-cm^3-Motor und der 175-cm^3-Motor von Sachs auf dem Markt erschienen, von Konfektionären eingebaut.

Spaßeshalber sollte man einmal eine alphabetische Marken-Liste der Konfektionäre aus dem Jahre 1951 bringen. Folgende Namen waren da in den Statistiken:
Anker / Bastert / Bauer / Bismarck / Bücker / Delius / Express / Geier / Göricke / Hecker / Heidemann / Hercules / Hoffmann / Mars / Meister / Miele / Panther / Patria / Rabeneick / Rixe / Schürhoff / Tornax / Torpedo / UT / Wittler. 1953 gab es weitere Namen dazu: Gold-Rad / Gritzner / Mammut / PAMAG / Phänomen / Sitta / Wurring.

Davon standen 1959 noch in den Listen: AWD (Wurring) / Express / Göricke / Hercules / Panther / Rixe / UT.

Wie gesagt, das waren »Konfektionäre«, d. h. Firmen, die eigene Rahmen bauten, aber dafür Einbaumotoren von Ilo, Sachs oder anderen Firmen kauften und keine eigene Motoren-Entwicklung betrieben.

Das bedeutete nicht, daß ihre Maschinen wertloser oder schlechter als jene aus z. T. alteingesessenen Häusern waren, wo man auch die Motoren entwickelte und produzierte. Zum Teil gab es auch bei den Konfektionären Eigeninitiativen — z. B. die 250er Hoffmann-Gouverneur mit dem Zweizylinder-Viertakt-Boxermotor. Oder Tornax mit dem 250er Zweizylinder-Viertakter von »Opti«, einer Reißverschlußfabrik. Aber davon sprechen wir noch an anderer Stelle.

Lassen wir einmal ein paar besonders charakteristische Maschinen dieser Kategorie Revue passieren, von denen wir sagten, daß sie »Westerwald«-Motorräder gewesen seien.

Was war ein »Westerwald«-Motorrad? Ganz böse Buben nannten das auch »Bauern-Motorräder«.

Ihre Motorleistung brauchte nicht sportlich hoch zu sein. 10 PS aus 200 oder 250 cm^3 Hubraum waren schon genug. Es kam nicht darauf an, ob sie drei oder vier Gänge, Hand- oder Fußschaltung hatten. Hauptsache, daß das Drehmoment des Motors großzügig verteilt war, daß man ab 20 km/h schon im größten Gang — dritter oder vierter — fahren konnte, ohne daß der Motor sich verschluckte oder ruckte.

80 oder 90 km/h sollte so ein Ding schon laufen. Seine Federung mußte so konstruiert sein, daß der Fahrer oder eine eventuell mitfahrende zweite Person nicht das Gebiß verloren. Dabei war eine gute Sattelfederung und eine sehr gute Vorderradfederung schon genug des Guten. Und dann sollte der Motor *immer* laufen, *immer* anspringen beim ersten Tritt auf den Kickstarter. Irgendwelche abenteuerlichen Pflege- oder Wartungsaktionen durfte es nicht geben, und wenn die Batterie ’mal alle war, mußte man den Krüppel auch anschieben können.

Egal wie, aber das Dings mußte immer, immer gehen. Trotz Regen, trotz Schnee, trotz Nebel, trotz Hitze, trotz Kälte, trotz Schnupfen des Fahrers. Und man mußte es *nie* putzen oder waschen müssen, und eine Scheune sollte dafür schon eine Supergarage sein. Natürlich durfte es auch kaum Benzin und Öl brauchen, und notfalls mußte man es mit dem Schmiedehammer, der Sense oder mit dem Universal-»Engländer« reparieren können. Zündkerzen-Rausschrauben durfte schon gar nicht nötig sein. Es mußte halt leben wie ein ungepflegter Acker-Trecker — !.

Sie werden merken, lieber Freund und Leser, daß ich das Bild etwas überzeichnet habe, und ich möchte auch hoch und heilig schwören, daß das Wort »Bauern«-Motorrad nicht von mir stammt. Derjenige, der es erfunden hat, dachte aber daran, daß es eben wie ein anspruchsloser Trecker im Dienst des ehrbaren Bauernstandes *immer* und unter allen Umständen seinen Dienst zu tun hatte.

Und solche Berufsstände gab es ja eine Menge. Das fing beim Landdoktor an und

Mit der 200er Cornet stieß Triumph (Nürnberg) in Neuland vor: durch die Diffusor-Auspuffan - lage war das Motorrad extrem leise

hörte beim Handelsvertreter auf. Und zur Arbeit mußte man auch pünktlich kommen können. Und da der Westerwald mit seinem Wind, der da so kalt weht, eine Art Symbol für ungemütlichste Einsatzmöglichkeiten eines Motorrades war, hieß so eine Maschine dann eben auch »Westerwald»-Motorrad.

Die Triumph-Cornet kam 1953 mit einem 200er Doppelkolben-Zweitaktmotor auf den Markt und hatte eine besonders gute Schalldämpfung. Die Auspuffanlage bestand aus einem großen erweiterten Krümmer, einem birnenartigen Diffusor direkt am Leichtmetallzylinder (der hartverchromte Laufflächen besaß), und setzte sich in einem langen und großen Schalldämpfer fort. Das Auspuffgeräusch der Maschine war in der Tat so gering, daß man unterwegs in der Stadt mehr als mit anderen Motorrädern dauernd hupen mußte, weil die anderen einen überhaupt nicht wahrgenommen hatten. Man war noch allgemein darauf getrimmt, daß Motorräder Krach machten. Man schaute erst hin, wenn man ein Motorrad hörte.

Die Cornet hörte man nicht. Und weil sie außerdem sehr schmal und klein wirkte, sah man sie auch nicht. Sie hatte zwar nur 10 PS und ging gerade ihre guten 100 km/h — aber durch ihre Geräuscharmut war sie echt gefährlich. Ob man's nun glaubt oder nicht. Ich hatte sie 1953 gekauft, und ein ganzes Jahr lang habe ich einen blauen Daumen vom Hupendrücken gehabt.

Aber sie war ihrer Zeit voraus. Auch in anderen Details. Zum Beispiel mit dem geschlossenen Kettenkasten, und mit der Möglichkeit, das Getriebe seitlich ohne Motordemontage ausbauen zu können.

Einen geschlossenen Kettenkasten hatte auch die Victoria KR 25 und später die KR 26. Auch diese 250er mit ihrem einfachen Einzylinder-Zweitaktmotor war eines jener Motorräder, das man sehr schätzte und viel fuhr, dem man aber keine Supersport-Eigenschaften zumaß. Die KR 26 Aero war praktisch schon vor dem Krieg ent-

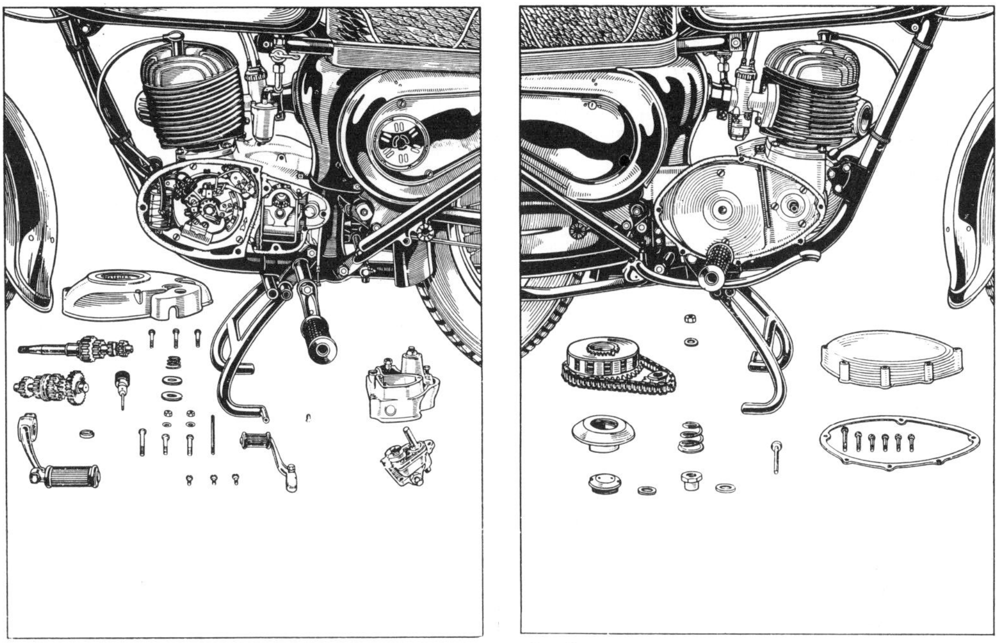

▲▲ **Geniale Einfachheit an der Cornet: das Getriebe ließ sich ohne Motordemontage auch am Straßenrand ausbauen!**

Typisches ›Westerwald‹-Motorrad: Victoria ›Aero‹ KR 26, 250 cm^3 mit Einzylinder-Zweitaktmotor ▼

Die NSU-Lux 200 cm^3 hatte 11 PS (8 kW) und galt als treues, anspruchsloses Arbeitstier

standen. Wir hatten sogar als Kradmelder die KR 25-Maschinen im Einsatz.
Der Motor brachte 1954 ca. 14 PS bei 5250 1/min und war absolut zuverlässig und treu. Die Maschine konnte man auch gut auf längeren Strecken fahren, ihre Telegabel und ihre einfache Hinterradfederung genügten für einfache Ansprüche. Sie gehörte so etwa zur gleichen Art, wie sie die 250er DKWs präsentierten.
Bei Zündapp gab es die DB 201, aus der dann später die 200er Norma oder Comfort entstanden. Dieser einfache Einzylinder-Zweitakter mit ca. 8 PS bei 4600 1/min war lange vor dem Krieg konstruiert worden und leistete seine Alltagsdienste unbedingt zuverlässig und anspruchslos. Er war das Urbild jener Motoren, die für solche Arbeitstiere gebraucht und gebaut wurden.
Vielleicht wäre hier noch die BMW R 25 mit dem 13 PS-Viertakter zu nennen. Oder die NSU 251 OSL und später die 200er Lux, die aber im Fahrwerk schon die Konstruktionsmerkmale der späteren Max trug.
Auch bei der österreichischen Marke Puch gab es Motorräder dieser Art — z. B. die 175 SV, die 250 TF, dann später die 250er SG.
Nun sollte aber niemand meinen, daß diese Art von Motorrädern nur wenig oder nur von der Landbevölkerung oder von Postboten gekauft wurden. Bis in unsere heutige Zeit hat sich die Idee des anspruchslosen Motorrades gehalten, und es war immer die Grundlage und meist auch die Grundkonzeption ganzer Modell-Generationen eines Typs. Vielleicht sind es heute die Enduros mit ihren Einzylinder-Motoren, die so eine Art darstellen. Und es wird immer Fahrer geben, die mehr Wert auf zuverlässiges, immer mögliches Fahren legen als auf abenteuerliche Technik und supersportliche Charakteristiken. In den 50er Jahren spielten solche Motorräder jedenfalls in der Masse gesehen eine sehr, sehr große Rolle.

Frankfurter Bienen: Adler

Zunächst war mir von Adler folgendes bekannt: einer unserer Opas fuhr vor dem Krieg einen Adler-Trumpf Junior, bei dem man das halbe Antriebsaggregat demontieren mußte, wenn der Keilriemen gewechselt werden sollte. Dieses Auto hatte Frontantrieb. Außerdem gab es da den »Autobahn«-Adler. Aber die Fabrik baute auch Fahrräder, 1936 gab es sogar ein Modell mit Kardanwelle zum Hinterrad und Dreigang-Getriebe à la Motorrad. Und mein Vater fuhr 1937/38 den Adler-Standard 6 A als Karmann-Kabriolett, der 1929 gebaut worden war.
Näher aber beschäftigten wir uns mit der Marke Adler ab 1949. Da wußten wir dann plötzlich, daß in dieser Frankfurter Fabrik schon von 1903 bis 1907 Motorräder gebaut worden waren, und jetzt — 1949/50 — gab es zwar kein Adler-Automobil wie-

Die Adler M 100 war 1949 der Anfang mit 3,6 PS (2,6 kW)

der, aber dafür Motorräder. Der Spaß fing mit dem Modell M 100 an.

Diese kleine M 100 war — ähnlich wie die NSU-Fox — etwas Besonderes. Der schlitzgesteuerte Einzylinder-Zweitakter hatte 3,6 PS bei 4500 1/min und ein Dreigang-Getriebe. Sie war mit nur 55 kg die leichteste 100-cm³-Maschine und sollte ungefähr 70 km/h gehen. Sie war sehr zierlich und niedrig, hatte eine Schwinghebel-Vorderradfederung und eine parallel geführte Hinterradfederung. Das Getriebe war links neben dem Kurbelgehäuse angeordnet und konnte leicht bei evtl. Reparaturen abgenommen werden.

Das Motorrädchen war sehr leistungsfähig, was es schon bald auf Zuverlässigkeitsfahrten beweisen konnte. Sein Fahrgeräusch war sehr gering, und alles machte einen grundsoliden und in der Produktion mit großer Präzision ausgestatteten Eindruck. Der technische Direktor Friedrich war ein Perfektionist, und diese Eigenart schlug sich bis zuletzt in allen Adler-Motorrädern nieder.

Bald wurde die Modell-Palette erweitert. 1951 gab es die M 100 Einzylinder, die M 125 Einzylinder (eine vergrößerte M 100), eine M 150 (Einzylinder-Zweitakter 7 PS, Fahrwerk der 200er) und die M 200 mit dem ersten Zweizylinder-Zweitaktmotor, ein sehr zierlicher Parallel-Twin mit 9 PS.

Die M 200 war der Beginn der Adler-Zweizylinder, die den eigentlichen Adler-Nimbus schufen und schließlich sogar Muster für den Beginn der japanischen Motoren- und Motorradentwicklung etwa ab 1956 wurden. Von den Adler-Motorrädern schöpften viele japanische Techniker ihre Ideen, was man auch an den ersten Zweizylinder-Yamaha-Modellen erkennen konnte, die in den 60er Jahren nach Europa kamen. 1953 kam die 250 cm³ M 250 dazu, und 1954 war die Liste des Angebotes schon sehr lang geworden. M 100 / M 125 / MB 150 (das B deutete auf eine neue Vorderradga-

Einblick in den Motor der Adler M 250

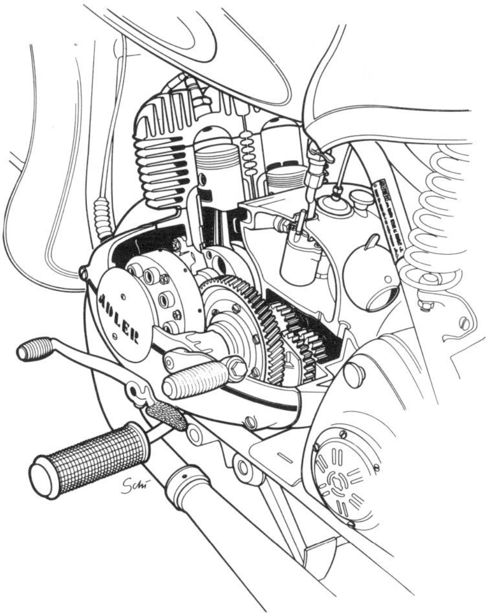

Die Adler M 250 S war im Herbst 1953 ein echter Schlager, sie sah auch wirklich hübsch aus

bel) / MB 201 (Einzylinder-Zweitakter, 10 PS) / M 2011 (Einzylinder-Zweitakter, 10,5 PS) / MB 200 (Zweizylinder-Zweitakter, 11,4 PS) / MB 250 (Zweizylinder-Zweitakter, 16 PS) / MB 250 S (Zweizylinder-Zweitakter, 16 PS, hochgezogene Auspuffrohre) / MB 250 S (Zweizylinder-Zweitakter, 18 PS, hochgezogene Auspuffrohre — Sportmaschine).

Das war das Jahr mit den meisten Motorrad-Modellen bei Adler, und von da ab schuf sich die Marke unter den Motorradfahrern des In- und Auslandes ihren großen Ruf. Im gleichen Jahr kam auch das Straßenrennmodell 250 RS heraus, mit dem in den folgenden Jahren eine lange Reihe von großartigen Sporterfolgen herausgefahren wurden. Zuerst in luftgekühlter Version, später mit Wasserkühlung.

Nun war Adler im Geschehen »in« — !

Zwar wurde die Modell-Liste jedes Jahr durchgeforstet und aus rationellen Gründen immer etwas reduziert, doch noch 1957/1958, bis kurz vor dem Ende der Motorrad-Produktion, setzte sich das Angebot aus folgenden Maschinen zuammen: M 100 / MB 201 / MB 250 / Favorit (Zweizylinder-Zweitakter, 16 PS, Hinterrad-Schwinge) / Sprinter (Zweizylinder-Zweitakter, 18 PS, Hinterrad-Schwinge) / Moto Cross (Zweizylinder-Zweitakter, 20 PS, Spezialmaschine für Moto Cross) / Sixdays (Zweizylinder-Zweitakter, 18 PS, Spezialmaschine für Geländesport).

Die letzte Serien-Straßenmaschine, die Sprinter mit der besonders guten Vorderrad-Schwinggabel, die von dem Konstrukteur J. F. Drkosch stammte, und mit der neuen Hinterrad-Schwinge und einstellbaren Federbeinen, fuhr ich bei Meßfahrten auf dem Nürburgring.

Das war im Sommer 1957, und das Modell entpuppte sich als ein guter Wurf. Die schnellste Runde um die 22,8 km lange Nordschleife fuhr ich in 14 Minuten 25 Sekunden = 95,0 km/h Durchschnitt — fast die gleiche Zeit, die ich mit der NSU-Max gefahren war. Das Unternehmen hatten wir früh morgens um 6.30 Uhr gestartet, es war vom nächtlichen Regen her noch ziemlich feucht auf der Bahn, und stellenweise gab es Bodennebel. Unter diesen Umständen aber ging der Motor merklich besser als am Tag vorher bei großer Hitze in der Mittagszeit. Damit kam ich aber in den Bereich, der bei der Beurteilung einer 250-cm^3-Maschine ganz obenan liegt.

Die Adler-Sprinter war leistungsmäßig mit die schnellste Serienmaschine ihrer Klasse, man konnte mit diesem fixen Ding also auch im Verkehr selten jemanden finden, der da mitkam. Wenn er nicht gleich eine BMW R 50, eine BMW R 69, eine Vincent Black-Shadow oder eine BSA Road-Rocket mitbrachte.

Mit dem Modell ›Sprinter‹ war 1958 bei Adler der Motorrad-Schlußpunkt gekommen

Auf dem Ring machten sich die sportliche Sitzposition auf der langen Bank, der nur 45 cm breite Lenker, die Lage der Fußhebel angenehm bemerkbar. Die Südkurve war noch bei 75 km/h drin, im Hatzenbach gewann man wertvolle Sekunden durch die großartige Beschleunigung, und — die enormen Bremsen! In der Aremberg-Kurve, die man aus hoher Geschwindigkeit heraus vom Schwedenkreuz herunter kommend am schärfsten von allen Nürburgring-Kurven anbremste, gab es keine Schwänzelei der Spur. Etwa aus 130 km/h mußte die Adler auf ca. 70 km/h gebremst werden. Anschließend zog man sie wieder bis zum Stehkragen auf, um in das lange und steile Gefälle der Fuchsröhre hineinzufahren. Da waren es echte 133 km/h (7500 1/min), und da heulte der Motor ganz schön! Wie eine Kreissäge.

Am Adenauer Forst waren es 70 km/h, denn sie ließ sich wunderbar leicht hin- und herwerfen in den beiden dicht aufeinander folgenden Kurven links/rechts.

Am Metzgesfeld in der weiten, schnellen Linkskurve waren bekanntlich Wellen. Bei 120 km/h in Schräglage ruckte sie ein wenig im Lenker, behielt aber sauber Spur. Auf dem unruhigen Bodenbelag vor der Wehrseifen-Ecke blieb sie ebenfalls ruhig.

In den Streckenstücken mit weiteren eng zusammenliegenden Kurven hinab bis zur Ex-Mühle, im Wippermann, im Eschbach, bei Brünnchen und im Pflanzgarten gewann ich im Vergleich zu einer gleichstarken NSU-Supermax immer Sekunden, weil sich die Adler um die Ecken buchstäblich herumwerfen ließ.

Damit konnte man die alte Nürburgring-Lehre zwischen Kallenhard und Breitscheid verwirklichen: laß das Motorrad das Gefälle runterfallen, wirf es dabei nur richtig um die Ecken herum!

In der langen Steigung vom Bergwerk aus durchs Kesselchen bis zum Karussell hinauf und hinein durfte man aber nicht den Versuch machen, in den vierten Gang hochzuschalten. Denn dann fiel der Motor sofort stark von der Drehzahl herunter, und die Geschwindigkeit sackte in den Keller. So verschloß ich die Ohren und das Gemüt und ließ sie im dritten Gang pfeifen.

Auf dem Fahrtschreiber-Diagramm konnte man sehr gut sehen, wie die Schreibnadel dabei gezittert hatte, obgleich das Instrument auf einer dicken Schaumgummiunterlage ruhte.

Bis an 105 km/h und etwas drüber ging das. Dabei wurde die Maschine nicht einmal wesentlich überdreht. Es waren ca. 6500 Touren, und man durfte sich aus den Vibrationen nichts machen.

Insgesamt kamen mehr als 40 Runden Nordschleife auf dem Nürburgring zusammen. Es hat aber dem Motor nichts geschadet. Die Federung war für diese Fahrerei sehr gut, wenn ich sie auch für reinen Langstreckenbetrieb oder 500-km-Touren etwas weicher gewünscht hätte.

Gegenüber den früheren Modellen mit 16″-Rädern hatten Favorit und Sprinter 18″-Räder bekommen. Es war auch allerhand mehr Gewicht zusammengekommen. Immerhin stieg es von den 145 kg der MB 250 von 1956 auf nun knappe 170 kg. Das war sehr viel und erfreute uns nicht. Aber irgendwie wurden zu diesem Zeitpunkt alle Motorräder rundum immer schwerer. Nur die kleinen Italienerinnen machten da noch Ausnahmen (siehe Motobi Catria, die sogar zierlicher im Frontbild als ein Kreidler Florett blieb!). Doch bei der Sprinter kosteten die Hinterrad-Schwinge, der große Kettenkasten, die verstellbaren Federbeine, der längere Radstand mit entsprechendem Rahmen und anderes den Vorteil des geringen Gewichts.

Die Zweizylinder-Motoren waren reine Sportmotoren, was schon dadurch gekennzeichnet wurde, daß keine Schwungmassen vorhanden waren. Sie drehten beim Gasgeben blitzschnell hoch und reagierten auf Millimeter-Wege des Gasdrehgriffs. Sie waren nervös — nicht stur, wie zum Beispiel die Einzylinder-Viertakter der BMW R 26 oder der NSU-Max. Das mußte ein Fahrer fühlen können.

Das richtige Einkuppeln bei den Adler-Twins, das immer notwendige temperamentvolle und rhythmisch schwingende Fahren, stellten manchen Fahrer vor Probleme. Adler-Fahren war schon eine Gefühlssache ringsum. Daß dann so viele Erfolge durch die Krämer-Brüder aus Köln, durch Bilger und Schöffmann und Vogel im schweren Geländesport und bei Sechstagefahrten zusammenkamen, das war bestimmt jedesmal eine tolle Leistung dieser Leute.

Die Kupplung lief zwar im Ölbad, aber mit Kurbelwellen-Drehzahl, und darin lag eines der Probleme. Da gab es ja auch viele Motorrad- und Adler-Freunde, die zum Beispiel die 200er und 250er mit kleinem Seitenwagen fuhren. Wagen von Kali oder auch von Steib. Gerade diese Fahrer mußten mit Drehzahl und Kupplung feinfühlig umgehen.

Bei so leichten Gespannen mußte darauf geachtet werden, daß der Motor nicht von der richtigen Drehzahl herunterkam — schon war die Leistung weg. Also wurde brav nach ihm gehört und rechtzeitig geschaltet. Unter 3500 1/min kam nicht viel — !

Aber diese Motoren liefen auch wie kleine Turbinen und drehten, drehten, drehten — ! Vielleicht hatte man anfangs mit Kolbenklemmern zu tun, vielleicht gab es auch Probleme mit Kerzenbrücken — aber das nahm man wohl hin als Kavaliersdelikte und raufte sich damit zusammen. Jede Fahrt auf einer Zweizylinder-Adler war für mich etwas Besonderes. Die Zierlichkeit der Maschine und alle ihre soliden und präzisen Details bestachen immer wieder.

Vor allem war die Schwinghebel-Gabel von Drkosch etwas ganz Feines. Sie arbeitete sauber und perfekt, sie hatte nicht nur eine sehr groß dimensionierte hydraulische Dämpfung, sondern zur Hauptfeder noch zwei Zusatzfedern. Das war typisch Adler: man sparte nicht an technischem Aufwand, um die größtmögliche Fahrleistung und Lebensdauer zu erreichen. Außerdem war die Gabel für schnellen Straßenbetrieb entwickelt. Dadurch bekam die Sprinter eine wunderbare Spurhaltung und Bodenhaftung. Mit dem Ding konnte man unglaublich frech um die Ecken flitzen, und ich glaube heute sagen zu können, daß sie in der Geschichte der deutschen Serien-250er zuletzt vor 1960 das Beste war, was man sich kaufen konnte.

Allerdings durfte man kein Zweitaktmuffel sein und mußte, wie schon oben erwähnt, Schwung und Gefühl für eine etwas neurotische Fahrcharakteristik mitbringen. Dann säbelte man mit der Sprinter fast alles ab, was da auf den Landstraßen herumfuhr.

Über die sportlichen Aktivitäten und einige wichtige Leute von Adler sprechen wir an anderer Stelle dieses Buches. Doch sollte der Schluß dieses Kapitels sein, daß von der technischen Seite her so viel Fortschrittlichkeit in diese Motorräder eingebracht wurde, daß allein das schon genügt hätte, noch heute Adler-Motorräder in dieser Konzeption zu bauen.

Leider ging die wirtschaftliche Entwicklung in der Motorrad-Branche auch für dieses Haus und seine verantwortlichen Persönlichkeiten nicht positiv weiter, obwohl ringsum das Wirtschaftswunder blühte.

Motorräder schienen nicht mehr — oder noch nicht wieder — in diese Jahre passen zu wollen, in denen jeder einigermaßen erfolgreiche und zielstrebige Mensch unter ein fahrbares Dach auf vier Rädern drängte. Man konnte noch nicht den Trick finden, den später Soichiro Honda zuerst in Amerika und dann in Europa erkannte: Motorräder als freiheitlich, sportliches Hobby-Abenteuer herauszustellen. Er begann um 1959 damit. Sein Werbespruch in den USA: »You meet the nicest people on a Honda«.

1958, als Adler aufhören mußte, Motorräder zu bauen, waren im wirtschaftswunderlichen Deutschland und in Europa solche Ideen noch verfrüht. Verfrüht, obwohl es — siehe Motobi Catria-Sport — aus Italien erste Anzeichen für diese Gedanken gab und uns »ewigen Motorradfans« dieser Hobby-Abenteuer-Spaß ja schon immer und immer in die Seele gefahren war. Aber wir waren noch immer zu wenige, um daraus schon 1959 den neuen Motorradboom zu entfesseln. Das kam dann viel später.

Aber wir reden heute noch von Adler. Und davon werden Motorrad-Narren auch im Jahre 2000 noch reden.

Wetten, daß — ?!

Meine erste war 'ne Ardie — 1949

In der Gegend vom Steintor in Bremen hatte 1949 in einer kleinen Verbindungsgasse die Firma Bundgaard & Sohn Lager, Werkstatt und Motorradladen. Das war ein Stadtteil, in dem nicht soo viele Trümmer und Ruinen herumlagen und man zwischen vernagelten Fensteröffnungen, herumhängenden kleinen Rohren von Bunker-Öfchen, Handwagen-Verleihern und Resten von Straßenbahnschienen schon wieder Leben spürte. 1945 hatte dort alles, wie überall in der Stadt, in Schutt und Asche gelegen.

Bundgaard war in Bremen ein gut bekannter Name unter Motorrad-Enthusiasten. Und jetzt, nach der Währungsreform, gab es da auch schon wieder jede Menge Motorräder zu kaufen Die BMW R 24 war wieder da, die Horex SB 35, eine Menge Konfektionsware mit dem 125 cm^3 Ilo-Motor oder mit dem 98er Sachs. Bastert und Bücker, Rabeneick und Hoffmann, Anker und Dürkopp, Rixe und Reh, Panther und Patria, Maico und Tornax, UT und Triumph, Hercules und Göricke, Bismarck und Express, Hecker und Meister, Victoria und Geier, DKW und Adler, NSU und Imme, Sudbrack und — Ardie. Eine 100er oder 125er kostete so zwischen DM 650,— und DM 1 100,—. Ohne Anzahlung bis zu 24 Monatsraten. Die besseren Sachen ab 250 cm^3 gingen über DM 1 500,— hinaus, und die Horex lag bei DM 1 800,—.

Über 250 cm^3 kam aus Gründen finanzieller Ebbe nicht in Frage (wer konnte 1949 schon DM 2 000,— für ein neues Motorrad hinblättern?). Aber vielleicht eine Gebrauchte? Aber das war dann wieder eine Frage der Ersatzteile-Beschaffung, zu der auch noch allerhand Organisationstalent gehörte.

Aber um die 100er und 125er strichen wir mit großen Augen herum. Es mußte etwas zum Fahren her, damit die eigene Existenz wieder in Schuß kam oder neu aufgebaut werden konnte. Und da auch das Leben zu Zweit begonnen worden war, mußte das Vehikel auch noch die Sozia mit befördern. Bei Bundgaard drückten wir uns die Nasen am Ladenfenster platt, redeten stunden-

So eine 125er Ardie war 1950 für viele noch ein Traum, und gefahren wurde auch im Winter

lang mit dem Verkäufer, kriegten immer begehrlichere Augen und wagten schließlich einen Abschluß ohne Anzahlung auf 24 monatliche Raten.
Mir hatte es eine kleine, grünlackierte Maschine angetan, die eine Scheinwerfer-Verschalung besaß. Aus der Kradmelder-Zeit kannte ich natürlich die Marke, es ware eine Ardie. Die Fabrik lag in Nürnberg und hatte 1933 eine unerhört schöne 500er mit einem Einzylnder-Viertakter ohv, 22 PS, die RBK 503, gebaut. Daher konnte — so meinte ich — auch die NE 125 im Jahre 1949, die auch schon vorm Krieg konstruiert worden war, nicht schlecht sein. Außerdem kostete sie keine DM 1 000,— und war — wenn wir die Hochzeit um ein Jahr verschoben —durchaus realisierbar.
Also Kaufvertrag unterschrieben, her mit dem Ding und zugelassen.
Das war im Herbst 1949, und fortan gehörten wir zur Klasse der selbstbeweglichen Kreaturen. Was 1950 schon ein gewaltiger Schritt vorwärts war.
Der kleine schlitzgesteuerte Einzylinder-Zweitakter knatterte ganz lustig, irgendwelche technischen Finessen waren nicht dran. Nur sollte ich sie ganz furchtbar vorsichtig einfahren, hatte mir der Verkäufer eindringlich gesagt.
Was hieß »einfahren«? — Wir machten sofort einen Ausflug in die Gurkengegend von Wiesmoor in Ostfriesland, und mit uns Zweien — der Inge Rogge hinten drauf und mir — lief der Knattervogel so an die 70 km/h. Nach Tacho.
Das tat er aber nur bis kurz vor Delmenhorst. Dann — kreiiiisch! — gab's den Kolbenklemmer.
Motor aus. Dummes Gesicht. Was nun?
Erstmal warten. Dann, nach einer Zigarettenpause, trat ich sie wieder an. Sie lief.
Also weiter.
Durch die Stadt, dann in Richtung Olden-

burg. Nach dem letzten Haus von Delmenhorst bei etwa 60 km/h lief der Renner schon wieder »gegen Gummi« — und ehe ich mich versah und die Kupplung ziehen konnte, kreiiiiisch! Das war das zweite Mal — !

Von da ab wurde ich vorsichtiger. Höchstens 50 km/h und immer Gas auf, Gas zu. Und auf diese Weise langte es bis Wiesmoor und spät abends auch wieder nach Bremen zurück. Aber die Freude am ersten selbst bezahlten und verdienten Motorrad war mächtig gedämpft.

Daheim wurde der Zylinder runtergenommen. Der Kolben sah schlecht aus. Festgeschliffene Ringe, tiefe Riefen und die Zylinderwand lächelte mich süß geschmelzt an. Also neuer Zylinder, neuer Kolben — und Motor auseinander, um zu sehen, ob da irgendwelche Reste ins Allerheiligste gebröselt waren.

Kostenpunkt? Da es nicht als Garantiefall galt (wegen »zu wildem Einfahren« — !), mußte berappt werden. Das schmiß den Monatsetat restlos um, und wenn unsere liebe Oma nicht aus ihrem Sparstrumpf was dazugetan hätte, wäre der ganze Motorradtraum schon wieder aus gewesen. Aber die Zeiten waren damals so.

Mit dem neuen Zylinder und dem neuen Kolben ging ich dann vorsichtiger um. Außerdem schaute ich 'mal nach der Hauptdüse und der Nadelstellung im Vergaser, nach der Zündeinstellung und dem einwandfreien Benzinzulauf. Die nächste Fahrt ging nach Bremerhaven hinauf.

Nun war ich schon gewitzt. Und als hinter Lesum der Motor wieder so komisch gegen Gummi lief, griff ich blitzschnell nach dem Kupplungshebel und trennte das kranke Kraftwerk vom Hinterrad. Gerade noch konnte ich den Klemmer abfangen.

Und dann? Habe ich das erste Mal nach dem Krieg wieder eine Ledertasche vom Tank eines Motorrades genommen, das Werkzeug ausgepackt und am Straßenrand gebaut. Zylinder ab, Kolben runter vom Pleuel. Siehe da, nur leichte Druckspuren am Hemd, Zylinderwand gut.

Mit leichter Schlichtfeile ging es den Druckspuren zu Leibe. Und mit Schmirgelleinen 0. Ich hatte ja angenommen, daß man nach dem Kriege bei Motorrädern unterwegs nicht immer die ganze Privatwerkstatt mit transportieren müsse, aber das war ja denn wohl ein typischer Fall von Denk'ste.

Nach etwa anderthalb Stunden war der Kolben wieder dran, der Zylinder wieder drauf, und der kleine Motor lief wieder.

Und *wie* der lief! Das klapperte zwar beim Gaswegnehmen da unten; aber was sollte das schon heißen?! Immerhin machte meine Ardie nun nach Tacho 75 km/h. Sie war »eingefahren« — !

Später schrieb Carl Hertweck im MOTORRAD seine viel beschimpften Einfahr-Tricks, die auf etwas Ähnliches wie Klemmer-Fabrizieren und Nacharbeiten hinausliefen — na, ich war überzeugt, daß der sein Wissen auch nicht aus irgendwelchen Lehrbüchern, sondern an Straßenrändern gesammelt hatte. Wie ich. Schon war er mir symphatisch. Die theoretischen Klugsnackers konnte ich nie leiden.

Nun war die Ardie plötzlich ein Motorrad. Und unser übermütiger Kamm schwoll an. Da wir immer eine Menge berufliches Zubehör wie Kamera (die war auch als Anfangswerkzeug ratenweise gekauft), Zeichenblöcke, Farben, Taschen, Werkzeug usw. mitzunehmen hatten, kamen wir auf den Gedanken, der Ardie einen Seitenwagen zu verpassen.

Bei Otto Wilmsen in Buer in Westfalen gab es einen kleinen, leichten »Geschäftswagen«, den man nach Entfernen des großen Deckels auch als Personenwagen benutzen konnte. Und da Tornax seine K 125 mit dem Ilo-Motor auch mit Seitenwagen im Prospekt stehen hatte, müßte die Ardie — bei entsprechend vergrößerter Übersetzung natürlich — so einen Wagen auch schleppen können.

Gesagt, getan. Der nächste große Kassensturz brachte uns so einen Seitenwagen

(und ein weiteres halbes Jahr Hochzeits-Aufschub).
Leute — es ging. Aber wie! Bei 62 km/h war der Ofen aus, und an einem LKW kam man nicht mehr vorbei. Die Schwinghebel der Trapezgabel wurden in ihren Lagerbuchsen ganz schön belastet, der Rahmen schien den Spaß aber ohne Schaden mitzumachen. Na, die wahre Freude war das nicht, und an den Wochenenden verschwand der Wagen wieder. Nur mußte man mit der großen Seitenwagen-Übersetzung, die über ein verkleinertes Getrieberitzel mit 13 Zähnen (normal 15 Zähne) hergestellt worden war, ein wenig mit den Drehzahlen aufpassen. Die 5,2 PS (heute 3,8 kW) wurden bei 4500 1/min erreicht, und oberhalb von 5000 1/min war es recht ungemütlich. Nicht nur vom Motorgeräusch her.
Die Ardie hatte ein Dreigang-Getriebe, kombinierte Fuß- und Handschaltung. Es gab keine Hinterradfederung, und die Trapezgabel vorn mit der Zentralfeder und der Reibungsdämpfung schluckte so recht und schlecht, was kam. Auf längeren Strecken rechneten wir mit einem 40er Reisedurchschnitt.
Aber es war *mein* Motorrad, und es war meine Freude. Als wir 1950 wieder das erste Straßenrennen gesehen hatten und die Rennmaschinen im MOTORRAD bewundern konnten, wurde auch aus der braven Alltags-Ardie NE 125 (ab 1950 hieß sie B 125) so eine Art nachempfundene Rennmaschine. Und das ging so:
Über den Lenker kam so ein Fliegenschutz-Rennfensterchen, wie es der Meier Schorsch an seiner 500er hatte. Und der Tachometer wanderte aus dem Scheinwerfergehäuse an ein Winkelblech seitlich vom Tank. Das sah dann so aus, wie der Fleischmanns Heiner seinen Drehzahlmesser an der NSU sitzen hatte. Außerdem kam hinter den Sattel ein selbstgenähtes »Rennbrötchen« auf den Gepäckträger.
Wir waren ja soo spinnert — aber soo bescheiden. Motor frisieren? Ne, das war aus vielerlei Gründen nicht drin. Wir mußten ja jeden Tag fahren, und die NE mußte jeden Tag zuverlässig laufen können. Mit Kettenverschleiß, Bremsbelägen (in den supersimplen Dosendeckeln), Schwinghebel-Buchsen an der Gabel, gelegentlich ja auch einem Reifen, einer Tachowelle, einem Seilzug, geklautem Tankdeckel, gerissener Lasche der Kettenabdeckung und anderen Kleinigkeiten war unser mögliches Betriebskapital ja schon restlos ausgelastet.
Diese 125er Ardie mag für alle diese 125er aus den ersten Stunden der 50er Jahre sprechen. Es waren anspruchslose und simple Fahrzeuge, aber wir betrachteten sie nicht nur als Fortbewegungs- und Transportmittel. Für uns waren das sogar

»Renn-Fliegengitter« und »Drehzahlmesser« (=Tacho) sollten den verhinderten Rennfahrer markieren

echte Motorräder. Mindestens für uns so viel wert wie dem Metzgersohn seine Horex. Oder dem Landdoktor sein erster VW-Käfer.
Wenn mein Sinn ganz supersportlich stand, dann wurde der Handschalthebel mit Rasterung und Gestänge abgeschraubt, und es ging per Fußschaltung à la H. P. Müller um die Ecken. Der erste Gang reichte bis ca. 25 km/h, der zweite war meist bis 50 km/h drin, und der dritte Gang zog schon ab 20 km/h ganz sauber durch. Das war so ähnlich wie bei den Ilo-Motoren, bei denen der 125er wahlweise sogar zwei Vergaser haben konnte. Sowas rangierte dann schon unter »gehobene Sportmaschine« und ging meist gut über 80 km/h.
Wir haben mit unserer Ardie Reisen durch Deutschland gemacht. Und jede Fahrt blieb ein Abenteuer, denn die Kolbenklemmerei blieb nie so ganz aus. An langen Steigungen mit zwei Personen mußte man auch noch nach einem Kilometerstand von 20000 aufpassen. Man lernte, damit zu leben. Man fuhr ja und brauchte sich nicht in die übervollen Züge zu quetschen. Und außerdem — der Arthur Westrup von NSU machte den richtigen Spruch dazu — waren wir »unsere eigenen Stationsvorsteher«. Das war 1950 schon etwas ganz Gewaltiges.
Mit der 125er Ardie, meiner ersten Eigenen, legten wir aber auch den Grundstein für unsere große Motorradbegeisterung, die von einem Teil meiner Familie gar nicht geteilt wurde (und schon dadurch in meiner Opposition noch größer wurde). Aber die liebe Inge und unsere Schwiegeroma (unsere Motorrad-Oma — wer hat sie noch gekannt?), die waren mächtig dafür. Und das half.
So wurde aus mir Grünling nach und nach ein gestandener Fahrensmann. Den Bazillus hatte ja schon die Kradmelderei mitgebracht, aber die Krankheit entwickelte sich erst richtig nach dem Krieg mit der Ardie. Damit ging's los.
Eines Tages ging sie dann auf eine große Reise. Der John wollte zur See fahren und konnte seine große Horex T 6 mit dem 600 cm³ Columbus-Motor sv von 1938 nicht mit an Bord nehmen. Aber der Käpt'n hatte erlaubt, daß er eine »kleine« Maschine irgendwo unter Deck abstellen dürfe, damit er an fernen Küsten fahren könne. Das war in der Tat ein toller Schipper, und so fragte John mich, ob wir unsere Motorräder nicht tauschen wollten. Horex T 6 gegen Ardie NE 125 — Zug um Zug.
Ich wollte. Und so kam es, daß die Ardie über die Meere fuhr und ich ein neues Motorrad-Kapitel mit einer 600er von 1938 begann. Aber das ist eine andere Geschichte, und die habe ich euch schon oft genug erzählt. Oder — ?.

Dero Edlen von und zu BMW

BMW. Tja, da hört man oft die Worte: »Als ich auch noch die 500er BMW fuhr ....«
Und das sagen dann Leute um die 60 rum. Längst haben sie vergessen, was das für eine Zeit und vielleicht auch, wer sie selbst einmal in dieser Zeit waren, was sie taten und welche Probleme sie hatten. Aber daß es da »eine 500er BMW« gab, mit der sie fuhren, und daß das ein Motorrad und dazu ein deutsches gewesen sein soll, das wissen sie noch. Und meistens erinnern sie sich noch daran, daß sie bei Regen mit dieser BMW unter Brücken stehen mußten, bis der Schauer vorüber war.
Also — die Betonung liegt dann auf 500er, und auf BMW. Es war etwas sehr Bedeutungsvolles in ihrem Leben.
Das glaube ich bestimmt. Und als für uns die Welt nach 1945 wieder anfing, Leben zu zeigen, da war eine 500er BMW tatsächlich ein Fahrzeug, das zu jenen Trauben gehörte, die hoch hingen.
Vor dem Krieg war es das Modell R 5 und R 51, nach dem Krieg kam zuerst wieder die 250er R 24 und kurz darauf die R 51/2. Mit

Die BMW R 51/3 war 1951 etwas, was sich nur die Götter leisten konnten. 500 cm³, 24 PS (17,6 kW)

der R 51/3 ging es weiter. 1951 hieß die Typenreihe R 25 (250 cm³), R 51/3 (500 cm³) und R 67 (600 cm³). 1952 kam die 600er R 68 mit 35 PS (heute: 25,8 kW) dazu. 1955 war die Typenliste auf sieben Modelle angewachsen:
R 25/3, R 51/3, R 50 (500 cm³, Vollschwingen-Modell), R 67/2, R 67/3, R 68 und R 69 (600 cm³, 35 PS, Vollschwingen-Fahrwerk). Nach einiger Jongliererei mit der Modell-Palette gab es dann nur noch Fahrwerke mit Vorder- und Hinterradschwinge, und 1959 hatte man die vier Modelle R 26 (250 cm³, 15 PS), R 50 (500 cm³, 26 PS), R 60 (600 cm³, 28 PS) und R 69 (600 cm³, 35 PS).
Die R 50 habe ich selbst besessen, und nach der Zündapp KS 601 hatte ich als Gespann auch eine BMW R 69. Die R 60 war ebenfalls eine Zeitlang in unserer Garage als Gespannmotorrad und vervollständigte den Familien-Fahrzeugpark.
Gerade mit der R 69 wurden, wie vorher mit der KS, die meisten unserer langen Reisen durch Europa unternommen, wobei sie sich als schnell, anspruchslos, zuverlässig und tragfähig erwies.
Es dauerte eine Weile, bis wir uns an das so weich wirkende Schwingenfahrwerk neben dem Steibseitenwagen TR 500 gewöhnt hatten. Schließlich jedoch hatte man alle Gespanntricks beim Fahren auch hier herausbekommen und fegte mit pfeifendem Hinterradreifen auch durch Rechtskurven im Powerslide.
Solo war die R 69 zu ihrer Zeit das kultivierteste schnelle Motorrad, das man sich denken konnte. Der Zweizylinder-Boxer brachte 35 PS (25,7 kW) bei 6800 1/min, und Geschwindigkeiten über 160 km/h waren gut möglich.
1957 konnte ich sehr lange eine R 69 solo fahren, und dabei machte ich unter anderem auch Erfahrungen mit den langsam aufkommenden Verkleidungen für Alltagsmaschinen.
Natürlich kamen solche Verkleidungen erst richtig in den 60er Jahren zum Zuge, als z. B. der Straßenrennfahrer Rudolf Gläser aus seinen Renn-Erfahrungen heraus Verkleidungen für Serienmotorräder konzipierte, wobei er auf diesem Gebiet nicht ohne Konkurrenten blieb. Aber in den 50er Jahren waren Verkleidungen absolut neu, wenn sie für Alltagsmaschinen gedacht waren. Es gab in den 50ern nur einen ernstzunehmenden Hersteller: Karl Heinrich in Maichingen bei Stuttgart.
Eines müßte da gleich zu Anfang gesagt werden, um jeden Irrtum von vornherein

auszuschließen: die Heinrich-Verkleidung für die großen BMWs entstanden nicht aus der Idee einer Rennmaschinen-Vollverkleidung heraus, wie es solche bei NSU, DKW und vielen anderen Marken gab, die Rennen fuhren. Karl Heinrich hatte es nur satt, seine Reisen auf zwei Rädern mit Großpapas Lenkerstulpen, mit nachträglich montierbarer Einheits-Windschutzscheibe, mit doofer Knie- und Beinschutzdecke oder mit Ofenblechen vor den Beinen antreten zu müssen. Er wollte einen soliden Wind- und Dreckschutz haben, der nicht nur zur sportlichen BMW paßte, sondern auch noch zweckmäßig und schön war.

Es müßte doch möglich sein, eine glattflächige Karosserie zum nachträglichen Anbau herzustellen, dachte sich der Karosserie-Baumeister und Kostrukteur Heinrich und begann im Stillen zu zeichnen und zu probieren.

Fast zwanzig Jahre später — 1976 — hatten die Konstrukteure von BMW die gleiche Idee bei der R 100 RS und verpaßten dieser Maschine serienmäßig eine Verschalung. Aber ihr Gedanke war absolut nicht neu (!). Weil der Heinrich ein Motorradnarr war, wurde dann auch schließlich aus vielen Versuchsstücken, die er alle selbst probierte, genau das, was die Industrie bis dahin — 1956/57 — nicht fertig gekriegt hatte: bei ihm konnte man eine komplette Karosserie zum nachträglichen einfachen Anbau bekommen, die obendrein auch gut aussah.

Er baute sie 1957 beispielsweise in Serie passend für BMW R 51/3 bis zum Modell R 69.

Das war für uns *die* Gelegenheit, das Thema Verkleidungen auch einmal aufzunehmen. Meine persönliche Einstellung dazu und vor allem auch zu Windschutzscheiben an Motorrädern, die nur Regen und Wind abhalten sollten und nicht auch ein bißchen Tempo brachten, war immer ein wenig negativ gewesen (ich bitte um Verzeihung — auch heute noch!) Ich wollte nichts Verschrammtes, nichts Verdrecktes, nichts Verregnetes und Undurchsichtiges vor der Nase haben. Der Rückensog hinter solchen Segeln ärgerte mich immer, außerdem empfand ich eine Windschutzscheibe auf einem Motorrad ähnlich wie die Gamaschen, die man einstmals als feiner Mann über seine Schuhe zog.

Bei Nacht machte einen so ein Trum vorm

Die großen Schwingenmaschinen von BMW — 500 und 600 cm³ — waren hervorragende Zugpferde für Gespannbetrieb

Gesicht bei Regen und entgegenkommenden Fahrzeugen vollends verrückt, und Sehschlitze aller Patente brachten *mir* nur immer Ärger. So blieb mir der Jammer mit der kalten Nase und mit den ewig beschlagenen Schutzbrillen das kleinere Übel. Ich hatte gewaltig viel gegen Windschutzscheiben an Motorradlenkern, und hätte ich mir einen MG-Sportwagen, den flotten Roadster, erlauben können, dann wäre ich die meiste Zeit mit nach vorn umgelegter Windschutzscheibe gefahren.
Persönlich hätte ich mir nie eine BMW R 69 mit Dreckschutz- und Windschutzscheibe versehen lassen, wenn ich nicht eines Tages über diese Heinrich-Verkleidung gestolpert wäre. Als ich sie das erste Mal von Weitem sah, dachte ich: Mensch, die Münchener BMW-Leute haben, wie üblich etwas spät aber doch in solider Art, etwas Vernünftiges gemacht!
Das war ein Irrtum, denn bald sah ich das Ding aus der Nähe und mußte feststellen, daß wieder einmal jemand aus *privater* Initiative ganz vorn war und nicht vom Werk aus — ! Es war damals die erste Verkleidung, bei der ganz von selbst der Gedanke auftauchte, sie einmal gründlich auszuprobieren.

Die R 69 (600 cm³, 35 PS / 25,8 kW) mit Heinrich-Verkleidung (1957)

Daraufhin montierte ich so eine Heinrich-Verkleidung an meine BMW R 69. Womit ich das Thema und das Problem von Verkleidungen an Motorrädern schon in den 50er Jahren aufnahm. Auch darüber müssen wir eben in diesem Buch sprechen. Komplett mit Windschutzscheibe, Lenkerverkleidung und Beinschutz wurde alles montiert.
Ha! Wir würden die 35 Pferdchen der R 69 und die 160 km/h das Segel zum Flattern und die Maschine zu Schlangenlinien bringen! Das wäre die Gelegenheit, endlich einmal zu zeigen, wo der Spaß mit Scheiben und Schalen bei Serienmaschinen aufhört! Meßbar auf dem Nürburgring! Im Vergleich mit unverschalten, »echten« Motorrädern!
Diese finsteren Gedanken habe ich aber damals natürlich den guten Heinrich nicht merken lassen, der hätte vielleicht seine feine Karosse sofort wieder abgeschraubt. Ich sagte nur laut, daß wir mit der BMW und seiner Schutzschale auf den Nürburgring fahren würden, um einmal zu sehen, was unser Spezialfahrtschreiber von Kienzle (ein Umlauf = 24 Minuten) dazu sagen würde. Dabei kam aber nicht nur ein Verkleidungs-Test sondern gleichzeitig ein Leistungstest dieser BMW heraus. Was beides in dieses Kapitel gehört.
Aber: ich war zunächst unglücklich wie noch nie auf einem Fahrzeug, als ich nach dem genauen Anpassen der ganzen Geschichte die ersten Kilometer von Maichingen nach Hause fuhr. Nein, ich fuhr gar nicht — ich kroch um die Hedersbach-Kurve an der Solitude-Strecke bei Stuttgart wie ein Mopedfahrer, jeder Gegenkommer jagte mir einen Schrecken ein, und nur wo es geradeaus ging, traute ich mich, mal ein bißchen aufzudrehen.
Siehste — ehe ich mich versehen hatte, war die nächste Ecke schon da, und ich hatte viel zu viel Dampf drauf — viel zu viel — ! Ganz gewaltig mußte ich in die Bremsen steigen — !
Aber es ging noch einmal gut.

Nein, mit *dem* Apparat sollte fahren, wer wollte — ich nicht mehr.
Es war schon unheimlich, auf einem Motorrad aufrecht sitzend mit 150 km/h auf dem Tachometer durch die Gegend zu fegen, keinen Windzug im Gesicht zu spüren, zu meinen, man habe gerade eben 120 stehen und dann mit *diesem* Zahn vor einer Kurve zu merken, daß da wohl doch ein wenig zu viel Dampf auf den Kesseln war!
Und dann dieser Winddruck von *hinten*, daß man sich *gegen* den Lenker stemmen mußte. Und die Zipfel des Marquardt-Motorradmantels, die so merkwürdig nach vorn in die Beinverkleidung hinein wehten — ! Und dieses Gefühl, wie in einem Panzerturm zu hocken wie dereinst — ! Aber — — am nächsten Morgen saß ich wieder drauf.
Schließlich fuhren ja andere auch mit diesem vollgetakelten Schiff herum, schließlich hatte doch mancher Wettbewerbsfahrer auf der Rheinlandfahrt rund um den Nürburgring auch eine Scheibe vor der Nase gehabt. Und da ging es ja sehr schnell zu während der Dauerprüfung und später während des Bergrennens. Das mußte ich doch auch können.
Also übte ich ein bißchen. Es sah ja auch nicht dumm aus, jeder schaute sich nach einem um. Zweimal hielt mich eine Polizei-Verkehrsstreife an, weil sie meinten, da führe ein Verrückter mit einer Rennmaschine durch die Gegend. Ja, das meinten die Polizisten in Württemberg wirklich. Auf der Autobahn bei Koblenz dachten sie, das sei ein Kollege von der neuen Verkehrsstaffel auf der Autobahn mit verkleideter Maschine. Sie hupten und blinkten kurz von der anderen Autobahnseite her mit den Lichtern des weißen Porsche zu mir herüber.
Nach 2000 Kilometern hatte ich die Sache mit der Verkleidung — auch bei Seitenwind (!) — heraus. Ich hatte mich daran gewöhnt.
Mit den Knien stieß ich noch an die oberen Kanten der Beinverkleidung. Beim Aufbocken und Einstellen in der Garage strengte ich mich noch immer schrecklich an, weil ich die richtigen Griffe zum Rangieren noch nicht ganz raus hatte. Auch die verregnete Windschutzscheibe ärgerte mich noch manchmal.
Doch traute ich mich jetzt wenigstens auf die 22,8 km lange Nordschleife des Nürburgringes, denn inzwischen hatte ich herausbekommen, daß Kurvenlage und Spurverhalten beim Bremsen anscheinend doch nicht anders als bei der unverkleideten BMW R 69 waren. Vielleicht aber redete ich mir das auch nur ein und übersah da noch irgendwelche verborgenen Unarten. Wir würden das ja sehen — am Adenauer Forst, in der schnellen Kurve um Wehrseifen herum, im Karussell, am Wippermann und am Brünnchen.
Zum Vergleich wurden zunächst einige Runden ohne Windschutzscheibe gefahren, die Beinverkleidung blieb aber dran. Sie behinderte beim Fahren ja nicht, denn bei der schnellen Sitzposition, zwei der vier Buchstaben auf dem Schorsch-Meier-Kissen nach hinten gerückt, berührten die Knie die Kanten der Verschalung nicht mehr.
Mit stehendem Start und stehender Maschine auf der Ziellinie lag der Durchschnitt für die 22,8 Kilometer zwischen 105 und 110 km/h. Die Bahn war nur stellenweise feucht. Die Fuchsröhre ging es mit 160 bis 165 km/h hinunter, auf der Gegengeraden bei Start und Ziel waren es langliegend 155 km/h.
Im Ganzen war es wieder einmal ein besonders großer Spaß, mit diesem Motor und mit diesem Fahrwerk um den Nürburgring fahren zu können. Mit der R 69 richtig auf den Ring eingefahren, kam die Lenkerverkleidung mit Windschutzscheibe wieder drauf. Und siehe da — hatte ich's nicht gesagt? — schneller als 105,3 km/h war kein Durchschnitt zu machen. Meistens lag der Schnitt zwischen 100 und 103,9 km/h.
Naja, es war schon ein merkwürdiges Gefühl, so mit 120 km/h zum Wehrseifen runter zu schaukeln — in jeder Kurve kratzte

das kleine Schutzblech unterm linken Zylinder auf der Straße, rechts stieß gar der Zylinder beim Einfedern in Schräglage auf — ! Also weg mit dem Blech da unten!
Was war das doch für ein wunderbarer Motor! Hinter dieser lärmfangenden Verkleidung hörte man auch in der Fuchsröhre kaum die Ventile, nicht einmal im Kesselchen beim Aufstieg zur Hohen Acht bei 130 km/h und 7000 Umdrehungen im dritten Gang bekam ich Angst, weil da nämlich kein überlautes Klirren und Schrillen der gequälten Ventilsteuerung ihre Not herausschrie!
Ich mochte damals nicht wissen, wie da mancher andere Motor hinter diesem Winddeckel Spektakel gemacht und einem die Traute aus der Gashand genommen hätte. Hatte nicht der Mannheimer Rennfahrer Kronmüller seiner Guzzi die Verkleidung einst abgenommen, weil er ständig seinen Motor auseinanderfliegen hörte? Der hatte doch schon nachts von dem grauslichen mechanischen Gerassel Angstträume gekriegt. Wie hätte sich da wohl die Matchless-Einzylinder angehört! Man hätte jede Testmaschine mit Verkleidung probieren müssen, so dachte ich. Das wäre ein Maßstab für mechanische Geräusche und Toleranzen gewesen.
Beim Betrachten der Fahrtschreiber-Diagramme, pro Runde ein gut ablesbares Blatt, die ich sorgfältig für die Aufzeichnungen benutzte, zeigte sich nichts weiter als eine niedrigere Endgeschwindigkeit und an einigen Stellen in scharfen Kurven ein geringeres Tempo. Aber an keiner Stelle des Nürburgringes, an denen sich sonst Unsicherheiten des Fahrwerkes, der Bremsen, unbequeme Sitzposition, falsche Hebelstellung, schlechtes Reifenprofil usw. bemerkbar machten, waren schlechtere Werte gegenüber denen mit der unverkleideten R 69 abzulesen.
Auf der Gegengeraden und an jeder anderen Stelle, die man im vierten Gang mit Vollgas fuhr, war das Tempo höher. In den schwierigen Hatzenbach-Kurven stieg die Nadel aber bei der unverkleideten Maschine beim ersten Schlängelstück höher. Weiter in der Aremberg-Kurve, am Adenauer Forst, bei der Ex-Mühle, im Karussell und im Schwalbenschwanz.
Außer im Karussell, im Schwalbenschwanz und in der Aremberg-Kurve war dies darauf zurückzuführen, daß man hinter der Scheibe aufrecht sitzend die Maschine nicht so blitzartig in den Schlängelkurven hin und her werfen konnte, wie man das ohne große Windschutzsegel aus der rennmäßigen Sitzposition heraus machte.
Man mußte eben doch mehr Fahrt wegnehmen, um exakt um die dicht aufeinander folgenden Ecken zu kommen. Bei der Aremberg-Kurve führte ich die höhere Geschwindigkeit auf das größere Tempo vor der Gewaltbremsung zurück. Da standen dann 10 km/h mehr drauf, wozu man aber schon alle Traute zusammenkratzen mußte, um sauber durch die Poststraßen-Brücke zu kommen. Beim Karussell und im Schwalbenschwanz aber war es wieder die blendende Sonne, die derart im Glas der Scheibe funkelte, daß man fast blind das Gas wegnahm und mindestens eine Sekunde oder mehr brauchte, um sich wieder zu orientieren und den Einlauf nicht zu verpassen.
Das waren aber Dinge, die bei jeder Verkleidung auftreten konnten, wenn es sich nicht um eine Renn-Karosse handelte. Die Grundeigenschaften der Maschine, also ihr durch Lenkung, Federung usw. bestimmtes Verhalten, wurden dadurch nicht beeinflußt. Man konnte guten Gewissens sagen, daß die Heinrich-Verkleidung aus dem schnellen Geschütz gerade keinen Schaukelstuhl machte.
Nachdem die ersten 2000 Kilometer herunter waren, hatte ich genau die Augenhöhe herausgekriegt, bei der man auch im Regen ohne Brille über die Scheibe hinweg peilen konnte. So konnte man dem verregneten und undurchsichtigen Glas entgehen. Allerdings gehörte dazu ein fester Sturzhelmschirm, der richtig gehalten sogar verhin-

derte, daß einem dickere Tropfen in die Augen flogen.
Dazu war es nötig, daß man die Höhe der Scheibe genau anpaßte, auch mußte man dichter mit dem Gesicht an den Scheibenrand rücken, als man es vielleicht bei anderen Windschutzscheiben mit Sehschlitz gewöhnt war.
Zwar war Platz für einen Scheibenwischer vorhanden — auch daran hatte Heinrich gedacht, obwohl der die Leistung des BMW-E-Werkes ganz schön belastet hätte — doch würde der sehr schnell das Plexiglas verkratzt haben. Heinrich machte daher seine Scheiben für jeden Kunden nach Maß.
Im Winter war dann die Lenkerverkleidung eine feine Sache. Die Finger froren nicht ein, und wer dazu noch geheizte Lenkergriffe benutzte (immer am Rande der Leistungsfähigkeit des E-Werkes natürlich!), konnte bei 30 ° unter Null noch ohne Pelzhandschuhe fahren. Die erwärmte Kühlluft von den Zylindern sorgte dann für warme Füße und warme Knie.
Daß man dennoch nicht auf Schutzhose und Schutzjacke verzichten sollte, daß man außerdem auch noch wie in der unverkleideten Zeit einen dichten Kragen brauchte, lag an dem Rückensog, der das Regenwasser und die Kälte von hinten heranwirbelte. Aber wenn ich mir dann überlegte: keine kalten Finger, keine kalten Knie und Füße mehr, kein Regen im Gesicht, nicht bei hoher Geschwindigkeit dauernd gegen den Fahrtwind gebeugt sitzen müssen — also wenn schon eine Verkleidung, dann mußte auch ein hartgesottener Wetterapostel sagen, daß dann nur diese eine Art von Schale in Frage gekommen wäre. Mensch, und *wie* hatte ich damals an den Fingern gefroren!
Bei der Fahrerei auf dem Nürburgring verbrauchte die R 69 mit der Verkleidung auf vier Runden 7 Liter Benzin (= 91,24 km), ohne Verkleidung kamen auf vier Runden 6,6 Liter. Nun ja, ich wollte da nicht Erbsen zählen und streiten, so um Kommastellen und warum und wieso. Schließlich war das ja auch immer Vollgas gewesen. Wichtig war, daß die Verkleidung keinen Geschwindigkeitszuwachs und keine Kraftstoffersparnisse brachte. Es handelte sich ja auch nicht um eine Verschalung wie bei einer Rennmaschine — im Windkanal zurechtgeformt. Aber es handelte sich 1957 dafür um die erste zivile Motorradkarosse, die tatsächlich Hand und Fuß hatte. An ihr waren Zugänglichkeit zu allen Motor- und Fahrwerkteilen bis zum Fahrverhalten in kritischen Streckenabschnitten nicht verschlechtert.
Die R 69 hatte den Motor der R 68 bekommen, die wir auch als Hundertmeilen-Maschine bezeichneten. Er war ziemlich ausgereift, lief vibrationsfrei und zeigte keine Unarten. Etwas Ölnebel an den Gehäusenähten war nach längeren scharfen Autobahnfahrten nicht zu vermeiden, und die knappe Kickstarter-Übersetzung machte einen besonderen Schwung im letzten Wegabschnitt des Starterhebels notwendig. Im Leerlauf war — bei richtig eingestellter Zündung und bei richtiger Vergaser-Einstellung — nur ein gleichmäßiges leises Auspuffgeräusch zu hören. In England galt die R 69 als so eine Art Rolls Royce unter den Motorrädern, und man konnte die Ladies und Gentlemen schon dadurch in Verzückung versetzen, wenn man den Motor antrat und ihn dann ruhig im Leerlauf drehen ließ. Er war kaum zu hören.
Beim Gasgeben jedoch merkte man dann die quer laufenden Massen des Boxermotors im ersten Augenblick. Sobald aber die Drehzahl stetig blieb, war alles stabil. Irgendwelche seitlichen Massen-Schläge entstanden auch über den Hinterradantrieb beim plötzlichen Herunterschalten oder beim sehr plötzlichen Gasgeben.
Das Getriebe ohne Kratzen vom vierten in den dritten Gang oder — hier ganz besonders — vom dritten in den zweiten Gang zu schalten, bedurfte der Übung und eines guten Fingerspitzengefühls. Für alte

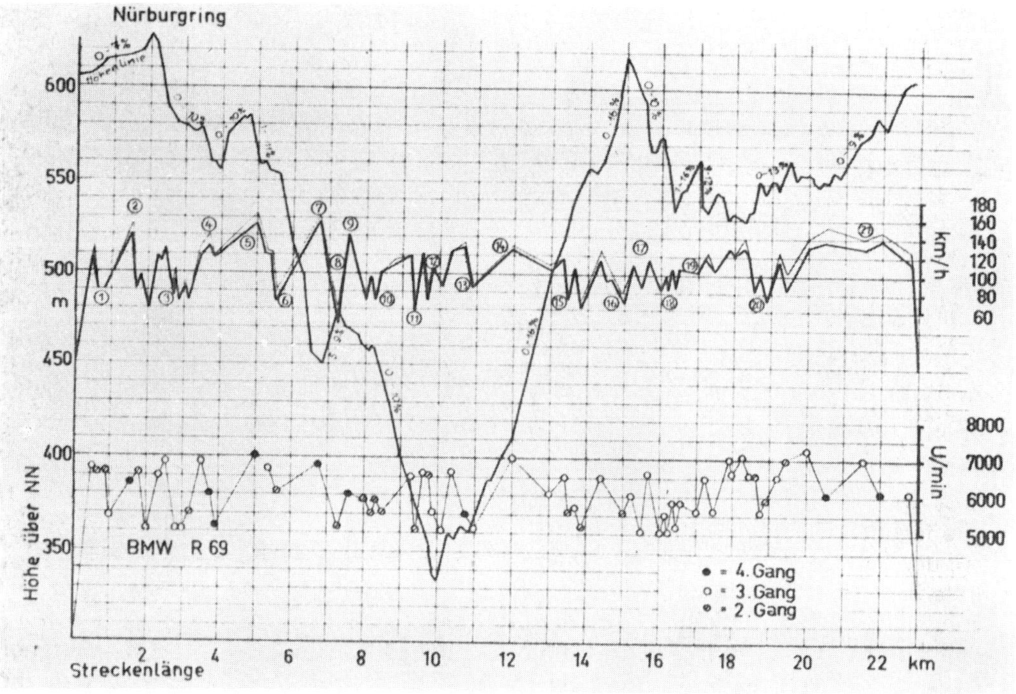

Nürburgring-Höhendiagramm mit Geschwindigkeits- (oben, dicke Linie ohne Verkl., dünne Linie mit Verkl.), Drehzahlverlauf und Gangwechsel für die R 69 / 1957. Die Zahlen geben bekannte Streckenpunkte an.

BMW-Hasen waren das Kavaliersdelikte, und in der Tat war ja auch zu ihrer Zeit im Kreise der Konkurrenz eine R 69 so eine Art Adelsprädikat.

Was eigentlich gesagt werden sollte, ist die Tatsache, daß es im Geländezuverlässigkeitssport Fahrer gab, die mit dem Schwingenfahrwerk und den 200 kg unglaublich gut zurecht kamen. Sebastian Nachtmann, die Brüder Manfred und Rudolf Höring, Hans Meier, Hans Roth — um nur einige zu nennen. Bei Diskussionen, was denn nun eigentlich das absolute Motorrad sei, blieb der Name BMW R 69 nicht ungenannt. Wobei auch nicht vergessen wurde, daß es sogar Gespannfahrer im Gelände gab, die den Grünen Elefanten heftig Konkurrenz machten. Und weil es mir möglich war, sehr viele Motorräder länger zu fahren, womit sich Vergleichsmöglichkeiten jeder Art ergaben, schnitt die R 69 bei unseren Überlegungen nicht schlecht ab. Besser auch als das nachfolgende Muster R 69 S, dessen Motor dann 42 PS hatte, das aber nicht ohne Probleme war.

Die Fahrcharakteristik müßte man unbedingt schildern. Beim Anfahren stieg die Vorderrad-Schwinge leicht aus den Federn, sackte dann wieder ein, und man konnte sehen, wenn man seitlich am Gabelholm vorbeipeilte, wie der Kotflügel leicht nickend auf und ab spielte. Die Schwinge schluckte alle Unebenheiten der Straße sehr leicht und neigte nicht zum Pendeln. Wenn man Pendelneigungen bemerkte, dann war das oft ein untrügliches Zeichen für defekte Stoßdämpfer oder falsches Spiel der konischen Schwingenlager. Solche Eigenheiten standen zwar nicht im ansonsten sehr guten Handbuch, aber mit der Zeit kam ein versierter alter Hase schon dahinter.

Die Eigenarten des Schwingenfahrwerkes waren auf der einen Seite ein bis dahin unbekannt gewesener Federungs- und Fahrkomfort, eine fantastische Spurhaltung — auf der anderen Seite jedoch sehr starke negative Reaktionen bei nur geringen Unregelmäßigkeiten. Mit dem R 69-Fahrwerk konnte man sich allerhand erlauben, auch da noch, wo andere Maschinen längst in die Gegend gerutscht wären. Aber *wenn* die Edle aus München einmal wegging — dann geschah das urplötzlich und meist bei höherem Tempo. Also kümmerte man sich um diese Dinge sehr genau. Gleichmäßige Stoßdämpfung, richtiges Lagerspiel an Rädern und Schwingen, intakte Steuerungslager, sauber laufende Räder, gutes Reifenprofil, gute Radauswuchtung (dafür gab es sogar kleine Steck-Gewichte), gleichmäßig gespannte Speichen usw.

Dann aber — ja, dann war das Fahren mit so einem schwarz-weißen Roß aus München eine Motorrad-Offenbarung, wie Vic Willoughby in der englischen Zeitschrift »motor cycle« schrieb.

Selbst nach hunderten von gehetzten Autobahn-Kilometern blieb der Motor geräuscharm. Es kam vor, daß der rechte Kolben etwas schwirrte, aber das bedeutete nichts. Geschwindigkeiten, die man bis dato nur von Rennmaschinen kannte, waren mit einem Male »Alltag« im normalen Verkehr. Mit der R 69 war man einsamer König, wo es auch immer ums Fahren ging.

Nach einer schnellen Reise tuckerte der Motor ruhig im Leerlauf rund, bis man ihn abstellte, und man hatte auch nicht das Gefühl, auf einem wilden Schlachtroß ein Kampfgetümmel bestanden zu haben. Irgendwie begannen sich auch Zeitbegriffe zu ändern, wenn man die BMW tagtäglich für alle Dienst- und Überlandfahrten einsetzte.

Im Werk in München hatten wir vor allem sehr guten Kontakt mit Max Klankermeier, der in jenen Jahren dem Motorrad-Versuch vorstand. Viele Tricks in der Behandlung der Maschinen haben wir bei ihm lernen können, und Meister Achatz in der Versuchswerkstatt war nicht nur ein glänzender Mechaniker mit enormem praktischen Wissen, sondern auch *die* Informationsquelle für uns, wenn es um das »Gewußt Wie« in der Behandlung der Fahrwerke, Getriebe und Motoren ging. Heute darf ich vielleicht sagen, daß diese beiden Männer für uns die Seele des Motorradgeschehens bei BMW schlechthin waren. Denn anderswo hörte man fast nur deprimierende Äußerungen zur Motorradentwicklung, und wenn es nach einigen Verantwortlichen in den oberen Etagen gegangen wäre, dann hätte BMW den Motorradbau so um 1957 herum aufgeben müssen.

Ab 1958 aber kam H. W. Bönsch als Direktor ins Werk in München, und als dieser Motorradpapst das Wort geprägt hatte »und wenn wir die letzte BMW in purem Gold mit entsprechendem Verlust bauen, sie *muß* weitergebaut werden«, da wurde das Gerede von der Aufgabe der Motorradherstellung langsam abgebaut. Bönsch war es eigentlich, der das Motorrad für BMW gerettet hat.

Inzwischen wurde uns mit der R 50, der R 60 und der R 69 die absolute Motorradwelt geöffnet, und die bajuwarischen Edlen auf zwei Rädern setzten ihre Wege fort.

Auf einige Detailerklärungen möchte ich auch nicht verzichten. Da war zum Beispiel der Drehgriff mit seiner Kegelradverzahnung, bei dem die beiden Seilzüge zu den Gasschiebern immer absolut gleich liefen. Da war bei der R 69 serienmäßig ein Schwingsattel mit angesetzter Leder-Verlängerung vorgesehen, der den Federungskomfort noch vergrößerte. Der Hinterradausbau war keine Wochenend-Schrauberei, sondern eine Minuten-Angelegenheit, und alle sonstigen pflegewichtigen Teile lagen überall wie auf dem Präsentierteller für notwendige Arbeiten vor einem.

Es ist nicht zu leugnen, daß das Haus BMW mit dem Modell R 5 vor dem Kriege aner-

kannt das beste Motorrad der Welt gebaut hatte, jetzt — 1957 — hatte man mit der R 69 wieder eine Maschine im Programm, die dazu prädestiniert war, einen ähnlichen Ruf zu bekommen.
So war es wirklich — die späteren Modelle fielen durch Probleme mit Kurbelwellen-Schwingungen und anderen Ärger wieder von dem Niveau der R 69 herunter. Und erst in den 70er Jahren schien sich wieder ein etwas besserer Weg anzubahnen.

DKW RT 350 mit Binder-Seitenwagen

Bei DKW wurde gleich nach dem Krieg in Ingolstadt wieder mit dem Bau von Motorrädern begonnen. Es war das alte Vorkriegsmodell RT 125 mit seinem schlitzgesteuerten Einzylinder-Zweitaktmotor, das den Anfang machte.
Diese RT 125 war bereits das am meisten in der Welt kopierte Motorrad. BSA, Harley-Davidson zum Beispiel gehörten zu den »Nach-Empfindern«, und noch in den späteren Jahren vor 1960 begannen die Japaner — ich denke da an Yamaha — die RT genau zu kopieren und damit ihren Motorradbau anzukurbeln.
Zu der 125er kamen in Ingolstadt anfangs der 50er Jahre bald auch größere Modelle. Eine 200er, dann eine 250er. Schließlich bereicherte man die Modelliste noch mit einem 175-cm³-Modell. Die Technik der DKW-Motorräder bewegte sich im Rahmen des Üblichen. Telegabel vorn, zuerst Parallel-Hinterradfederung (wir sagten »Wackel-Vorrichtung« dazu) und später Hinterradschwingen. Als überall auch mit Vorderradschwingen experimentiert wurde, erhielten auch die DKWs Vorderrad-Schwingen.
Besondere Motorleistungen waren nie gefragt, denn wer eine DKW fuhr, wollte — so meinten die Kaufleute — ein zuverlässiges Arbeitspferd haben. Es mußte solide sein. Um Kundendienst und Kundenbetreuung optimal gestalten zu können, baute die Auto-Union auch die Elektrik selbst und verließ sich nicht auf Zulieferer. Das hatte Vorteile in dem weit ausgebauten Händlernetz, aber auch Nachteile, wenn man im Notfall keinen DKW-Menschen erreichen konnte.
Durch die aktive Beteiligung am Straßenrenn- und auch am Geländesport waren DKW-Maschinen wie vor dem Krieg im Bewußtsein der Motorradwelt aktiv integriert, doch war zwischen den Leistungen dieser sportlichen Spezialfahrzeuge und dem grauen Alltag der Serie eine etwas desillusionierende Distanz. Vielleicht war das der Grund, daß von diesen an sich sehr schönen Serien-Motorrädern der Marke DKW in jenen Jahren nicht eine so starke Faszination ausging wie z. B. von BMW, Norton oder NSU.
Dann aber wagten sich die Ingolstädter 1953 in den Bereich der 350er Klasse vor. Sie stellten ein wunderschönes Motorrad mit einem Zweizylinder-Zweitaktmotor, 350 cm³, vor. Motorleistung 18 PS (heute 13,3 kW) bei 4500 1/min. Die Zylinder hatten eine besondere Art der Kühlrippen — »Stachelschwein« sagten wir dazu. Das kannten wir von AJS und von Triumph (Nürnberg) her.
Diese RT 350 allerdings war in der Lage, unsere Begeisterung eher zu entfachen als alle anderen DKW-Modelle. Und davon möchte ich nun berichten.
Nicht von ungefähr urteilte der Motorradkäufer zwischen 1953 und 1955 bereits kritischer als früher — durch zwei ganz interessante Umstände waren seine Ansprüche bedingt:
Die gestiegene Verkehrsdichte forderte eine hohe Fahrleistung, nicht um absolut schnell, sondern um auch nur halbwegs schnell fahren zu können, um sich von all' dem jammervollen Gestümpere freifahren zu können, mit dem einem vieles — vom Leukoplastbomber bis zum großen Wagen — den Weg versperrte.
Man brauchte dazu ein Maximum an Motorleistung, an Lenksicherheit, an Bodenhaf-

Ob RT 125, RT 175 oder RT 250 — bei DKW wandte man Einheits-»Styling« an.

Abgedeckter Vergaser, vollgekapselte Kette, Federungs-Luftdämpfung — kein Motorrad der 80er Jahre, sondern die DKW RT 250 von 1955.

tung, an Beschleunigung, an Bremsfähigkeit, nur damit man nicht von allen und von jedem Vehikel behindert und auf einen 50er Schnitt gedrückt wurde. Dort, wo man vorher noch mit Maschinen anstandslos und ohne Ärger 60er und 65er Schnitte fuhr.
Die inzwischen gestiegenen fixen Kosten, Versicherung, Steuern, Gebühren für alles Nötige und Unnötige — die ja erst einmal bezahlt werden mußten, bevor man überhaupt einen Meter gefahren war — hatten eine solche Höhe erreicht, daß der Käufer sich mit Recht auch darum kümmerte, was er hinterher so an kleinen Nebenkosten in der Werkstatt hätte ausgeben müssen.
Nicht mal so sehr, weil etwas kaputt gegangen wäre und ersetzt hätte werden müssen — es fiel oft sehr viel mehr ins Gewicht, ob man wegen eines Handgriffes einmal im Monat oder einmal im Jahr in die Werkstatt mußte. Und ob die dann für diesen Handgriff eine Viertelstunde oder zwei Arbeitsstunden berechnete. Gerade in dieser Hinsicht hatten wir so allerhand erlebt, und wenn wir auch schon seit Jahr und Tag immer wieder darauf hingewiesen hatten, daß ein neues Modell niemals in der Fabrik-Entwicklung »fertig« wurde, sondern erst beim Kunden im Laufe des ersten Jahres, dann mußte doch gesagt werden, daß man sich darauf nicht gerade zu sehr verlassen sollte. Man konnte auch in der Fabrik-Entwicklung ganz bedeutend mehr Anlauffehler abstellen, als es bei manchem neuen Modell der damaligen Zeit geschehen war.
Dieser Situation sah sich ein Motorrad gegenüber, das aus einer alten Firma mit einem alten, guten Namen kam. Das war die DKW RT 350 mit dem neuen Zweizylinder-Motor. 1955.
Ich hatte die Testmaschine vorher sehr genau unter die Lupe genommen, so genau, als hätte sie mein eigenes Geld gekostet. Gefahren hatte ich sie aber — nun, eben wie eine Testmaschine, die *nicht* das eigene Geld gekostet hatte und bei der man auf Versager nur lauerte, vor denen dem Käufer schauderte.
Es blieb aber alles heil. Wie sollte das auch bei runden 6 000 Kilometer Schinderei einschließlich einer Internationalen Dreitagefahrt möglich sein! Aber es kam doch wohl sehr darauf an, *was* bei einem solchen Betrieb versagte. Es gab da Dinge, die wirklich nur alle heiligen Zeiten einmal vorkommen, und es gab solche, die bei *jeder* Maschine *laufend* vorkommen.
So würde man einen defekten und danach verbrannten Regler zu jenen Dingen rechnen, die nur alle heiligen Zeiten vorkommen — weil ich ihn unterwegs auswechseln mußte, kann ich allerdings nicht sagen, was ihm genau gefehlt hatte. Eine verlorene Scheinwerfer-Halteschraube gehörte zu den laufend vorkommenden Pannen — wer hatte bei einem Motorrad noch *keine* Schraube verloren.
Ein Tankriß, der sah da schon bedenklicher aus. Aber auch er war nicht grundsätzlicher Natur: die rechte, vordere Tankbefestigungsschraube war nicht gesichert gewesen. Ich merkte wegen der Gummilagerung die Wackelei nicht, weil der Tank ja im Gummi immer wackelte, bis eben der Steuerkopf ein Loch in das Blech gescheuert hatte.
Wenn man das dann wußte, war es ja einfach: Zahnscheibe, aus!
Sollte man das der Maschine ankreiden? Ich habe es natürlich *mir* ankreiden müssen.
Die erste Arbeit überhaupt war das Entfernen des Gasdrehgriffs mit dem so schrecklich langen Drehweg — man hätte alle diese doofen Dinger verbannen sollen! Dafür montierte ich einen Magura-Rundzug-Griff mit angegossenem Bremshebel und mit einem Fensterchen zum Nachsehen, ob der Nippel auch sauber eingehakt war. Eine feine Sache!
Und wie das so war — jetzt merkte ich eigentlich erst die wichtigste Eigenschaft dieses Motorrades: es war wesentlich schneller als man es wahrnahm. Das war sonst eigentlich nur eine Eigenschaft guter Automobile — man spürte die tatsächlich

Das Topmodell: DKW RT 350 — hier mit Heinrich-Scheibe

gefahrene Geschwindigkeit nicht mehr, man konnte sie nur noch auf dem Tachometer feststellen. Daß es das auch bei Motorrädern geben konnte, lernte ich zuerst an der RT 350 im Jahre 1955 kennen.

Die Laufruhe des Motors war entschieden besser als bei anderen Motoren. Wir stellten das fest — ausdrücklich — angesichts einer Enttäuschung über gewisse Zweizylinder, die bei uns in jenen Monaten Platz ergriffen. Wir hatten da, angestiftet durch eine 250-cm^3-Tornax mit dem Zweizylinder-Zweitaktmotor von Ilo, ein bißchen auf die Pauke gehauen und des öfteren behauptet, ein »Single« sei gegenüber einer »Twin« doch recht rückständig. Denn die Twin laufe doch im Vergleich dazu sooooo schön rund.

Bis wir auf Twins saßen (der verschiedensten Herkünfte übrigens), die zwar nicht mehr grob mit Knüppeln trommelten, wie das sonst nur ein anständiger Single tut, die aber dafür in doppelter und vierfacher Frequenz der Drehzahl extrem bösartige Schwingungen lieferten, mit der man so ungefähr alles kaputt kriegte, von der Haut in den Handflächen über einfache Kotflügelrisse bis zu kompletten Rahmenbrüchen.

Durch die RT 350 lernte ich, daß man auch Twins bauen konnte, die diese Schüttelei *nicht* zeigten.

Dafür gab es eine Erklärung, die mit der theoretisch richtigen Auswuchtung auf dem Prüfstand nichts zu tun hat: in einem Fahrwerk alter Bauart, mit knochenharter Telegabel und noch steiferer Hinterradfederung, mußte ein schüttelnder Motor die komplette Maschine in den Reifen schütteln und hatte keinen Platz, um sich auszutoben. Bei leicht ansprechenden Federungen war bloß noch das bißchen Rahmen-Mittelteil da, das sich in den Federungen wiegte und in dem der Motor ganz anders toben konnte. Daher rührten zuweilen sogar *Leistungs*unterschiede gleicher Motoren in verschiedenen Fahrwerken!

Wir hatten immer behauptet, daß ein modernes Fahrwerk den Fahrer bzw. dessen Aufmerksamkeit so weit entlaste, daß er jetzt plötzlich Zeit hatte, auf seinen Motor zu achten und dessen Schüttelei wahrzunehmen. Vielen ängstlichen Freunden konnten wir schon sagen, daß ihre jeweiligen Motoren keineswegs aus der Reihe tanzten, daß da vielmehr nur der subjektive Eindruck vorhanden war. Aber auch wenn wir das abrechneten, mußten wir der RT 350 immer noch bestätigen, daß sie unter allen derzeitigen Zweizylindermotoren ganz besonders rund ging.

Der Motor war zudem auch noch leise. Er heulte bei weitem nicht so wie die 250er

Zweizylinder, die wir bis dahin kannten. Er hatte ganz natürlich nicht den mechanischen Lärm einer Viertakt-Twin, und so konnte es kommen, daß man auf einer belebten Großstadtstraße mit 80—90 km/h dahinfegte, dieses Tempo für gute 50 km/h hielt und dementsprechend in die Bremsen steigen mußte.

Daran waren natürlich auch die 350 cm³ erheblich mit schuldig: man konnte zwar auch mit einer 250er so fahren, aber um da auf 80 km/h zu kommen, bedurfte es der Umstände und der Schalterei bei hoher Drehzahl — da wußte man dann, daß man bei 80 km/h angekommen war. Die RT zog das aber im dritten Gang oder gar im vierten nur mit dem Gasgriff, und so kam es, daß man die 80 für 50 km/h hielt.

Was der Motor drin hatte, merkte man dann beim Bremsen. Tatsächlich. Erst in zweiter Linie am Ziehen in den Armen beim Gasgeben.

Die RT hatte von vornherein eine Hydraulik für die Bremse des Hinterrades mit Anschlußmöglichkeit für eine Bremse am Seitenwagenrad. Die Hydraulik für das Hinterrad brachte noch etwas anderes mit sich: die Ketten-Vollkapselung ließ bekanntlich die Kettentemperaturen steigen, das Fett fing an wegzulaufen, und die Kettenlebensdauer wurde noch bescheidener als früher bei offenen Ketten. Also, runter mit den Temperaturen! Raus mit der Bremse aus dem Antriebszahnkranz! Damit die Kette nicht auch noch von der Bremswärme geheizt wurde.

Also mußte, wenn die Kette rechts war, die Bremsmechanik nach links und mußte entfernt werden können, damit das Rad raus ging. Gestänge aus- und einhängen? Kein Vergnügen. Die Ankerplatte hing aber bei einer Hydraulik einfach am Schlauch, sie konnte da beliebig dran baumeln, und aus- oder einzuhängen gab es nichts. Wir hatten bei Zweizylinder-Maschinen schon sieben lose Teile beim Hinterradausbau erlebt samt der Notwendigkeit, die Steckachse erstmal verkehrt herum einzustecken, bis die ganzen Scheiberl, Mufferl und Büchserl fluchteten — nun begrüßte man es dankbar, daß es bei der RT nur die Achse selbst und ein Distanzstück als lose Teile gab. Als Mitnehmer-Einrichtung war die alte Mechanik mit gewaltiger Gummischeibe und drei Mitnehmerflügeln beibehalten worden, die sich bei den bisherigen RTs absolut bewährt hatte. Alles in allem war das also eine Maschine, bei der ein Radwechsel buchstäblich so einfach ging, wie man das im Schulbuch liest.

Hier sei mir ein Hinweis auf unsere »hochmodernen« Konstruktionen zum Ausbau von Hinterrädern bei Motorrädern ab der 80er Jahre mit einem schadenfrohen Grinsen erlaubt — !

Diese DKW war ein schönes Motorrad, sogar ein klassisch schönes Motorrad, und es würde auch heute als schön bezeichnet werden können. Wenn man aber nach den Bildern allein geht, gab es damals schon eine Menge wunderschöner Maschinen. Wenn so etwas aber unterwegs zu spucken und zu stottern anfing, indeß es rundum freundlich regnete, dachte man sehr schnell anders über das Thema Schönheit und glattflächiges Äußere. Glatte Flächen waren 1955 von außen sehr schön, sie erschwerten aber meist die Arbeit innen drin ganz ungehörig — es war ein Unterschied, ob man am Produktionsband in der Fabrik eine Maschine in bequemer Höhe stückweise im bequemen Arbeitstakt zusammenbaute, oder ob man an der Straße das gute Stück rückwärts auseinanderrupfen mußte, während einem der Regen ins Genick lief.

Dabei war es nur immer das gleiche Trio, weswegen man anhalten, absteigen, Mantel ausziehen und Schlüssel rauspuhlen mußte: Vergaser, Kerze, Zündung.

Diese drei Dinge *mußten* und *müssen* auch heute noch bei Motorrädern nun eben einmal gut zugänglich sein. Bei der RT 350 waren sie gut zugänglich, ohne daß man sich die Finger brach oder zum Nachstellen der Leerlaufluft den ganzen Vergaser abnehmen mußte. Es ist kein Flachs: solche unmöglichen Fingerverrenkungen und Bauereien sind tatsächlich noch bei Motorrädern nach 1970 nötig gewesen, wenn man nur die einfachsten Einstell- und Säuberungsaktionen an Vergasern machen wollte!

Zu Anfang dieser Geschichte bin ich nicht besonders auf die Beschleunigung eingegangen: nicht umsonst stellten wir gerade diese in unseren Prüfungen ganz oben hin, während wir die Höchstgeschwindigkeit nur ganz nebenbei abtaten. Auf Höchstgeschwindigkeit legte ja damals schon höchstens noch ein Greenhorn wert. Wer fahren *mußte*, der hatte längst erkannt, daß es die Beschleunigung allein ist, mit der man die hohen Reisedurchschnitte fahren kann.

Der Durchscnitt auf Bundesstraßen richtete sich auch 1955 höchstens noch zur Hälfte nach der eigenen Maschine, die andere Hälfte bis 90 % des Schnittes wurden von den Dicken, den Mauerblümchen und den Knutschkugeln (Isetta usw.) diktiert, die da unendliche Kolonnen hinter sich herzogen, an denen nur sehr schwer vorbeizukommen war. Daran mit Schuß vorbeizugehen, das wäre schon leichtfertig gewesen. Also konnte man nur auf Tuchfühlung herangehen und im dritten Gang oder gar im zweiten mit Maximalbeschleunigung vorbeifahren, sobald die Lücke im Gegenverkehr da war.

Der dritte Gang reichte bei der RT 350 mit Seitenwagen bis 75 km/h, das schien nicht allzu viel zu sein. Der vierte Gang zog aber im Anschluß an den dritten glatt weiter ohne merkbaren Leistungsabfall. Das war eine Eigenschaft des Motors, der bei diesem Schaltsprung nur knapp 3 PS nachgab. Die Beschleunigung von 60 km/h auf 90 km/h — also gerade im kritischen Verkehrsbereich — war bei besetztem Gespann nur 12 Sekunden, solo 7 Sekunden. Etwa 110 km/h war die Endgeschwindigkeit.

Natürlich gab es das nicht umsonst, und wenn wir auch immer sagten, daß jede Maschine — ganz gleich woher sie kam —

Geschlossene, saubere Linie: RT 350

annähernd gleich viel für gleiche Fahrleistung brauchte wie jede andere, dann galt das auch für die RT 350. Wir erwägten, daß sie einen »zahmen« Motor hatte. Nur 54 PS/Liter Hubraumleistung. Dazu gehörte auch ein geringerer spezifischer Verbrauch als bei Motoren über 60 bis 70 PS/Liter. Wir rechneten also damit, daß die RT 350 an der unteren Grenze der von uns als Norm betrachteten Faustwerte für den Verbrauch lag.

Solo kamen bei ausgesprochener Gewaltfahrt etwa 5,2 Liter auf 100 Kilometer heraus. Im Gespannbetrieb bei ebenso ausge-

sprochener Autobahnhetze stieg der Verbrauch auf 7,4 Liter pro 100 Kilometer.
Das waren Extremwerte, und wer nicht so hetzte, wie wir das immer taten, blieb bestimmt darunter.
Weil wir gerade von dieser Knüppelei sprechen, wie wir das bei den Prüfungsfahrten praktizieren mußten, um zu vergleichbaren Testdaten zu kommen, gleich noch ein paar Bemerkungen dazu: auf der Reise von Stuttgart nach Hamburg hatte ich einen Kolbenklemmer, der nachgearbeitet wurde. Auf der Strecke der Internationalen Dreitagefahrt im Allgäu wurde die Maschine mit Seitenwagen nur gequält, in den Gängen, mit »langsamem« Kühlwind also, und ich wartete auf Klemmer und auf das Lahmwerden infolge unzulänglicher Kühlung. Die Wärmenester bei Zweitakt-Twins waren nicht zu Unrecht gefürchtet.
Augenscheinlich hatte die RT keine. Gegenprobe Autobahn: noch kritischer! Da kriegte man die meisten Zweizylinder binnen zehn Minuten fest, indem man das Gas bei einer ziemlich beliebigen Stellung zwischen halb und voll einfach stehen ließ. Die RT vertrug auch das. Sichtlich bedeutete auch der Stachelschwein-Zylinder eine echte Verbesserung.
Mit dem Gespann, besetzt natürlich, am steilen Berg mit über 25 % Steigung wieder anzufahren, war nicht so einfach. Das war aber keine spezielle Eigenschaft der RT sondern *aller* damaligen 350er Gespanne, woher sie auch kamen. Es war Sache der Auslegung des ersten Ganges.
Das Getriebe selbst zeigte auch noch eine Eigenschaft in Richtung auf niedrige Instandsetzungskosten. Wenn man an das Getriebe heranwollte, brauchte man nicht den ganzen Motorblock auseinanderzunehmen. Unter der Kupplung saß ein Deckel mit Kreuzschlitzschrauben, den man nur abzunehmen brauchte, um das ganze Getriebe herausnehmen zu können.
Die Federung: über die Telegabel der DKWs jener Jahre wäre nichts weiter zu sagen. Erstens funktionierte die Buchsenschmierung tatsächlich, denn die Führungsbuchsen hielten, und auch die *Luftdämpfung* tat ihren Dienst. Ja — damals gab es auch schon eine Luftdämpfung für Motorradfederungen! Das ist nicht etwa eine japanische Erfindung der 70er Jahre!
Das Kriterium war dabei der Einschlag, den das Vorderrad beim Gespann in Linkskurven auf dem Pflaster vertrug, bevor es wegschob. Die Hinterradschwinge konnte man im Solobetrieb bei der Dreitagefahrt unter dem Fahrer Finkenzeller beobachten — danach entschloß man sich bei der Auto Union schon bald, sie auch für die Modelle 175 cm^3 und 250 cm^3 zu übernehmen. Diese hatten zu jenem Zeitpunkt noch die alte »Wackelvorrichtung« als Hinterradfederung.
Natürlich war die Schwinge unserem harten Gespannbetrieb gewachsen. Warum sollte sie auch nicht? Die Verstellbarkeit »hart« — »weich« war im Gespannbetrieb keineswegs nur für die Bequemlichkeit wichtig, sondern auch für die Einstellung des Maschinensturzes zur Senkrechten neben dem Seitenwagen.
Und da fällt mir noch eine Besonderheit ein. Im Scheinwerfer der RT 350 war ein Signalhorn eingebaut. Es saß da zwar prächtig, aber die Glühlampenfäden hätten ja wohl die Schwingungen beim Signalgeben leicht übel nehmen können. Sie taten das aber nicht. Wenn das also wirklich überwunden gewesen wäre, dann wäre dieser Platz für ein Signalhorn gar nicht einmal so schlecht gewesen.
Der Tank hatte 2 Liter Reserve, einfüllen konnte man 15 Liter einschließlich dem nötigen Öl. Dort war eine Mischungsanlage im Tankstutzen eingebaut, man durfte nur nicht gerade wie mit einem Feuerwehrschlauch das Benzin über das vorher in den Mischer eingefüllte Öl strömen lassen.
Wie alle großen Maschinen konnte man auch die RT 350 von DKW nicht bummelig fahren. Wenn man es dennoch tat, etwa im Stadtverkehr dazu gezwungen, durfte man sich nicht wundern, wenn nach zwei Wo-

chen Bummelei die Spitze und die Beschleunigung gelitten hatten. 50 Kilometer Autobahn zauberten aber die alten Werte wieder herbei. Richtwert: eine Woche Stadtfahrerei kostete bei der Solomaschine rund 10 km/h Endgeschwindigkeit.

Seitenwagen-Fahren war in den 50er Jahren eine durchaus übliche und auch sportliche Fortbewegungsart. Und so empfahl auch die Auto Union zu ihren Maschinen neben den Steib-Modellen einen Seitenwagen, der etwas Besonderes war. Es war der Binder-Seitenwagen, dessen äußeres Gesicht beonders in der Bugverkleidung denen der DKW-Automobile entsprach.

Nachdem wir die Spurbreite auf 110 cm herabgesetzt hatten (vorher, bei der Übernahme des Motorrades, lag sie bei 117 cm), ließ sich das Gespann ziemlich gut fahren. Man hätte auch noch 5 cm weniger nehmen können. Mit etwas Geduld wären bei dem Binder-Wagen gut nochmals 8 cm mehr in der Spurweite des Gespannes zu sparen gewesen, zumal der in die Karosserie einbezogene Seitenwagenrad-Kotflügel dies besonders begünstigt hätte.

Die Seitenrad-Federung war ein bißchen hart — man merkte das aber erst an einer Schwingenmaschine, daran waren aber meistens alle Seitenrad-Federungen merkbar zu hart, nicht nur die des Binder-Wagens. Das Boot war im Sitzraum sehr breit und geräumig, einzufädeln brauchte man sich auch nicht, weil sich das Oberteil der Karosse aufklappen ließ — sogar die Fugen waren gegen Wasser abgedichtet. Nur der Fußraum war vorn etwas eng. Dafür war der Gepäckraum sehr geräumig, der Deckel war sogar dicht. Aber man konnte keinen Koffer zusätzlich aufschnallen. Die Bodenfreiheit des Wagens war besonders groß, es war wirklich kein Problem, damit auch auf den Geländewegen der Dreitagefahrt zu fahren.

Aber — wenn es regnete! Dann holte der Sog hinter der Scheibe das Wasser kübelweise in diese Badewanne hinein — !

Die RT 350 war nicht nur nach Leistung und Ausstattung — also mit Hinterradschwinge, Bremshydraulik usw. — 1955 eine moderne Maschine. Sie war darüber hinaus das, was man »fertig« nannte.

Da gab es keine Noch-Nicht-Fertig konstruierten Dinge mehr, wohl aber eine Menge in Jahren erprobter Einzelheiten, von denen man guten Gewissens sagen konnte, daß nichts kaputt gehen würde.

Das Motorrad war nicht superschnell, aber man fuhr damit bessere Schnitte als mit mancher in der Spitze schnelleren Maschine. Sie war nicht nur ihr Geld wert, sondern erweckte den Eindruck, daß sie dieses Geld auf lange Zeit hinaus wert sein würde. Das war 1955 wichtig.

Die Technik hat immer zwei Stufen: in der ersten Stufe werden konstruktive Forderungen befriedigt, dies und jenes und ein Drittes ist »dran«. Man muß aber allen diesen Dingen noch nachlaufen und sie kunstreich am Leben erhalten. In der zweiten Stufe sind diese Dinge alle noch »dran«, man braucht ihnen aber nicht mehr nachzulaufen. Sie tun ihren Dienst in Dreck und Speck und unbeachtet und ungewartet. Die DKW RT 350 fiel nach meinem Dafürhalten wohl schon in diese zweite Stufe. Und das konnte man in jenen Jahren ganz gewiß nicht von allen Motorrädern sagen.

Bis 1958 fanden wir diese 350er auf dem Markt — sie hatte also ca. fünf Jahre mitgemacht. Zuletzt war die Leistung etwas angehoben worden — doch nur in der Lage des Drehmoments. Die Vollschwinge hatte sich inzwischen bei DKW bis zum 250er Modell durchgesetzt. Doch die 350er wurde aus der Liste herausgenommen und verschwand vom Markt. Aber es war das DKW-Motorrad, das uns zwischen 1950 und 1960 neben den DKW-Rennmaschinen am meisten begeisterte.

„Entschuldigung! Aber ich habe meine Horex unten versehentlich mit Frühzündung angetreten!"

Vielgeliebte Regina

Wenn wir Motorrad-Verrückten uns über Maschinen unterhalten, dann fällt über kurz oder lang doch plötzlich der Typenbegriff Regina. Dabei ist es ganz egal, ob sich das Gespräch um die modernsten Renner oder um die ältesten Veteranen dreht. Und sogar jüngere Leute, die die Zeiten dieser besagten Regina selbst gar nicht erlebten, stimmen in die Erzählungen ein.
Man kann sagen, daß das ein echtes Phänomen ist. Hier ist eine Modellbezeichnung für ein Motorrad, dessen Existenz 1950 begann und bis ungefähr 1957 dauerte, bis heute lebendig geblieben. Und das nicht nur bei Fahrern, die das Glück hatten, diese Regina selbst zu besitzen, sondern auch bei Leuten, die nie Motorrad fuhren, die die 50er Jahre mit Bewußtsein gar nicht mehr erlebten, die aber eben irgendwie einmal hörten, daß zur Motorradwelt eine Regina gehörte.

Und was ist oder was war das? Ein ganz simples 350-cm^3-Motorrad mit einem stinknormalen Viertakt-Einzylinder-Motor ohv, der eine ebenso stinknormale, wenig sensationelle Leistung von 18 PS (heute 13,3 kW) hatte. Das Fußschaltgetriebe hatte vier Gänge, die Antriebskraft wurde über eine Hinterradkette im Kettenkasten auf das Hinterrad übertragen. Das war alles.
Oder gab's da doch irgendetwas Besonderes?
Vielleicht war es die Tatsache, daß diese Maschine im Jahre 1950 — fünf Jahre nach den letzten Bombennächten und dem restlosen Zusammenbruch aller Werte — mit ihrem äußeren so schönen klassischen Motorradbild als »richtiges« Motorrad den Motorradfreunden wieder eine bessere Zeit signalisierte.
Ja, ich glaube, daß darin das Geheimnis liegt. Wir hatten seit dem Jahre 1939 keine ähnliche Maschine mehr erleben können, und die Herren Dipl.-Ing. Reeb, Schlachter und Hawlitschek der Horex-Motorradfabrik in Bad Homburg stellten nun plötzlich nach bösen und traurigen Jahren wieder ein Motorrad auf die Räder, das irgendwie unsere Träume Wirklichkeit werden ließ. Dieses Gefühl »Mensch, sowas Schönes — nun wird es wieder gut« beim ersten Anblick der 350-cm^3-Horex Regina habe ich bis heute nicht vergessen.
Dann hörten wir zum ersten Male den Motor laufen. Liebe Leute, so eine Musik! — Das war nicht nur ein volltönender Schlag, das war sogar ein angenehmer Ton in unseren Ohren!
Noch gut kann ich mich daran erinnern, daß wir stundenlang mit verklärten Augen über den Prospekten saßen und alle jene glühend beneideten, die tatsächlich schon zwei Jahre nach der Währungsreform in der Lage waren, die DM 1 975,— für diesen geradezu klassischen Motorradtraum hinzublättern.
Doch zunächst einmal die technischen Daten dieser ersten Regina mit 65 ° Gabelwinkel:

Motor: Zylinderbohrung 69 mm; Kolbenhub 91,5 mm; Hubraum 342 cm^3. Verdichtung 6,35. Leistung 18 PS bei 5000 1/min. Ventilsteuerung über Kipphebel und Stoßstangen (ohv). Zylinderkopf aus Grauguß. **Getriebe:** Fußschaltung, vier Gänge, Gesamtübersetzung im vierten Gang 5,47; Getriebespannweite 2,76. **Fahrwerk:** unten offener Rohrrahmen, Teleskopgabel vorn, Teleskopfederung hinten, Bereifung vorn und hinten 3.25—19. **Gewicht:** fahrfertig 153 kg. **Höchstgeschwindigkeit:** 115 km/h.

Die Kolbengeschwindigkeit bei 5000 1/min betrug 15,25 m/s. Das war ein höchst ziviler Wert bei diesem Langhuber, wenn man weiß, daß wir die kritische Belastungsgrenze zwischen 17 und 19 m/s vermuten. Diese Belastungsgrenze war bei der Regina etwa bei 6000 1/min (= 18,3 m/s Kolbengeschwindigkeit) zu sehen. Der Motor hatte aber einen so günstigen Leistungsverlauf schon im unteren Drehbereich, daß für gute Reisedurchschnitte längeres Überdrehen über 5000 1/min hinaus einfach nicht nötig war. Unter einer gefühlvollen Hand war die Lebensdauer schon sehr hoch — weit über etwa 40 000 km (unsere damalige Standard-Lebenserwartung von Motorradmotoren) hinaus. Das bestätigte sich in späteren Jahren, als wir die Regina hart mit Seitenwagen fuhren.

Doch der tolle Ruf der Regina und das Frohlocken der Motorradgemeinde bei ihrem ersten Erscheinen im Juli 1950 beruhte auch auf den Details. Trommelbremsen zum Beispiel waren ja die Norm, vielfach aber waren sie auf billigste Weise hergestellt mit entsprechender mieser Wirkung und kurzer Lebensdauer. Zu solchen gepreßten Blechdingern sagten wir verächtlich »Dosendeckel-Bremsen«. Bei der Regina aber war es anders: sie war das erste Serien-Motorrad in Deutschland, das im Vorder- und im Hinterrad echte Leichtmetall-Vollnabenbremsen mit Kühlrippen hatte. 150 mm Durchmesser, 30 mm Belagbreite, 168 cm^2 Bremsfläche. Und das *waren* Bremsen!

Oder die neue Teleskopgabel der Regina: man verwendete auch hier weitgehend Leichtmetall bis zu den Gabelbrücken, und die sehr progressive Dämpfung war fantastisch. Bemerkenswert war auch für uns der vollkommen geschlossene Kettenkasten für die Hinterradkette aus Leichtmetall. Das Modell SB 35 von Horex hatte bei der Regina Pate gestanden, es wurde schon vor dem Krieg gebaut. Nun hatte man im Horex-Werk, das auf eine schon sehr alte Motorrad-Tradition unter der Familie Kleemann zurückblicken konnte, einer neuen Zeit die Tore geöffnet.

Die Horex Regina war als 350- und 400-cm^3-Modell gut mit Seitenwagen zu fahren

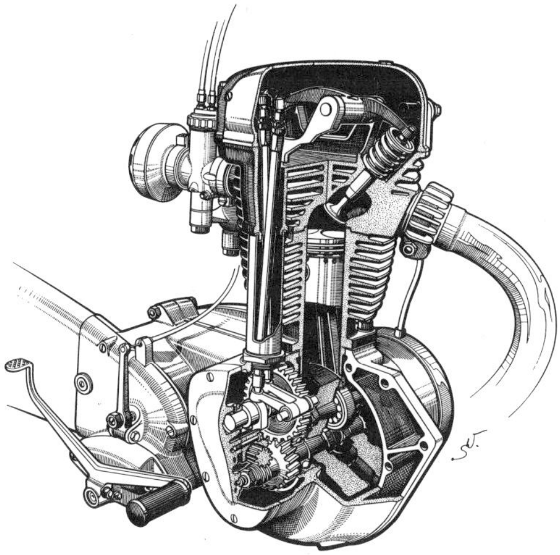

Der Einzylinder-Viertakter der Regina war ein klassischer Motorradmotor

Es war ja wohl auch die elegante Linienführung im Äußeren der Regina, die unsere Herzen beim Betrachten der Maschine höher schlagen ließ. Man war mit eloxiertem Leichtmetallteilen und mit sinnvoll verteiltem Chrom nicht sparsam gewesen. Das Horex-Markenzeichen war als Plakette und nicht als Abziehbild an beiden Tankseiten angebracht.
Einzylinder-Viertakter liefen niemals ohne Vibrationen, doch blieb der Regina-Motor in durchaus vertretbaren Grenzen. Zunächst gab es noch keine automatische Zündverstellung, sondern man hatte am Lenker einen Fingerhebel für die Zündverstellung und einen weiteren für den Luftschieber im Vergaser. Außerdem hatte die Regina — wie durchweg alle großvolumigen Einzylinder-Viertakter — den notwendigen Fingerhebel am Lenker zum Ausheben des Auslaßventils. Das Anwerfen des Motors war aber kein Problem. Später, bei der 500er NSU-Konsul, besonders bei der mit dem Sportsatz, ging das nicht ganz so glatt wie bei der Horex. Und so müssen wir doch einmal jene Methusalem-Prozedur erklären, mit der man sich beim Antreten solcher Motoren noch in den 50er Jahren herumschlagen mußte.

Die Arbeit begann bei kaltem Motor damit, daß man den Benzinhahn öffnete. Anschließend wurde der Tupfer auf der Schwimmerkammer des Vergasers, der den Schwimmer nach unten halten konnte, etwa zwei Sekunden heruntergedrückt. Dann zog man mit dem Zeigefinger der linken Hand am linken Lenkerende den Ventilausheber an und bewegte mit dem Kickstarter die Kurbelwelle so lange, bis der Kolben unmittelbar vor dem oberen Totpunkt stand, wo man den Ausheber wieder losließ.
Mit der rechten Hand wurde der Zündschalter-Stift in das Zündschloß eingedrückt, das sich vor dem Tachometer im Scheinwerfergehäuse befand, und darauf zog man den Zündverstell-Fingerhebel auf »Spät«. Der Gasdrehgriff wurde ungefähr ein Viertel seines Drehweges geöffnet, und der Fingerhebel für die Luftregulierung wurde auf »Zu« gestellt.
Mit tüchtigem Schwung holte man mit dem Fuß aus und warf den Kickstarterhebel nach unten. Wenn man Glück hatte, sprang der Motor an und lief ruhig los.
Hatte man jedoch nur eine Sekunde den Tupfer am Vergaser zu lange gedrückt, dann konnte es sein, daß der Motor bereits »absoff« und ums Verrecken nicht ansprang.
Da blieb nichts anderes übrig, als nun den Lufthebel ganz aufzumachen, den Gasdrehgriff auf Vollgas zu drehen und den Motor ohne Einschalten der Zündung ein paarmal mit dem Kickstarter unter Zuhilfenahme des Ventilaushebers durchzutreten. War dann so richtiger Schwung bei den Drehungen der Kurbelwelle entstanden, konnte man den Zündstift eindrücken und den Ventilausheber im richtigen Augenblick (der Kolben mußte nach oben gehen) loslassen. Wenn alles zusammenpaßte, die Füllung stimmte, dann konnte es geschehen, daß der Motor unter gewaltiger Rauchentwicklung aus den Auspuffrohren erst mit einzelnen und dann einigermaßen regelmäßigen Zündungen ansprang.

Wenn er es aber nicht tat, mußte man weitere Versuche machen. Also dann den Benzinhahn wieder schließen, die Zündkerze herausschrauben, trocken wischen und auch auspusten. Bei herausgedrehter Kerze ohne Zündung und mit Drehgriffstellung auf Vollgas den Motor wieder und wieder durchtreten. Solange eben, bis man erwarten konnte, daß der Verbrennungsraum von Benzin trocken war. Dann wurde die Zündkerze wieder eingeschraubt, und das ganze Spiel begann wieder von vorn. Aber nicht den Benzinhahn vergessen! Und den Zündverstellhebel noch auf »Spät« lassen! Denn wer ihn aus Versehen inzwischen auf Frühzündung rutschen ließ, der konnte nun beim Runtertreten des Starterhebels und bei der ersten Zündung lange vor dem Erreichen des OT des Kolbens fürchterlich eins in das Fußgelenk gewischt kriegen, weil der Kolben zurückschlug.

Es gab wunderschöne Witzzeichnungen, die in einem solchen Fall zeigten, wie der arme Mensch wie eine Rakete vom zurückschlagenden Kickstarter auf den nächsten Balkon geschossen wurde.

Erlauben Sie mir, liebe Freunde, die Zwischenbemerkung, daß das Motorradfahren auch in den 50er Jahren noch ein tolles Abenteuer war. Ich glaube sogar, daß wir über gut funktionierende elektrische Anlasser, Startautomatik und andere Hilfen verächtlich die Nase gerümpft hätten. Denn wir fuhren ja noch Maschinen für Männer und keine Schmetterlingsvehikel für Teddyboys.

So ähnlich meinte es der Konstrukteur Doug Heal zu mir, als ich ihn anfangs der 70er Jahre fragte, warum seine englischen Triumph-Modelle noch keine guten elektrischen Anlasser hätten — !

Doch zur heißgeliebten Regina zurück. Alle Starthandgriffe waren in dieser Reihenfolge auch für deren Einzylinder-Viertakter nötig, doch hatte man kaum Schwierigkeiten damit. Der Starterhebel ließ sich leicht bewegen, die Verdichtung des Motors war auch nicht so hoch, und außerdem mußte man die Schwimmerkammer des Vergasers schon in Strömen von Benzin zum Überlaufen gebracht haben, ehe der Motor absoff. Also — das Ding kam meistens schon auf den ersten Tritt.

Da das Getriebe auf der rechten Seite eine langhebelige Fußschaltwippe hatte, konnte man den ersten Gang durch Niederdrücken des hinteren Hebelteiles einrasten lassen. Schaltwippen waren durchaus noch keine allgemein gebräuchliche Sache bei Motorradgetrieben, und das war dann auch noch ein Grund, weshalb diese Regina bei uns so etwas Besonderes war. Schließlich war eine Schaltwippe ein Rennmaschinen-Detail. Und sie reizte uns natürlich, oft und gern den Motor hochdrehen zu lassen und zu schalten. Das gehörte richtig zum Erlebnis dieser Maschine dazu. Schwingenfederungen waren noch nichts Alltägliches.

So hatte die Regina für das Hinterrad eine Teleskop-Federung, deren Wirkung nicht mit den weicheren Hinterradschwingen späterer Jahre zu vergleichen war. Diese Federungsart war hart mit höchstens 40 mm ausgenutztem Federweg. Dafür mußte dann die Telegabel umso mehr schlucken.

Die Regina-Gabel war sehr feinfühlig und gut gedämpft. Sie hielt auch die Belastung des Betriebes mit Seitenwagen gut aus. Sie war der eigentliche Grund, daß das Fahrwerk auch auf schlechten Straßen und in wellenförmigen Kurven spurtreu blieb. Im Übrigen waren wir deswegen damit zufrieden, weil es Besseres noch nicht gab. Aber heute würde ein solches Fahrwerk im Vergleich mit Motorrädern modernen technischen Niveaus nur deshalb wenig abfallen, weil unsere Straßen kaum noch mit Blaubasaltsteinen, mit Kopfsteinen oder verteerten Pflastersteinen befestigt sind, weil es selbst auf Nebenstrecken keine Schlaglochserien mehr gibt und die meisten Verkehrswege glasebene Pisten darstellen, auf denen man sogar mit einem alten Starrahmen und mit Trapezgabel noch schnell fahren könnte.

Die Stufung des Getriebes (2,76/1,81/1, 33/1 = ca 39 km/h; 60 km/h; 82 km/h und 109 km/h bei jeweils 5000 1/min der Kurbelwelle) war sehr ausgewogen, aber keine ausgesprochen rennsportliche Einteilung. Dafür waren die Straßenverhältnisse maßgebend und auch der vorgesehene Seitenwagenbetrieb. Der Leistungscharakter des Motors ließ dies ja auch zu. Bei einem Straßensport- oder einem Renngetriebe lagen die Gänge höher und dichter am vierten Gang; bei der Regina hätte dann die Stufung etwa wie 50 km/h, 73 km/h, 97 km/h und 109 km/h bei 5000 1/min aussehen müssen (2,18/1,5/1,1/1). Englische Maschinen hatten schon eher solche knappen Straßenstufungen, was diese sich aber auch wegen des hohen Drehmoments der Motoren in unteren Drehbereichen gut erlauben konnten.
Der relativ flache Gabelwinkel der ersten Regina war ein markantes Kennzeichen. Später — als dann zu der 350er eine 250er (Bohrung/Hub 65/75 mm) und eine sehr gute 400er (Bohrung/Hub 74,5/91,5 mm) kamen — wurde die Gabel steiler angestellt. Vorher — noch mit dem flachen Gabelwinkel — gab es eine Regina-Sport 350 cm^3, die über 20 PS Leistung hatte und einen Leichtmetall-Zylinderkopf mit nur einem Auslaßkanal (»Einport«). Etwa ab Herbst 1953 hatte die neue Regina-Baureihe 250, 350 und 400 cm^3 ebenfalls den Leichtmetall-Zylinderkopf.
Vorher wollte Horex schon eine 500er Zweizylinder mit 35 PS herausbringen, aber man kam über das Stadium des Prototyps nicht hinaus. Auch nicht, nachdem diese Motorenart in Rennmodellen probiert wurde. Dann, 1955, erschien die 400er Imperator-Zweizylinder mit obenliegender Nockenwelle und 24 PS. Damit wurde die letzte Horex-Motorrad-Modellreihe begonnen.
1956 gab es die drei Regina-Typen und dazu neu die »Resident«-Reihe 250 und 350 cm^3 (Einzylinder ohv, Kurzhuber, Vollschwingen-Fahrwerk, neues Styling, 18 und 24 PS) und dazu die Zweizylinder-Imperator 400 cm^3 mit 28 PS.
Bis 1958 versuchten die Horex-Leute ihre Motorradfertigung in Gang zu halten. Man probierte mehrfach mit der Imperator 500er Motoren auch für den Export und sportliche Einsätze. Aber es war alles vergebens. Die Auto-Welle war ins Rollen gekommen, mit Motorrädern konnte man Ende der 50er Jahre keine Profite machen. Auch in Bad Homburg bei Horex gingen die Lichter aus. Die Regina aber ist in den Herzen vieler, vieler Motorradfreunde bis heute lebendig geblieben. Und das zu Recht.

Die Imme aus Immenstadt

Zu den markantesten Motorrädern der 50er Jahre muß man die Imme rechnen, obwohl ihr Dasein im Reigen des Motorradangebotes nur von 1948 bis 1951 dauerte. So wie ihre Gesamtkonstruktion nichts Alltägliches war, war auch ihr Konstrukteur Norbert Riedel kein 08/15-Alltags-Ingenieur. Riedel hatte zum Ende des Zweiten Weltkriegs schon das kleine Anlasser-Aggregat für die Düsentriebwerke des Messerschmitt 262 Jagdflugzeuges konstruiert, das einen Zweizylinder-Boxer-Zweitaktmotor hatte. In Immenstadt im Allgäu gründete er dann die Norbert Riedel Motoren Aktiengesellschaft, in der sein eigenwilliges Motorrad enstand.
Dieses Motorrad mit dem Markennamen »Imme« war in vieler Hinsicht seiner Zeit weit voraus und glänzte durch ganz besonders pfiffige Konstruktionsideen. Aber gerade dieses Besondere und dadurch auch das eigenartige Äußere der Maschine waren der Grund, daß sie nicht genug gekauft wurde. Als die Konkurrenz nach 1948 überall mehr und mehr mit Motorrädern klassischer Bauarten, mit mehr Kapital und mehr Werbeeinsatz auf dem Plan erschien, war das der Tod des Riedelschen Unternehmens. 1951 mußte die Fabrikation schon eingestellt werden.

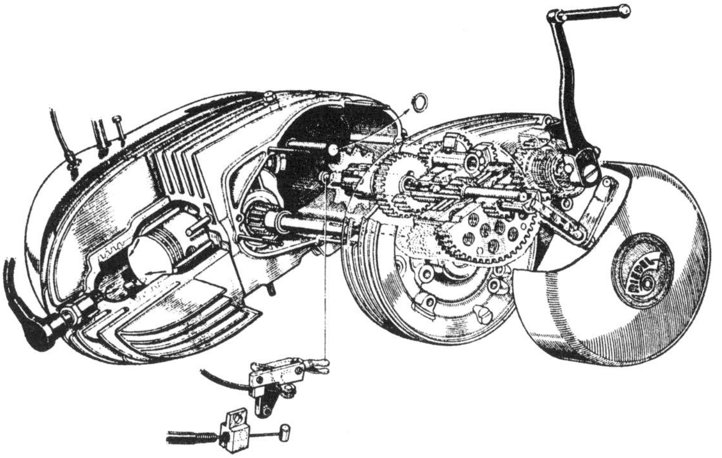

Der 98-cm³-Imme-Motor mit liegendem Zylinder. Stirnkurbelwelle und Drehgriffschaltung

Es ist ein Jammer gewesen, daß aus den Riedelschen Gedanken nicht *mehr* werden konnte, weil ihm einfach für entsprechend wichtige Werbung auf breiter Basis die dafür nötigen finanziellen Mittel fehlten. Bei NSU kam man mit unorthodoxen Konstruktionen der Fox, der Lux und der Max ja auch voran — jedoch mit mehr Dukaten im Klingelbeutel.

Die Imme war so oder so eine Rarität, und wer irgendwie so eine Maschine bis in unsere heutige Zeit gut erhalten retten konnte, der hat unter Sammlern und Veteranenfreunden ein besonderes Wertstück. Erst recht, wenn es eine der 25 150-cm³-Modelle mit dem Zweizylinder-Motor ist (oder wurden davon wirklich mehr gebaut?).

Doch nun zur »R 100«, von der hier hauptsächlich die Rede sein soll. Der luftgekühlte Zweitaktmotor hatte Umkehrspülung; Bohrung 52 mm, Kolbenhub 47 mm, Hubraum 99 cm³. Die Leistung betrug 4,5 PS (3,2 kW) bei 5800 1/min. Der Vergaser hatte einen Durchlaß von 14 mm, die Verdichtung betrug 7,0. Der Vergaser hing an der rechten Motorseite unter einer Blechabdeckung. Das Getriebe mit drei Gängen und Kugel-Ziehkeilschaltung konnte komplett aus dem Block zur Seite herausgenommen werden. Der Pleuelfuß hatte ein Nadellager auf dem Hubzapfen der Stirnkurbelwelle (»Stirnkurbelwelle« = Welle mit nur einem Wellenzapfen und nur einem Schwunggewicht), und der Primärantrieb bestand aus Zahnrädern.

Die Kugel-Ziehkeilschaltung wurde über Seilzüge durch einen Schaltdrehgriff am linken Lenkerende betätigt (diese Schal-

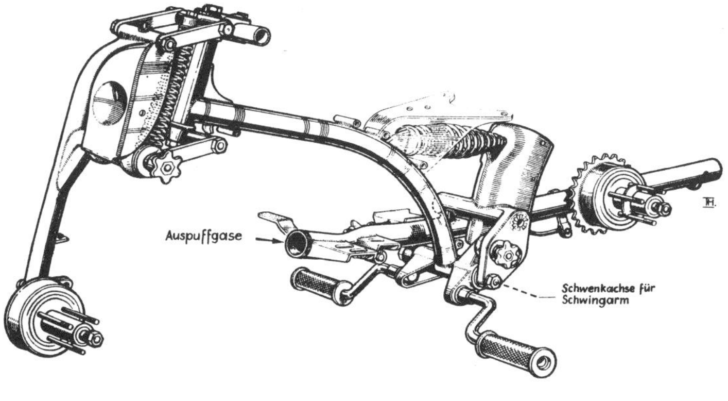

Das Imme-Fahrwerk mit Ideen, die 30 Jahre zu früh kamen.

tung, allerdings mit elektromagnetischer Betätigung, fanden wir 1956 bei der 200-cm³-Victoria-Swing wieder, die eine der letzten Konstruktionen von Norbert Riedel war); der Abtrieb der Kräfte zum Hinterrad geschah von der rechten Motorseite her über eine Kette.

Äußerlich sah der Motor wie eine geschlossene Einheit aus, er hatte die Form eines Ostereies. Sein Hauptbefestigungspunkt war der nach vorn verlängerte Schwingenarm, der gleichzeitig als Auspuffrohr diente. Damit entstand eine Triebsatzschwinge mit »liegendem« Motor.

Wenn man heute so viel Aufhebens von einer »Cantilever«-Federung und anderen technischen Gags macht, dann sei mir gestattet, daß ich dazu ein wenig lächle. Im Motorradbau heute ist es nur äußerst schwer, *wirklich* neue Konstruktionsideen zu finden — fast alles ist schon einmal dagewesen, besonders in den 50er Jahren. Und zu den wagemutigen Neuheitstestern gehörte zweifellos Norbert Riedel mit seiner Imme.

Unter dem Sattel, der auf einer Stützpfanne befestigt war, lag die große Tonnenfeder der hinteren Federung, für die Dämpfung sorgten durch Handgriff einstellbare Reibscheiben im Schwingendrehpunkt. Das Fahrwerk bestand aus einem Zentralrohr, das Vorderrad war an einem Gabelholm seitlich abnehmbar befestigt, und dieses Gabelrohr hatte eine Parallelogramm-Federung mit Tonnenfeder und Reibungsdämpfung. Das seitlich abnehmbare Hinterrad war ebenfalls mit an dem einen Schwingenholm (= Auspuffrohr mit Schalldämpfung) befestigt.

Auf diese Weise entstand das völlig unorthodoxe Aussehen der Maschine.

Aber wir fuhren gern damit. Das Fahrwerk war keineswegs wacklig, man konnte ungeheuer frech fahren. Selbst die ekelhaftesten Straßenbahnschienen-Rillen, die man im spitzen Winkel überqueren mußte, machten ihm nichts aus. Die Fahrleistung hing sehr von dem Dreigang-Getriebe ab,

Der seltene Zweizylinder-Imme-Motor mit 150 cm³. Konstrukteur: Norbert Imme

dessen Drehgriff-Schaltwege sehr lang waren. Mit 4,5 PS ging das nur 66 kg schwere Motorrad unter einem Mann mit Normgewicht spielend über 70 km/h.

Doch dieser Motor war nach unseren heutigen Begriffen laut und hatte einen schrillen Auspuffton. Er war ein Kerzenfresser (ca. alle 2000 km war eine neue Kerze mit 225er Wärmewert fällig) und sehr empfindlich auf die richtige Vergaser- und Zündeinstellung. Um 1950 herum waren 4,5 PS bei 99 cm³ Hubraum (Literleistung 45 PS/Liter Hubraum) die Daten von Hochleistungsmotoren, die man nur mit Fingerspitzengefühl richtig behandeln konnte. Der Benzinverbrauch lag bei 2,7 Liter auf 100 km.

Über das größere Imme-Modell »R 150«, das 1951 noch in der Markttabelle erschien, von dem jedoch höchstens 25 Stück noch in den Handel kamen, weiß ich fahrtechnisch nichts auszusagen, weil ich sie nicht gefahren habe. Doch ist anzunehmen, daß der Zweizylinder-Zweitaktmotor mit seinen beiden parallel liegenden Zylindern kaum Vibrationen hatte — im Gegensatz zur R 100, die davon nicht frei war. Auch hier war der Motor liegend angeordnet. Die technischen Daten waren: Bohrung 48 mm, Kolbenhub 41 mm, Hubraum 148 cm³. Der Motor leistete 6 PS (4,4 kW) bei 5000 1/min, Vergaserdurchlaß 16 mm, Verdichtung 7,5. Das Getriebe mit Kugel-Ziehkeilschaltung hatte drei Gänge, die Höchstgeschwindig-

keit wurde mit 80 km/h angegeben. Die R 150 hatte eine Teleskopfederung im vorderen Gabelholm.
1950 kostete die R 100 ab Werk DM 775,—, im Jahr 1951 hatte man DM 100,— draufgelegt, und die R 150 wurde 1951 mit DM 1 380,— angeboten.
Dann verschwand der Markenname »Imme«. Doch dürfte die Tatsache interessant bleiben, daß von dieser schon nach so kurzer Zeit wieder aus dem Blickfeld geratenen Motorrad-Konstruktion auch heute noch Motorradfahrer sprechen, die die 50er Jahre als gut informierte und weitgehend interessierte Enthusiasten erlebten. Während gleichzeitig eine Unmenge von Marken und Modellen den Markt bevölkerten, die der Imme bestimmt an Fahrleistung ebenbürtig waren, von denen aber heute kaum noch jemand auch nur den Markennamen weiß, hat sich der Motorrad-Markenname Imme bis heute im Gedächtnis vieler Motorradfahrer gehalten.
Ich möchte jedem Motorradsammler raten, der diese Rarität noch besitzt, die zu ihrer Zeit eine Revolution war, das gute Stück sehr, sehr gut zu pflegen und in Watte zu packen. Derartige Zeugen bahnbrechender Motorradtechnik sind eines Tages unter Liebhabern unbezahlbare Wertstücke!

Die »15-PS-Maico« — das kleine Feuerzeug, 175 cm³, 1957.

1957 dachten wir, daß Motorräder, die einen Enthusiasten begeistern sollten, nicht in Fabriken entstehen konnten, deren Direktionen vom Sport wenig hielten oder deren Betriebsräte den Versuchsfahrern bei Fahrten um den Nürburgring nur einen Durchschnitt von 60 km/h pro Runde gestatten wollten.
Die wirklich guten Maschinen entstanden auch nicht allein am Reißbrett eines »Formgestalters«. Diese Motorräder wurden durch den Sport geboren, im Sport hart erprobt und entwickelt. Nur dadurch konnten sie schließlich ihren guten Ruf erhalten und auf dem Markt eine gute Position einnehmen.
Wir begannen, schon immer einmal nach Italien zu schauen: dieses vom Rennsport begeisterte Motorradland hatte uns immer schon vorgemacht, wie eine Industrie mit einer Fülle von großen, kleinen und kleinsten Fabriken allein durch den Motorsport leben konnte. Wir sahen das, obwohl wir von der Qualität italienischer Serienerzeugnisse nicht immer überzeugt waren. Ein Motorrad ohne sportlichen Hintergrund war dort so gut wie unverkäuflich. Von dort kamen auch schließlich Sportmaschinen zu uns, die den Anstoß zu Überlegungen gaben, auch bei uns schnelle Modelle in der Klasse bis 175 cm³ für Leute zu bauen, die für ihr Hobby keine 500er, 600er oder eine dicke englische 40-PS-Lady unterhalten konnten, und die sich bislang eine zahme kleine Ente mühsam mit allen daraus folgenden Risiken auf höhere Leistung selbst frisieren mußten. Da gab es die Motobi-Catria 175 cm³ (siehe Seite 182) oder die Ducati 175 cm³ mit ohc-Viertaktmotor, 22 PS bei 11 000 Touren. So etwas verwirrte unsere Köpfe etwas, und auf der IFMA (der Motorrad-Ausstellung 1956) standen einige wenige Prototypen, um solche Gedanken zu testen und eventuell zu verwirklichen. Tatsächlich greifbar war aber 1957 auf einsamer Höhe von 15 PS nur ein Modell, die Maico M 175 »Supersport« aus Pfäffingen mit dem breiten »Cinemascope-Zylinder«. *Das* aber war nur durch den sportlichen Hintergrund der kleinen Fabrik möglich. Die Maico-Leute waren durch den Sport gewachsen, sie hatten ihn mit stetiger Ausdauer und Zähigkeit betrieben. Neben den werbewirksamen sportlichen Erfolgen ernteten sie wertvolle Kenntnisse für ihre Konstruktionen, und sie konnten gerade nun, wo das Motorrad vom Verkehrsmittel immer mehr zum Sportinstrument wurde, wieder nur durch den Sport weiterleben.

Der Zylinder der 175 cm³ Maico-Supersport war extrem breit verrippt.

Diese Linie verfolgten sie selbst da unbeirrt, wo kaufmännisch und bankmäßig orientierte Werksleitungen in verhängnisvoller Ahnungslosigkeit daran gingen, die berühmtesten und erfolgreichsten Rennmaschinen zu verschrotten.
Ja, beim Sportmaschinen-Rennen anläßlich des Weltmeisterschafts-Laufes in Monza/Italien startete zwischen den sagenhaft schnellen italienischen Maschinen der 175-cm³-Sportmaschinen-Klasse mutig eine Maico M 175 Supersport. Das war eine Tatsache, die wir uns — egal, ob da ein Erfolg herauskam oder nicht — ganz besonders erfreut gemerkt und beobachtet hatten.
Das eigentliche Wunder lag nun aber darin, daß diese M 175 Supersport tatsächlich Eigenschaften aufzuweisen hatte, die den Gedanken »... fliegt auseinander« gar nicht aufkommen ließ. Ich bemühte mich redlich, dieser Maschine sowohl durch Bummelei in der Stadt wie durch extrem scharfe Fahrerei auf dem Nürburgring an irgendeiner Stelle eine Schwäche abzufordern. Sie blieb heil. Der Motor verlor nicht an Leistung, lief sauber und rund auch noch nach etwa 4000 Test-Kilometern, in denen 44 geprügelte Runden um die Nordschleife des Nürburgrings drin waren (= ca. 1000 km). Von der Maschine merkte ich mir sogar die Nummern: Motor 140160, Fahrgestell 140179.
Auf der Schweren Schwäbischen Geländefahrt 1956, beim zweiten Lauf um die Deutsche Geländemeisterschaft, hatten wir den neuen 175-cm³-Motor das erste Mal unter Konrad Wellnhofer gesehen. Da waren noch die schnellen Ardies in der gleichen Klasse als schärfste Konkurrenten drin, dahinter kamen die frisierten Sachs-Motoren, und Zündapp konkurrierte mit der 175 S. Es gab viele Gerüchte um den merkwürdig breiten Zylinder mit den ausladenden Kühlrippen. Auf den ersten Blick sah das beinahe nach einem Zweizylinder-Motor aus, es wurde hin und her gerätselt, doch konkrete Angaben waren nirgends zu erhaschen.
Daß dieser neue Motor eine enorme Leistung hatte, sah man beim ersten Lauf um die Moto Cross-Meisterschaft auf dem Burgholzhof von Stuttgart (den gab es 1956 noch, heute ist dort alles zugebaut). Von dem Tage an verbreiteten sich die wunderlichsten Geschichten um den neuen »Breitwand«-Zylinder. Der Nimbus eines neuen Modelles begann seine Reise durch die Erzählungen und Schilderungen der Zuschauer.
15 PS sollten in dem Motor stecken!

Naja, das konnte man 1956/57 für die kurze Beanspruchung beim Moto Cross riskieren, aber für einen Serienmotor würde das wohl doch nicht das Richtige sein.
Im Oktober 1956 stand sie dann, wie schon berichtet, auf der Ausstellung mit den nun auch offiziell angegebenen 15 PS als »Supersport«-Modell. Schon fuhren auch einige Privatfahrer im Geländesport die neuen Zylinder und erzählten von märchenhafter Leistung, und endlich kam in dem Jahr das Serienmaschinen-Rennen (»Rennen des Herrn Heß« deswegen, weil der Nürnberger Möbelfabrikant Heß diese Veranstaltung sponsorte) auf dem Norisring. Übrigens das erste »Serienmaschinen«-Rennen, das in Deutschland je unter OMK-Aufsicht gefahren worden war. Hinter den beiden Lokalmatadoren, den Victoria-Parillas (siehe Seite 100) 175 cm³, lief die Maico unter Manfred Schiek als dritte Maschine durchs Ziel. Gesamtdurchschnitt 99,8 km/h.
Ja, die 15 PS mußte man wohl glauben.
Der Zylinder wurde von Kühlrippen umgeben, die viermal breiter und dreimal länger als der Zylinderdurchmesser waren (Bohrung 61 mm, Kolbenhub 59,5 mm, Hubraum 174 cm³, Kolbengeschwindigkeit bei 6000 1/min = 11, 9 m/s). Die Auspufföffnung war getrennt davon noch gesondert verrippt, fügte sich jedoch ganz gut in der äußeren Form ein. Derartige Kühlflächen hatte es bei luftgekühlten Motoren für Serienmaschinen bis dahin nicht gegeben (an Wasserkühlung dachte man aus Kosten- und Gewichtgründen nicht). Sie wurden durch den Wärmeanfall diktiert, der bei 15 PS aus 175 cm³ Hubraum natürlich ganz anders aussah — also nicht etwa nur verdoppelt war — als bei 7 PS aus 175 cm³, die 1952 noch der gute Ton waren.
Es war 1957 aber auch nicht einfach, die Serienfertigung eines derart ausladend und kompliziert verrippten Zylinders rationell zu gestalten, und die erste Form dieses Maico-Zylinders 1956 war dafür sehr ungünstig. Es war nicht möglich, eine Kokille wirtschaftlich auszunutzen, da die Rippenformen und die Art der Kanäle kostspielige Nacharbeiten von Hand nötig machten. Bis zum Beginn des Jahre 1957 probierte man daher an verschiedenen Zylinderformen herum, bis der endgültige Zylinder gefunden wurde.
Das Geheimnis der 15 PS lag nur in diesem Zylinder. Kurbelhaus, Kurbelwelle und Pleuel hatten die zivilen Dimensionen der anderen Maico-Typen. Ebenso wenig war ein »Renn«-Vergaser montiert. Trotz der notwendig extremen Steuerzeiten — es bestand sogar die Annahme einer Resonanzabstimmung der Überstromkanäle — war es geglückt, eine so saubere Spülung zu bekommen, daß die serienmäßig vorgesehene Zündkerze mit dem Wärmewert 310 (also eine echte Rennmotoren-Kerze) sogar tagelanges Bummeln durch die Stadt nicht übelnahm. Sie wurde zwar dunkel, aber von Verölen, Brücken an den Elektroden und Aussetzern war in der ganzen Testzeit nie die Rede. Ebenso machten ihr schlimmste Hetzereien nichts aus. Selbst bei der fetteren Vergasereinstellung, die man nach den Nürburgring-Versuchen beibehielt, bekam ich keinen Ärger mit der Zündkerze. Und was hatte man sich noch *zwei* Jahre vorher bei 9 PS-Maschinen mit Kerzenärger und —brücken herumgequält! Eine Zeitlang fuhren wir richtiges Klingelwasser — auch da funktonierte die Zündung einwandfrei, wenn auch der Motor in allen Drehbereichen beim geringsten Ziehen knisterte und klingelte.
Der Verbrennungsraum war nicht halbkugelig, wie das bislang als selbstverständlich galt, sondern hatte die Form eines ziemlich abgeflachten Künstlerhutes mit schmaler Krempe. Die Kerze saß genau in der Mitte. Der Zylinderdeckel faßte um den Verbrennungsraum in den Zylinder hinein und zeigte, daß die Abdichtung zwischen Zylinder und Zylinderdeckel (man kann bei Zweitaktern bestimmt nicht von einem Zylinder»kopf« reden!) zuverlässig nur auf diese Weise vorgenommen werden konnte. Eine Dichtung hatte keinen Platz mehr,

nach der Seite oder gar nach außen auszuweichen.
Die Kühlrippen des Zylinderdeckels waren nach vorn über dem Auspuffrohr höher, ließen genügend Platz für den Zündkerzen-Schlüssel und den Steckschlüssel für die Zylinderdeckel-Schrauben. Beim Anziehen dieser Schrauben mußte man aber ohne Drehmoment-Schlüssel und -Angaben mit Gefühl zu Werke gehen, denn sie wurden in das Leichtmetall des Zylinders einfach so eingedreht.
Die Spülkanäle waren nicht poliert. In den Ecken an der Zylinderwand hatte ich keine Verbrennungsrückstände entdeckt, sie waren völlig frei und sauber, als ich den Zylinder am Ende der Testfahrten abnahm.
Der Kolben hatte zwei Ringe, besaß einen flachen Boden und fiel durch die sehr großen Aussparungen für die beiden Überströmkanäle auf, die bis unmittelbar an die Kolbenbolzen-Bohrungen reichten. Der Bolzen hatte den beachtlichen Durchmesser von 18 mm. Der Kolben zeigte beim späteren Zerlegen des Motors eine Druckstelle neben der linken Kolbenbolzen-Bohrung an der Auspuffseite. Da war aber das Ergebnis einer anfangs zu knappen Vergaser-Einstellung (wir nahmen an, daß man bei Maico Angst vor zu hoher Verbrauchsangabe im Test hatte und uns auch eine so scharfe Fahrerei wie auf dem Nürburgring nicht zutraute, so daß man glaubte, eine knappe Einstellung bei uns riskieren zu können).
Bei dem täglichen Stadtbummel blieb der Verbrauch bei 4 Litern auf 100 Kilometern, über die ganze Testzeit hinweg kam ich aber auf 5,2 Liter — vom Nürburgring-Spritverbrauch reden wir dann noch.
Der Motor ließ ein ziemlich hohles Ansauggeräusch unter der Vergaser-Abdeckung hören. Um auszuprobieren, ob dieses Geräusch durch Weglassen der Verschalung anders oder lauter geworden wäre, schraubte ich beide Teile ab. Da verschwand der hohle Ton, dafür gab es aber ein helles Schnattern, das aber nicht meßbar lauter wurde.
Hier war zwischen Zylinder und Vergaser eine Art Glocke um den Ansaugkanal. Darunter verbarg sich eine Kunststoff-Verbindung zwischen Zylinder und Vergaser, damit sich die Zylinderwärme nicht auf den Vergaser übertrug. Die Glocke war außerdem eine Abstützung des Vergasers zum Motorgehäuse. Die Dichtscheibe zwischen der Stütze und dem Sockel auf dem Gehäuse war nur montiert, damit die Glocke die richtige Höhe für den Ansaugkanal bekam.
Ein interessantes Thema war 1957 schon die Frage, ob man aus anderen Maico-Modellen vielleicht durch nachträglichen Aus-

Auch der Vergaser der Maico hatte eine Abdeckung

tausch dieser oder jener Teile eine Supersport-Ausgabe in privater Initiative hätte herstellen können. Schon am Äußeren sah man, daß die einzelnen Teile der Supersport-Maico bis auf den Zylinder den Teilen der anderen Modelle glichen, und die Abstützglocke unter der Vergaser-Verkleidung deutete darauf hin, daß es vielleicht möglich gewesen wäre, aus der zahmen 175er eine scharfe Kanone zu machen.
Trotz eines gewissen Baukastensystemes war das nicht ganz einfach, denn man brauchte außer dem neuen Zylinder mit Kolben auch eine neue Kurbelwelle und vor allem eine stärkere Kupplung. Auf der Basis des »Blizzard«, der 250-cm^3-Maico, war es billiger und besser zu machen. Sie hatte die in der Supersport verwendete stärkere Kupplung (vier Scheiben), so daß man nur Zylinder, Kolben und Kurbelwelle hätte austauschen müssen. Aber warum sollte man es bei der 250er tun, die sowieso von Hause aus 14,5 PS hergab?
Die Pleuel waren übrigens bei fast allen Motorradmotoren von Maico gleich, einschließlich der 350-cm^3- und 400-cm^3-Taifun (siehe Seite 70).
Dies ist aus dem Grund zu erwähnen, weil sie eine Erklärung dafür ist, warum für die Supersport nicht ein neues Fahrwerk entwickelt wurde oder gar ein völlig neues Äußeres, wie vielleicht bei italienischen »Supersport«-Maschinen. Diese bestachen ja schon durch das Aussehen nach einer richtigen kleinen Straßenrennmaschine.
Klar, so ein Gesicht hätte zur Maico-Supersport gut gepaßt, wobei das »schnelle Aussehen« niemanden durch fehlende Fixigkeit enttäuscht hätte. Doch wäre dieser Aufwand zu kostspielig geworden, und bei allem Zugeständnis, daß die dafür infrage kommende Kundschaft auch mehr dafür bezahlt hätte, mußte man 1957 sagen, daß die Grenze von DM 2000,— weit überschritten worden wäre.
Gerade das aber war zu viel für 175 cm^3. Immerhin waren ja die vorhandenen Fahrwerke genug probiert worden und wem das

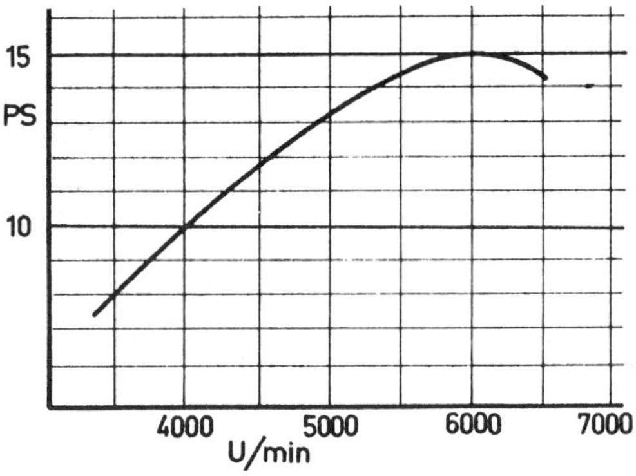

Die Leistungskurve der Maico-Supersport

Äußere nicht zusagte, der wechselte den Drehgriff mit dem so langen Gasweg eben selbst gegen den schnellen Sportwickelgriff, verkürzte die beiden Lenkerenden auf 50 cm Gesamtbreite und machte sich aus dem urdeutsch-braven Motorrad einen Rennbolzen italienischer Version.
Bastler, die »tolle Vögel« in jenen Jahren zusammenbauten und oft elegante und mitreißende Maschinen auf die Räder stellten, worüber wir immer wieder in begeistertes Staunen gerieten (schon aus dem Grunde, um trägen Herstellern zu zeigen, was uns gefiel!), gab es ja sehr viele.
Von den Nürburgringfahrten muß ich aber nun berichten. Die Höchstgeschwindigkeit habe ich dreimal gemessen. Bei km-Stand 380 zuerst. Ergebnis: 108,7 km/h. Kurz vor der Nürburgring-Erprobung bei km-Stand 1300: 110,2 km/h. Nach 44 Nürburgring-Runden: 116,8 km. Die schnellste Runde wurde für die 22,8 m lange Nordschleife mit 14 Minuten 28,2 Sekunden = 93,58 km/h gestoppt.
Da muß ich nun daran erinnern, daß eine 17 PS-NSU-Max 250 cm^3 (Viertaktmotor, ohc — siehe Seite 81) einen Rundendurchschnitt von 95 km/h erreichte.
Die weiteren Runden der Maico bewegten sich zwischen 92 und 93 km/h. Dazu noch ein Vergleich: im Jahre 1957 fuhren beim Eifelrennen über dieselbe Nordschleife die drei ersten Nachwuchs- (Ausweis-) Fahrer

der 250-cm^3-Klasse über drei Runden einen Gesamtschnitt von 107,3 km/h bis 110,4 km/h. Die drei ersten Lizenz-Fahrer der gleichen Klasse über fünf Runden 109,4 km/h bis 118,3 km/h. Bei der Rheinlandfahrt über die 29 Kilometer der Nürburgring-Gesamtstrecke (inklusive Südschleife), eine Straßen-Zuverlässigkeits-Angelegenheit, bewegte sich die Klasse bis 175 cm^3 zwischen 89 und 93 km/h, wobei die besseren Zeiten durchweg von Maschinen gehalten wurden, die mit Spezial-Moto-Cross-Motoren ausgerüstet waren. Eine Maico-Supersport in serienmäßiger Ausführung war nicht unter den Teilnehmern. Die schnellsten 250er kamen auf 94 bis 97 km/h.

94,58 km/h — eine Zeit, zu der 1957 normalerweise also eine starke 250er gehörte. Die 15 PS der Maico standen also durchaus nicht nur auf dem Papier.

Wer nun irrsinnige Drehzahlen erwartete, sah sich enttäuscht. Mit 6000 1/min bei Höchstleistung blieb der Motor noch unter dem, was man normalen Viertakt-Sportmotoren zubilligte: Victoria-Parilla = 12,5 PS bei 7000 Touren. NSU-Maxi, 175 cm^3, 12,5 PS bei 6500 Touren. Horex-Resident 250 cm^3, 18,5 PS bei 7000 Touren.

Mit dem 16-Zähne-Ritzel am Getriebe und den 46 Zähnen am Hinterrad serienmäßig, kam man nur dann in höhere Drehbereiche, wenn man ein leichter und schmaler Kerl war.

Wie das aussah, zeigen die Drehzahllinie im Höhendiagramm des Nürburgringes und die Fahrwiderstands-Kurven. Bei der zuletzt gemessenen Höchstgeschwindigkeit von 116,8 km/h kamen mit der serienmäßigen Übersetzung etwas über 7000 1/min heraus. Das war etwas reichlich. Man hatte aber wohl bei der Bemessung der Übersetzung an die Belastung des Motorrades mit zwei Personen gedacht, die ihre ehrlichen 100 km/h erreichen sollten.

Für mein damaliges Gewicht wäre ein Ritzel mit 19 Zähnen noch gegangen, da hätte die Endgeschwindigkeit eben mit der Höchstdrehzahl übereingestimmt. Bei 116,8 km/h wären das etwas über 6000 Touren gewesen. Die Widerstandslinie für mein Gewicht zeigte auch an, daß die 15 PS bis dahin reichen würden.

Es war also wie bei allen diesen kleinen Rennern nötig, daß man sich für seine persönlichen Bedingungen die richtige Gesamtübersetzung besorgte, denn obwohl das Testobjekt mit seiner für den Nürburgring zu großen Serien-Übersetzung die 44 Runden anstandslos durchstand, sollte man bei einem Motor einer derartigen Hubraum-Leistung (1957 — 87 PS/Liter) nicht dauernd mit allzu hoher Drehzahl fahren. So wurde mit dem 16er Ritzel nur unbedeutend *unter* der zulässigen Drehzahl gefahren. Von den 22,8 km Nordschleife wurden etwa 19 km mit Überdrehzahl pro Runde absolviert. In der Fuchsröhre ging die Tourenzahl bei 130 km/h auf 8000, vom Kesselchen während des zähen Aufstieges zur Hohen Acht waren im dritten Gang ebenfalls 8000 Touren da (Kolbengeschwindigkeit = 15, 9 m/s).

Der Motor drehte aber leicht hoch wie ein Zweitakt-Twin, dabei glaubte ich mehrfach, daß er auseinanderfliegen würde. Jede solche Abfahrt in die Fuchsröhre hinein bereitete arges Herzklopfen. Man sah sich schon mit blockiertem Motor irgendwo in den Wald segeln und hoffte nur, daß dann auch die Hinterradkette »zuverlässig« reißen würde. Deswegen hatten wir den unteren Teil des sonst voll geschlossenen Kettenkastens abgenommen.

Aber 44 Runden lang zwitscherte die Schnelle durch die Fuchsröhre hinunter und das Kesselchen hinauf. Abends war trotz größten Mißtrauens kein Scheppern oder Knacken im Leerlauf zu hören. Die Kompression ließ nicht nach, die Leistung blieb gleich. Es war kaum glaubhaft.

Bei dieser Jagd liefen 6,6 Liter auf 100 Kilometer durch. War das wohl ein Wunder? Man konnte ja unter der Voraussetzung dauernden Vollgasfahrens im Bereich zwischen 5000 und 8000 Touren einen Ver-

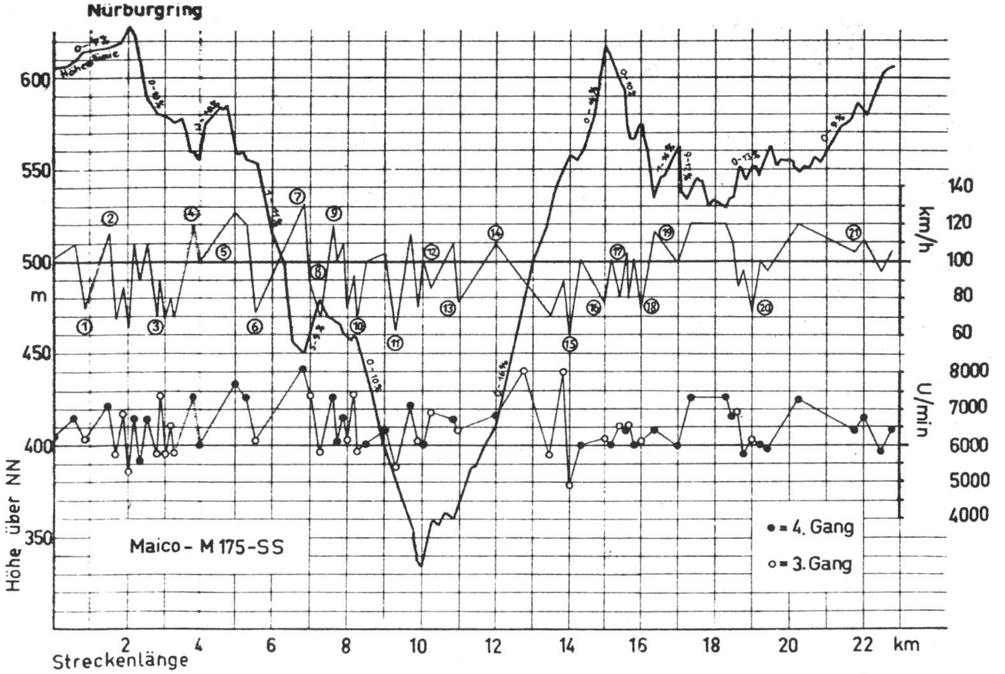

Mit einem Spezial-Fahrtschreiber wurden die Nürburgring-Runden aufgezeichnet. Hier eine Runde im Höhendiagramm des Ringes mit Geschwindigkeits- und Drehzahlverlauf

brauch von 7,25 Litern errechnen, so daß der tatsächlich verbrauchte Kraftstoff noch nicht einmal den möglichen Höchstverbrauch darstellte. Wir waren der Meinung, daß keiner kommen und erzählen sollte, daß dies ein Spritsäufer gewesen wäre, der einen Extra-Tankwagen nötig gehabt hätte. Wo waren wir denn wohl? 15 ehrliche PS hatte dieser kleine Motor! Und daß die Höchstgeschwindigkeit und der Durchschnitt von 94,6 km/h um den Nürburgring nicht von irgendwoher gekommen waren, das leuchtete ja wohl dem kleinen Jochen selber ein. Schließlich ging *das* ja nun nicht mit Dreiviertelgas.

Es gab gleich starke Maschinen der 250-cm³-Klasse, die bei nicht ganz so hohen Rundendurchschnitten glatt auf 7 Liter kamen. Wenn uns bei einem Motorrad mit Seitenwagen auf dem Ring 10 Liter durchliefen (bei meiner 600-cm³-KS 601 immer — ein Gespann war ja auch eine »Luft-Rühr-Maschine«), dann war das bei unseren Begriffen vom wirklichen Verbrauch ganz normal. Von Ölknappheit und Energiesparen redete 1957 niemand.

Die einzigen Maschinen, die bei Jagerei immer durch Sparsamkeit erstaunten, waren bis dahin die großen englischen Ein- oder Zweizylinder-Viertakter. Doch auch bei denen würden Verbrauchsangaben von 5 Litern auf 100 km für eine 500er Solomaschine manchen deutschen Motorradfreund zur Annahme gebracht haben, daß das viel sei. Wo doch die BMW R 50 solo mit einem »Norm«-Verbrauch (= Reklame-Verbrauch) von 4,1 Litern auf 100 Kilometer angepriesen wurde.

6,6 Liter waren für einen Zweitaktmotor, der 15 PS hergab, für echte Nürburgring-Anforderung und entsprechend fette Vergaser-Einstellung nichts Besonderes.

Über das Fahrwerk, das etwa gleiche wie bei den anderen Maico-Modellen (außer Taifun), konnte man sagen, daß es der Motorleistung entsprach.

Auf der Rückreise vom Nürburgring nach Stuttgart schwamm mir aber auf der Rheinuferstraße bei Regen und halbrunder Blaubasalt-Decke *vorn* zuerst die Schwinge nach rechts weg, so daß ich mich auf den Randstreifen retten mußte. Das deutete auf ungenügende Dämpfung hin, und vielleicht machte sich nun an *der* Stelle die Ring-Beanspruchung bemerkbar. Doch war mir aufgefallen, daß die meisten Geländefahrer das 175er Maico-Fahrwerk mit Telegabel fuhren, und auch Manfred Schiek die Straßenausgabe der 15 PS-Maico auf dem Norisring beim Rennen und zuletzt bei der Backnanger Fahrt auf der Solitude mit einer Telegabel fuhr.

Wir nannten das Motorrad von da ab ganz einfach die »15 PS-Maico«. Diese Leistung aus 175 cm³ ziviler Art waren 1957 eben auch für abgebrühte Fahrensleute ein Wunder. So etwa wie bei den Rennmaschinen 1952 auf der Solitude es die ersten Kurhub-Nortons waren, oder in letzter Zeit 1957 die berühmte Moto Guzzi V 8 oder die 250er Mondial, die ca. 14 000 Touren drehte.

Es hatte bis 1957 selten eine Solomaschine dieser kleinen Kategorie gegeben, die so beeindruckte. Was waren so kleine Flitzer denn auch gegen eine 1000er-Vincent Black-Shadow, gegen eine BMW R 69, eine 650-cm³-Ariel-Huntmaster, eine 500-cm³-AJS 18 CS, gegen eine 650-cm³-Triumph-Thunderbird oder BSA-Road-Rocket 650 cm³ mit deren gewaltigen Motoren? Wir hatten es nicht für möglich gehalten, ähnliche Fahrerlebnisse mit 175 cm³ und mit einem Zweitaktmotor zu gewinnen. Nun war da eine äußerlich so harmlos aussehende 175er-Maico-Supersport erschienen, brachte 15 PS bei 135 kg Gewicht und zeigte Eigenschaften, die vor nicht allzu langer Zeit zu Rennmaschinen gehört hätten.

Und dann lächelte man verschmitzt über das erstaunte Gesicht eines Motorradfahrers auf einer NSU-Max, mit dem man sich auf dem Ring gejagt hatte, den man vor dem Schwalbenschwanz stehen ließ, der einem nichts mehr abnahm auf der langen Geraden bis zu Start und Ziel und beim anschließenden Gespräch beinahe aus dem Lederzeug kippte, als er sah, daß dieses kleine, neue Motorrad nur 175 cm³ Hubraum hatte. Er schmiß sein Gepäck runter und forderte uns auf: »Das gibt es nicht — auf eine Flasche Bier. Los«

Am Ende der Runde hatte er einem dann erst auf der Endgeraden ganz langsam 180 m abgenommen (und sein Bier gewonnen).

Ob die Ducati mit 22 PS und 11 000 Touren das auch wohl 44 Runden lang klaglos machte?

Es hätte ja sein können, aber wir glaubten es nicht. Mit der Maico war das gegangen. 87 PS/Liter — im Jahre 1957 —! Nach wie vor liebte ich die dicken Brocken. Klar. Aber die Supersport, die »15 PS-Maico« hatte uns in dem Jahr furchtbar überrascht und in Staunen versetzt. Das kann ich auch heute nicht verschweigen.

Ihrer Zeit weit voraus: Maico Taifun 400 cm³

Als im Winter 1954 die beiden Werksfahrer, die das Taifun-Gespann 400 cm³ bei der Redaktion der Zeitschrift »Das MOTORRAD« abgeliefert hatten und verschwunden waren, gab's kein Halten mehr. Einmal wenigstens mußte die Maschine rund um den Häuserblock probiert werden.

Beim Antreten grummelte der Motor schön dumpf und ruhig. Ich dachte in meiner einfältigen Seele an nichts Böses. Das war die »Windstille«. Im ersten Gang ging es raus auf die Straße, dann den Zweiten rein und aufgezogen. Du lieber Klabautermann! Nicht nur, daß die Maschine ganz schön aufröhrte, auch die nächste Ecke war verflixt schnell da. Viel schneller, als ich das bei einem 400er Zweitakt-Zweizylinder-Gespann erwartet hatte. Die Bremsen mußten sehr schnell und gewaltig getreten und gezogen werden.

Die 350 bzw. 400 cm³ Maico-Taifun war ein unerhört futuristisches Fahrzeug

Nachher hatte ich dann keine Ruhe mehr. Sitzfleisch war sowieso etwas, das ich mir nie angewöhnen konnte. Und wenn da so ein Wirbelstürmchen auf dem Parkplatz wartete, war es ganz vorbei damit. Die erste Reise ging in Richtung Nürnberg.

1953 hatte Hein Krings geschrieben, daß er mit der Vollschwingen-Tornax 250 cm³ solo von Kiel nach Wuppertal mit einem 100er Schnitt gefahren sei. Da es im MOTORRAD gedruckt war und vom Chefredakteur nicht gestrichen wurde, habe ich das geglaubt — aber vorstellen konnte ich mir das nie. Es sei denn, der Hobel hätte 40 PS, hieße Ariel-Huntmaster, und es säße da so ein verkappter Ray Amm drauf.

Daß ich 212 km im Winter 1954 von Stuttgart nach Nürnberg auf den damaligen Landstraßen in 2 Stunden 32 Minuten (einschließlich Pause und Tanken) zurückgelegt habe, daß ich dies mit einer vierhunderter Zweitakt-Zylinder mit Seitenwagen schaffte, scheint aber doch erwähnenswert. Der Motor hatte 22 PS (heute: 16 kW). Der einzige, der eine ganze Weile hinter mir blieb, um mich schließlich auf einer längeren Geraden zu überholen, war ein schwarzer neuer Mercedes 220. Es waren also runde 84 km/h Schnitt.

Von einer solchen Jagerei blieb damals wohl einiges haften. Doch waren das letzten Endes ganz besondere Punkte. Durchweg hatte ich den Eindruck, daß Serpentinen und Kurven mit sehr viel mehr Dampf zu durchfahren waren als mit je einem unserer Gespanne vorher. Auch wenn diese fast 30 PS Motorleistung hergaben. Es war das erste Vollschwingen-Fahrwerk, das ich mit angehängtem Seitenwagen, einem Steib S 500, fuhr.

Wenn man den Taifun-Motor an Steigungen gut auf Drehzahlen hielt, kam man unwahrscheinlich schnell hinauf. Wehe aber, wenn man wegen Gegenverkehr hinter einem Lastwagen einmal auf die Bremse treten mußte. Dann dauerte es beträchtlich länger, bis man so weit war, daß man den Vorfahrer überholen konnte. Länger als bei einer Viertakt-Zweizylinder-Maschine, die zwar 200 cm³ mehr hatte, die ich aber wegen der sonstigen Fahrleistung damit vergleichen mußte.

Unsere Taifun war eingefahren und stammte aus der Versuchsabteilung des Werkes. Vor mir waren also auch schon Leute darauf herumgerutscht, die nicht gerade zahm mit dem Vögelchen umgegangen waren. So war ich doch etwas verschreckt, als ich nach der scharfen Fahrt in Nürnberg abstieg und im Leerlauf ein abnorm lautes Klötern im Getriebe hörte. Auch die Kupplung hatte ich bereits nach etwa 50 km Wegstrecke am Lenker erheblich nachstellen müssen. Warme Maschinen machen leicht eimal irgendwelche komischen Töne, dachte ich, außerdem — na ja, nach Hause wird man schon wieder kommen. Es gab in Nürnberg etwa zwei Stunden Pause, in der das Motorrad auf einem Parkplatz stand und ausreichend abkühlte.

Als ich wieder startete — siehe da, das Klötern war viel leiser. Sonstige mechanische Geräusche gab es nicht (man dachte dabei leicht an die Verkleidung, die für solche Dinge ja einen schönen Resonanzboden abgab) und die Kupplung mußte ich auf die Ausgangsstellung zurückschrauben. Diese Erscheinung ist bis zum Ende unserer Testfahrten nicht gewichen, obwohl ein direkter Kupplungsschaden nie eintrat.

Ein Nachstellen der Kupplung am Getriebe war auch nicht nötig. Es war übrigens der einzige Handgriff in die lebenswichtigen Eingeweide, der ohne Fingerverrenken möglich war.

Nach dieser ersten Fahrt hatte ich — was mir lange nicht passiert war — Nierenschmerzen gespürt. Denn das »Sofa« zum Sitzen war doch etwas ungenügend. Außerdem lagen die Fußrasten für mich zu weit hinten und hatten keine weitere Verstellmöglichkeit mehr nach vorn. Es hätte dann auch die Schaltwippe nicht mehr gepaßt. So rutschte ich also immer auf der Bank nach hinten — allzuweit ging es nicht, da der Lenker nicht vor oder hinter den Steuerkopf zu verlagern war — und erreichte die günstigste Sitzposition gerader auf der harten Polsterkante zwischen vorderem und hinterem Sitzplatz.

Trotz sehr guter Hinterrad-Federung aber bekam ich dort noch gewaltige Schläge ins Kreuz. Diese Schläge kamen nicht durch, als ich mit Sozia fuhr. Nun habe ich Langstrecken meistens so gefahren, daß ich mich auf dem hinteren Sitzplatz »bewegte«. Die Füße standen auf den Sozius-Fußrasten, von denen aus es sich sogar schalten ließ. Da aber die Bremse von da nicht zu erreichen war, blieb dies die alleinige Sitzhaltung für freie Autobahn.

Dabei kam ich auf den Gedanken, die verstellbare Hinterradfederung auf »Solo« umzustellen. Das machte sich sofort bemerkbar, denn das Gespann »wiegte« sich viel mehr. Die Federung wurde sehr viel besser, und Stöße bekam ich nicht mehr so scharf in den Rücken. Es war also zu erwarten, daß man der wirklichen Federung der Serien-Bank noch einiges Augenmerk schenkte. Was war dagegen doch auf der Vollschwingen-Tornax 250 cm^3, die wir die »schwarze Josephine« nannten, für ein Kloß von Bank — und was war das für ein Sitzen!

Ganz allmählich aber gewöhnte man sich an diese Sitzhaltung auf der Taifun, und sehr bald brachten einen auch die tollsten Geländebrocken nicht mehr aus der Ruhe. Hier zeigte sich ein gewaltiger Vorteil des Fahrgestells: es gab nämlich feste, fast ebene Feldwege, auf denen Steine herumlagen, die die Bauern von ihren Feldern gesammelt hatten. Und da nun mit 80 ehrlichen km/h darübergefegt — man zog eine Staubwolke wie ein Düsenjäger hinter sich her. Alles rettete, rannte, flüchtete — die Maschine sprang einem aber nicht unterm Podex herum wie ein gebranntes Pony. Sie blieb am Boden, die Lenkung blieb stabil, nur der Seitenwagen hüpfte rechts neben einem mit dem Schmiermaxen rumpelnd rauf und runter. Nur daran merkte man überhaupt, wie bröckelig der Kurs war! — (Und an den Beulen am Bug des Seitenwagens: *WAS* da zum Teil für Wackersteine geflogen waren!). Die gleiche Strecke dann ohne Wagen: Wie war das doch bei der Josephinen-Schwinge? Da mußte also zunächst ein anderer Nachlauf her. Na ja, also mußte es hier bei der Taifun auch so sein. — Nein, es stimmte auch dieser Nachlauf an der Taifun für Solo-Betrieb — und der Bröckelweg tat nichts. Eine Erkenntnis die mich freute: eine langarmige Schwinge war das, die für Solo- und Seitenwagenbetrieb keine Änderung des Nachlaufs nötig machte!

Und dann schauten wir uns das Rad unter dem Riesenhut von Kotflügel an. Wieviel Federweg war wohl darunter vorn und wieviel hinten? Es waren vorn 100 mm und hinten 80 mm. Bereifung 3,50—18. Und aufgefangen wurde vorn durch zwei Schraubendruckfedern, deren Rückfederung durch zwei Ölstoßdämpfer gedämpft

Vollgekapselter Hinterradantrieb mit Freilauf, Federung und Dämpfung getrennt: Taifun

wurde. Also ganz normale Federbeine. Hinten — das war eine besondere Geschichte: es handelte sich da um eine Schwinge aus Leichtmetall-Gußträgern, die auf Silentblocs gelagert war. Die ganze Angelegenheit war völlig wartungsfrei. Die Kette zum Hinterrad lief im Ölbad im rechten Schwingenholm, der als völlig geschlossenes Kettengehäuse ausgebildet war. Ölmenge: 1/4 Liter Motorenöl: es war eine Ablaß- und Einlaßschraube vorgesehen. Durch die Öffnung der Einlaßschraube konnte man die Spannung der Kette kontrollieren.

Sehr schön war das Nachspannen: das geschah nämlich durch ein Spannritzel, das exentrisch gelagert war. Man löste die Gegenmutter außen am Gehäuse, die den Vierkant der Exenterachse festhielt, und drehte soweit, bis man durch die Öleinfüll-Öffnung die richtige Kettenspannung feststellen konnte. Dann wurde die Mutter wieder angezogen. Fertig. Die Hinterradachse verschob sich also nicht!

Das Getrieberitzel lag außerdem genau in der Flucht der Schwingenachse, so daß beim Einfedern der Schwinge die Kettenspannung unverändert blieb. Auch war das Peitschen nicht so schlimm. Von Staub und Feuchtigkeit als Kettengefahren war nicht mehr die Rede.

Die Hinterradschwinge wurde gegen den Rahmen mit zwei Schraubendruckfedern abgefedert und hatte einen Ölstoßdämpfer auf der rechten Seite. Durch einen kleinen Hebel außen an der rechten Seite der Verkleidung konnte man bei schwerer Belastung noch zwei Zusatzfedern einschalten.

So glatt wie das Kettennachspannen ging auch die Demontage des Hinterrades, denn — welche Freude — es war nur eine einzige Mutter links (Achsmutter) zu lösen, das Bremsseil auszuhängen, die Steckachse herauszuziehen, und schon fiel das Zwischenstück der Bremsankerplatte nach unten heraus. Da es von gehöriger Dimension war, konnte man es im Straßendreck nicht verlieren. Das Rad wurde dann mit einem leichten Ruck (Vorsicht — nicht am Auspufftopf verbrennen, wie dies einem gewissen Klacks passierte!) ohne Gummihammer von den Mitnehmern gezogen — und

— — — hm —

— — — siehste, es war doch gut, daß ich immer einen schönen Wagenheber dabei hatte. So war aufs Alleralleröpperste hochgekurbelt gerade ausreichend Platz, das Hinterrad nach hinten herauszuziehen.

Damals meinte so eine Art Super-Ringkämpfer zu mir: »Ich heb den Hobel einfach hinten an der Verkleidung hoch, dann fällt die Geschichte doch von alleine heraus!« —(Im Stillen hoffte ich, mit dem Kerl nie-

Taifun: viel Raum für Werkzeug unter der Sitzbank

mals Streit zu kriegen. Wagenheber waren doch besser). Wochenlang, liebe Leser, sind wir damals doch um die Verkleidung herumgegangen, wie die Katze um den heißen Brei. Denn diese Verkleidung war ein Teil des Rahmens, ein ausgesprochener Schalenrahmen, der nach gewaltigem Gewicht aussah, der aber überall mit dem Temperguß-Lenkkopf und mit dem Motorgetriebeblock ein wunderschönes Ganzes bildete. Die Maschine wog allein leer 164 kg — doch dies Gewicht stammte von dem gewaltigen Motorblock und nicht von der Schale.

Aber es nützte nichts — wir mußten auch einmal hinter diese herrliche Karosse schauen. Eines Abends wurde unser Lichtlein vorn zur traurigen Funzel. Wir waren froh, daß es noch bis nach Hause langte. Diagnose: Irgendwie Batterie leer oder so etwas. Abhilfe: Batterie ausbauen, nachsehen, Wasser nachfüllen usw.

Ja, aber — wo war denn, Himmel, dieses Biest versteckt?

Hinter dem rechten — — *Motorgehäusedeckel.*

So ein Dutzend Schräublein waren da loszudrehen. Drei davon mit Gegenmuttern unter der Hinterradverkleidung selbst für Spinnenfinger nicht zugänglich.

Daraufhin schrieben wir einen illustrierten Brief nach Pfäffingen — es kam eine technische Zeichnung zurück, woraus zu ersehen war, daß die Testmaschine nicht serienmäßig war und daß die Serie den rechten Motorgehäusedeckel später zum Aufklappen bekam. Seit der Zeit hatten wir im Kofferraum des Seitenwagens eine Ersatzbatterie. Die brauchte man nur in zwei entsprechende Buchsen einzustöpseln, wenn unter dem Deckel mal Feierabend war.

Und dann —, ja das war die Sache mit dem Gaszug, dessen Nippel aus dem Gasschieber heraussprang. Natürlich im Dunkeln. Wann auch sonst? Und dazu bei Regen und in Eile.

Es kam ein alter Wettefahrer vorbei. Was, Gaszug rausgesprungen? Nun beklecker Dich mal nicht — komm, kuck auf die Uhr, 5 Minuten!

Ich will nicht verraten wieviele 5 Minuten das wurden. Es wurde scheußlich geflucht, denn in den Brunnenschacht, wo ganz unten der Vergaser drin war, ging nur eine Hand hinein. Später aber hat Carl Hertweck dieser Meckerei Kontra gegeben. Eines Tages kam er von einer Reise mit der Taifun zurück: »Auf der Autoban Gaszug aus dem Schieber raus (Hihi — *wie* ich grinste), hab ich gleich wieder drin gehabt«. Hm — spä-

ter habe ich es dann auch durch viel Training bei dieser Fummelei auf 7 1/2 Minuten gebracht.
Eines aber stand felsenfest: Stundenlange Fahrten in wahren Wasserfluten vom Himmel, nächtelanges Parken im Freien, Frost, Staub und Dreck konnte diesem Vergaser garantiert nichts mehr anhaben. Jedoch befand sich an der Gehäusewand innen direkt neben dem Luftfilter das Entlüfterrohr aus dem Getriebe. Da war einmal etwas zuviel Öl drin — hei! — wurde das Filter fein geschmiert! Aber so eine Sache ist doch wirklich nicht alltäglich — darum fiel sie auch nicht ins Gewicht. Wir stellten uns vor, daß man — wenn das Biest mal nicht wollte — grundsätzlich nur die beiden Zündkerzen zu untersuchen hatten. Dann freute man sich doch über den Vergaserschacht. Dieser Vergaserschacht bekam die nötige Ansaugluft durch eine Öffnung, die in Fahrtrichtung am Ende des Benzintanks (16,5 l; 4 l Reserve) begann. Die Luft strömte und wirbelte dort sehr stark herum, bevor sie vom Motor angesaugt wurde. Dabei setzten sich bereits die ersten gröbsten Staubteilchen ab.
Daß der Motor nach schlimmsten Nächten einmal morgens nicht in Gang zu kriegen war, das habe ich damals nicht erlebt. Und das E-Werk unter dem gleichen Gehäusedeckel, der auch die Batterie schützte, hat es immer getan. Aber — wehe dem, der daran mußte, wenn er keine Werkstatt in der Nähe hatte. Damals schienen die Konstrukteure auch schon schrecklich von der Zuverlässigkeit unserer elektrischen Anlagen überzeugt gewesen sein, daß diese vor jedem Zugriff versteckt wurden.
Der 400-cm^3-Motor war ein richtiger Brocken: Naturgemäß baute er unten sehr breit, so daß man die zugehörige Sitzhaltung wie bei der Adler in Kauf nehmen mußte. Die Kurbelwelle war viermal gelagert, die Vibrationen waren äußerst gering (ich fuhr von Anfang an eine schon angeschlagene Wettbewerbsuhr von VDO am Lenker — sie überlebte alles). Seine Höchstleistung hatte er bei 5200 1/min mit 22,5 PS. Seine Dauerleistung lag bei 4800 1/min mit 22,2 PS. Man konnte ihn wirklich stundenlang auf der Autobahn (besonders im Gespann) zwischen 95 und 100 km/h jagen und lag dabei dicht unter der Höchstgeschwindigkeit, die wir mit dem Gespann bei 107,8 km/h gemessen hatten. Die richtige Kraft zeigte er jedoch erst in der zweiten Weghälfte des Drehgriffes — eine übliche Tatsache bei allen Zweitakt-Zweizylindern der damaligen Zeit.
Sehr bezeichnend äußerte sich die unvermeidliche Stadtbummelei. Kam man zum Wochenende einmal raus und gedachte einen gehörigen Stremel abzuspulen, dann wurde man merklich darauf gestoßen, wie der Motor nach 50 Kilometern richtiger Jubelei mit einem Male wieder lebendig wurde. Besonders merkte man eine solche Leistungsverbesserung im dritten Gang, denn zunächst konnte man diesen bis etwa 85 km/h hochziehen. Nach einer gewissen Zeit ging er glatt bis 95 hinauf, wobei gewaltig überdreht wurde.
Der Anschluß des vierten Ganges war auch erst nach einer solchen Anwärmstrecke richtig da. Rein gefühlsmäßig möchte ich sagen, daß man die Übersetzung in diesem Falle für das Gespann eigentlich noch etwas höher hätte wählen können. Bei der Abstimmung der Testmaschine gab es Streckenstücke, die man einfach nur im dritten Gang fahren konnte, weil der vierte da nicht mehr herauszog.
Der Ton des Motors war im wahrsten Sinne des Wortes imposant. Nicht wegen übermäßiger Lautstärke, sondern wegen seines tiefen Summ-Tones, der kein so hohes C erreichte wie z. B. ein richtig aufgezogener Ilo-Zweitakt-Twin. Dieser Sound machte aber das kleine Signalhorn in der Stadt überflüssig! Da fuhr man ja im zweiten und dritten Gang und immer mit der Drehzahl, die ausreichte, Kreuzungen blitzartig zu überqueren, sich wieselartig durch den Verkehr zu schlängeln — dabei gab es nichts Besseres als ein solches Gespann

— und kritischen Situationen durch Beschleunigung einfach wegzulaufen.
Dazu nun auch noch ein Wort über das Getriebe: ein Verschalten gab es da nicht, das Nachdenken, welcher Gang gerade drin sei, wurde überflüssig, denn im Tachometer war eine hervorragende Ganganzeige vorgesehen, die — durch Bowdenzug mechanisch betätigt — zuverlässig und sehr genau arbeitete. War ein Gang z. B. nicht richtig eingerastet, so zeigten dies die dann auf Zwischenstufe stehenden Wechselscheibchen in dem kleinen Fenster ebenfalls ganz genau an. Und was ein solcher Ganganzeiger im Stadtgewühl bei einem Gespann wert war, das hatten wir früher schon bei den Tornaxen schätzen gelernt.
Die Schaltwippe — es war ein äußerst stabiler Hebel. Sie war nicht schlecht ausgedacht, weil man sie von zwei Fußrasten aus bedienen konnte. Über einem im Ölbad befindlichen Schaltautomaten und zwei Schaltgabeln wurden die Getrieberäder geschaltet. Die Verbindung zum Motor bestand nicht aus einer — wegen der Geräuscharmut geplanten Duplexkette — sondern aus schrägverzahnten Stirnrädern. Es war damals schon das alte Kettenlied. Räder machen Krach, halten aber sicher bei hoher Leistung.
Wenn ich mich heute zurückerinnere, dann hat mich in jeder freien Minute dieser Motor, dieses Fahrgestell und dieses Getriebe immer wieder zum Fahren gereizt. Und so kamen eine ganze Menge Kilometer zusammen. Es ist mir aber nur ein einziges Mal gelungen, über einen Verbrauch von 8,5 Litern auf 100 Kilometern zu kommen und das waren etwa 220 km Gelände, mit Steigungen, schwerem Boden und Feldwegen für den dritten Gang. Der Gesamtverbrauch mit Seitenwagen belief sich auf runde 6,3 Liter auf 100 Kilometer. Zuerst klingelte die Maschine sehr gern, das hörte aber auf, nachdem eine 130er Düse hineinkam und die Nadelstellung von 2 auf 3 erhöht wurde. Auch nach schwerster Arbeit lief der Motor beim Abstellen nicht nach. Der dicke, schwere und sehr große Carl erreichte aber einmal einen Verbrauch von 10 l/100 km von Stuttgart nach Bad Soden. 245 km = 2 Stunden 25 Minuten = 94 km/h Gespann (Autobahn).
Zur Erleichterung der Arbeiten am Vergaser lag dem Bordwerkzeug ein Spezial-Düsenschlüssel bei, mit dem man die Schrägdüsen ausbauen konnte.
Das Bremsen war eine feine Sache bei der Taifun: die Leichtmetall-Vollnaben mit den eingegossenen Schleudergußringen waren enorm, 200 mm Durchmesser und 40 mm Belagbreite. Mit den Finger- bzw. Zehenspitzen konnte man die Bremskraft dosieren, und selbst wenn es wirklich brannte, wenn man mit Macht drauflatschte, blockierten die Räder höchstens auf Nässe oder losem Sand. Nach den ersten 600 Kilometern hatte ich beide Bremsen zuerst nachgestellt, dann nach 2000 Kilometern nochmals, und bis zum Schluß des Tests, der etwa bei 5000 km lag, wurden die Bremsen nicht mehr angerührt.
Gegen Ende der Testfahrten hatte ich dann aber doch noch einmal ein großes Malheur: in einer Rechtskurve mitten im Schwarzwald brachen auf einen Schlag alle Hinterradspeichen zusammen. Das Gespann schleuderte daraufhin geradeaus in einen Feldweg hinein und blieb dort mit zusammengebrochener Hinterhand absolut bewegungsunfähig liegen. Es waren dann eine furchtbare Eisenbahnreise, die Beschaffung eines LKWs und viele andere Unternehmungen notwendig, um das kostbare Ding, so wie es war, wieder nach Pfäffingen zu kriegen (kein Reserverad).

Fixe Fahrer fuhren Fox (NSU-Fox)

Im Sommer 1949 begannen die NSU-Werke in Neckarsulm mit der Produktion eines der bemerkenswertesten Motorräder der 50er Jahre. Vielleicht ist dieses Modell »Fox« für den Motorradbau und die Motorradtechnik ganz allgemein weitaus bedeutungsvoller bis in unsere heutige Zeit hinein geblieben. Wichtiger als wir uns das damals dachten, und interessanter, als es heutige Motorradtechniker ahnen.

Wie die »Imme« von Riedel war die Fox etwas völlig Ungewöhnliches im Kreise klassischer Motorräder, doch hatte NSU (Chefkonstrukteur Albert Roder) mit dieser kleinen 100er auf Details gesetzt, die immer schon in der Lage waren, die Begeisterung von Motorradfahrern zu entfachen.

Bis zum Erscheinen des NSU-Modells 101 OSB, wie das »Föx'le« im offiziellen Büro- und Fabrikumgang hieß, waren in der 100er Klasse — wir sagten (in Erinnerung an die Vorkriegszeiten mit der DKW RT 100 oder mit vielen Konfektionsmarken mit dem 98-cm^3-Sachsmotor) die »Miele-Sachs-Klasse« — also in dieser 100er Klasse gab es bis dato nur schlitzgesteuerte brave Einzylinder-Zweitaktmotoren. Und nun eröffnete NSU das große Motorradspiel nach der Quick und der ZDB 125 mit einem wunderschönen kleinen *Viertakter* — !

Ja, ein Viertakter mit einem Hubraum von 98 cm^3!

Das war wie ein elektrischer Funke. Und der überaus clevere Werbechef Arthur Westrup von NSU machte dann auch die richtigen Stories und die richtigen Sprüche dazu. »Fixe Fahrer fahren Fox«.

Das Föxle hatte eine Schwinghebel-Vorderrad-Federung, eine Hinterradschwinge mit Zentralfeder (Haha — das war fast 30 Jahre vor der ›Erfindung‹ der sogenannten Cantilever-Federung haargenau schon daselbe!), dazu noch eine Sattelfederung. Der Rahmen wurde aus Stahlblech gepreßt und verschweißt, das Ganze war für eine rationelle Massenproduktion entworfen. Es ist witzig, wenn man sagt, daß das von Japanern aus dem Jahre 1969 hätte stammen können.

Der Motor aber war das Faszinierende. Der hatte einen echten Viertakt-Sound und war für seine Größe und nach den Verhältnissen um 1950 herum sehr temperamentvoll. Er brachte fünf bis sechs PS (heute: ca 4 kW) bei 6000 1/min und immerhin auch 6,2 mkg Drehmoment bei 5500 1/min. Das brachten um 1970 herum unsere 50 cm^{-3}-Zweitakt-Winzlinge. Alle anderen 100er, die es 1950 in Deutschland zu kaufen gab, hatten Leistungen zwischen 2,5 und 4,5 PS. Und waren Mäh-Mäh-Zweitakter.

Mit der ›Fox‹ brach bei NSU 1949 eine neue Zeit an

Die jungen Fahrer waren begeistert. In Jugendkreisen fuhr »man« fortan Fox.
Schon die äußere Form des kleinen Aggregats war ein gelungener Wurf. Im Leichtmetall-Zylinderkopf waren die hängenden Ventile mit ihren Kipphebeln untergebracht. Die Stoßstangen bewegten sich auf der rechten Zylinderseite und wurden über Schlepphebel von einem Nockenrad betätigt. Der Kurbeltrieb bestand aus einer fliegend angeordneten Kurbelwelle mit nur einer Hubscheibe. Er lief auf Kugel- und Rollenlagern, auch das Pleuel hatte Rollenlagerung.
Die Zylinderbohrung hatte 50 mm Durchmesser, der Kolbenhub betrug ebenfalls 50 mm. Bei einer Drehzahl von 6000 1/min wurden gut 10 m/s Kolbengeschwindigkeit erreicht. Mit 78 kg war es ein Leichtgewicht = 13 kg/PS. Mit etwas Anlauf kam ein schlanker Fahrer gut auf 85 km/h Endgeschwindigkeit, von 40 bis 70 km/h brauchte man keine 12 Sekunden!
Das alles brachte die bis dahin gültigen Wertigkeiten der 100er Klasse ins Hintertreffen, und auch in der Klasse bis 125 cm^3 gab es unter den 28 deutschen Modellen 1950 nur drei mit etwas mehr Leistung (Bücker TZ 125 Sport mit zwei Vergasern, Hoffmann 125 Sport mit zwei Vergasern — beide verwendeten einen Ilo-Einbaumotor Zweitakt-Einzylinder —, dann die Triumph BDG 125 mit 6,5 PS). So war es auch schon darum kein Wunder, daß wir in dieser Preisklasse (Fox: DM 985,—) in jedem Fall dem Föxle den Vorrang gaben, wenn wir von unseren Träumen und Wünschen sprachen.
Die ersten Föxe hatten ein Dreiganggetriebe mit Fußschaltung (das den Leuten ins Stammbuch, die heutzutage nicht in der Lage sind, bei modernem Leistungsniveau spritziger Motoren auch noch einen weiträumig ausnutzbaren Drehmomentverlauf zu schaffen und meinen, daß es ohne fünf Gänge überhaupt nicht ginge!). Erst 1951 verpaßte man dem Motor ein Viergang-Getriebe, was aber nur eine Konzession an die »Renn«-Wünsche der Kundschaft war. Unbedingt technisch notwendig war es nicht.
Wir haben viele, viele tausend Kilometer mit dieser fixen Fox zurückgelegt. Vor langen Reisen scheute man da keineswegs zurück. Der »Normverbrauch« von nur 1,8 Liter Benzin auf 100 km (wir rechneten allerdings echter mit einem Durchschnittsverbrauch von 2,5 Litern) war etwas für Leute, die den Clubabend mit fünf Zigarretten (= DM 0,50) und einem Glas Bier (= DM 0,50) bestreiten mußten. Die aber trotzdem flott fahren wollten und in den Ferien das Mittelmeer besuchten.
Ja, man war noch bescheiden.
Viele schöne Erinnerungen sind gerade aus dieser Zeit mit der Fox haften geblieben. Eine davon muß ich erzählen.
Die Schwinghebelfederung des Vorderrades war durch einstellbare Reibscheiben gedämpft, die Hinterradfederung hatte ebenfalls eine einstellbare Reibungsdämpfung. Man mußte immer wieder mit der Einstellung dieser Reibungsdämpfer laborieren, um das Föxle nicht Spitzentänze aufführen zu lassen.
In meiner norddeutschen Heimat rund um Bremen, in den Mooren und in der Lüneburger Heide gab es noch Katzenkopfpflaster auf kleinen Landstraßen. Das waren aneinander gefügte Steine mit runder Oberfläche, wie man sie besonders in den Sandböden der Heideflächen hatte. Sie waren wohl schon seit hundert Jahren so als Pflastersteine verwendet worden. Meist gab es neben der gepflasterten schmalen Oberfläche dieser Straßen noch einen sandigen Streifen für die großen Heidewagen der Bauern. Wenn sich zwei Autos begegneten, dann mußte eines davon immer auf den Sandstreifen ausweichen.
Diese Sandstreifen waren oft in zwei Radspuren festgefahren. Nun, bei einem bestimmten Rhythmus der unter den Rädern eines Motorrades beispielsweise vorüberkommenden Unebenheiten überlagerten sich die Frequenzen der Erschütterungen und Federbewegungen so ›günstig‹, daß

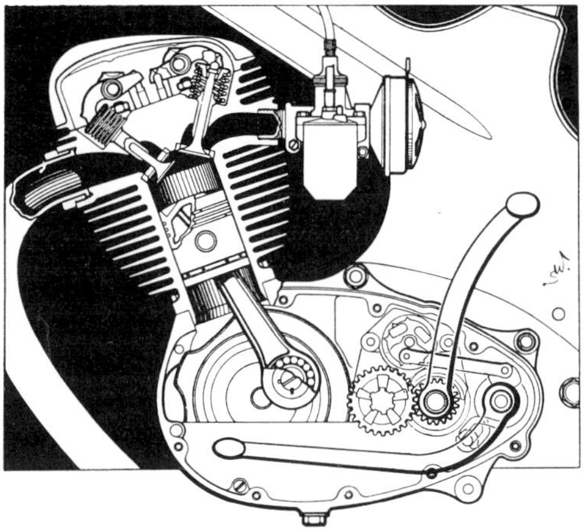

Das Innenleben des Fox-Motors

man fahren konnte, als »wenn du schwebst«, wie wir sagten.

Das war Trick 17 für so ein Föxle.

Da hieß es dann, die Knie am Tank zu lassen, die Ellenbogen locker, den Blick auf die Spur 20 m voraus (das war der »Harz-Heide-Blick«, wie die alten Geländefahrer sich ausdrückten), jegliche Empfindungen für gequältes Federungsmaterial abzuschalten und Gas stehenzulassen. Zwischen 55 und 60 km/h immerhin.

Merkwürdigerweise funktionierte das mit einer Horex-Regina nur bis höchstens 45 km/h, mit einem Eisenhaufen wie der NSU-Konsul nur bis 35 km/h und mit einer BMW R 51 fast gar nicht. Mit Letzterer flog man unter Umständen ganz schön dabei auf die Nase.

Aber meine Fox war dort Superstar.

So kam es, daß Föxle und ich eines Tages in der Gegend um Visselhövede unterwegs waren, um bei einer Schnapsbrennerei für den berühmten Korn mit dem Namen Bärenfang einen Etikettenentwurf abzuliefern. Mein Beruf war noch Grafiker, und ich malte für Fischdosen und Schnapsflaschen künstlerisch hochwertige Etiketten. Die Künstlertasche, eine etwas größer geratene Aktentasche, hing am Riemen um meine Schulter und flatterte lustig bei 70 km/h hinterher. Meine Dienstfahrzeuge waren zu jener Zeit natürlich Motorräder, die Fox war am rationellsten. 1951.

Irgendwo da im Rosebruch hatte ich dann einen Mercedes 170 V auf so einer Katzenkopfstraße vor mir, der mit gerade so 32,789 km/h dahinzitterte, wobei der Fahrer auch wohl versuchte, auf den Steinen zu einer Federungsfrequenz zu kommen, die den alten Vorkriegskarren mit seinen defekten Stoßdämpfern noch einigermaßen auf Kurs hielt.

Er tanzte von links nach rechts. Ich kam nicht vorbei. Die Fox vibrierte mit fliegenden Rädern über die Steine dahin, und endlich faßte ich mir ein Herz und schwenkte auf den Karrenweg ab, der an der linken Straßenseite war. Alte Birken begrenzten diese »Autobahn« recht romantisch auf beiden Seiten.

Als der Sandstaub unter den Rädern der Maschine aufwirbelte, kam ich mir vor wie ein Kradmelder 1942 bei El Alamein. Aber dann funktionierte der alte Trick mit der Fox wunderbar. Die Fahrerei stabilisierte sich bei etwa 55 km/h, und so sauste ich inmitten einer fürchterlichen Staubwolke fröh-

Auch im Fox-Motor arbeitete eine Stirnkurbelwelle

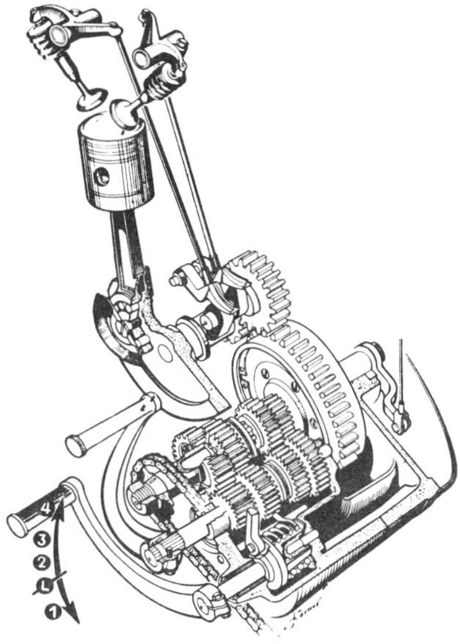

lich an dem armen Autofahrer vorbei, der genug damit zu tun hatte, zu seinen Steuerkünsten auch noch zu hören, welches Blech wohl zuerst von seiner Kiste abfallen würde.
Natürlich blieb ich ruhig auf dem Sandweg und fuhr so lange darauf weiter — immer mit etwa 50 km/h — , bis nach etwa fünf oder sechs Kilometern ein asphaltierter Straßenabschnitt begann.
1951 nahm man das noch nicht so ernst mit dem Linksfahren auf solchen Wegen. Und die Landgendarmen hatten wohl meistens ›Fofftein‹.
Nachdem am Ziel meiner Foxreise alle geschäftlichen Klarheiten beseitigt waren, ging ich aus dem Büro wieder zu der Stelle hinaus, wo ich das kleine Motorrad an die Ziegelmauer des Hauses gelehnt hatte. Den Kippständer hatte ich längst entfernt, weil er die Bodenfreiheit auf den sehr schlechten Wegen beeinträchtigte und auch dauernd herunterfiel.
Vor der Fox stand ein Mann, hatte seine dunkelblaue Schiffermütze ins Genick geschoben und betrachtete meine Maschine.
»Djung«, sagte er, »warst du das vorhin?«
»Was?« fragte ich ihn und hing mir meine Tasche wieder um.
»Jo, jo! Da auf dem Sandweg im Rosebruch. Da is' einer auf'm Motorrad neben mir gefahr'n. Un' plötzlich war der weg. Der is' so förchterlich gesaust. Und denn war da'n Sandwolke. Da hab' ich g'stoppt und hab'n gesucht. Der war wohl dun. Na, laß'n mal lieg'n un' sein' Kopp in'n Grab'n kühl'n. Muß 'wohl 'n ganz schweren Renner gewesen sein, so snell war der. Und immer seh ich nur die Wolke, wo er drin hingeplumpst is. Wenn'ste da vorbei kömmst, denn so kuck 'mal nach den — !«
So sprach der Haidjer und setzte sich wieder in seinen 170 V.
Solche Sachen erlebten wir zuerst oft, wenn wir mit dem kleinen Viertakter durch die Gegend fuhren. Später, als die Fox auch in Volkes Augen integriert und bekannt war, gab es dann andere Abenteuer.
Noch 1970 kannte ich einen fröhlichen Jungen, der sich eine alte Fox besorgt hatte und damit fuhr. Damit mußte er auch zum TÜV. Und weil er Angst hatte, daß die Dosendeckel-Bremslein den gestrengen Meßuhren der TÜV-Leute nicht ganz gerecht werden würden, erinnerte er sich eines alten Roßtäuschertricks und rieb die Bremsbeläge mit etwas Kolophonium ein. Kolophonium ist das Zeug, mit dem Geigenspieler z. B. die Saiten des Bogens einreiben. Es erzeugt eine haftende Wirkung.
Ob er nun des Guten zuviel getan hatte, mag dahingestellt sein. Aber bei einer Bremsprobe, die er die abfallende Straße vor seiner Garage hinunter machte, blockierte das Vorderrad so gewaltig, daß das Föxle hinten in die Luft stieg und der Bernhard beinahe über den Lenker gegangen wäre.
Fazit: die beiden Schwinghebel der Vorderradfederung waren nach hinten gebogen!
Im Laufe der Jahre machten sich natürlich bald die Bastler und Edelbastler über die Fox her. Und sie bauten das, was das Werk nicht konnte oder wollte. Die Föxe bekamen Telegabeln, Hinterradschwingen mit Federbeinen, formschöne sportliche Tanks, manche machten sogar einen Rohrrahmen dafür. Und viele richteten sich nach dem Aussehen der NSU-Rennmaschinen 125 und 250 cm^3 jener Jahre.
Das Föxle-Bauen wurde so eine Art Extra-Sportart. Nun ja, mit dem robusten kleinen Viertakter ließ sich dazu auch noch allerhand anfangen, und so gab es sogar vom Werk aus für Nachwuchs-Rennfahrer die sogenannte kleine 100er »Rennfox«. Und natürlich gab es schon die Idee eines Fox-Cups.
Und wenn heute irgendjemand noch eine Original-Fox aufbewahrt, dann möge er das gute Stück nicht nur zur Erinnerung an eine wunderschöne Motorradzeit hüten — !

Die NSU-Max

Die NSU-Max war eines der bekanntesten und beliebtesten Motorräder der 50er Jahre. Ihr Rahmenbau, ihre Hinterradfederung (eine der Vorgängerinnen der Cantilever-Federung) und ihr Motor mit der obenliegenden Nockenwelle, die durch Schubstangen angetrieben wurde, waren etwas Besonderes.
Als Konstrukteur für dieses Modell von NSU zeichnete Albert Roder verantwortlich.
Von 1951 an bis 1959 wurde die NSU-Max gebaut. Aber auch im Ausland gab es Motorradkonfektionen mit dem Max-Motor, und die englische Firma Greeves experimentierte mit dem unorthodoxen Aggregat in einem Fahrwerk, das einen geschmiedeten Leichtmetall-Lenkkopf besaß. Später wurden die Produktionseinrichtungen nach Jugoslawien verkauft. Und erst als damit NSU die Motorradproduktion gänzlich einstellte, verschwand auch die Max aus dem Fahrzeugprogramm des Neckarsulmer Werkes, das sich von da ab nur noch dem Bau von Automobilen widmete.
Aber die Max wurde noch viele Jahre weiter gefahren, es gab noch lange Zeit Ersatzteile, und bis in die 80er Jahre fand man noch Fahrer, die eine Max wie in alten Zeiten frisch und flott durch die Landschaft bewegten.
Wir wollen die letzte Ausgabe dieses schönen Motorrades betrachten: die »Supermax«. Sie unterschied sich von ihren Vorgängerinnen im Wesentlichen durch die serienmäßig vorgesehenen hinteren Federbeine, mit denen die Schwinge zum Rahmen hin abgestützt war.
Ganz generell mußten wir aber bei einer Betrachtung der Maschine im Jahre 1958 eine kleine Vorbemerkung machen: Es gibt ja die allgemeine Faustregel, die besagt, daß, je höher die Leistung eines Motors bei gleichbleibendem Zylinderinhalt, desto kürzer seine Lebensdauer ist. Das ist heute einleuchtend, das war natürlich auch in den 50er Jahren eine Regel. Nun gab es damals in Europa genug Motorrad-Modelle, bei denen die Erzeuger auf eine besonders hohe Leistung keinen Wert legten, denn das Motorrad sollte möglichst lange halten. Das war bei uns in Deutschland richtig, als das Motorrad noch überwiegend als Transportmittel und als Arbeits-Fahrzeug in Frage kam. Aber schon in der Mitte der 50er Jahre fuhr die Hebamme in einem billigen Kabinenfahrzeug, der Oberförster hatte sein Moped, und der Landdoktor fuhr in einem »Mobil«, wenn er nicht schon längst einen VW-Käfer besaß. Das Motorrad als reiner Gebrauchsgegenstand begann bereits auszusterben.
Dafür wuchs die andere Fahrer-Kategorie heran: diejenigen, die jung bleiben wollten, die den Wind um die Nase liebten, die Sport treiben wollten und die ein Motorrad nur um des Fahrerlebnisses willen unterhielten. Diese Fahrergruppe mußte aber schon soviel Aufwand für ihr Hobby treiben, wie wohl kaum bei einer anderen Sportart (»Nur fliegen ist schöner und teurer« sagten wir). Und das war nicht nur in Deutschland so. Allein für die NSU-Max waren in einem Jahr DM 36,— Steuern und mindestens DM 92,— an Prämie für die Haftpflichtversicherung zu bezahlen, bevor man auch nur einen Meter gefahren war. Über die Höhe der Summen mag vielleicht heute mancher lächeln — aber damals waren DM 36,— bei einem Monatssalär von DM 600,— verflixt viel Geld. Dafür — so meinten wir — mußte eine Oma ganz schön stricken, wenn sie Motorrad fahren wollte.
Die Kosten für Ersatzteile, Reparaturen, Reifen usw. waren auch nicht immer niedrig zu halten und es war demzufolge wohl klar, daß jeder dieser Leute den Pfennig sehr gut umdrehte, bevor er ihn ausgab. Also vom »Wirtschaftswunder« jener Jahre war in unserem Sichtbereich oft nicht viel zu merken.
Schnellfahren — ja, das wollten wir natürlich. Und die Lebensdauer der Maschine? Naja, die sollte ja nun auch nicht schon

Alle Besonderheiten der NSU-Max sind hier zu erkennen

nach 10000 gefahrenen Kilometern am Ende sein, denn sonst wäre der Spaß bei den vielen Nebenkosten zu teuer geworden und bald vorbei gewesen. Wir wollten also beides: hohe Leistung *und* lange Lebensdauer unseres Motorrades.

Solche Dinge waren also schon in den 50er Jahren genauso wie heute, und für solche Anforderungen entwickelte NSU sein Modell »Max«. Deswegen wurde sie dann auch wie kein anderes Motorrad gekauft: wegen der Max blieben in den Jahren 1953 und 1954 etwa 6000 (in Worten: sechstausend) 350-cm^3-Maschinen in deutschen Läden unverkauft stehen.

Im Herbst 1952 war die Max auf dem deutschen Markt erschienen. Ende 1958 — also nach sechs Jahren, in denen das Modell in seinen Grundzügen unverändert gebaut wurde, gab es immer noch genug Käufer. Hatte eine Maschine 1955 mit einem Hubraum von 250 cm^3 beispielsweise 12 PS, dann war das eine »Literleistung« von 12 mal 4 = 48 PS/Liter. Ein Liter = 1000 cm^3 = 4 mal 250 cm^3. Die Literleistung der meisten deutschen Motorräder lag zwischen 45 und 60 PS/Liter. Von allen Modellen die 1958 gebaut wurden, hatte die Max die höchste Literleistung (247 cm^3, 18 PS) nämlich 73 PS/Liter. Das war allerhand, und schnell würde mancher sagen, daß so ein Feuerzeug ja doch nicht lange gehalten habe. Ja, wenn diese 18 PS aus 600 cm^3 herausgekommen wären, dann hätte man ja wohl auf lange Lebensdauer schließen können (= 30 PS/Liter).

Die Erfahrungen mit der Max zeigten es aber anders. Das erste Mal erlebte ich das auf einer sehr schweren Geländezuverlässigkeitsfahrt im Taunus 1954. Das war die DMV-Zweitagefahrt. Am Abend des zweiten Tages war Werner Sautter mit seinem Beifahrer Karl-Heinz Piwon aus Heilbronn auf einem Max-Gespann 250 cm^3 noch strafpunktfrei, als es kaum noch einen anderen strafpunktfreien Teilnehmer gab. Als sie nach der Zielfahrt ins Fahrerlager fuhren und der Motor dort eine Weile im Leerlauf ging, puffte er ganz ruhig ohne Klappern und häßliche Nebengeräusche vor sich hin. Auf vielen, vielen schweren mehrtätigen Wettbewerben erlebte ich das immer wieder, daß vielleicht die Federung an einer Maschine zum Teufel gegangen war, daß die Speichen alle locker waren, daß der Fahrer selbst am Ende war, daß aber der Motor der Max im Leerlauf ging, als sei nichts Besonderes gewesen. Dabei hatten diese Motoren zwei bis vier PS vom Werk aus mehr drin als die Serienmaschinen —

ihre Literleistung war also noch höher!
Später fuhr ich dann auch ein Max-Gespann auf der Straße über etwa 8000 km. Bei 250 cm^3 und 18 PS wurde dieses Motorrad mit Seitenwagen natürlich fast nur gedroschen, damit man im Verkehr zügig mitschwimmen konnte. Aber es machte dem Motor überhaupt nichts aus. 40 Runden mit der Solomaschine um den Nürburgring — richtig gehetzt —, mit Rundenzeiten zwischen 92 und 95 km/h, überstand er ebenfalls klaglos. Ein Rundendurchschnitt von 95 km/h war bei einer erreichbaren Endgeschwindigkeit in der Ebene (mit langliegendem Fahrer ohne Flatterjacke, sondern im engen Leder) von ca. 120 bis 125 km/h auf dem Nürburgring 1956 schon eine gute Zeit (versierte Rennfahrer schafften natürlich noch mehr als wir braven »Zivilisten«). Da wurde der Motor mehr als einmal *weit* überdreht.
Auch spätere Mäxe mit Seitenwagen (meist fuhren wir den Steib S 250 der S 350, später den ›Schalen‹-Seitenwagen von Steib für Maschinen bis 350 cm^3) zeigten genau dieselbe Zähigkeit der Motoren.
Die Konstruktion war so gut, daß man ohne weiteres und ohne sehr viele Änderungen im Äußeren aus dem Tourenmotor auch einen Rennmotor machen konnte, der dann später in der »Sportmax«-Version in vielen Rennen erfolgreich war und die Fahrer nur selten im Stich ließ. Es gibt nicht viele Motorradmotoren, die einen solchen Ruf mit Recht getragen haben, wie dieser Max-Motor.
Meine Max ist *immer* gelaufen. Wenn in der gleichen Zeit die anderen Motorräder wegen irgendwelcher Defekte nicht fahrbereit waren, dann konnte ich mich auf die Max stets verlassen. Jeder Start klappte, selbst nach kalten Nächten im Freien ohne Fluten des Vergasers.
Der Trick dabei: Man durfte in der Nacht den Benzinhahn nicht schließen (vorausgesetzt, die Schwimmernadel verschloß den Zulauf zuverlässig, wenn also gute Pflege solcher Details gegeben war!). Vorm Antreten den Lufthebel etwas zugedreht, zweimal mit dem Kickstarter ‹gewippt›, daß

Der Max-Motor glänzte durch den Schubstangen-Antrieb der obenliegenden Nockenwelle

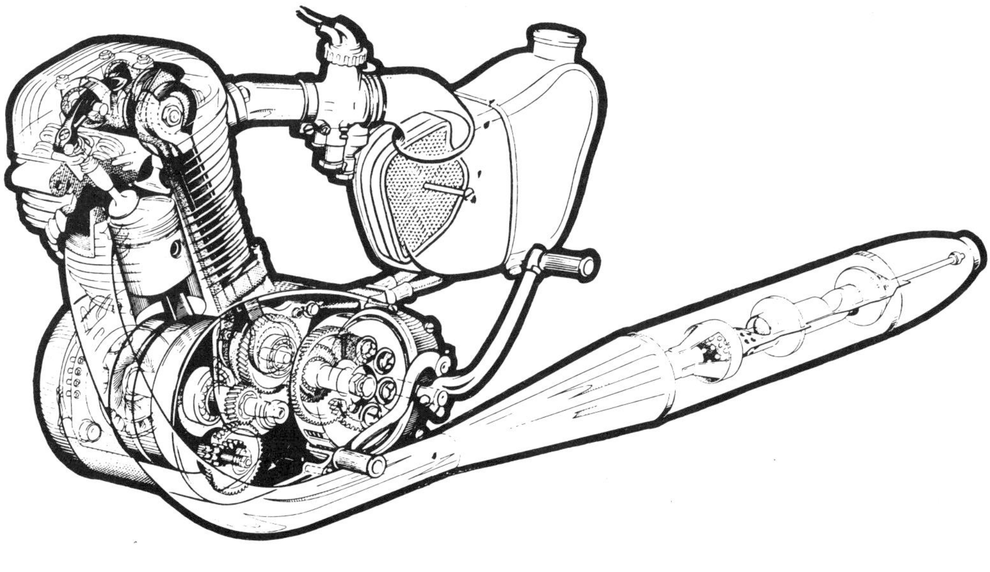

der Kolben schön vor dem oberen Totpunkt stand, Zündschlüssel reindrücken, ein leichter Tritt auf den Starterhebel ohne die Dekompression zu benutzen (die ich übrigens nie gebraucht habe) — schon lief der Motor ganz ruhig im Leerlauf.
Die normale Vergasereinstellung (Hauptdüse 105, Nadeldüse 2.68, Nadelstellung 2, Leerlaufdüse 45, Leerlauf-Luftschraube 1,5 Umdrehungen offen) habe ich auch nie verändert.
Serienmäßig waren am Getriebeausgang 16 Zähne auf dem Kettenritzel und auf dem Zahnkranz am Hinterrad 42 Zähne. Ich benutzte aber immer das Soloritzel der Geländemax mit 15 Zähnen. So war das Motorrad auch mit zwei Personen und Gepäck im Gebirge beispielsweise noch temperamentvoll.
Natürlich war bei Seitenwagenbetrieb die Endgeschwindigkeit mit besetztem Boot zwischen 90 und 95 km/h erreicht, weiter ging es absolut nicht. Die Beschleunigung aber entsprach etwa der des VW-Käfers, wenn dieser gut gefahren wurde. Ein 600er Gespann rannte einem natürlich weg, doch lagen die Durchschnitte auf langen Reisen oft über denen eines 350er Gespannes.
Wichtig war beim Fahren mit Seitenwagen der richtige Seitenwagen-Anschluß. Möglichst dicht an die Maschine heran, damit es nicht eine zu große Spurbreite (über 105 cm) gab. Das Rad des Seitenwagens mußte gegenüber dem Hinterrad der Maschine (Achse zu Achse gemessen) etwa sechs bis zehn Zentimeter Vorlauf haben. Die Vorspur des Seitenwagenrades zur Maschinenspur mußte zwischen 25 und 30 mm betragen. Der Sturz der Maschine war 15 bis 20 mm nach außen geneigt. Mit dieser Einstellung ging das Ganze bei intaktem Maschinen-Fahrwerk und einer Geschwindigkeit von 60 km/h freihändig auf ebener Straße geradeaus.
Zum Seitenwagenanschluß gehörte der große Anschlußbügel, der unter dem Motor montiert wurde und der die Anschlußkugeln trug. Das Ritzel am Getriebeausgang wurde gegen ein Ritzel mit 14 Zähnen ausgetauscht. Es gab auch ein Ritzel mit 13 Zähnen und für die Geländegespanne sogar ein 12-Zähne-Rad am Getriebeausgang. Ich habe aber lieber einen größeren Zahnkranz am Hinterrad benutzt als diese kleinen Getrieberitzel für eine Vergrößerung der Übersetzung, denn die kurzen Umfänge der Zahnräder am Getriebeausgang gingen doch gewaltig über die Gelenke der Kette her. Für eine Geländefahrt mag das ja auch mit kleinen Zahnrädern gegangen sein, denn am Ende eines Tages mit solchen Anforderungen wurde so oder so eine neue Kette bei den Werksfahrern montiert.
Der Schalenrahmen aus gepreßtem Stahlblech war auch für Seitenwagenbetrieb robust genug. Der Hinterradreifen 3.25—19 wurden gegen einen der Größe 3.50—19 ausgetauscht.
Zu jener Zeit gipfelten unsere Schwärmereien über Sportmotoren immer bei obenliegenden Nockenwellen und Haarnadelventilfedern. Das war der Traum, den wir erfüllt sehen wollten. Aber daß es einmal Serien-Alltagsmachinen geben würde, die derart aufgebaut waren, das wäre uns selbst in den kühnsten Träumen vor 1951 nicht eingefallen.
Hier sei die Bemerkung gestattet, daß der alte Honda schon wußte, wie er den am Boden liegenden Motorradmarkt 1959 und in den späteren Jahren wieder in Schwung bringen konnte. Seine Serienmotorräder fingen gleich mit ohc-Motoren und rennsportlichem Äußeren an! Man erinnere sich nur der ersten 125er Twin und dann der CB 72 und der CB 77 mit 250 bzw. 300 cm^3.
Ohc-Ventiltrieb, Haarnadelventilfedern? Das waren 1951 doch astreine Zeichen von Rennmaschinen!
Skeptiker in der Szenerie fragten, wer sowas wohl in Ordnung halten wolle, wenn solche »Rennmotoren« gleich haufenweise serienmäßig für einen Alltagseinsatz auf den Markt gebracht würden. Wo wären die vielen Dorfschlosser wohl, die solche Sa-

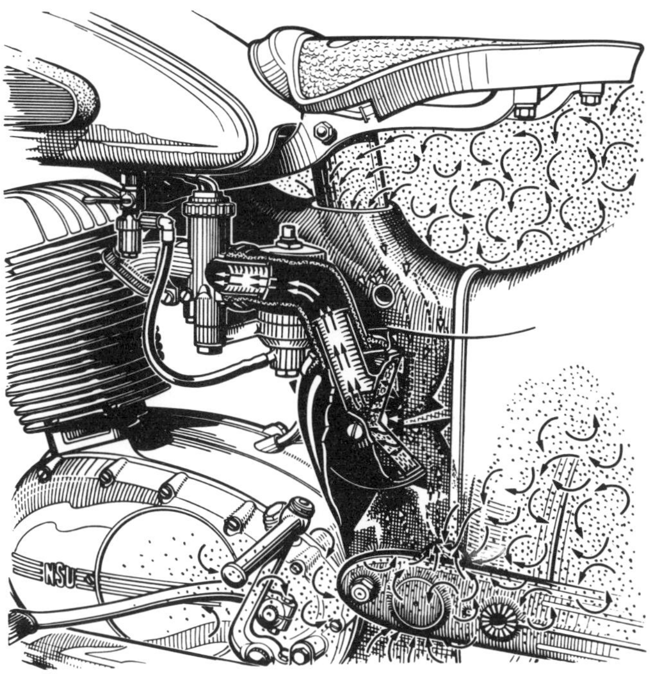

Trickreich wurde die Ansaugluft zur Reinigung »beruhigt« (NSU-Max)

chen am Leben halten könnten?
Und dann kam die Max. Und sie war viele Jahre ununterbrochen auf dem Markt, hatte eine obenliegende Nockenwelle und Haarnadelventilfedern. Normalerweise hatten Motoren mit obenliegenden Nockenwellen (ohc = **o**ver**h**ead **c**amshaft) zum Antrieb der Nockenwelle eine Königswelle (die Nockenwelle im Zylinderkopf wurde über zwei Kegelräder durch eine senkrecht stehende Antriebswelle gedreht), Zahnräder oder Kette. Zahnriemen kamen erst viele Jahre später auf.
Bei der Max aber war ein Schubstangensystem vorhanden, das die Nockenwelle im Zylinderkopf drehte.
So *ganz* unkompliziert war das System allerdings auch nicht, denn damit sich die bei der Betriebswärme eintretende Längung des Zylinders auf den Schubstangenantrieb der Nockenwelle nicht nachteilig auswirkte, war die Nockenwellen-Lagerung so konstruiert, daß sie selbst fest stehen blieb, während Zylinder und Zylinderkopf sich ausdehnen konnten.
Das Nockenwellengehäuse war mit dem Motorgehäuse durch ein feststehendes Abstandspleuel verbunden. Bei Reparaturen war die Schwierigkeit nun, die Nockenwelle so wieder einzubauen, daß sie auf der linken Seite (Motor in Fahrtrichtung) zur Oberkante des Zylinderkopfes einen Abstand von 0,05 mm bekam.
Das ging leider nur mit einer Meßuhr. Also — das war nichts für einen Grobschmied in Kleinkleckersdorf, der nicht gerade einen beim NSU-Kundendienst geschulten Mann in seiner Bude hatte.
Nur durch gleichzeitigen Ausbau eines kolossalen Kundendienstes und Vertragswerkstätten-Netzes war es den Neckarsulmern überhaupt möglich, einen so komplizierten Motor als Alltags-Antriebsaggregat zu verkaufen.
Der Nockenwellenantrieb funktionierte folgendermaßen: Zwei Schubstangen waren oben an der Nockenwelle und unten am Nockenwellen-Antriebsrad um je einen Exzenter herum gelagert. Die Exzenter waren um 90 ° gegeneinander versetzt. Wenn

das Antriebsrad unten gedreht wurde, wurden die Schubstangen durch den unteren Exzenter entweder angehoben oder nach unten gezogen und bewegten auf diese Art über den oberen Exzenter die Nockenwelle, mit der sie durch einen Bolzen fest verbunden waren.
Damit die Bewegung der Nockenwelle und des Antriebes möglichst vibrationsfrei blieb, waren die Schubstangen um 90 ° versetzt und war oben an der Nockenwelle noch ein Ausgleichsgewicht zur Auswuchtung angebracht.
Doch man bekam den Motor nicht völlig frei von Vibrationen, in einigen Drehbereichen kribbelte er beträchtlich.
Zum Einstellen des Ventilspieles brauchte der Motor nicht aus dem Rahmen ausgebaut zu werden, man kam nämlich sehr einfach unter dem Zylinderdeckel zu den Einstellschrauben für das Ventilspiel hin. Nur wenn sich am Ventiltrieb irgendwelche Schäden zeigten, mußte der Motor aus dem Rahmen heraus und entsprechend weit zerlegt werden.
Es gab da noch so ein paar Besonderheiten mehr. Zum Beispiel den Ölumlauf, der auch das Getriebe mit versorgte. Oder aber die Schlammhülsen, die man von außen senkrecht zur Achse in die Kurbelwangen einschrauben mußte. Darin setzten sich die Rückstände des umlaufenden Öles infolge Schleuderwirkung fest (bei der BMW gab es da etwas Ähnliches zum Auffangen der abgeschleuderten Ölrückstände in der Form einer Auffangrinne). Das Losdrehen und Austauschen dieser Schlammhülsen war eine nervenaufreibende Prozedur für Leute mit ungenügendem Werkzeug!
Auch um die Geräuschdämpfung hatte man sich damals schon bei der Max ganz besonders bemüht. Da gab es ein sehr kompliziertes und gut durchdachtes Ansaugsystem durch Rahmen und Filterkasten, außerdem war der mächtig große Schalldämpfer in der Lage, das Auspuffgeräusch auf fast 80 dB (Phon) zu reduzieren.
Nicht nur solche Dinge wiesen darauf hin, daß dieses Motorrad auch heute noch gut hätte gebaut werden können. Wir schwärmten von einer rassigen 250er mit einem schnellen Rohrrahmen (da gab es Super-Eigenbauten in rennsportlicher Manier!) und von einer 500er Zweizylinder — ! Es wäre gegangen, wenn es die Manager 1959 richtig erkannt hätten — !

Victoria Bergmeister

Als Ende der 70er Jahre Honda mit dem Typ CX 500 herauskam, bei dem ein wassergekühlter 500-cm^3-V-2 Zylinder-Viertakter mit 80 Grad Zylinderwinkel quergestellt im Rahmen benutzt wird, glaubten bestimmte viele Leute, daß dies eine völlig neue Motorenkonstruktion sei.
Dem ist nicht so. Die Idee des querliegenden V-Motors ist absolut nicht neu, der Reiz einer solchen Anordnung ist aber immer geblieben:
1. ist es ein Mehrzylinder-Motor mit ausgezeichneten Kühlungsverhältnissen, wobei die Zylinder gegenüber denen eines Boxermotors günstiger liegen, da sie weiter vom Boden entfernt und nicht so sturzgefährdet sind. 2. nimmt der Kurbeltrieb nur fast ebenso wenig Raum weg wie bei einem Einzylindermotor, beide Pleuel sitzen auf dem gleichen Kurbelzapfen. 3. läßt die Bauart eine schöne glatte Linienführung der ganzen Maschine zu.
Das letzere kann man von dem CX-500-Hondamotor bestimmt nicht sagen, aber in den 50er Jahren konnte man es von dem Motor der Victoria-Bergmeister behaupten. Und schon in den Jahren 1937 und 1938 hatte der Konstrukteur Küchen einen 500er-V-Motor entwickelt, in dem die typischen Einzelheiten wie später bei der Bergmeister schon zu finden waren.
Mit dem Motor aber wuchs noch eines in der Victoria-Versuchsabteilung 1954/1955: Der dazugehörige Rahmen. Nicht in der Linienführung, sondern in seiner Steifheit. Und daran hatte man wahrhaftig nichts

ausgelassen, ohne Rücksicht auf das Eigengewicht von 177 kg. Nicht umsonst hatte man diese Maschinen in schweren Wettbewerben erprobt.
Am Lenkkopf fanden wir eine besonders sorgfältige und robuste Schweißverbindung. Die beiden Rohre des linken und des rechten Unterzuges waren mit einem durchgehenden Bolzen, der auch den Motor vorn trug, verbunden. Die Trägerrohre, die die hintere Teleskopfederung aufnahmen, hatte eine Innenverstärkung, schlossen den Rahmen hinten ab und waren speziell auf die Querdrücke zugeschnitten, die besonders bei Seitenwagenbetrieb in Kurven auftraten. Ein Stück Stahlblech verband die beiden oberen Rohrteile des hinteren Rahmenteils und diente gleichzeitig zur Aufnahme der Sattelfederung. Gerade hier wurden die Seitenkräfte im wesentlichen abgefangen.
Bei der damaligen Testmaschine ging die Eingewöhnung sehr schnell. Angesehen, draufgesessen (siehe da, alles paßte vorzüglich auf den Mann), losgefahren. Nach etwa 80 km Wegstrecke hatten wir bereits einen Geländekurs begutachtet und — den Gasdrehgriff ausgetauscht. Denn beim Gespann gab es Strecken, die man von unten bis oben im dritten Gang fuhr, weil der vierte Gang zu lahm war und der zweite zu hoch drehte. Und wenn man dann bei einem Überholmanöver oder beim schnellen Gaswegnehmen erst nachgreifen mußte, kostete das gefahrvolle Sekunden. Darum flog der Langzuggriff schnellstens raus.
Dieses Nachgreifen gab nämlich nicht nur eine merklich schlechtere Beschleunigung, es konnte auch beim Verzögern kritisch werden. Bei Zweitaktern wurde es sogar gefährlich — wir waren damals der Ansicht, daß der Langzuggriff für Betrieb mit Spitzenmotoren nicht mehr ganz zeitgemäß sei.
Was heute bestimmt niemand mehr weiß, ist die Tatsache, daß die Bergmeister mit zwei Tankausrüstungen geliefert wurde. Der normale Tank faßte 15 Liter, er war breit und flach. Der Sporttank faßte 18,5 Liter und war hoch und schmal. Daß dieser einen ganz wesentlichen Teil zu der ausgezeichneten Sitzposition beitrug, das war auch mit ein Grund zur schnellen Gewöhnung.
Der Verstellradius der Fußrasten war nicht nur so als Prospekt-Pflichtanteil entstanden, sondern tatsächlich ausgeknobelt. So war es möglich, für die viele Schalterei, die der Motor nun einmal verlangte, die Fußraste wirklich fußgerecht hinzutrimmen.
Bei der an und für sich hohen Drehzahl (6350 1/min bei 21 PS und der dabei er-

Der Victoria-Fahrer Rudi Ebert 1955 mit dem Bergmeister-Gespann 350 cm³

reichten Geschwindigkeit mit Seitenwagen von gestoppten 94,6 km/h im vierten Gang), die man nun einmal auch im zweiten Gang oder im dritten Gang im Stadtverkehr zum richtigen Blitzbeschleunigen halten mußte, durfte man lautloses Schalten nicht mehr verlangen. Nur, wenn man z. B. im zweiten Gang bei 40 km/h (das entsprach etwa 4000 1/min bei Seitenwagenübersetzung) in den dritten Gang schaltete, ging das ohne Knacken ab.
Das aber tat man gerade nicht, weil die kraftvollste Beschleunigung beim Überwechseln vom zweiten in den dritten Gang bei etwa 5000 1/min (= 50 km/h) möglich war. Das hatte aber das Victoria-Getriebe mit anderen ähnlichen Getrieben gemeinsam. Man durfte es nicht als Fehler werten, zumal ein Kettengetriebe — wie das der Victoria — damit fertig wurde. Ein Verschalten gab es dabei nicht. Selbst der Versuch, ohne Kupplungsbetätigung zu schalten, ging sehr gut. Hier lag eben der konstruktive Vorteil des Kettengetriebes gegenüber dem Rädergetriebe: die Ketten fingen in ihren Ölpolstern die Schläge auf.
Nun konnte es aber nicht allein bei der Elastizität im Getriebe bleiben. Bei Kettenantrieben aufs Hinterrad half man sich fast durchweg mit in Gummi gelagerten Mitnehmerbolzen vom Zahnkranz zum Rad. Die Bergmeister aber hatte einen Kardanantrieb. Der mittlere Teil der Gelenkwelle — ein Gelenk am Getriebeausgang, ein Gelenk am Hinterrad — war aus Federstahl und wirkte als Drehstabfederung.
Antriebsritzel und Tellerrad waren spiralverzahnt. Natürlich lief das Ganze im Ölbad. Beim Anfahren im ersten Gang hörte man ein bißchen Zahnsäuseln. Im Übrigen aber ging es dort hinten absolut geräuschlos zu.
Für Solo-, Berg- und Seitenwagen-Betrieb gab es jeweils einen entsprechenden Radsatz zum Auswechseln. Zähnezahlen 7: 34, 6: 33, 6: 37. Ein solches Auswechseln konnte man allerdings nicht selbst mit Hausmitteln unternehmen. Da mußte man schon »Edel-Schlossern« können.
In der Stadt wirkte übrigens die Seitenwagen-Übersetzung bei Solobetrieb etwa wie das Getriebe einer Aschenbahnmaschine. Man fuhr meistens im zweiten Gang an, und in diesem und im dritten Gang wurde alles abgemacht. Ja, der zweite Gang ließ bei den Verkehrsampeln beim Wechsel von rot auf grün mit Leichtigkeit das Vorderrad hochgehen, wenn man nicht aufpaßte. Diesen Spaß nahmen wir ganz gerne am Rande mit.
Das Anwerfen des Bergmeister-Motors war gar nicht immer einfach. Wenn man morgens zum täglichen Rundkurs startete, passierte auf den Meter fast genau Folgendes: Der Vergaser wurde ausreichend geflutet, der Lufthebel geschlossen, zweimal ohne Zündung der Kickstarter runtergetreten (verflixt, dabei knickte der Kickstarter in seinem unteren Gelenk manchmal ganz übel um — die Kurbel hätte starr sein müssen und man hätte nur den Fußtritt umlegen sollen!), Zündung eingeschaltet, wieder runtergetreten — da war dann mit einem drittel Gas der 350-cm^3-Motor angesprungen.
Es ging etwa 200 Meter sanft den Berg hinunter, dann kam eine üble Querstraße mit Straßenbahn, und da mußte man gewaltig aufpassen. Also Fahrt weg, runter in den zweiten Gang, nach der nächsten Straßenbahn Ausschau gehalten, und dann das Gas aufgezogen! Herrje, nochmal! Schon verschluckte sie sich und blieb stehen.
Es war jeden Morgen dasselbe. In allen Variationen, Lufthebel zu, Lufthebel offen Lufthebel ganz offen. Mit einer Hauptdüse der Größe 120, 130. Mit der Nadelstellung 1, 2, 3. Mit der Luftschraube zwei Umdrehungen offen, mit einer und mit eineinhalb. Aber dann traf man eines Morgens vor der Haustür einmal den Nachbarn. Es gab einen Moment ein Geplauder, währenddessen der Motor im Leerlauf lief. Danach wurde glatt durchgefahren! Das dürfte der einzige Fall gewesen sein, wo ein Anwärmen im Stand sich lohnte. Und das alles

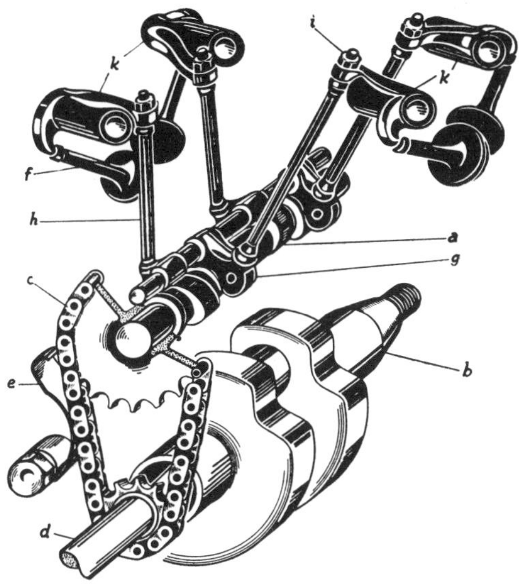

Die Zeichnung verdeutlicht die Ventilsteuerung der Bergmeister

kam von den langen, gekrümmten Ansaugwegen, von zig Ecken rum. Ing. Harald Oelerich fuhr deshalb seine Wettbewerbs-Bergmeister mit zwei Vergasern und schnurgeraden, kürzeren Ansaugwegen.
Eine weitere Geschichte zeigte sich bei warmer Maschine und offenem Lufthebel. Bis etwa 3/4 Gas nahm der Motor jede Bewegung am Drehgriff rauf und runter prompt und sofort an. Das letzte Viertel aber brachte zunächst nichts bei plötzlichem Aufreißen. Erst langsam kam dann noch etwas mehr Fahrt dazu, auf dem Tachometer von etwa 92 km/h bis 95 km/h im vierten Gang. Auch das hing mit der Länge und den Ecken der Gaswege zusammen.
Im normalen Fahrbetrieb spielte es übrigens keine Rolle, aber ich kann mich noch so gut daran erinnern, daß es eigentlich deswegen geschildert werden sollte, weil gerade dieser Bergmeister-Motor so merkwürdig lange und geknickte Ansaugwege vom Vergaser bis zum Einlaßventil hatte.
Der Motor lief aber bei jeder Belastung völlig klingel- und absolut vibrationsfrei. Überdrehzahlen bemerkte man nur am gewöhnlichen Ventilflattern. Wenn er warm wurde, war das Ventilgeräusch bis etwa 70 km/h zu hören, dann aber wurde es vom Fahrwind zugedeckt. Der Verbrauch stieg bei einer mehrstündigen Vollgas-Jagerei auf der Autobahn Frankfurt-Stuttgart bei besetztem Gespann auf 6,6 l. Der Durchschnittsverbrauch bewegte sich für das Motorrad mit Seitenwagen zwischen 5,8 und 6,2 l auf 100 km.
Während unserer Testfahrten trafen wir einmal auf einem Autobahnparkplatz einen anderen Fahrer, der auch ein Bergmeister-Gespann fuhr. Er berichtete von einer Reise durch die französischen Alpen. Dabei erwähnte er, daß er einen geringen Ölverbrauch hätte. Da unser Ölverbrauch damals — wahrscheinlich waren wir doch etwas schärfer gefahren — aber mehr als der seinige ausmachte, entwickelte sich eine kleine Öldiskussion. Dabei stellte sich heraus, daß dieser Fahrer die Bergmeister mit dem damaligen Shell-Rotella-Öl fuhr (HD-Öl für Dieselfahrzeuge) und begeistert erzählte, daß sich bei einer kürzlichen Motordurchsicht sämtliche Teile in erstaunlich sauberem und einwandfreien Zustand befunden hätten. Unser Ölverbrauch betrug ca. 1/4 Liter auf 1000 km. Solche Weitergabe von Erfahrungen waren damals zwischen Motorradfahrern üblich und durchaus nützlich.
Nun zurück zur Bergmeister selbst: die Nockenwelle saß über der Kurbelwelle zwischen den Zylindern und wurde vom Kurbelzapfen aus durch eine Kette angetrieben. Die Ventile wurden durch Stoßstangen bewegt, die Nachstellung war sehr einfach und durch die Lage der Zylinder überhaupt kein besonderes Problem. Alle 1000 Kilometer mußte man die Einstellung des Ventilspieles kontrollieren.
Im Ton ähnelte die Maschine den großen Zündapps, den großen BMWs und einigen englischen Zweizylinder-Motoren sehr. Dieses Geräusch war nicht aufdringlich — wir empfanden es als Musik. Das kleine Signalhorn von Noris war in den Ortschaf-

ten eigentlich überflüssig, denn wenn der Auspuff auch nicht nach dem seligen Knatterprotz tönte, man merkte auch ohne das, daß ein Motorrad kam. Genau, wie man schon jeden Porsche oder jeden halbstarken Dreitonner kommen hörte.

An der Testmaschine war die Federung zunächst sehr hart, von den angegebenen Federwegen war nicht viel zu spüren, und daß man keine so große körperliche Belastung auf schlechten Strecken und auf längeren Reisen verspürte, war nur dem ausgezeichnet arbeitenden Gummiblock der Sattelfederung zu verdanken.

Es stellte sich aber bald heraus, daß man unserer Testmaschine trotz Seitenwagenbetrieb den Solofedersatz gegeben hatte, und der war tatsächlich für Solofahrten ausgezeichnet gewählt. Dieser Federsatz sackte natürlich bei Seitenwagenbelastung ziemlich weit zusammen, so daß eben für den Fahrer nur der Sattel-Gummiklotz übrig blieb. Es gab aber für Leute, die ein für allemal nur mit Seitenwagen fahren wollten, einen Extra-Federsatz.

Die Bremsen mit 180 mm Durchmesser und 30 mm Belagbreite und gebremstem Seitenrad zeigten wieder einmal, daß ein Motorrad nicht allein durch viele PS, sondern auch durch seine Bremsen schnell wird. Es waren klotzige Dinger — die Wirkung war aber tatsächlich für ein Gespann von 270 kg Leergewicht (mit Fahrer, Beifahrer und Gepäck sogar 532 kg) auch nötig. Das machte sich in den erzielten Reiseschnitten unmittelbar bemerkbar.

An den Vergaser kam man sehr einfach heran. Eine lange Schraube und eine Kordelmutter hielten die beiden Leichtmetall-Abdeckschalen zusammen. Diese beiden ließen sich leicht entfernen und damit auch die Abdeckglocke. Die Luft trat unter die Vergaser-Verkleidung durch eine Öffnung am unteren Teil der hinteren Abdeckglocke durch die seitlichen Schlitze der Verschalung ein.

Ebenso zugänglich war das E-Werk. Tatsächlich brauchte man nur eine einzige Schraube unten am Abdeckstück zu lösen, um dieses nach oben hin aus der oberen Befestigung auszuhaken. Einfacher ging auch dies nun wirklich nicht, zumal es sogar tatsächlich gegen Staub und Feuchtigkeit abgedichtet war. Und gleich dahinter war dann das ganze Eingeweide zu erreichen. Unterbrecherkontakte, Fliehkraft-Zündversteller, Lichtmaschine und Regler. Zur richtigen Zündeinstellung war am Motorblock auf der linken Seite eine Schraube zu entfernen, die ein Schauloch freigab. Mit dem Schraubenschlüssel drehte man die Ankerschraube der Lichtmaschine und damit gleichzeitig die Kurbelwelle solange, bis das Schwungrad, das im Schauloch zu sehen war, das Zeichen OT/LZ zeigte. 8 mm vor diesem Zeichen befand sich ein eingeschlagener Querstrich, der sich mit der Marke am Schauloch decken mußte.

Es war leider nicht anders zu machen, als daß die beiden Zündkerzen jeweils auf der Innenseite der Zylinder saßen. Das gab natürlich beim Kerzenwechsel manchmal verbrannte Finger.

Nun noch ein Wort zu den damals doch oft vorkommenden Pannen. Wir hatten in unserem privaten Werkzeugbeutel, der immer irgendwo im Seitenwagen seinen Platz fand, auch eine große Taschenlampe, die

Im Versuch wurde die Bergmeister auch mit Vorderradschwinge gefahren

sich bequem irgendwo aufhängen ließ. Das war dafür gedacht, wenn es einmal geschehen sollte, daß uns eine teuflische Panne bei Dunkelheit passierte. Diesen Gedanken hatten auch die Victoria-Leute gehabt, als sie als liebenswürdige Kleinigkeit eine Lampe unter dem Tank am Lenkkopf der Bergmeister anbrachten, die ausreichte, um Kerzenschäden oder Vergaserstörungen auch nachts zu beheben, wenn man gerade mal seine Taschenlampe vergessen hatte.

Auch der serienmäßig abschließbare Tankverschluß zeigte schon, daß die Ansichten über die bösen Nachbarn verschieden waren und man so allen unangenehmen Möglichkeiten begegnen konnte. Weiterhin darf man die Unterbringung der Batterie und deren Befestigung in dem Kasten auf der linken Maschinenseite nicht vergessen und ebenfalls auch nicht den Werkzeugkasten auf der rechten Seite, in dem man tatsächlich ohne Quälerei allerhand unterbringen konnte. Auch daß der Soziussitz nicht über einem — doch unnötigen — Gepäckträger thronte und die Sozia nicht allzu hoch über den Fahrer hinausgehoben wurde, war eine Sache, die wir besonders vermerkten.

Die sehr stramm gehende Einscheiben-Trockenkupplung der Bergmeister war etwas, an das ich mich bis heute erinnern kann. Man merkte sie auf die Dauer ganz schön im Handgelenk.

Der »Grüne Elefant« Zündapp KS 601 mit Seitenwagen

Bevor ich über dieses raubigste aller raubigen Gespann-Motorräder der 50er Jahre berichte, von dem ich selbst ein Exemplar bis km-Stand 200 000 (mit km-Stand 72 000 gebraucht gekauft) fahren konnte, muß man ein wenig von den Dingen erzählen, die sich im Zusammenhang mit der KS 601 in jener Zeit zutrugen und die — tatsächlich — bis heute eine Rolle im Motorradgeschehen spielen.

Als Carl in »Das MOTORRAD« am 8. Dezember 1951 (Heft 25, Seite 737 — wer das Heft noch haben sollte, kann es nachlesen) seinen Testbericht über die Zündapp KS 601 mit dem Titel »Der ›Grüne‹ Elefant« verzierte, ahnte er bestimmt nicht, was aus dieser Titulierung einmal werden würde.

Da er mit dieser Bezeichnung wirklich den Nagel auf den Kopf traf und damit eine Charakterisierung vornahm, sprachen die Fahrer dieses Traumgespannes die Bezeichnung ihrer 600er Zündapp wie einen Ehrentitel aus. »Der ›Grüne‹ Elefant« — das wurde berühmt wie die Namen geschichtsträchtiger Kriegsschiffe, erfolgreicher und geliebter Pferde und weltberühmter Lokomotiven. Spektakuläre Sporterfolge bestätigten den Nimbus.

»Elefant«? Klar — Gewicht, Kraft und Wucht forderten zu diesem Begriff heraus. »Grün«? Die ganz bestimmte Farbtönung der grünen Lackierung war dafür verantwortlich. Später gab es auch schwarze Lackierungen und andere Farbtöne — aber dadurch wurde der Urname Elefant nicht beeinrächtigt.

Als die Situation auf dem Motorradmarkt 1955, 1956 immer schwieriger und als der Unterhalt großer Maschinen immer teurer wurde (das war schon mehr an Steuern und Versicherung als ein Mittelklasseauto!), als die Zahl der Motorradfahrer immer mehr abnahm und es so langsam anfing, daß man alle noch bewegten Maschinen in Deutschland Stück für Stück kannte — da waren es wir KS-601-Fahrer, die im Januar 1956 zum ersten »Elefanten«-Treffen an der Solitude-Rennstrecke bei Stuttgart einluden, um einmal jene kennenzulernen, die ebenso wie wir trotz Tiefststandes des Motorrad-Barometers noch ein großes KS-601-Gespann fuhren (und das auch im Winter). Denn so langsam wurden wir angestaunte Raritäten.

So war also das »Elefanten«-Treffen auf die Zündapp KS 601 zurückzuführen. Erst drei Jahre später kamen zu diesem Ereignis dann auch andere Marken hinzu, und die

Das war die KS 601 ohne Seitenwagen

Motorradfahrer fingen an, dann auch von »Elefanten« zu sprechen, wenn es keine KS 601 waren. Danach hielt man schließlich viele der großen Motorräder für »Elefanten« und der ursprüngliche Sinn dieses Titels ging mehr und mehr verloren.

Das erste Zweizylinder-Viertaktaggregat von Zündapp entstand 1933 und war ein seitengesteuerter Boxermotor mit 398 cm³ Hubraum und 10 PS (heute 7,36 kW). 1936 kam ein kopfgesteuerter Boxermotor mit 496 cm³ und 24 PS. Ebenfalls 1933 entstand der erste 600er Zweizylinder-Boxer, allerdings mit seitengesteuertem Ventilantrieb 598 cm³ und 15 PS. Das war das Motorrad-Modell K 600.

Neben verschiedenen 400er und 500er Zweizylinder-Motoren, neben dem 800 cm³ Vierzylinder-Boxermotor im Verlauf der Jahre zwischen 1933 und 1958 wollen wir jetzt aber den 600er Zweizylinder im Auge behalten, der ab 1938 mit kopfgesteuerten Ventilen herauskam. Zuerst in der KS 600 (blechgepreßter Kastenrahmen) und ab 1950 im Doppelrohrrahmen der KS 601, im »Grünen Elefanten«.

Das Wehrmacht-Modell KS 750 (1940—1948) lief bei uns *nicht* unter dem Begriff des »Grünen Elefanten«, es wurde hauptsächlich während des Krieges gebaut.

Mit der KS 601 und später mit der KS 601 Sport betrieb das Werk in den 50er Jahren sehr eifrig mit guten Leuten Sport. Unvergeßlich sind uns diese Elefanten-Fahrer jener Jahre geblieben, von denen man einige unbedingt nennen muß. In alphabetischer Reihenfolge möchte ich als Auswahl nennen: das Team Ernst/Sörgel, den Nürnberger Gespannfahrer Rudi Grenz, die Mannschaft Käser/Maurer, das Team Ernst Keitel und Beifahrer Seemann, dann natürlich den Draufgänger aus Heilbronn Werner Kritter mit Beifahrer Kreuzer, dann Volker Schach aus Worms und schließlch Schorsch Weiß und seinen Beifahrer Mages. Die Fahrer Ernst/Keitel/Weiß bildeten mit drei Gespannen die klassische Elefanten-Mannschaft bei vielen schweren Wettbewerben anfangs der 50er Jahre.

Es war ein ungeheures Erlebnis, wenn die schweren Zündapp-Gespanne zum Beispiel bei der Alpenfahrt in Österreich die Turracher Höhe vor einer langen Staubfahne hinaufbrausten. Der tiefe, faszinierende Ton der Elefanten-Motoren liegt mir noch immer im Ohr. So etwas kann heute keine

Zuverlässigkeitsfahrt im Gelände mehr bieten — ! Für uns war es das absolute Spitzen-Geschehen in diesem Sport. Manchmal kommt einem der Gedanke, wie arm an mitreißender Atmosphäre doch Wettbewerbe später ohne die großen Gespanne geworden sind — !

Komme mir *keiner,* der solche Motorräder mit Seitenwagen noch nicht erlebt hat und sage etwas zu mir von »unnützem Hinterher-Weinen nach vergangenen Zeiten«! Lieber Freund, heute gibt's auch schwere und schnelle Gespanne, und die sollte man erstmal richtig fahren (können!) und einmal auf so einer Fahrt wie damals an der Turrach sehen. Danach sprechen wir uns dann wieder — ! Mal sehen, ob das nicht dramatisch empfunden wird — !

Ja, es war so ähnlich wie mit der Regina von Horex. Fünf Jahre nach dem hoffnungslosen Zusammenbruch, bei dem es aussah, als würden wir nie wieder einen Motorradsport in unserem — doch erst angefangenen — Leben sehen, gab es nun doch wieder Motorräder, und dann auch noch *solche* Traum-Brummer!

Diese Vorbemerkungen seien zum Kapitel über eines der bemerkenswertesten Motorräder der 50er Jahre erlaubt.

Der KS 601-Motor leistete in seiner Tourenausführung 28 PS (heute 20,6 kW) bei 4700 1/min, in seiner Sportversion 33,5 PS (heute 24, 8 kW) bei 6100 1/min. Die Zylinderbohrungen hatten 75 mm Durchmesser, der Kolbenhub betrug 67,6 mm. Mit diesem Kolbenhub kam man bei 6100 1/min auf die geringe Kolbengeschwindigkeit von nur 13,7 m/s (BMW R 69 zum Vergleich: Bohrung 72 mm, Hub 73 mm, Hubraum 590 cm^3, 35 PS bei 6800 1/min, Kolbengeschwindigkeit bei Nenndrehzahl = 16,5 m/s). Diese geringe Kolbengeschwindigkeit war wohl mit ein Grund, daß der Elefanten-Motor so robust war.

Aber auf einige Dinge mußte man sehr achten, besonders wenn die Laufzeit an 40 000 zurückgelegte Kilometer herangekommen war.

Die Pleuel liefen auf Nadellagern und hatten geteilte Füße. Nach längerem Betrieb (s.o. ca. 40 000 km) tat man gut daran, die Lager auf etwa entstandene Luft zu untersuchen und bei Bedarf die Sitze nachzustellen. Das war eine trickreiche Prozedur, doch kamen versierte KS-Spezialisten damit gut zurecht. Da es nur sehr wenige wirklich gute Werkstätten gab, hatten wir uns so oder so auf Selbsthilfe eingestellt und wurden als Elefanten-Besitzer mit der Zeit geniale Zauberer. Wer dafür keine Begabung hatte, war natürlich schlecht dran.

Ebenfalls war das Nockenwellen-Antriebsrad ein Detail, dessen Launen (= Verschleiß) man kennen mußte. So alle 15 000 km waren wir bei unserem eigenen Elefanten immer darauf vorbereitet, dieses Novotext-Rad auswechseln zu müssen. Das dazu notwendige Werkzeug und ein neues Rad führten wir ständig im Kofferraum des Steib-Seitenwagens TR 500 (= »Behördenwagen«) mit.

Ing. Ernst Keitel (vorn) und Georg Weiß (hinten) mit einem der ersten KS-Gespanne 1950 bei Versuchsfahrten auf dem Nürburgring

Vater fuhr, Mutti saß auf dem Soziussitz, Oma und Söhnchen bevölkerten den Seitenwagen. Und dazu schleppte die brave KS Riesengepäck samt zwei 20-Liter-Kanister mit durch die Wüste. Das nannte sich ›Elefanten‹-Reise — !

Die Laufgeräusche des Zylinders kannten wir so genau, daß wir Abweichungen von der Norm sofort hörten und meist auch gleich wußten, was los war.

Der Ölverbrauch des Motors lag mit einem Liter auf 1000 km noch innerhalb der Norm, das Ventilspiel mit 0,20 mm für den Einlaß und 0,25 mm für den Auslaß war zwar Quelle eines dauernden leisen Zusatzgeräusches, mußte aber so sein.

Sonstige besondere Wartungen und Beobachtungen (außer beim Gespann alle 2000 bis 3000 km eine neue Hinterrad-Decke Metzeler Block K 4.00—19) wären nicht zu notieren, und unsere KS 601 schaffte bei guter Pflege mehr als 100 000 km, obwohl sie schon über 70 000 km auf dem Buckel hatte, als sie in unsere Hände kam. Wir reisten mit ihr durch ganz Europa, und sie ließ sich trotz ihrer bulligen Kraft auch von meinem ›Hundertpfund-Mädchen‹, der Inge Rogge, mit 19 cm Handgelenk-Umfang (5 cm Durchmesser) spielend durch die Lande jagen. Der Trick dafür war, daß der schwere TR 500-Seitenwagen belastet mit Motorrad-Oma und Sohnemännchen so angebaut und eingestellt war, daß das Gespann auch bei leicht gewölbter Fahrbahn mit 60 km/h freihändig ohne angeknallte Lenkungsdämpfung geradeaus lief. Vorspur und Vorlauf des SW-Rades sowie der Sturz der Maschine mußte man dafür sorgfältig hintrimmen.

Wir haben uns oft amüsiert, wenn unsere Mitmenschen die Inge schaudernd fragten ob sie den »diese überschwere Maschine überhaupt halten könne«.

Na, soo ›überschwer‹ (Ausdrücke gibt's — !!) war die KS mit 208 kg solo nicht, wenn das auch m. E. immer die höchste Grenze ist, die ein Fahrzeug, das sich Motorrad nennen möchte, noch gerade einhalten sollte. Alles, was mehr wiegt, müßten wir in die Kategorie Eisenhaufen einstufen — !

Es gab natürlich auch vereinzelte Gemütsmenschen, die eine KS 601 *solo* fuhren. Einen kenne ich, der probierte es damit sogar einmal bei den ersten Moto Cross-

Das schmale Wettbewerbsgespann der Ks 601 ließ jeden Jeep stehen

Wettbewerben, die damals aufkamen. Aber dieser zweckentfremdete Einsatz eines seiner Natur nach reinrassigen Seitenwagen-Motorrades blieb selten. Erst als Zündapp 1956 Versuche mit einer Schwingen-KS für Amerika aufnahm, näherte sich der Elefant mehr dem Solobetrieb, wovon wir in Deutschland jedoch nichts mehr sahen. Aus dem Stand kam man in 10 Sekunden mit Seitenwagen-Übersetzung auf fast 100 km/h, in 15 Sekunden war man auf 110 km/h. Die Endgeschwindigkeit mit Seitenwagen lag — je nach mechanischem Zustand der Motoren — zwischen 120 und 125 km/h. Mit einem schmalen Wettbewerbs-Seitenwagen ohne Windschutzscheibe, Fahrer und Passagier klein gemacht (Vergaser-Hauptdüsen links 110, rechts 115) waren auch 130 km/h mit Anlauf zu schaffen. Reisetempo auf der Autobahn war immer um 110 km/h herum.

Mein tollstes Elefanten-Erlebnis war aber ein Werksgespann KS-601-Sport mit 35 PS (Nockenhöhe normal 17,4 mm, Sportnocken 17,5 mm und längere Öffnungszeiten), das ich 1955 bei der Norddeutschen Küstenfahrt zusammen mit Horst Jogwer als Beifahrer fahren konnte. Davon muß ich noch erzählen.

Sowie es nach verschlammten Feldwegen einen festen Untergrund gab, wurde im zweiten Gang aufgezogen. Und jetzt merkte man den Unterschied zu dem normalen Gespann mit 28 PS. Eine solche Beschleunigung hatte ich bis dahin noch bei keinem anderen Gespann erlebt. Von 70 bis 100 km/h in sechs Sekunden, von 60 bis 80 km/h in drei Sekunden. Aus dem Stand bis 80 km/h in sechs Sekunden. Solche Blitzbeschleunigungen kamen natürlich nur hinter einer Zeitkontrolle in Frage.

Da blieb mir doch die Luft weg, und ich stellte wieder einmal fest, wie schnell man auf kurvenreichen Straßenstücken nur mit einer hohen Beschleunigung sein kann. Nun wußte ich, woher die sagenhaften Zeiten der Werksfahrer in den Bergen an der Turrach kamen. Einer der Kontrolleure an einer Zeitkontrolle meinte: »Beinahe hätt'ste unseren Tisch umgepustet, als du wieder losgetobt bist. Der Luftstoß der Auspuffrohre fegte alle meine Papiere vom Tisch —!«

Andere Kolben (damit höhere Verdichtung, statt 6,7 nun 7,3), dazu andere Nocken — das gab sieben PS mehr. Nicht einmal andere Ventilfedern und wesentlich andere Ventilzeiten, aber andere Erhebungskurve. Alles liegt dabei an der Nockenform.

Das war motorisch wirklich alles.

Man sollte auch noch eine »unseriöse« (weil nicht meßbare) Feststellung machen: Leistung und Leistung war hier zweierlei — je nachdem, aus welchem Motor sie kam. Ich hatte zwar das Herz, so wie Werner Kritter einfach mit höherer Drehzahl und Gottvertrauen in jeden Dreck mit Fahrt hineinzubolzen, aber ich hatte nicht die wilde Präzision, mit der Ernst Keitel fuhr. Ich konnte mein Gespann nicht mit Händen tragen wie Georg Weiß, ich mußte ganz einfach üble Stellen sinnig angehen. Ich konnte nichts zwingen, mußte die Lenkung das Ihrige tun lassen und den Motor das Seine, auch wenn dabei die Drehzahl einmal sehr weit nach unten mußte.

Aber da war eben der Punkt: man sagte immer, daß der KS-Motor brutal war. Gut, unter Werner Kritter oder unter Ernst, vielleicht war er ja auch unter mir brutal. Das weiß ich heute nicht mehr, doch kann ich mich noch gut erinnern, daß der Motor keinerlei Aufmerksamkeit verlangte und auch dann noch unheimlich zog, wenn die Drehzahl im Dreck einmal verloren gegangen war.

Wenn hinten und vorne alles verratzt war, ringsum alles abstarb, wenn ich vor lauter Aufpassen und Da-Noch-Vorbei-Rutschen und Dort-Nicht-Hinein-Krachen meinen Motor völlig vergessen hatte — ja, dann drehte man am Gasdrehgriff, und der KS-Motor nahm das Gas an und zog mich raus wie eine vorgespannte Lokomotive. Vielleicht war das der »brutale« Effekt.

Mein eigener Elefant bekam sehr bald einen Tank mit 22 Liter Inhalt (serienmäßig hatte er einen kleinen mit 14 Litern). Da aber bei gedroschenem Betrieb mit Seitenwagen bis zu 10 Liter auf 100 km durch die Vergaser strömten, war der 14 Liter Tank ein Witz. Wir fuhren ja immer lange Strecken.

Der erste Gang reichte bis knapp 40 km/h (bei Seitenwagen-Übersetzung!), der zweite Gang blieb manchmal bis 65 km/h drin, der dritte Gang jubelte bis knapp 90 km/h. Das Schalten des Kettengetriebes ging nicht immer ohne ein knallendes Geräusch ab — besonders vom dritten Gang hinunter in den zweiten. Da gewöhnte man sich die alte Barras-Schaltweise an, die man dort mit den damals nicht immer synchronisierten LKW-Getrieben lernte. Auskuppeln — Runterschalten auf Leerlauf zwischen den beiden Gängen (dieses Fußspitzengefühl hatte ein zünftiger Elefantentreiber bald raus) — Einkuppeln — kurz Gas geben bis auf etwa dreiviertel Drehzahl (wieder so ein Elefanten-Spezial-Fingerspitzen-Gefühl!) — wieder Auskuppeln — Schalten — Einkuppeln. Dann knallte es nicht. Sowas konnte man schließlich sogar bei Räubereien auf dem Nürburgring ähnlichen Strecken und in den Bergen.

Das Fahrwerk der KS 601 war für Seitenwagenbetrieb wie geschaffen. Der Rahmen war unwahrscheinlich stabil und vertrug auch den schweren Steibwagen TR 500, wenn dieser mit Passagier und mit einer gewaltigen Zuladung belastet war. Vierpunktanschluß war obligatorisch.

Die mächtige und sehr steife Vorderradgabel hatte vor dem Lenkkopf einen langen und sehr wirksamen hydraulischen Stoßdämpfer, der zwischen den beiden Gabelholmen plaziert war. Die Hinterradfederung hatte nur wenig Federweg (weshalb wir das Solofahren mit dem Brocken für eine Falsch-Einschätzung der Maschine hielten), doch waren Sattelfederung und Seitenwagenfederung (mit nachträglich montierter Zusatzdämpfung) ausreichend auch auf schlechten Wegen. Allerdings: nur Leute mit Fleischerhund-Gemüt montierten auf eine KS eine Sitzbank. Wollten wir hinter dem Fahrer noch jemanden mitnehmen, dann kam ein gut gefederter Pagusa-Sozius-Sitz auf den hinteren Kotflügel.

Wer die Sache richtig raushatte, der ließ in Rechtskurven das Hinterrad pfeifen, ohne daß der Wagen hoch kam, und fabrizierte echten Powerslide. In Linkskurven konnte man das Vorderrad und das Seitenwagenrad zum Pfeifen bringen. Im Winter auf verschneiten, glatten oder matschigen Straßen war ein KS-Gespann allen anderen Fahrzeugen weit, weit überlegen. Es wurde noch kein ätzendes Salz gestreut (diese Metall- und Fahrzeugpest kam erst viel spä-

Die KS mit Hinterradschwinge ging nur noch für Amerika in Produktion

ter mit dem Fortschreiten des ›Sicherheitsbedürfnisses‹ = absinkendes Fahrenkönnen im Massen-Verkehrsbetrieb auf), höchstens gab es Rollsplitt auf wichtigen Verbindungen.

Der direkte Lenkkontakt zum befahrenen Untergrund und die Möglichkeit, ein Gespann mit Gas und Bremse zusätzlich sicherer in der Richtung zu halten, machte die KS im Winter zum schnellsten und sichersten Fahrzeug.

Zum Schluß sollte ich noch sagen, wie unsere großen Gespanne von BMW und Zündap, besonders die KS 601, von uns im Fahrwerk eingestellt und gefahren wurden. Dazu mache ich eine Skizze, die bestimmt auch heute Gültigkeit haben dürfte für Fahrer, die mit Seitenwagen auch an modernen Motorrädern fahren möchten, und denen niemand darüber genaue Werte geben kann.

In der nachfolgenden Skizze bedeuten:

A = Spurweite zwischen der Mittellinie der Maschinen-Radspur (Vorderrad der Maschine = a, Hinterrad der Maschine = b) und der Seitenwagen-Radspur (Seitenwagenrad = c). Sie lag bei 105, wer geschickt mit den Anschlußstreben umging, konnte diese Spurweite sogar bis auf 100 cm verringern. Je näher der Wagen an der Maschine saß, umso weniger wirkte sich sein Gewicht seitlich aus. Also Faustwert für Spurweite: 105 cm.

B = Die Achse des Seitenwagenrades (Seitenwagenrad = c) mußte *vor* der Achse des Maschinen-Hinterrades laufen. (Maschinen-Hinterad = b) Der Abstand dieses »Vorlaufes« betrug 25 cm. Also Faustwert für den Seitenwagenrad-Vorlauf 25 cm.

C = Die Spur des Seitenwagenrades (Seitenwagenrad = c) mußte zur Spur der Maschinenräder (Vorderrad = a, Hinterrad = b) nach innen eine »Vorspur« bekommen, und der Rahmen des Seitenwagens mußte entsprechend zur Maschine angebaut und eingestellt werden. Diese »Vorspur« (nicht zu verwechseln mit

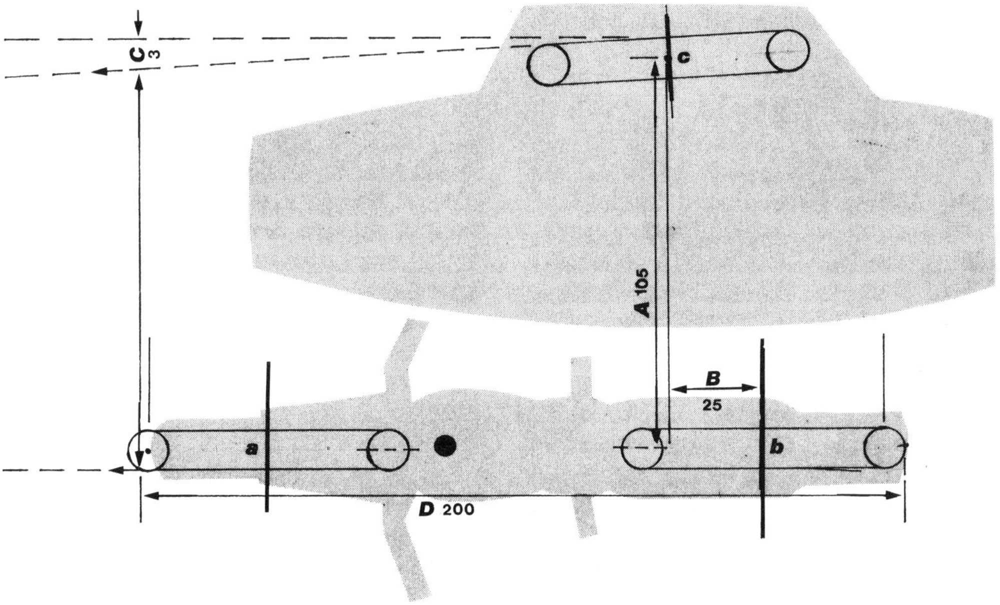

dem Achsen-»Vorlauf«, siehe B!) betrug 3 cm. Und zwar wurde sie in der Höhe des Vorderrades (= a) gemessen. Dazu war .....

D = ... der Abstand vom äußeren, hinteren Rand des Hinterrades (Hinterrad = b) nach vorn zum Rand des Vorderrades (Vorderrad = a) mit 200 cm wichtig. Also Faustregel: die »Vorspur« des Seitenwagenrades (= c) zur Maschinenspur betrug 200 cm vor dem hinteren Rand des Hinterrades (= b) genau 3 cm.

Die Maschine stand bei diesen Werten nur sehr leicht zur Senkrechten geneigt nach außen. Höchstens 1 cm in Höhe des oberen Vorderrad-Randes mit dem Lot ausgemessen. Meist jedoch erhielten unsere Maschinen überhaupt keinen »Sturz« nach außen. Mit dieser Einstellung mußte das besetzte Gespann in der Ebene freihändig bei 60 km/h einige zig Meter geradeaus laufen.
Bei einigen Maschinen wurde noch der Vorlauf des Vorderrades verkürzt (bei den Schwingen-BMWs wurde die vordere Schwingenachse einfach an den Gabelenden umgesteckt). Es gab aber auch Maschinen, bei denen wir das nicht machten, weil das Gespann auch ohne Änderung des Vorderrad-Vorlaufes gut zu lenken war.
Das stärkste Gespann, das ich jemals gefahren haben, war die sagenhafte 1300 cm^3 Münch (wir sagten zu diesem handwerklichen Serienmotorrad des Kfz-Meisters Friedel Münch einfach »Mammut«) mit dem Vierzylinder-NSU-Automotor und einer Leistung von 115 PS. Damit konnte man spielend auf der Autobahn 155 bis 160 km/h mit Seitenwagen fahren, was Ende der 60er und Anfang der 70er Jahre noch eine unerhörte Schau war. Meine Fahrt zum Elefantentreffen, das 1970 noch auf dem Nürburgring stattfand, endete mit diesem Gespann bei ca. 140 km/h auf der spiegelglatten (Glatteis) Straße bei Neustadt Weinstraße, als plötzlich alle Speichen im Vorderrad der Maschine ausbrachen und das Motorrad auf dem zusammengebrochenen Rad mit seinem Seitenwagen glücklicherweise über das Eis der Straße in einen Rollsplitthaufen hineinglitt — ! Aber das war noch eine andere Motorradgeschichte, die ich nächstes Mal erzähle.

Jetzt reden wir von einer »Boss«, einem »Florett«, einer »Gouverneur«, von einer »Konsul«, einer »Imperator«, von Prototypen und Seltsamkeiten

Wenn man eine Liste aufstellt, mit welchen Motorrädern und Motoren in den 50er Jahren etwas Bemerkenswertes los war (außer denen, die wir in diesem Buch so oder so behandeln), dann kommt man zu einer stattlichen Aufzählung.
Lassen wir mal davon einiges vorüberziehen und bestimmt wird jedem aus unserem Kreis dazu auch noch manche Geschichte einfallen.
Wir nennen sie so, wie sie uns einfallen. Ohne alphabetische oder wertmäßige Reihenfolge.
Sagt jemandem der Name »Victoria-Parilla« etwas? Natürlich, sicher. Das war doch — ! Oder »Victoria-Swing«? Na, klar. Jaa — da hatte doch der Imme-Riedel dran gezeichnet. Oder 50 cm^3 »Florett«?
Wie wäre es mit der »Triumph-Boss«, 350 cm^3, Doppelkolben-Zweitakter — ? Sicher, kennen wir doch. Kannten wir denn aber auch die 250er mit den beiden Doppelkolben-Zylindergruppen nebeneinander? Stand 1953 auf der IFMA in Köln. Siehste, schon was Neues aus jener Zeit.
Wie wäre es mit der »Hoffmann-Gouverneur«, die einen Zweizylinder-Viertakt-Boxermotor mit 250 cm^3 hatte?
Das war doch — Moment, mal — ja, das war doch eine der Küchen-Konstruktionen. Stimmt.
Und der Begriff »Tornax 250«, ist der jemandem geläufig? Das Motorrad mit dem fabelhaften Vollschwingen-Fahrwerk — weich wie der »Schwarzen Josefine«, der

Tänzerin Josefine Baker, ihr klassisch schöner Popo — und mit dem Zweizylinder-Viertakt ohc von »Opti«, der Reißverschluß-Fabrik? Da werden wir nachher davon erzählen.
Ist jemandem einmal ein »Horex-Rebell« begegnet? Nein? Da gab's die 350er Resident, die 400er Imperator Zweizylinder, aber einen »Rebell«? Es war nichts weiter als der Horex-Roller-Prototyp mit liegendem Viertakt-Einzylinder-Motor, den sich übrigens später ein Ausweis-Rennfahrer für seine Rennmaschine nahm.
Wie wär's mit dem kleinen Fahrrad-Hilfsmotor von Lohmann, der ein technisches Wunderwerk darstellte?
Oder mit der 150- bzw. 175-cm^3-Mars-Stella mit dem eigenartigen Fahrwerk und Sachsmotoren?
Oder mit dem Dampfhammer von NSU, mit der »Konsul«, oder noch besser mit der »Renn-Konsul«? Einem unmöglichen Eisenhaufen mit Allüren einer degenerierten Lady aus den 30er Jahren?
Wie wär's mit der Marke »Express« und deren »Radex«-Typen, die die Vorderradgabel mit der gezogenen Schwinge hatten? Oder mit der fortschrittlichen 250er Zündapp mit dem Zweizylinder-Viertakt-Boxermotor von 1953, die leider nie gebaut wurde?
Oder kann ich von einem dreirädrigen, vollkarossierten, skurrilen Kurvenneiger berichten, für den sich NSU als Prototyp interessierte, und mit dem ich den gefährlichsten Sturz meines Motorradlebens machte?
Langsam, langsam — ich erzähle so ein wenig der Reihe nach von allen diesen interessanten Motorrädern und Vehikeln. Doch muß ich zuvor noch ein paar Worte zu den Motorrollern sagen.
1953 gab es folgende Marken: Achilles, Bastert-Einspurauto (ja, ja — auch sowas gab's), die Faka-Roller, den Heinkel Tourist (175- cm^3-Viertakt-Einzylindermotor, sehr viele Sporterfolge, fast ein verkleidetes Motorrad), die Goggo-Roller, den Kreidler R 50, die Kroboth-Typen, den Maico-Roller, die NSU-Lambretta, den Progreß Strolch, den 125-cm^3-Puch Roller, die Modelle von Sitta, der interessante Roller Velocette LE aus England, die Venus-Roller, die Vespa-Modelle, den Victoria Peggy, den Zündapp Bella. Das war schon eine ganze Menge. Bei Horex experimentierte man später mit dem Rebell, bei Triumph kam der Roller Contessa, bei Dürkop ein Modell Diana, bei DKW der Hobby-Roller, bei NSU später der Typ Prima, und auch bei Hercules gab es dann einen kompakten und schnellen Roller.
Das waren bestimmt technisch oft sehr interessante Fahrzeuge, die nicht ganz Auto aber auch nicht Motorrad sein konnten. Sie beherrschten die Szene in größerer Zahl aber nur so lange, bis mehr und mehr »Mobile« und Kleinwagen auf die Straßen kamen. Als dann die Vierrädrigen erschwinglicher wurden, verschwanden die Roller bald bis auf ein paar Reste. So wie heute noch die Vespa fährt.
Irgendetwas Dramatisches habe ich an diesen — oft sogar nicht einmal langsamen — Einspurfahrzeugen nie so richtig finden können. In meinen Augen haftete ihnen oft zu sehr Alltags-Zweckmäßigkeit an. Wie bei einer Waschmaschine, einem Elektroherd oder sonst bei einem nützlichen Gegenstand. Es ging mir damit wie mit Autos. Man fuhr damit, um möglichst komfortabel vom Ort A zum Ort B zu kommen. Vielleicht recht flott — aber eben ohne mitreißendes Fahrerlebnis oder Abenteuer. Und darüberhinaus fand ich keine Anlässe, mich faszinieren zu lassen. Fahrerlebnisse und technische Abenteuer gab es meiner Ansicht und meinem Gefühl nach bei Motorrädern eben mehr. Und deswegen gehört mein Herz dieser Art »Einspur-Fahrzeug« mehr als irgendeinem anderen Vehikel.
Ein Auto muß für mich ein dramatisches »Automobil« sein — vielleicht wie die MG-Sportwagen, die Bugattis, oder der Morgan. Natürlich offen mit umlegbarer Windschutzscheibe. Da wäre dann der Pfeffer drin, der mir den Spaß würzen könnte. Alles

Victoria-Parilla
175 cm³ / 1957

andere ist und bleibt eben ein notwendiger Gebrauchsgegenstand.
Also — mit Rollern will ich diese Buchseiten nicht füllen. Wir bleiben bei unseren Motorrädern.
Reden wir zuerst einmal von der *Victoria-Parilla.*
Nachdem man so langsam begriffen hatte, daß Ende der 50er Jahre mit einem Westerwald-Motorrad keine großen Geschäfte mehr zu machen waren, dachten doch schon hier und da Leute darüber nach, ob man nicht mit reinen Hobby-Motorrädern weiterkommen könnte. So wie die italienische Motobi, von der hier schon mehrfach die Rede war. Bei Victoria in Nürnberg meinte man, daß man vielleicht einen interessanten kleinen italienischen Sportmotor kaufen und ihn in ein sportliches Fahrwerk unter dem Namen Victoria einbauen könnte. Da würde man viel Entwicklungarbeit und lange Versuche sparen und hätte den Vorteil, die Enthusiasten sofort mit etwas Heißem einzufangen, was obendrein schon bekannt war. Man probierte es mit dem 175-cm³-Motor von Moto Parilla aus Italien.
Da gab es den Einzylinder-Viertakt-Sportmotor mit hochgelegter Nockenwelle (durch Kette angetrieben), von wo aus die Ventile über Pilzstößel und extrem kurze Stoßstangen bewegt wurden. 1957/58 wurde dieses Projekt in Angriff genommen. Der Motor brachte in seiner Sportversion 14 PS bei 7800 1/min und brachte das — leider im Äußeren doch noch weiter treudeutsch biedere — Motorrad mit Vorder- und Hinterradschwinge auf über 115 km/h. Die Victoria-Parilla hatte 18″-Räder und war auf dem Nürburgring sehr flott, kam aber nicht an die Zeiten der Maico 175 Supersport (15 PS) heran. Victoria experimentierte eine Weile mit der Maschine, wir fuhren Tests und Versuche, es sind auch wohl ein paar an Kunden ausgeliefert worden, doch 1959 war der Spaß leider zu Ende. Wer heute noch eine Victoria Parilla besitzt, der sollte sie fein hüten. Das gute Stück wird eines Tages unter Sammlern mit Gold aufgewogen!
Einen anderen Versuch, mit einer Besonderheit in dieser Zeit noch einmal brillieren zu können, hatte Victoria schon vorher mit dem Modell *Swing* gemacht.
Als Konstrukteur war dafür Norbert Riedel verantwortlich, der seine Ideen von der Imme mitbrachte. Triebsatzschwinge war daher obligatorisch, mit liegendem Einzylinder-Zweitaktmotor 200 cm³, 11 PS.
Zunächst einmal stellte man wesentliche Teile des Motorrades im Druckgußverfahren her, so zum Beispiel die Triebsatzschwinge mit allen Gehäusepartien. Der Einzylinder-Zweitakter zauberte seine 11

PS bei 5300 1/min hervor, sein Zylinder war liegend angeordnet. Man versprach sich von einer Triebsatzschwinge, bei der das Antriebsaggregat zusammen mit dem Hinterrad um einen gemeinsamen Drehpunkt schwingt, eine Art zusätzlich einzusetzende Stoßdämpfung neben der Tatsache, daß damit wesentlich einfacher der größte Teil des Motorrades herzustellen war.
Die Hinterradkette lief im völlig geschlossenen Kettenkasten, der gleichzeitig Schwingenholm war, im Ölbad und brauchte nicht gepflegt und, weil ein automatischer Kettenspanner vorgesehen war, nicht nachgespannt zu werden. Die Vorderrad-Schwinghebel hatten eine gemeinsame Zentralfeder und eine gemeinsame Stoßdämpfung. Das Getriebe besaß eine Kugel-Ziehkeil-Schaltung mit elektromagnetischer Betätigung. Für jeden der vier Gänge gab es einen Druckknopf am linken Lenkerende. Ein Ziehkeil mit Magnetkern war das einzige bewegliche Teil dieser Schaltung.
Das funktionierte an und für sich ganz gut. Doch wenn die Drehzahl noch zu hoch zum Schalten war, dann kam es leicht zu Komplikationen. So fuhr ich einmal die Fuchsröhre auf dem Nürburgring hinunter und hatte nach dem Tachometer gute 120 km/h drauf. Das war für die Swing schon reichlich Überdrehzahl im vierten Gang. Schwupp, sprang der vierte Gang raus.
Da drückte ich mit dem Daumen auf den Gummischalter-Knopf IV, um den Gang wieder einrasten zu lassen. Aber es gab zuerst nur ein deutliches Rasseln im Getriebe, was daraufhin deutete, daß sich die Schaltkugeln nicht in die Taschen legten, um den Gang einrasten zu lassen. Da ich aber immer weiter drückte, versuchte diese Automatik immer aufs Neue, den Gang wieder hereinzuholen. Inzwischen war das Tempo auf etwa 100 km/h abgesackt und da gab es einen laut hörbaren Knacks — und damit die Nachricht vom Getriebe, daß der Gang wohl drin sei.
Also ließ ich die Kupplung los — !
Am Rande hinter der Hecke saßen zwei Hasen. Die türmten voller Schrecken und meinten wohl, daß sie nicht glauben könnten, daß ein Motorradfahrer solche Hasen-Haken schlagen konnte wie der, der da nun die Fuchsröhre runter zickzackte — !
Als ich dann nämlich die Kupplung wieder losließ, da blockierte schlagartig das Hinterrad! Und es gab einen schrecklichen seitlichen Schlenker in Richtung Hecke (Hecke auf — Motorrad durch — Hecke zu — Fahrer in Hecke, unverletzt! war so ein Nürburgring-Spruch von uns). Statt des vierten Ganges war — der *erste* Gang eingerastet.
Doch ich konnte wieder auskuppeln und

Klacks in der Nürburgring-Runde, in der bei der Swing der Gang rausflog

nach einigen üblen Schlenkern die Swing wieder geradeaus in die Spur kriegen.
Da hatte aber wirklich ein Schutzengel noch einmal seine Hand dazwischen gehalten.
Fortan fuhr ich auf der Swing keine Überdrehzahlen mehr spazieren und paßte höllisch auf. Aber sie war auch das letzte Motorrad meines Lebens, mit dem ich wegen Vergaser-Vereisung unterwegs im November liegen blieb.
Victoria gab sich sehr viel Mühe mit der Maschine. Neben der Triebsatzschwinge mit der Kettenkapselung (zum Glück riß mir nicht die Kette im Kasten bei meiner Nürburgring-Erfahrung!), gab es noch geführte Innenband-Bremsen und eine Kraftstoff-Reserveanzeige.
Doch bald waren auch hier Namen und Maschinen verschwunden, und eine neue Motorradfirma, die Zweirad-Union machte in den alten Räumen weiter. Heute baut dort Hercules seine Motorräder mit Sachsmotoren.
Wer sich das Äußere der Swing heute betrachtet, der wird vielleicht auch erkennen können, daß trotz aller Genialität im technischen Entwurf ein Punkt völlig vernachlässigt wurde: das Motorrad sah wirklich nicht nach unseren Vorstellungen von Sportmaschinen aus! Es sah wie ein technisches Motorrad-Sondergebilde aus und hatte nicht die geringste Ähnlichkeit mit den von uns als Idealmotorräder angesehenen Straßen-Rennmaschinen.
Kein Wunder, daß uns darum schließlich eine Motobi-Catria aus Italien weitaus mehr ansprach, obwohl dort keineswegs technische Finessen futuristischer Art gepflegt wurden. Und so ging es uns dann anfangs der 60er Jahre mit den ersten Hondas — auch sie strahlten in ihrem Äußeren das Wesen klassischer Straßenrennmotorräder aus. Und schon sprang der Funke über — !
Wir schrieben und sprachen oft über dieses Phänomen mit den restlichen Motorradherstellern, die 1958 den Willen zum Überleben hatten. Aber — es war vergebens, und so kamen eben die späteren Motorräder, die den neuen Boom einleiteten, nicht aus Deutschland, sondern aus dem Fernen Osten.

Swing-Versuchsmaschine bei der Wintersternfahrt

Darum sei allen »Designern« und »Formgestaltern« im Kreise der Motorradmacher eines eindringlich gesagt: ein erfolgreiches Motorrad muß wie ein Motorrad aussehen! Nicht wie ein undefinierbares Osterei, nicht wie irgendein Flugzeug auf Rädern oder ein »künstlerisch gestaltetes« Einspurvehikel. Es muß jenen Maschinen ähneln, die die Grand Prix Siege zusammenfahren oder die die Moto Cross-Titel holen. Auf der Straße eben nach Straßensport und als Enduro als großes Cross-Pferd. Und man vermeide, ein Motorrad als »zahmes Reisefahrzeug« anzubieten — selbst dann, wenn es das wirklich sein sollte. Außerdem: ich bin der Meinung, daß Motorrad-Motoren im Fahrwerk zu sehen sein müssen, daß auch sie eine interessante, schöne klassische Motorradlinie haben müssen. Die Erfahrungen der 50er Jahre haben das bewiesen. Sie gelten auch heute. Alle diese Besonderheiten wie die Imme, die Maico-Taifun, die Vitoria-Swing und andere, die anerkannt Techniken der Zukunft boten, wurden wegen ihres unkonventionellen

Aussehens und wegen des Verlassens der klassischen Motorradlinie nur von wenigen Leuten gekauft und nicht von der — leider für den wirtschaftlichen Großerfolg nun einmal notwendigen — großen Masse der Motorradfahrer.

Da war es den Horex-Leuten schon eher gegeben, ihre Maschinen den Interessenten näher zu bringen.

Die wunderschöne 350-cm³-*Resident* mit dem elegant gestalteten 24 PS-Einzylinder-Viertaktmotor ohv — einer der schönsten Motorradmotoren, die ich je gesehen habe. Oder die *Imperator* mit dem ebenso fein getalteten und ausgeführten 400er-Zweizylinder-Viertakter ohc. Das, was bei Horex immer gelang — die klassische Motorradlinie mit eigener Horex-Handschrift schön zu bringen — das gelang ihnen bei der Resident und bei der Imperator ebenso wie es ihnen bei den Regina-Typen gelungen war. Die Resident kam 1956, an der Imperator hatte man schon einige Jahre vorher gearbeitet. Zunächst sollte es eine 500er mit Parallel-Twin ohc werden, aber schließlich kam eine 400er mit 28 PS dabei heraus. Das Fahrwerk hatte zuerst Telegabel vorn und Schwinge hinten, dann bekam es auch vorn eine Schwinggabel.

1956 fuhren wir mit einer der ersten Imperator dieser Version auf dem Nürburgring Versuche. Da war der Motor noch nicht ausgereift, die Nockenwellen-Antriebskette fungierte zeitweilig als Ölbagger und förderte aus dem Ölreservoir zu viel in den Zylinderkopf hinauf. Dann stellte sich heraus, daß nach vier scharf gefahrenen Runden fast immer hinter dem Gefälle der Fuchsröhre irgendetwas im Motor zerbrach. Einmal brach die Nockenwelle, ein anderes Mal war es ein Kipphebel, schließlich riß sogar ein Pleuel ab und zuletzt ein Kolbenhemd.

Jedesmal wurde der Motor nach Bad Homburg geholt und ein neuer in unser Testfahrzeug eingebaut.

Da die Kolbengeschwindigkeit im Fuchsröhren-Gefälle bei 7500 Touren auf über 16 m/s anstieg, könnte diese Materialbeanspruchung dafür mitverantwortlich gewesen sein. Aber ein halbes Jahr später fuhren wir dann ein Imperator-Gespann einige Monate. Es kamen dabei ca. 15 000 Kilometer zusammen. Und dieser Motor hielt jede Beanspruchung aus, es war ein schnelles Gespann mit dem wir sehr viel Freude hatten.

Jedoch waren sehr hohe Schwingungsfrequenzen vom Motor kommend zu verkraften. Man merkte sie nicht so sehr in den Handgelenken, aber man merkte es an Tankrissen, an eingerissenen Kotflügeln und Nummernschildern. Horex fuhr derweil auch mit der Resident und der Imperator bei vielen Sportveranstaltungen mit und war dort sehr erfolgreich. Der Ingenieur Harald Oelerich zum Beispiel war einer jener Horex-Ingenieure, die aktiv auch im Sport dabei waren. Doch wechselte er später zu Victoria und half dort, die Zweizylinder-Bergmeister zu kultivieren. Wobei er einige grundlegende Änderungen durchsetzte und eine Zweivergaser-Version für den Sporteinsatz herausbrachte.

Schließlich wollte man aber auch im Hause Horex versuchen, mit einem liegenden Viertakt-Einzylinder ohc, der aus 250 cm³ 18 PS bei 6500 1/min hergab, in die Roller-Szene einzubrechen. Das war gegen Ende des Jahres 1955.

Wenn ich diesen Rebell-Prototyp, obwohl er nie in Serie ging, an dieser Stelle erwähne, dann deshalb, weil er in seiner Art eine technische Glanzleistung und in der Lage gewesen wäre, vielen Motorrädern davonzulaufen. Es gab nur einen Prototyp — einige meinten mit Infamie, Horex habe dieses *eine* Fahrzeug nur gebaut, damit Carl auch bestimmt im MOTORRAD einen schönen Artikel darüber schreiben und für Horex Reklame machen könne. Aber da vergißt man, was ein einzelner Prototyp *dieser* Art kostet und *wie* ernst es den Horex-Leuten in ihrer Lage und in der Gesamtsituation mit einer solchen Entwicklung tatsächlich war. Und wer sowas sagt, hat dieses schnelle Einspurfahrzeug selbst nie gesehen und gefahren. Es war ein irres Ding — !

Der Motor hatte eine obenliegende Nockenwelle, durch Kette angetrieben, und einen nach vorn gerichteten liegenden Zylinder. Seine Baumaße und seine äußere Linie waren so günstig und Motorrad-nahe, daß es kein Wunder war, daß er später —als Horex längst aus der Liste der Motorradhersteller verschwunden war — in einem Motoradfahrwerk für Straßenrennen wieder auftauchte und von einem Ausweisfahrer gefahren wurde. Ein ebenso seltenes wie wertvolles Aggregat aus der großen Horex-Zeit.

Doch wollen wir nun — weil wir gerade im Bereich von 250/350 cm^3 sind — ein paar Sachen über die *Triumph Boss* berichten, die von 1953 bis 1957 im Handel war.

Dabei handelte es sich um eine 350er mit Doppelkolben-Zweitaktmotor (Bohrung 2 x 53 / Hub 78 mm, Hubraum 344 cm^3), der bei der geringen Drehzahl von 3800 1/min 16 PS hergab. Das bedeutete, daß es sich um einen sehr bulligen Motor handelte, bei dem bereits bei 2000 1/min 7 PS ausnutzbar waren. Die Kolbengeschwindigkeit lag mit 9,8 m/s sehr niedrig. So kam es, daß wir dieses Motorrad fast ausschließlich mit Seitenwagen fuhren. Dafür schien es entwickelt zu sein. Es ging fast 90 km/h mit der Seitenwagen-Übersetzung und beschleunigte von 0 auf 80 km/h in 20 Sekunden.

Durch die beiden sehr großen Vorkammern am Anfang der Auspuffanlage in deren Krümmung am Zylinderblock und durch ein ausgeklügeltes Geräuschminderungssystem auf der Ansaugseite war die Boss ebenso leise wie die 200-cm^3-Cornet, das »flüsternde Motorrad« von Triumph. Nur bei Vollast donnerte sie ganz schön, was aber keine unangenehme Geräuschkulisse war.

Mit der Boss haben wir viele, viele Kilometer gefahren und freuten uns — besonders in dem sehr kalten Winter 1954/55 — immer wieder darüber, daß sie so zuverlässig ansprang. Die beiden Vergaser mit der zwischen ihnen liegenden gemeinsamen Schwimmerkammer mußten allerdings sehr sorgfältig eingestellt sein — linke Hauptdüse im Gespann 120, rechte Hauptdüse 100 —, und die beiden Luftfilter mußten guten Luftdurchlaß garantieren. Außerdem mußte man sich daran gewöhnen, in regelmäßigen Abständen die Schwimmerkammer auszubauen und vom Wasser zu befreien.

Mit 177 kg Eigengewicht war die Boss nicht leicht, als Solomaschine konnte sie schon als Brocken angesprochen werden, doch bei Gespannbetrieb war dieses Gewicht in der Handhabung nicht hinderlich. Der geschlossene Rahmen setzte sich aus einem vorderen profilierten Stahlblechstück und

Triumph-Boss 350 cm^3/1953

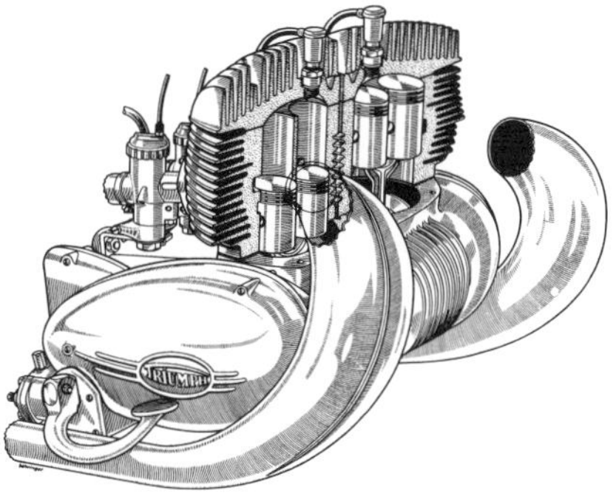

250 cm³ mit zwei Doppelkolben-Zylindergruppen — Triumph 1953

einer besonders verstärkten hinteren Partie mit deren Einbaulaschen zusammen. Es war ein geschlossener Kettenschutz für die Hinterradkette vorgesehen, die Telegabel und die Geradweg-Hinterrad-Federung waren auch für die Seitenwagenbelastung stark genug.

Bei Triumph baute man kompakt und sehr solide, man sorgte sich vor allem um Zuverlässigkeit der Maschinen. So gab man auch den Bohrungen des Boss-Motors hartverchromte Laufflächen, was sich zwar in einer sehr langen Einlaufphase bemerkbar machte, was sich dann aber für die spätere Vollgasbelastung auf Autobahnen lohnte.

1953 wollte Triumph auch einen Motor mit zwei Doppelkolben-Gruppen 250 cm³ bauen und stellte den Prototyp auf die IFMA 1953. Daraus wurde dann aber nichts mehr, doch war es eine interessante Sache, die man beim Betrachten jener Jahre nicht außer Acht lassen sollte.

Während bei Triumph wie auch bei Adler, Ardie, Bauer (da gab es einen Einzylinder-Viertakter ohv, 250 cm³, 16 PS), BMW, DKW, Dürkopp, Horex, Kreidler, Maico, NSU, Puch/Österreich, Victoria und Zündapp 1953 eigene Motoren-Entwicklungen betrieben und eigene Motoren gebaut wurden, verwendeten sehr viele Firmen Ilo-, Greeves / England-, Villiers / England-, Sachs-, und noch andere Fremdmotoren als Einbau-Aggregate.

Die Firma Hoffmann wollte da ausbrechen und ebenfalls einen eigenen Motor bringen. So entstand das Modell *Gouverneur* mit einem interessanten, sehr glattflächigen Zweizylinder-Viertakt-Aggregat als Boxermotor mit Kardanantrieb zum Hinterrad (à la BMW), 250 und 300 cm³, 15 und 17 PS bei 6000 1/min.

Die Gouverneur litt zuerst noch unter Kinderkrankheiten dieser Konstruktion des freiberuflich tätigen Ingenieurs Küchen, als sie in Serie ging. So war ihr kein großer Erfolg vergönnt, und das war recht schade, weil der Gedanke, eine preiswerte 250er mit einem Zweizylinder-Boxermotor zu bauen, nicht schlecht war.

Die Gouverneur war ein so seltenes Stück — ich glaube, daß keine 200 in den Handel gekommen sind —, daß wir es nicht schafften, eine Testmaschine zu bekommen. Wer also heute eine Gouverneur besitzt, der hüte sie gut!

Übrigens gab es noch eine interessante Zweizylinder-Boxerkonstruktion. Das war die *IFA-BK 350* aus der Ostzone (DDR) mit Zweizylinder-Zweitaktmotor, dessen Zylinder sich gegenüber lagen. Auch diese Maschine hatte Kardanantrieb zum Hinterrad, und wir konnten sie auch fahren. Leider fiel sie in Qualität und Ausführung gegenüber den Motorrädern aus dem Westen 1959 etwas ab und fand hier keinen großen Freundeskreis.

Nun müssen wir aber auch über die Marke *Tornax* reden, das alte Motorradfamilien-Unternehmen von Ernst Wewer in Schwelm bei Wuppertal. Schon vor dem Krieg war Tornax durch seine Motorräder und durch einen entzückenden kleinen Sportzweisitzer (mit ausgesuchten DKW-Motoren) berühmt. Nach dem Krieg war es gleich wieder mit kleinen Motorrädern losgegangen.

Bei Tornax baute man 1954 neun Motorradmodelle, davon war die S 250 mit dem Zweizylinder-Zweitakt-Motor von Ilo ausgerüstet. 250 cm³, 15 PS bei 6000 1/min. Diese Maschine hatte Schwinge vorn und Schwinge hinten und war das beste gefe-

Hoffmann-Gouverneur 1953 — 250 und 300 cm³

derte Vollschwingen-Modell, das wir kannten. Daher auch ihr Name »die Schwarze Josefine« — wie schon anfangs dieses Kapitels erwähnt.

Nun wollte Ernst Wewer, der die Motorradfahrer sehr gut kannte, auch eine Maschine mit einem Viertaktmotor anbieten, und so probierte er zuerst in einem normalen Fahrwerk mit Telegabel und Geradweg-Hinterradfederung, einen solchen Motor in seiner ZV 250.

Dieser stammte von *Opti* — einer Fabrik, in der man ansonsten Reißverschlüsse herstellte — und war auch eine der vielen Konstruktionen von Richard Küchen. Seine beiden Zylinder standen senkrecht nebeneinander, die obenliegende Nockenwelle wurde durch Kette angetrieben, die zwischen den Zylindern lief (wie bei der Horex-Imperator).

Dieser 250-cm³-Motor (Bohrung 56 / Hub 50 mm) machte äußerlich einen sehr sauberen, aufgeräumten, glattflächigen und elegant gestylten Eindruck. Das war auch so eine Küchen-Spezialität.

Doch betätigte sich die Nockenwellenkette hier als Ölbagger genauso wie anfangs bei der Imperator, und außerdem waren Wärmenester vorhanden, die Probleme brachten. Auch am Zylinderfuß gab es zuerst Schwierigkeiten mit der Abdichtung und mit Wärmeverzug. Bei konsequenter Weiterentwicklung hätte man aus diesem Motor noch etwas machen können, doch waren seine Probleme hinsichtlich der ungenügenden Wärmeableitung doch wohl größer, als es bei Tornax bis zur Serienreife verkraftet werden konnte.

Auch bei *UT* in Stuttgart versuchte man, diesen Motor für eine Serienfertigung in

Tornax 250 cm³ mit Opti-Motor

den Griff zu bekommen. Doch ebenfalls hier war der Ofen schneller aus, als man zu einer Endentwicklung kommen konnte. Ich glaube, daß ich das einzige Foto dieses UT-Prototyps mit dem Opti-Motor besitze, das es je gab.

Aber nicht nur solche seltenen Sachen gab es. Gerade zu Beginn der 50er Jahre war ein Motor in den Handel gekommen, mit dem man zwar keine Motorräder antrieb sondern hilfsweise Fahrräder, der aber so interessant gewesen ist, daß nicht nur Experten davon heute noch erzählen. Das war der *Lohmann-Motor,* 18 cm^3, knapp 1 PS Leistung. Man kann die 50er Jahre ohne ihn gar nicht schildern.

Dabei handelte es sich um einen Selbstzünder — aber nicht um einen Dieselmotor. Pause.

Nochmal: *Selbstzünder* — aber eben doch *kein* Dieselmotor.

Wie das?

Weil er wie jeder Otto-Zweitaktmotor ein Gemisch von Kraftstoff und Luft in sein Kurbelgehäuse ansaugte und kein Dieselöl benutzte. Seine Kraftstoffe waren Petroleum, Benzin und ähnliche Säfte niedriger Oktanzahlen. Am besten lief er aber mit Lampen-Petroleum.

Das Petroleum-Luftgemisch mußte mit viel Fingerspitzengefühl in einem Mischer am Ansaugtrakt hergestellt werden, bevor es vorverdichtet und erhitzt wurde. Im Brennraum des winzigen Zylinders wurde es durch den Kolben so stark verdichtet — im Normalbetrieb wurde mit einer Verdichtung zwischen 14 und 18 gefahren —, daß es so heiß wurde, um ohne äußere Zündanlage zu zünden.

Der Trick dabei war, daß man das Verdichtungsverhältnis während der Fahrt verändern konnte, dafür gab es am linken Lenkerende einen Kompressions-Drehgriff. Im Motor-Inneren fand dann eine kompliziert zu erklärende automatische Einregulierung statt. Und zum Starten brauchte man eine sehr hohe Drehzahl.

Etwa 25 bis 30 km/h konnte ein gefühlvoller Fahrer mit diesem Motörchen schaffen. Aber viele Leute hatten anfangs erhebliche Schwierigkeiten mit dem im Inneren komplizierten, im Gebrauch aber simpel gewünschten Aggregat. Einige Zeit aber wurde er oft mit dem Reibrollen-Antrieb zum Fahrradreifen gefahren, später verloren wir ihn bald aus den Augen.

Da wir bei kleineren technischen Besonderheiten sind: 1956 stellte Kreidler sein Modell *»Florett« 50 cm^3 vor. Der 49-cm^3*-Motor hatte bei 5500 1/min seine guten 3 PS. Liegender Zylinder, Zweitakt, schlitzgesteuert, 3 Gänge, Preßstahl-Rahmen, Vorderrad- und Hinterrad-Schwinge. Nach unseren Begriffen ein richtiges kleines Motorrad. 65 km/h lief das Maschinchen und leitete eine neue Konzeption ein. Die 50-cm^{3}Klasse nahm damit ersthaft ihren Anfang. Aber es ahnte 1956, 1957 noch nie-

Kreidler Florett 50 cm^3 / 1956

mand, welche interessante und erfolgreiche Entwicklung für die 60er und 70er Jahre damit begonnen hatte.
Aber zurück zu den Motorrädern. Es gab 1951 und bis 1954 bei NSU das Modell *Konsul.* Als 350er und als 500er. Einzylinder-Viertakter ohv, 17 bzw. 22 PS bei 5000 1/min.
Äußerlich sahen diese Maschinen wie etwas modifizierte Modelle der 30er Jahre aus, als NSU die großen Einzylinder-OSL-Typen baute. Unbedingt stammten die Motoren von damals, und sie machten auch so einen englischen »old fashioned«-Eindruck. Wer, wie mein Freund Anschütz, damit umgehen konnte (und dazu mußte man dessen schwäbisches, gemessenes Temperament haben), der war durchaus glücklich. Der schwere Walter gewann fast jede Wette, wenn es darum ging, ob sein Dampfhammer beim ersten Tritt ansprang. Und dann sauste er mit dem 350er Gespann und seiner Brunhilde im Seitenwagen durch die Wälder, daß die Spechte das Klopfen vergaßen — !
Aber der liebe gute Walter hatte dann gottlob keine Gelegenheit, die 500er *Konsul mit dem »Rennbausatz«* zu probieren. Ich glaube — ja, heil'ges Blechle — das hätte diesen Ruhigen zum wilden Nashorn gemacht.
So eine Sport-Konsul stand einmal 1952 eine Zeitlang in meiner Testgarage. Man war offiziell der Meinung, daß der Eisenhaufen für Straßen- und Geländewettbewerbe leistungsfähiger sei. Vorstellungen hatten da die NSU-Leute! Ne, wissen Se, ne

Der »Renn«-Baukasten bestand aus folgenden Teilen: Leichtmetall-Zylinderkopf mit starker Verrippung und nur einem Auspuffrohr, Ventile mit größerem Durchmesser, offene Haarnadel-Ventilfedern à la Anno Tobak, »Renn«-Nockenwelle, ein langer Ansaugstutzen und ein echter Amal-TT-Rennvergaser mit querliegendem Schiebergehäuse (zum senkrechten Ausrichten war kein Platz mehr nach oben). So sollten statt 22 PS deren 33 bei 5800 1/min herauskommen.
Bestimmt kamen sie das auch. Aber erstmal mußte man dieses wüste Dings überhaupt einmal in Gang kriegen. Das war eine Wissenschaft für sich und stellte das klassische Anwerf-Verfahren für die alten Einzylinder-Öfen in höchster Potenz dar. Ohne 95er Warmlaufkerze, ohne Zuhilfenahme der Dekompression, ohne genau gemessene Spritḥöhe in der Schwimmerkammer und ohne den haargenau erwischten Drehpunkt beim Runtertreten des Kickstarterhebels mit Zündhebel auf »spät« spielte

Horex-Resident 250 und 350 cm³

Horex-Imperator mit Telegabel. 350, 400 und 500 cm³

sich da überhaupt nichts ab. Absolut nichts. Nur der Atem blieb einem schließlich weg.
Die Straßenlage war auf nassem Blaubasalt schwierig, das Motorrad hatte eine einfache Telegabel vorn und eine Geradweg-»Wackelvorrichtung« hinten. Da mußte man ganz schön vorsichtig mit umgehen. Aber etwa nach fünf gefahrenen Anwärmkilometern sollte man sowieso erstmal anhalten und die 95er Anwärmkerze gegen eine 310er Rennkerze austauschen.
An jeder geschlossenen Bahnschranke oder Verkehrsampel auf rot gab es dann Probleme, den Motor in Gang zu halten. Denn der TT-Rennvergaser hatte keine

Funktionsbezeichnung des Lohmann-Motors. a = Mischer, b = Kurbelhaus, c = Überström - kanäle, d = verschiebbare Laufbuchse, e = Brennraum, f = Zylindergehäuse, g = Trapez - gewinde, h = Kolben, i = federbelastetes De - kompressionsventil, k = schrägverzahnte Stirnräder

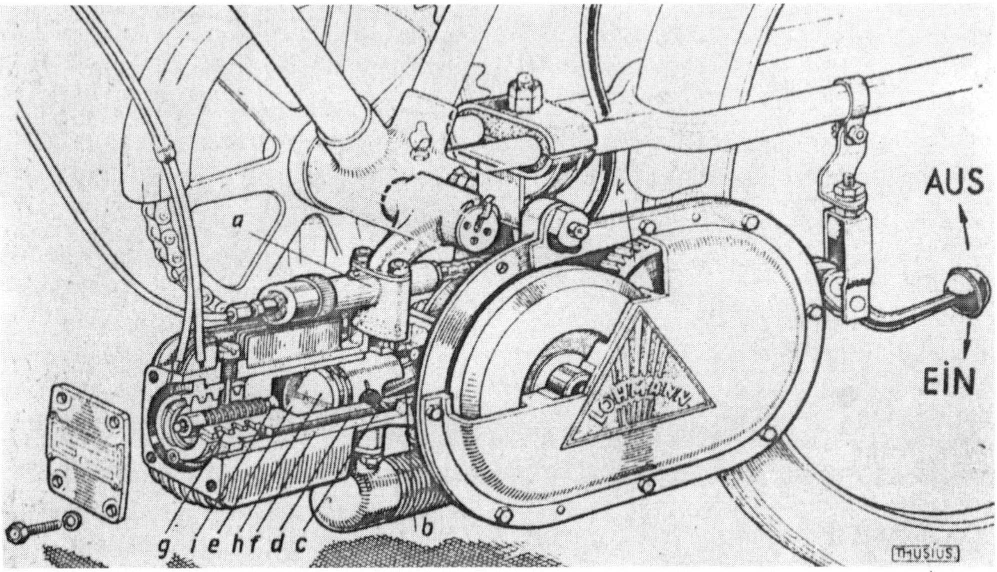

NSU-Konsul mit »Renn«-Bausatz, 500 cm³ / 1952

Leerlauf-Möglichkeit. Also Gas auf — Gas zu — Gas auf — Gas zu — bis der erste mitwartende Autofahrer wütend über den Krach zu schimpfen anfing. Also setzte man wieder zurück und wartete etwas weiter hinten mit Abstand zur Schranke, daß diese wieder hochging — !

»Kluge Köpfe kaufen Konsul« hieß der Werbespruch von NSU dazu.

Das war die »Renn«-Konsul — ! Uff — !

Nun kommen wir zur *Mars-Stella.* Die Fabrik von Mars lag in Nürnberg, man baute in eigene Rahmen Sachsmotoren mit 150 und 175 cm³ ein. Das waren Einzylinder-Zweitakter mit 6,5 bzw. 9,5 PS. Sehr robust, sehr zuverlässig und ausgereift. 1951 kam die Mars-Stella mit einem besonderen Rahmen heraus, der unten offen war. Er hatte Hinterradschwinge und Telegabel vorn, der Sattel war an einem langen Hebel in Gummibändern aufgehängt. Nicht der Motor war das Besondere, es war das Fahrwerk, das außerdem noch 16″-Räder hatte. Mit der kleinen Mars machten viele Fahrer große Reisen, und Jürgen Goebel fuhr damit sogar in Nordafrika spazieren.

Ebenso interessant waren die Modelle der Firma *Express* mit der Bezeichnung »Radex«. Ab 1955 gab es da eine Vorderadfederung mit gezogener Schwinge. Sie war wegen der Massen *vor* der Lenkachse problematisch, doch wurde das Motorrad von tüchtigen Fahrern immer wieder bei Geländewettbewerben getestet, zu denen

Mit allem Zubehör sah die Zündapp B 250 wirklich ›neu‹ aus

auch Wirnitzer gehörte.
Express baute die Schwinge bis zum Schluß im Jahre 1958. Das war das Jahr, in dem der Motorradbau des Hauses Zündapp von Nürnberg in das Werk München übersiedelte. Zündapp hatte in den 50er Jahren wundervolle Motorräder präsentiert, angefangen bei der DB 201 über die Elastic-Modelle bis zur KS 601 Sport, von der es übrigens einige Versuchsmaschinen mit Hinterradschwinge für den amerikanischen Markt gegeben hat.
1953 jedoch präsentierte *Zündapp,* wo man immer sehr kreativ und wagemutig mit einer Anzahl hochinteressanter Prototypen experimentierte, eine Maschine, die geeignet gewesen wäre, diesem Haus bis heute in der Mittelklasse eine überragende Position zu verschaffen.
Das war das *Modell B 250* — leider nie in Serie gegangen.
Hätte man der Notwendigkeit noch Rechnung getragen, eine Art BMW-RS in klein nachzuempfinden, sich also im Äußeren dem Straßenrennsport zuzuwenden, dann wäre dieses Motorrad garantiert ein Schlager geworden.
Hier die technischen Daten des Prototyps: Zweizylinder-Viertakt-Boxermotor ohv, 247 cm^3, 18 PS bei 7000 1/min. Viergang-Kettengetriebe, Magnet-Zündung, 60 Watt Gleichstrom-Lichtmaschine. Die Kardanwelle bestand aus einem vulkanisierten Torsions-Gummiteil und aus einer inneren Abtriebshohlwelle.
Der Rahmen trug den Motorgetriebe-Block, und es waren extrem lange Federwege von 178 mm vorn und 110 mm hinten vorgesehen. Die Maschine hatte vorn eine Schwinge und hinten ebenfalls. Der kleine Boxermotor war wunderbar aufgeräumt und glattflächig.
So haben wir also wieder von einem Prototyp gesprochen, doch nun wollen wir dieses interessante Kapitel mit einem verrückten Fahrzeug abschließen, das uns bei Versuchsfahrten mit NSU auf der Solitude-Rennstrecke 1955 begegnete!
Es war vom Lenkkopf nach hinten eine 500-cm^3-Zweizylinder-Norton Dominator, statt des Vorderrades war da eine Aufhängung für zwei 16″-Räder, die in Kurven parallel zueinander geneigt werden konnten.
Bis zu etwa 40 km/h war diese Kurvenneigung durch einen Hebel verriegelt. Bis dahin fuhr man die Maschine wie ein Dreirad oder ein Gespann. Aber dann mußte man die Verriegelung lösen, denn von da ab nahm das Fahrzeug das Fahrverhalten einer Solomaschine an.
Das Ganze war karossiert wie ein Alfa Romeo Grand Prix-Rennwagen. Man saß in einer Leichtmetallwanne, konnte eine Kabine über den Kopf haben und vor sich die Schnauze einer Rennwagenhaube. So gesehen war dieser Zwitter zwischen Motor-

Carl Hertweck probiert den ›Kurvenneiger‹ (1955)

So legte sich der dreirädrige Kurvenneiger in Schräglage

rad und Rennauto nebst Flugzeug ein strömungsgünstiges, sehr schnelles Vehikel. Was *NSU* dabei untersuchen wollte, haben wir nicht genau erfahren, denn Dr. Fröde blieb uns da eine Antwort schuldig. Man hatte diesen *Kurvenneiger* von einem Maschinenbau-Studenten übernommen.

Zuerst machten wir einige Runden beim Kurhaus Glemseck auf der gesperrten Solitude-Rennstrecke, um uns überhaupt einmal an das seltsame Stück zu gewöhnen. Nachdem Carl vorsichtig damit gefahren war, kam er etwas bleich um die Nase zurück und verbot uns kurzerhand, diesen »Wahnsinns-Schlitten«, wie er sagte, überhaupt nur einen Meter zu bewegen. Der Umschaltvorgang von starrem Fahren zum Soloverhalten sei so gewöhnungsbedürftig, daß man im Falle einer Notbremsung ganz furchtbar in Schwierigkeiten kommen würde.

Der Konstrukteur bestritt das und machte uns einige Achten und anderes vor. Klar — der hatte den Apparat gebaut und sich längst an dessen Tücken gewöhnt. Wir aber waren Solo- *oder* Seitenwagen-Maschinen während gleicher Fahrbewegungen gewöhnt und brauchten bestimmt lange, um beide Fahrverhaltensweisen *gleichzeitig* mit Lenkreaktionen und Bewegungen in uns aufzunehmen und zu verarbeiten. Hier lag überhaupt die Tücke dieser Erfindung.

Trotzdem war ich zu neugierig, nachdem ich gesehen hatte, wie der Erbauer und Erfinder damit um die Glemseck-Kurve sauste. Also drängelte ich so lange, bis es mir trotz aller Vorbehalte gestattet wurde, eine Solitude-Runde »ganz, ganz vorsichtig« damit zu fahren.

Meine Freunde und Kollegen vom MOTORRAD, Carl Hertweck, Christa Gaenschalz, Dr. Simsa und Rennleiter Germer von NSU fuhren in einem Porsche und in einem anderen Auto hinterher.

Es ging auch ganz gut. Nachdem der Norton-Motor das Dings wie wahnsinnig auf 80 km/h beschleunigte, hakte ich kurz vor der Glemseck-Kurve die Verriegelung aus und fuhr nun wie mit einer schnellen Solo-Norton um das Glemseck herum, durch die Hedersbach-Kurve und dann in Richtung Steinbach See um die Strecke.

Mit Schwung war ich auf 150 km/h, dann fegte ich mit ca. 160 km/h Gefälle zum Steinbach-See runter. Das war vielleicht ein tolles Feuerzeug!

Im Augenblick, an dem ich mich erinnerte, »ganz, ganz vorsichtig« fahren zu sollen, nahm ich das Gas etwas weg und legte den Renner leicht in eine sanfte Rechtskurve.

Wie dem auch sei — in diesem Augenblick geriet das rechte Vorderrad von der Asphaltdecke der Bahn ab (ich hatte bei diesem Soloverhalten ganz die Breite des Fahrwerkes vorn vergessen und die Kurve echt eng wie mit einem Solorenner angeschnitten) und federte stark durch.

Durch diese Bewegung schnappte die Verriegelung bei 120 km/h plötzlich ein, die Maschine stand aufgerichtet senkrecht und wechselte in einer Hunderstel Sekunde vom Soloverhalten in Seitenwagen-Stabilität.

Die Folge davon war ein sofortiger seitlicher Schlenker zur Bahnmitte, trotz Gaswegnehmen und leichtem Anbremsen waren aber immer noch 110 km/h drauf, und ich kämpfte nun natürlich völlig unerfahren mit den Reaktionen dieses Teufelsdinges damit, irgendwie vom Tempo runter zu kommen und auf der Straße zu bleiben.
Aber da war nichts drin. Die Schlenker gipfelten in einem weiten Bogen nach rechts, und schon flog die Kiste mit mir durch die Bäume des Waldes rechts den Abhang runter.
Dabei stürzte ich aus der Karosse glücklicherweise heraus, weil wir kein Kabinendach aufgesetzt hatten. Mein Flug haargenau zwischen den Baumstämmen durch endete im feuchten Laub- und Moosgrund mit einem letzten leichten Bumms gegen einen Stamm, der aber nichts mehr machte.
Der Kurvenneiger knallte daneben gegen irgendeinen Baum und war zum Fahren nicht mehr zu gebrauchen.
Dann war Stille.
Oben auf der Straße hielten mit kreischenden Bremsen die beiden Autos. Die Böses ahnenden Freunde und Kollegen liefen wie die Verrückten in den Wald runter und riefen immer »Klacks, Klacks — wo bist du?« Als ich hinter meinem Stamm etwas benommen und geschockt hervorkam, umarmte Carl mich und sagte nur »Gottseidank«.
Die NSU-Leute und der Erfinder standen völlig perplex vor den Resten des Kurvenneigers. Aber als eine Weile des stummen Verharrens aller vergangen war, habe ich von Carl eine fürchterliche Standpauke bekommen, die ich nie vergaß. Dabei ging es nur darum, daß ich nicht so gefahren war, wie er es von mir verlangt und erwartet hatte. Nie vorher war ich und nie wieder bin ich mit irgendeinem Fahrzeug derart gefährlich in die Gegend geflogen. Auf 150000 km Nürburgring war mir nie etwas passiert. Und das Geschehene mit diesem Prototyp habe ich mir für alle Zeiten hinter die Ohren geschrieben.
Nachdem ich den Schock und die Zerknirschung überwunden hatte — und das dauerte ein paar Tage, denn meine Inge war natürlich nicht weniger erschrocken, als sie von diesem Abenteuer hörte und mich erlebte, wie ich nach Hause kam —, nachdem das also alles überwunden war, haben die MOTORRAD-Redaktion und ich Geburtstag gefeiert. Es war sowieso das Jahr, in dem unser »Coarl« seinen 50. erlebte, und so machten wir das gleich mit ab.
Und wir stießen auf alle richtigen Motorräder an und verdammten alle exzentrischen Prototypen zur Hölle — !

II. Maschinen, die von draußen kamen

Importe in Deutschland

Im Herbst 1953 standen auf der Liste der nach Deutschland aus dem Ausland importierten Motorräder nicht nur englische und italienische Marken. Übrigens unter den Engländerinnen auch die berühmte Marke Excelsior von 98 cm^3 bis zu der berühmten TT 1 und der STT 1 — beide 250 cm^3 —. Es gab aber auch noch eine 500er Gillet mit 18 PS zu kaufen, und natürlich die Marken CZ und Jawa aus der Tschechoslowakei. Aber man sah in den folgenden Jahren auch die Motorräder der Marken AWO, IFA (Ostzone, DDR) und andere Angebote aus den östlichen Ländern.

Zwar hatte Honda bei seiner ersten Teilnahme an der Tourist Trophy auf der Isle of Man 1959 in der 125er Klasse einen Mannschaftspreis herausgefahren, doch glaubte zu diesem Zeitpunkt noch niemand an eine wirklich ernsthafte Absicht der Japaner, nicht nur den amerikanischen Markt, sondern auch die europäischen Märkte zu erschließen. Allerdings — 1960 war man im lieben, alten Europa noch keineswegs aufmerksam genug, und man hatte noch nicht erkannt, was da kommen würde.

Ifa BK 350 (Zweizylinder-Zweitakt-Boxermotor, 350 cm^3, Kardanantrieb), 1954

Es wunderte uns seit 1958 eigentlich schon sehr, daß man in der europäischen Industrie — und vor allem in den englischen wie deutschen Industrie-Kreisen — keineswegs gewillt war, sich überhaupt darüber zu orientieren, was da im Land der Aufgehenden Sonne im Fernen Osten in Sachen Motorrad geschah. Und unsere Informationen, die wir gaben, wurden belächelt.
Ja. Japan — das war doch noch so weit!
Wie *nahe* es schon war, schienen nur wir ewigen Motorrad-Kritikaster zu wissen — !
Nebenbei gesagt: komischerweise hat sich das sogar in den 80er Jahren bei manchen europäischen Motorrad-Herstellern noch nicht geändert, und man nimmt selbst hautnahe Aktionen aus Japan nicht ernst.
Nun gut, was soll's — ? Hauptsache, daß wir Motorradfahrer immer interessante Motorräder zum Fahren bekamen und bekommen — ob aus Europa, ob aus Japan — letztlich wurde und ist uns das auch egal!
Zwischen 1950 und 1960 kamen die Hauptimporte aus England und Italien. Dabei gab es aus Italien das Kuriosum zu notieren, daß einige Firmen mit tollen Renn-Erfolgen (Bianchi, Benelli, Gilera, Moto Guzzi, Moto Morini, Moto Parilla, MV Agusta — um solche Marken einmal zu nennen) mit Serienmotorrädern überhaupt nicht glänzten. Deren Importe nach Deutschland waren gleich Null bzw. wirtschaftlich und zahlenmäßig absolut unbedeutend.
Anders war es mit den Engländern, mit den Tschechoslowaken und mit der Marke Puch aus Österreich. Sie spielten eine große Rolle auf unserem Markt, weshalb sie auch in diesem Buch behandelt werden müssen.
In Ländern wie Belgien, Dänemark (Marke Nimbus z. B.), Frankreich, Holland, Jugoslawien, Polen, Portugal, Rumänien, Schweden, Schweiz (z. B. Condor oder Universal), Spanien oder Ungarn (dort z. B. Csepel und Pannonia) wurden ebenfalls Motorräder hergestellt. Aber sie kamen kaum nach Deutschland.
Die amerikanischen Marken Harley Davidson oder Indian waren bei uns auch vertreten, doch spielten sie — trotz ihres imposanten Angebotes — keine solche Rolle, daß man sich dieserhalb besonders engagiert hätte. Auch waren sie so teuer, daß man schon darum kaum an so eine Maschine kommen konnte, um sie einmal zu testen.
Darum wollen wir auf den folgenden Seiten von den Motorrädern aus dem Ausland sprechen, die uns im besonderen Maße faszinierten und die wir auch richtig fahren konnten.
Allerdings — es fehlt der Platz, um vielleicht näher auf Royal Enfield oder die Motorenfabrik Villiers aus England eingehen zu können.
Es soll der gute Wille aber sichtbar werden, der Bedeutung aller guten Importe in jenen Jahren nach Deutschland gerecht zu werden.

Die wunderbaren österreichischen Klettermäxe von Puch
Gesehen anhand einer SGA, 1956, 250 cm³

Diese Geschichte ist nicht nur ein Bericht über das bemerkenswerte österreichische Motorrad der Marke Puch, sondern auch eine Erklärung der ersten elektrischen Anlasser bei Motorrädern nach dem Krieg (es gab sie aber schon vor dem Krieg — war also schon 1956 nichts Neues mehr!). Ähnlich wie die Superschalldämpfer-Idee eines Dr. Leistritz, der an Adler-Motorrädern seinen technisch umstrittenen »Frankfurter Topf« probierte, gaben uns diese ersten Nachkriegs-Anlasser Probleme auf.
Aber dieses Geschehen vermischte sich mit den Erlebnissen, die uns die österreichischen Puchs vermittelten.
Es hatte uns immer gewundert, daß die Puch-Väter in Graz ihren Maschinen zu den nüchternen Typenbezeichnungen SV / SVS (beide 175 cm³), SG / SGS (beide 250 cm³) nicht schon längst Namen gegeben

Puch SGS 250 cm³
mit Felber-Seitenwagen

hatten wie vielleicht »Bergkönig« oder »Edelweiß«. Namen, die darauf hindeuteten, wo diese Maschinen eigentlich entstanden.

In Graz betrachtete man das bestimmt nicht als etwas Bedeutendes, wie wir es taten. Doch nachdem ich eine SGA (250 cm³, Doppelkolben-Zweitakter, Ein-Vergaser, der Buchstabe A für »elektrischer Anlasser«, Zylinderbohrung 2 x 45, Kolbenhub 78 mm, 14 PS bei 5500 1/min, Reifen vorn und hinten 3.50—16, Gewicht fahrfertig 163 kg) seit dem Sommer 1956 nicht gerade sanft herumgescheucht bzw. sie durch elenden Kurzstreckenbetrieb gequält hatte, war mir diese Idee mit der Namensgebung wieder gekommen.

Doch — diese Puchs waren eine Extra-Sache.

Gerade, weil sie in den Bergen entstanden und dadurch Eigenschaften mitbrachten, die sich *weit* von anderen Maschinen in ihren Klassen abhoben. Wie oft wurde in den 50er Jahren die Bezeichnung »Unten-Was-Drin« bei Motorrädern angewandt. Wie oft aber haute diese Bezeichnung bei anderen Maschinen daneben! Wer ein Motorrad lobte mit dem Begriff, daß der Motor besonders viel Kraft im unteren Drehbereich hätte, der hätte dieses Lob nicht aussprechen sollen, wenn er diese Puchs nicht gekannt hat.

Typisch war: da blieb einmal die SGA so ungefähr drei Wochen lang unbenutzt stehen, weil etwas anderes zum Fahren wichtiger erschien. Die Garage war voll, und so mußte sie eben drei Wochen draußen in einer Hofecke stehen, wo sie niemanden stören konnte. Hübsch unter der tropfenden Dachrinne. Es regnete darauf, die Sonne brannte, es wurde kalt, und manche Tage hörte das Wasser vom Himmel gar nicht auf. Als ich sie dann wieder hervorzog, sah das arme Stück richtig verwahrlost aus. Man flutete den Vergaser bis zum Überlaufen, drückte auf den Anlasserknopf.

Brumm — !

Ich meinte, das war doch für ein Motorrad bestimmt ein Plus. Wenn es zudem auch noch immer so klappte, wenn — *alle* Anschlüsse im E-Werk in Ordnung waren. Und wenn man den ganzen Sommer durch weder nach Vergaser, Kerze noch nach sonst etwas Anderem zu sehen brauchte, wenn der Apparat immer ohne Mucken lief — das war so unglaublich viel wert! Beinahe vergaß man dann die Liebe zu der anderen Motorrad-Kategorie, den tollen Dingern, den superschnellen Blitzhobeln, die alle Leistung *oben* drin hatten, viele PS, raffinierte Ventilsteuerungen und natürlich nicht ganz ohne »Mal-Hinlangen« auskommen konnten. Was ein Westerwald-

Motorrad bedeutete, das merkte man erst richtig, wenn man Tag und Nacht jederzeit einen fahrbaren Untersatz brauchte, um dessen Pflege sich nie jemand kümmern konnte.

Ja, die anspruchslose Puch war wirklich eine Freude, bis eines Tages auf dem Nürburgring unsere Test- und Meßprügelei losging und danach der echte Wurm hineinkam.

Dort hatte ich wieder einmal wie bei allen Testmaschinen dem Stehvermögen des Motors auf den Zahn fühlen wollen. Nach etwa 30 Runden um die ganze Strecke des Ringes blieb plötzlich die Zündung weg, kam noch einmal wieder, stotterte an und ab und schließlich war es an der Döttinger Höhe ganz aus.

Also nachgesehen. Batterie-Anschlüsse, alle Anschlüsse im Scheinwerfer-Gehäuse. Der Kram schien bombenfest zu sein. Nanu? Hier wurde doch nicht gehext?

Nochmal probieren. Vielleicht war es nur ein Irrtum. Anlasserknopf gedrückt — brumm — !

Also waren es wohl doch die Heinzelmännchen. Schnell nach Hause, zurück zu Start und Ziel. Aber bei der Fahrt von der Strecke runter in den Nürburgring-Garagenhof blieb der Motor wieder stehen.

Wütend drehte ich alle Anschlüsse los, kontrollierte die Kabelenden auf Sauberkeit und eventuell angebrochene Stellen. Siehe da — Hauptkabel zum Zündschloß war wacklig.

Lappalie — !

Am nächsten Morgen also lustig wieder ans Werk und auf die Strecke. Zündung eingeschaltet, Zündlicht und Leerlauf-Anzeige brannten. Anlasserknopf gedrückt — nichts — !

Nochmal. Wieder nichts. Zweiten Gang eingelegt und hin und her geruckt, wieder den Anlasserknopf gedrückt — nichts — !

Angeschoben. Zwei Runden gefahren. Stotterei ging wieder los. Jetzt brannte auch die Leerlauf-Lampe nicht mehr, aber der Anlasser, der ging wieder. Nur der Motor sprang nicht an. Nudelnudel — nudelnudel — es kam nichts. Die Batterien wurden leer.

Fluchend kroch ich wieder hinter allen Anschlüssen her und opferte einen ganzen wunderschönen sonnigen Nachmittag. Mit Wut im Bauch. Denn am Garagenhof entlang oben auf der Strecke brauste der Franz mit der 1000er Vincent regelmäßig vorbei. Und ich saß da unten an der Mistkarre!

Schließlich wechselte ich den Kondensator aus. Dieses ekelhafte kupferwürmige und gammelige Elektrozeugs! Hoppla, danach sprang sie wieder an.

Nach drei Tagen aber wieder derselbe Kram. Also mußte es wohl am Regler sein. Und der saß so wunderschön tief im Schalenrahmen weit weg. Da war ohne Operationstisch mit gewaltigem Schlosseraufwand nichts zu machen. Wenigstens nicht mit unseren »Bordmitteln« neben der Straße. Grinsend nahm ein Freund — Fahrer eines LKW — das kostbare Stück von Puch nach dem Eifelrennen und nach diesen Nürburgring-Runden auf seinen Wagen und verschwand damit in Richtung Stuttgart.

Meine Lobeshymnen auf das Westerwald-Motorrad waren hart abgebrochen. Was sollten wir mit solchem Gewürm von kompliziertem elektrischen Anlasser, wenn da die Anschlüsse nicht fest blieben? Ich traute mich trotz allem Studium von Schaltplänen nicht an so ein Ding ran. Der Dorf-Werkstattmann erst recht nicht. Und somit stand man mit seinem Westerwald-Motorrad verloren irgendwo und konnte nur noch anschieben, wenn nicht gerade Winter, Schnee und Glatteis war.

Und dann kam der Schorsch feixend auf seiner alten Puch TF 250 cm^3 vorbei — Mensch, da fiel einem dann ein, wie herrlich, wie wunderbar, wie großartig — ein Kickstarter (!) war, den es an der SGA — z'wegen dem Anlasser-»Fortschritt« — nicht mehr gab. Abends haben wir am Lagerfeuer einen ganz nördlichen Grog getö-

Puch SGA 250 cm³ mit elektrischem Anlasser

tet, und drei Mann riefen in die klare Eifelnacht den Satz hinaus: »Ein Königreich für einen Kickstarter«!

Das war unsere Einstellung 1956 zu diesem »Fortschritt der Technik«.

Die SGA hatte den Pendel-Anlasser von Bosch AZ/TJ 1 R, 12 Volt.

Dazu sind heute ein paar Worte nötig: vor dem Kriege gab es schon bereits einmal bei DKW Motorräder mit elektrischem Anlasser. Und zwar hatte die 250er SB einen. Aber auch die 500er Zweizylinder hatte eine elektrische Startvorrichtung (das haben also nicht die Japaner erfunden!).

Diese DKW-Anlasser waren »Durchdreh«-Anlasser, die den anzulassenden Motor mit sturer Gewalt in der Arbeitsrichtung so lange herumnudelten, bis der es vorzog, anzuspringen.

Aufbau: das von DKW selbst (sie machten im Gegensatz zur übrigen Fahrzeugindustrie auch schon damals ihren Elektro-Kram im eigenen Hause) aus den Anfängen bis zur völligen Reife entwickelte Dynastart-System, also eine etwas vergrößerte Lichtmaschine, saß auf dem Kurbelwellenstumpf. Sie vermochte mittels spezieller doppelter Statorwicklung als Motor zu laufen und warf so den Verbrennungsmotor an. Auch die kleinen Autos von DKW hatten einen solchen Anlasser.

Dazu war aber eine beträchtliche Leistung nötig. 0,2—0,3 PS. Entsprechend fast 250 Watt (mit Berücksichtigung des Wirkungsgrades), die bei der 6-Volt-Netzspannung über 40 A Stromstärke entsprach (wieder ohne Berücksichtigung des Spannungsabfalles; der Strom konnte bis zu 55 A ansteigen).

Wie man sieht, kamen da beträchtliche Stromstärken zusammen, und in der Tat benutzte man bei DKW extra große Batterien von 35 Ah, räumlich über dreimal so groß wie eine dazu übliche 7-Ah-Batterie. Die Anlasser-DKWs waren in den 30er Jahren aber kein besonderes Geschäft. Motorroller gab es noch keine wie nach dem Kriege, also geriet das erworbene Gewußt-Wie erstmal wieder in Vergessenheit.

Nach dem Krieg entstand der Wunsch nach dem Anlasser bei den Motorrollern neu. Zumal man sich ja bei den ersten Italienerinnen mit dem Tretstarter die blutigsten Wunden beizubringen vermochte. Die Bedienung eines Anlassers schien nicht allzu schlimm zu sein, handelte es sich doch zunächst nur um 125-cm³- und 150-cm³-Motoren, die mit der halben Anlasser-Leistung gegenüber einem 250-cm³-Motorradmotor auskamen.

Dafür tauchte der neue Wunsch auf, den Anlasser wenn möglich aus der vorhandenen 7-Ah-Batterie zu speisen.

Es gab da zwei Wege: ein paar übrig gebliebene alte DKW-Männer, Single und Bauser, machten in Plochingen bei Stuttgart ihren eigenen Laden auf, als die Nachkriegs-Auto-Union in Ingolstadt noch nicht

wieder neu erstanden war. Sie nannten diese Firma SIBA.
Sie beherrschten natürlich den Komplex rund um den Dynastart. Für sie kam als Lösung des Roller-Anlassers nur der Durchdreh-Anlasser in Frage. Gerade, weil die Siba-Leute aber ihre Erfahrungen mit den Vorkriegs-Exemplaren hatten, machten sie nun gleich Nägel mit Köpfen. Sie gaben sich erst gar nicht mit 6 Volt ab und gingen gleich auf 12 Volt (heute gibt es keine 6-Volt-Anlagen mehr).
Das hatte nun zwar mit dem Anlaß-System ganz und gar nichts zu tun, brachte aber gewaltige Vorteile: erstmal wurden durch die doppelte Spannung die Stromstärken auf die Hälfte reduziert, man kam mit kleineren Querschnitten hin. Die Kupferverluste wurden kleiner, die Kontaktverluste sanken *sehr* stark. Die Kollektorbelastung und damit der Kollektorverlust sank ungefähr quadratisch. Man bekam durch den Übergang auf doppelte Spannung plötzlich Luft.
Erfolg: 0,2—0,3 PS Anlasser-Leistung waren bei 12 Volt schon mit einer Batterie-Kapazität von 10 Ah möglich. Dieser Übergang auf 12 Volt ermöglichte bei Siba den Bau *absolut* zuverlässiger Starter bis zum 250-cm^3-Zweitaktmotor (Viertakter brauchten mehr Leistung). Da man bei Bosch und bei Noris den Kurbelwellen-Anlasser für nicht standesgemäß hielt, hatte die Firma Siba erst einmal zwei Jahre Vorsprung.
Allerdings bauten Bosch und Noris später auch Durchdreh-Anlasser, aber mit einem anderen Kollektor und deshalb mit 15 mm mehr Bautiefe.
Solange nun Siba auf dem »brutalen« Weg des Durchdreh-Anlassers um den Preis von 12 Volt zu beträchtlichen Erfolgen kam — ein paar frühere Bosch-Leute sorgten nun auch bei Siba für absolute Qualität — solange verfolgte man bei Bosch ebenfalls einen erfolgversprechenden Weg: Man sagte sich, daß es doch eigentlich unelegant sei, einen Motor mit brutaler Gewalt über die Kompression zu jagen. Zum Drehen *ohne* Kompression wollte man nämlich mit einem Viertel bis Sechstel der Leistung auskommen.
Es müßte doch möglich sein, das elektrisch nachzubilden, was die Outbord-Fahrer auf dem Wasser seit Urzeiten mit der Anwerfschnur bei ihren Motoren taten: den Kurbeltrieb hin und her ruckeln, mal von vorn gegen die Kompression und zurückfedern lassen, von hinten gegen die Kompression und zurückfedern lassen — bis der Kolben einmal vorwärts über diese Kompri hinweg rutschte und der Motor lief.
Dazu müßte mit der *normalen* Lichtbatterie auszukommen sein. Tatsächlich schafften das auch die ersten »Pendel«-Anlasser. Und deren Arbeitsverfahren ging so: der Motor stand in einer beliebigen Kurbelwellenlage,

Hercules mit 175-cm^3-Sachs-Motor, der einen elektrischen Pendelanlasser hatte (1956)

wenn der Anlasser eingeschaltet wurde. Dabei wurde der Kolben erstmal in Betriebsrichtung gegen die Kompression geschoben. Aber natürlich nicht darüber hinweg. Nun saß aber auf der Anlasser- bzw. Kurbelwelle außer dem Zündnocken ein zweiter Nocken. Dieser Schaltnocken betätigte in einer Stellung, in der es vor der Kompression nicht mehr weiterging, einen Polwender.

Der Anlasser drehte nun die Kurbelwelle rückwärts, schön weit, ungefähr 270 Winkelgrade, bis der Kolben nunmehr »von hinten« gegen die Kompression stieß.

Hier setzte der Schaltnocken wieder ein, drehte den Anlasser-Strom erneut herum und ließ den Anlasser wieder vorwärts laufen. So ging das ein paar Male hin und her, während sich der kalte Motor bei jedem Pendelspiel mit Frischgas voll saugte und dieses nach oben überschob.

Nach dem dritten oder vierten Spiel war dort oben dann zündfähiges Gemisch, und jetzt passierte etwas, was die ganze Zeit vorher auch schon da war: jedesmal, wenn der Motor »von hinten« gegen die Kompression gedrückt wurde und der Schaltnocken den Anlasserstrom wieder auf Vorwärtslauf umdrehte, löste ein zum Schaltnocken gehöriger *zweiter* Unterbrecher einen Zündfunken aus.

Diese Zündung »von hinten« jagte zusammen mit dem Anlasserstrom die Kurbelwelle nach vorn. Aber jetzt mit so viel Wucht, daß es diesmal vorwärts über die Kompression hinüberlangte. Dabei fiel der »richtige« Zündfunke, und der Motor lief nun in richtiger Drehrichtung an und rundum.

Der Motor lief mit dem Anlasser-Strom auch weiterhin durch, wenn — etwa infolge großer Kälte — die Zündungen noch »faul« waren und man mit einem Kickstarter mehrere Male hätte treten müssen, wobei der Motor jedesmal zündete, aber nicht durchlief.

Vereinfacht konnten wir nun 1956 sagen: der Pendel-Anlasser ließ den Motor einige Male hin und her drehen. Jedesmal gegen die Federkraft der Kompression. Dabei wurde jedesmal am hinteren Umkehrpunkt ein Hilfszündfunke erzeugt. Sobald dieser Hilfszündfunke brennfähiges Gemisch vorfand, wurde durch diese Zündung der Motor in Arbeitsrichtung mit Wucht durchgedreht, haute über die Kompression weg, bekam den »richtigen« Zündfunken und lief.

Soweit wäre das ja ganz schön gewesen. Es zeigte sich aber bald, daß weder mit der 7-Ah-Batterie noch mit 6 Volt auszukommen war. Auch Pendel-Anlaß-Anlagen hatten dann 12 Volt und 10-Ah-Batterien. Der Vorsprung gegenüber dem Durchdreh-Anlasser war in jenen Jahren, daß der Pendel-Anlasser auch 250-cm^3-Viertakter und 250-cm^3-Doppelkolben-Zweitakter (wie diese Puch SGA) *sicher* starten konnte. Das schaffte der Durchreh-Anlasser noch nicht sicher, dazu gehörte dann doch eine 12 Volt 30 Ah-Batterie.

Nach meinen Erfahrungen war aber beim Pendel-Anlasser der ganze Weihnachtsbaum von zahllosen Schrauben, Klemmen, Lötstellen und vor allem Relais-Kontakten von Nachteil. Man ersah aus dem Schaltbild, was für ein unwahrscheinlicher Kontakt-Klapperatismus nötig war — Kontakte, deren Gestaltung man zwar in Telefonschränken und in Werkzeug-Maschinen und derlei schon absolut beherrschte, die aber offenbar im Fahrzeugbetrieb noch nicht restlos zuverlässig funktionierten (von elektrischen Getriebeschaltungen — wie bei der Victoria-Swing zum Beispiel — konnten wir ja auch schon Einschlägiges erzählen).

Die 12-Volt-Netzspannung war vermutlich für solche Kontakte alle Welt. Der Pendel-Anlasser hätte eine sehr feine Sache sein können, wenn da nicht vorläufig mit so banalen Pannen zu rechnen gewesen wäre wie bei unserer Puch SGA.

Es ließ mir keine Ruhe, warum nun bei unserer Testmaschine immer wieder elektrische Störungen auftraten, sobald das Motorrad einmal richtig gehetzt worden war wie in den Tagen auf dem Nürburgring. Wie gesagt — ich suchte die Lösung bei der unsicheren Kontaktgabe der Schütze und Relais und bei dem immer wieder losgeschüttelten Kabelanschlüssen. Denn wenn auch in allen Berichten über die Puchs deren weicher Motorlauf hervorgehoben wurde, so wußte ich das vom Nürburgring her anders.

Da traten doch ebenso typische wie erhebliche Einzylinder-Vibrationen auf. Zwar nicht so, daß man nach drei Runden unerträgliches Kribbeln in den Armen hatte, aber sie genügten doch, um eben alles langsam aufzulösen, was nicht gänzlich niet- und nagelfest war. Aus diesem Grunde bezweifelte ich auch sehr stark, daß die Bosch-Leute diesen Anlasser einmal einer wirklichen Krawall-Erprobung an der Grenze der Fahrmöglichkeiten lange genug in Motorrädern unterzogen hatte. Ein Motorroller würde ja wohl kaum in die Lage gekommen sein, so gehetzt zu werden, wie wir das zum Beispiel mit der SGA auf dem Ring machten.

Deswegen glaubte ich auch gern, wenn man mir sagte, daß ein Ausfall des Anlassers bei den Versuchsleuten von Bosch kaum für möglich gehalten wurde. Nun, immerhin wußte *ich* jetzt aber den Punkt, wann ein Anlasser ausfiel —! Ein richtiges Westerwald-Motorrad durfte deshalb noch keine solche Startanlage haben

Dann vergingen nach den Meßfahrten in der Eifel wieder einige Wochen, die Maschine lief viel in der Stadt und nur ab und zu einmal über Land. Nachdem in Ruhe nochmal jede Schraube, die im E-Werk erreichbar war, festgezogen und dabei auch allerhand loses Zeugs gefunden wurde, gab es bei diesem Normalbetrieb keinen Ärger mehr.

Auf den normalen Straßen konnte man eben doch nicht dauernd mit Spitzendrehzahl herumsausen — auch nicht mit einer SGA — so daß diese Kleinigkeiten so schnell nicht wieder auftauchten, wie bei den 30 Krawall-Runden um den Ring.

Hier hatten wir übrigens sehr schöne Vergleichsdaten mit einer Zündapp 250 S aufgezeichnet, die die gleiche Motorleistung, nämlich 14 PS, hatte. Auf einem Diagramm der Strecke zeichneten wir das auf.

Der erste Unterschied zeigte sich in der Südschleife zwischen Kilometer 4 und 6, wo es nach der Müllenbach-Kurve zuerst sanft anstieg und schließlich um etwa 9 % Steigung herum bis zum Einlauf in die Gegengerade hinter den Boxen ging. 10 km/h Unterschied! Die SGA zog da glatt im vierten Gang herauf, bei der anderen Maschine drehte der dritte Gang zu hoch und der vierte Gang zog noch nicht. Ein weiterer Geschwindigkeitsverlust zeigte sich bei der Zündapp in der Einlaufkurve zum Hatzenbach. Der entstand aber mehr durch Fahrwerk-Unterschiede. Nun, diese Puchs waren schon immer Pferdchen für scharfe Kurvenjagerei, Fußrasten-Schrammen und solche Sachen gewesen. Bis zum Bergwerk — also über annähernd 3,5 km Distanz — war die Puch durch das Fahrwerk immer etwas voraus.

Dann aber ging es hinter dem Bergwerk wieder an die Durchzugskraft.

Wieder waren es runde 10 km/h mehr, die die Puch da herausholte. Im vierten Gang. Erst einen Kilometer vor der Einlaufkurve des Karussels mußte ich einmal ganz kurz den dritten Gang antupfen — nötig wäre das bestimmt nicht gewesen, aber immer dachte ich, daß es vielleicht doch noch etwas Zeitgewinn bringen würde.

Über die ganze Strecke, einschließlich der Südschleife von insgesamt 28,3 Kilometern brauchte ich beim Durchschalten aller Gänge immer runde 19 Minuten (= ca. 89,0 km/h Durchschnitt). Bei mehreren Runden, in denen ich nur zweimal aus dem vierten in den dritten Gang zurückging, war der Durchschnitt runde 20 Minuten (=ca. 85,0 km/h). Ich glaube, daß diese Daten viel aussagen konnten. Der echte Begriff »Unten-Was-Drin« wurde hier greifbar deutlich. Das machte jedenfalls 1956 keine andere Machine mit der gleichen Nennleistung.

Und keine andere Maschine hatte die Fähigkeit, im vierten Gang von 35 km/h an so sauber rund beim Gasaufreißen hochzudrehen. Etwas Ähnliches erlebte ich bis dahin nur bei großvolumigen englischen Viertakt-Motoren.
Das Geheimnis dieses Doppelkolben-Zweitakters: das frisch angesaugte Gemisch schob die verbrannten Gase schön sauber vor sich her. Bei den Puch-Motoren wurde dazu noch mit vor- bzw. nacheilenden Kolben gearbeitet. Wenn der Auslaßkolben die Auslaßöffnung schloß, war der Einlaß vom Überströmkanal beim Einlaßkolben noch geöffnet, so daß kein Frischgas aus dem Auslaß entweichen konnte. Wenn die beiden Kolben wieder nach unten gingen, wurde zuerst der Auslaß geöffnet, während die Überström-Öffnungen noch geschlossen waren, so daß die verbrannten Gase bereits ausströmten, bevor Frischgas hinzu kam. Das ergab eine außerordentlich saubere Spülung und eine sehr hochprozentige Ausnutzung des Gasgemisches.
Aus diesem Grunde lagen die beiden Kolben auch hintereinander und quer zur Kurbelwellenachse, durch ein Gabel- bzw. Anlenkpleuel verbunden. Würden sie auf einem gemeinschaftlichen Pleuel gesessen haben wie bei den deutschen Triumph-Modellen, wäre eine Vor- bzw. Nacheilung nicht möglich gewesen.
Die Leistungskurve der SG zeigte bei 2500 1/min bereits zwei PS mehr als die der verglichenen Zündapp 250 S. Außerdem lag die Höchstdrehzahl ebenfalls höher. Damit konnte man sich eine Getriebespannweite von 3,6 gegenüber von 2,9 (der Zündpp 250 S) erlauben. Das machte die dabei nötigen großen Stufenabsätze kaum mehr fühlbar. Wenn man z. B. die Leistung auf die Geschwindigkeit des ersten Ganges umrechnete und sich dazu die Widerstandslinie der Bergstrecke an der Turracher Höhe in Östereich mit 35% Steigung und 300 kg Gesamtgewicht für die Solomaschine und 500 kg für ein SGA-Gespann zeichnete, konnte man sehen, wie groß der Unterschied zwischen beiden Maschinen war.
Als es draußen kälter und die Maschine meist nur in der Stadt gefahren wurde, ließ sich das Getriebe schwerer schalten. Erst eine Ölsorte mit der Viscosität SAE 20 brachte Besserung. In der Stadt war im dritten Gang fast alles drin. Wenn ich es ganz eilig hatte, weil neben mir einer im Auto bei Grün an der Ampel vor der Ludwigsburger Schnellbahn eher weg sein wollte, dann habe ich immer den zweiten Gang zum Anfahren genommen, weil ich dann nur einmal zu schalten brauchte, um bis an 80 km/h zu kommen.
Das alles machte die Kupplung ohne Klagen mit.
Da die Maschine bei niedriger Motordrehzahl kaum zu hören war, machte es mir oft einen Heidenspaß, im dritten Gang mit ganz wenig Gas durch die Stadt als frommes Lamm zu schleichen. Dabei konnte man wirklich Studien machen, *wie* die lieben Mitmenschen im Verkehr schliefen.
Mit der SGA konnte man sich in jeder Villen- und Hospital-Gegend bewegen.
In der ersten Zeit besonders auf dem Nürburgring kam man vor Kurven immer zu früh in den dritten Gang, bis man herausgefunden hatte, daß Schalten da nur Zeit kostete, weil die Maschine im vierten Gang ja noch bei 70 km/h ihre 11 PS einzusetzen hatte und genau so schnell wieder auf 90 km/h war, als wenn man vorher in den dritten Gang heruntergeschaltet und dann wieder in den vierten hinaufgeschaltet hätte. Von 75 bis 90 km/h im großen Gang dauerte es immerhin nur sechs Sekunden. An vielen Stellen, an denen es um viele Ecken ging und wo man das gute Stück rennen lassen konnte, was irgend ging, war das hevorragende Fahrwerk mit dem Schalenrahmen von Vorteil. Eine sehr gute Telegabel und eine hervorragende Hinterrad-Schwingenfederung! Ich sagte es ja schon, daß der Fußrastengummi schon bald unten abgeschliffen war. Ja, selbst als die Rasten etwas nach oben gebogen wurden, war da auch noch diese Schräglage gefahrlos voll

ausnutzbar (Semperit-Reifen).
Die großen Trommelbremsen (180 mm ∅, 40 mm Belagbreite) lieferten eine Verzögerung, die dem theoretischen Maximum der Bodenhaftung entsprach. Der ganze Schlitten ging dabei in die Knie — und selbst hinter dem Schwedenkreuz beim Anbremsen der Aremberg-Kurve vor der Fuchsröhre aus 115 bis 120 km/h auf (bei diesem Tempo wirksamen) leichten Straßenwellen blieb das Motorrad einwandfrei in der Spur und erlaubte sich keinerlei Extravaganzen.
Natürlich passierte auch mir dasselbe, was bis dahin viele Puch-Fahrer in der ersten Zeit bestimmt überraschte: in dem Augenblick, in dem der Sprit wegblieb, weil man auf Reserve schalten mußte, gab es einen urplötzlich nicht abzufangenden Kolbenklemmer. Das Gemisch magerte dann ab, der Motor heizte sich unweigerlich blitzschnell auf — schon war es passiert.
Es handelte sich dabei um eine Grundeigenschaft aller Doppelkölbler, gerade *weil* die Spülung so diszipliniert war, konnte der Motor mit magerem Gemisch laufen und deshalb klemmen. Ein Einkolben-Motor wäre vielleicht vorher stehen geblieben. Übrigens erlebte ich dann viele Jahre später ähnliche Klemmer mit den ersten japanischen Zweitakt-Zweizylindern, die nach Deutschland kamen.
Es empfahl sich also, nach 200 Kilometer Fahrstrecke sicherheitshalber nachzusehen, ob da schon wieder einige Liter im Tank Platz hatten. Da Öl und Benzin getrennt getankt wurden, war man ja nicht auf fünf Liter-Intervalle angewiesen. Nach 200 Kilometern hatten acht Liter bei scharfer Fahrt immer Platz, nach 300 Kilometern war nach der Ölpumpen-Einstellung (die ich wohlweislich nie angefaßt habe!) immer ein knapper Liter Öl fällig. Der Puch-Motor lief im Übrigen mit ganz normalem Benzin ausgezeichnet.
Die einstellbare Ölpumpe saugte das Öl aus der Tankhälfte für Öl an und drückte es durch eine Bohrung in der linken Zylinderwand in den Zylinder. Dort fand es auch den Weg in das Pleuellager, von wo es dann noch weiter herumgeschleudert wurde. Die an die Wände des Kurbelhauses geflogenen Tropfen wurden in einer eingegossenen Sickerrinne aufgefangen und durch Bohrungen zu den Kurbelwellenlagern geleitet. Diese Art der Schmierung eines Zweitakters war mir 1956 weitaus sympathischer als die Mixerei mit Benzin und Öl. Seitdem wir 1954 bis 1955 eine Puch-SGS (mit zwei Vergasern, 250 cm^3, 17 PS bei 6000 1/min) mit dem kleinen wunderschönen Felber-Seitenwagen (mit Kabine und zuknöpfbarem Dach) lange Zeit als Gespann gefahren hatten und ich damit meine erste Bekanntschaft mit den Puchs gemacht hatte, besaß ich schon sehr viel Hochachtung vor diesen Klettermäxen. Nach der Motorrad-Ausstellung in Frankfurt 1956 kamen mir aber doch Bedenken, ob diese Puchs noch gefragt sein könnten, wo der schnelle Hobby-Spritzer bis in die ganz kleinen Klassen hinunter anfing zu dominieren, und wo das Rennen um Motorleistungs-Angaben wieder angefangen hatte.
Aber ja — nicht nur, daß ich mit der SGA lange warten konnte, bis mal einer auf einer normalen Bundesstraße anbändelte, sondern auch diese unwahrscheinliche Robustheit von Fahr- und Triebwerk (eines derjenigen, die jede Nürburgring-Prügelei anstandslos mitmachte) sprachen doch gerade 1956 noch für dieses Vorbild eines Westerwald-Motorrades, dessen Finessen eines elektrischen Anlassers meiner Meinung nach noch gar nicht nötig waren.
Was ich von der Leistungscharakteristik der Puchs gehalten habe, steht hier ja nun wohl genügend breit gewalzt. Daraus kann sich jeder heute noch seinen Vers machen.

Noch ein Muster für ein Westerwald-Motorrad: Jawa-CZ, 250 cm³

Die tschechoslowakische Marke Jawa-CZ hatte international einen ausgezeichneten Ruf, der sich aber in den westlichen Ländern ausschließlich auf Sporterfolge gründete.

Als wir im Frühjahr 1955 eine normale Jawa-CZ-Serienmaschine 250 cm³ zum Testen bekamen, waren wir darum über eine Tatsache ziemlich überrascht: über den Qualitäts-Standard, an den wir uns bei unseren deutschen Maschinen in den 50er Jahren gewöhnt hatten und der von den Jawas nicht gehalten wurde. Wohlgemerkt, nicht über die motorische Qualität sprachen wir dabei — die war über jeden Zweifel hinaus vorhanden. Aber vielmehr das, was gegenüber dem Sportgerät der Fabrik im wichtigen Wettbewerb eine Maschine zum sicheren, zuverlässigen Verkehrsmittel machte: die Qualität in den kleinen Nebendingen — Hebelei, elektrischer Gammel, Schalter, Gasgriff (mit *viel* zu langem Drehweg), Scheinwerfer usw. — eben das, was nur durch eine leistungsfähige *Teile*-Industrie 1954/55 geschaffen werden konnte. Hier taten sich die Freude in der Tschechoslowakei 1955 sichtlich schwerer damit.

Wenn man immer wieder eine bestimmte Maschine gefahren hatte, weil es einem Spaß machte, konnte man dieses als etwas Bemerkenswertes notieren. Wenn man aber wegen einer ganz besonders guten Eigenschaft dieses Kind zu lieben begann, obwohl es andere Dinge hatte, die nicht unseren Erwartungen entsprachen, dann ist das etwas Besonderes »mit einem Stern dran« — wie unser guter alter Lehrer »Schluff« Harmianz im Goethepädagogium von Bremen vor dem Kriege in der Untersekunda zu uns sagte.

Und etwas Besonderes »mit einem Stern dran« gab es bei dieser Jawa-CZ 250 cm³. Sie hatte ja auch immer dazu beigetragen, daß die begehrteste Trophäe im Zuverlässigkeitssport an diese Nation und an diese Marke ging.

Als ich das Motorrad aus der Versand-Kiste heraus hatte, als es nach vielem Hin und Her mit dem Zoll, Vormerkschein und absolut blödsinnigem Papierkrieg, behördlichen Genehmigungen usw. im Frühjahr 1955 endlich ein rotes Probefahrt-Kennzeichen bekam — ausgerechnet wir bekamen dazu die bezeichnende und anzügliche Nummer 08/15 (tatsächlich, keine Flachs!) — als der Motor dann tatsächlich mit vielen blauen Wolken seinen angesammelten Ruheschlamm ausgepustet hatte und richtig rund lief, als daraufhin die ersten Meter Fahrt im Hof erfolgten, da meinte ich, das

Jawa-CZ, Typ 353
250 cm³ / 1954

Geheimnis dieser Sixdays-Erfolge schon entdeckt zu haben.
Denn: noch kein Motorrad war mir vom ersten Meter an so unwahrscheinlich leicht und handlich in der Hand gewesen; es war nicht wie eine 250er-Maschine, sondern es war — seligen Angedenkens — wie mein erstes Fahrrad, mit dem ich einmal unfreiwillig aber elegant 1938 sicher die Strandmauer von Borkum im rechten Winkel fast senkrecht zur Wellenabweisung herunter fuhr.
Nun stand ja in der Gegend von Stuttgart die Strandmauer von Borkum zum Testen von Motorrädern nicht zur Verfügung — es gab aber dafür sogar Wege und Gelände, das viel besser als eine Sturmflut-Strandmauer dazu geeignet ist. Sowas ist und war in Stuttgart vor der Haustür vorhanden, wenn man nicht wegen wichtiger Messungen und Grenzbelastungen auf den Nürburgring ging. Es gab 1955 sogar noch Stellen, von denen niemand nichts wußte und wo man wirklich ganz unter sich und ungestört auf den Wegen war.
Und wenn man sich mit einer 250er Maschine einen Tag lang dort in den Schluchten, Tälern, Wäldern und Höhen vor und in der Schwäbischen Alb herumgetrieben hatte, einen absoluten Dreitagefahrt-Kurs einhalten konnte, sicher überall fuhr, wo überhaupt Erdboden war und die Bäume nicht zu dicht standen, wenn man nach einem solchen Spaß abends ohne Muskelkater, ohne Nierenschmerzen, ohne geschwollene Handgelenke, angekratzte Schienbeine oder aufgeschürfte Ellenbogen nach Hause kam — nun, für diesen oder jenen mochte das nichts Besonderes gewesen sein — für mich war das *immer* etwas Besonderes. Denn unter den Maschinen ab 250 cm^3 aufwärts, die ich bis 1954/55 gefahren hatte, war keine darunter, die es der Jawa darin hätte gleichgetan.
Beweis: der Motor der Jawa-CZ war in seiner Leistung — na, nur meine interessierte Tante Julchen würde ihn vielleicht noch eben als »rasant« bezeichnet haben. Und ein tüchtiger Motorrad-Verkäufer würde gesagt haben: »Ich weiß gar nicht, was das eigentlich soll, diese dämliche Reklame mit PS und Höchstgeschwindigkeit, mit der einer den anderen überflügeln will. Schau doch, hier hat man nur 12 PS, der Motor dreht nur bis 4500 1/min, und — da braucht man keine Angst zu haben, daß man einmal beim Überdrehen etwas kaputt macht«.
Na, so ganz stimmte das wohl nicht, denn bei uns ging schon nach 1200 Kilometern bei einer langen Talfahrt mit einem Affenzahn (der Tachometer zeigte 120 km/h an) und einer wesentlichen Überdrehzahl die Unterbrecherfeder in die ewigen Jagdgründe. Nach einem ähnlichen Experiment auf 360 Kilometer später folgte die zweite. Wir hatten uns aber gleich von dieser Feder einige besorgt. Die gab es zwar nicht in jedem Laden um die Ecke, sondern nur beim Importeur selbst. Aber wir hatten uns gleich ein paar mitschicken lassen, denn unsere Freunde, die schon viele Jahre mit Jawas fuhren, hatten uns schon einen Hinweis gegeben.
Im Übrigen benahm sich dieser Motor etwa wie die Motoren unserer 250-cm^3-Maschinen in den Jahren 1951/52.
Wenn trotzdem im Gelände einwandfrei ohne größere Anstrengung bessere Durchschnitte als mit anderen 250ern möglich waren, die im Jahre 1955 schon mehr Leistung hatten und nach unseren Begriffen absolute Hochleistungsmotoren waren, dann einfach aus dem Grund, weil die 125 kg der Jawa besser durch die Gegend zu steuern waren als die 155 kg einer NSU Max oder DKW RT 250. Es machte einem Fahrer doch etwas aus, ob 155 kg unter ihm herumspringen oder ob nur 125 kg auf derselben Strecke in derselben Klasse absolut beherrschbar sein wollten.
Dann dauerte es noch eine Weile, bis man das merkwürdige »Auto-Gefühl« beim Schalten los wurde. Die Schalterei der vier Gänge ging nämlich zunächst wie bei jedem anderen Motorrad, indem der Schalthebel heruntergedrückt wurde. Bei jedem

anderen Motorrad gab man ihn dann sofort frei, wobei er in seine Ausgangstellung zurückging. Bei der Jawa aber setzte jetzt der »Auto-Vorgang« ein, denn man ließ den heruntergedrückten Hebel *langsam* in seine Ausgangsstellung zurückgleiten, wobei gleichzeitig durch diese Bewegung die Kupplung eingedrückt wurde. Das war das Ei des Columbus bei jeder Geländefahrerei!

Mit einiger Übung brachte man es darum sehr schnell zum eleganten Sandkuhlen-Fahren und konnte erfreut feststellen, daß einem diese Schalterei sehr viel Konzentrations-Fähigkeit für andere Dinge übrig ließ. Da meinte vielleicht mancher Motorradfreund, daß dies doch eine sehr komplizierte Maschinerie in der Kupplungskonstruktion sei. Das war aber ein Irrtum. Denn mit dem Kupplungshandhebel am linken Lenkerende konnte man wie bei allen Motorrädern jederzeit die Kupplung ebenfalls betätigen ohne komplizierte Maschinerie. Fiel also die Kupplungs-Automatik einmal aus, dann ging es auch ohne sie weiter.

Das manchmal etwas ausfallen konnte, hatten die Erbauer dieses Motorrades auch in anderer Weise bedacht. Wenn zum Beispiel die Batterie nicht mehr mittat, dann brauchte man den Zündschalter auf der Tankoberseite nur ganz nach links zu drehen. Schon war die Verbindung von Lichtmaschine zur Zündung direkt hergestellt. Damit konnte man das Motorrad im zweiten Gang mühelos anschieben.

Die Jawa war auch ein typisches Beispiel für die Bedürfnisse des Motorradfahrens in den Ostblockländern und in vielen Entwicklungsländern der Erde. Dort brauchte man (und braucht man heute noch!) einen Motor, der jeder — absolut jeder — Schinderei gewachsen war (und ist). Möglichst *keine* Raffinessen besaß und wenn, dann nur solche, die dem Fahrer das Leben beim Fahren, bei Pflege, Wartung und bei möglichst wenig Reparaturen erleichterten. So war also auch der Jawa-Motor eigentlich gar nichts Besonderes. Sein Aufbau hätte im Physikbuch unter der Bezeichnung »Schemabild eines Motorrad-Zweitaktmotors« abgebildet werden können.

Es sah alles so nach den alten DKWs aus. Die Kurbelwelle lief auf drei Kugellagern und war sehr sorgfältig ausgewuchtet.

Im dritten Gang gab es etwas »Sekt« in den Fingern zwischen 85 und 90 km/h. Im vierten Gang bemerkte man es aber sofort, wenn die zulässige Höchstdrehzahl bei langen Gefällen überschritten wurde. Bis 5200 Touren (= 115 km/h) ging das gut. Die Unterbrecherfeder hielt dann etwa 12 Minuten, bis sie den Geist aufgab. Der Motor begann in diesem Drehbereich sehr schön zu vibrieren. Aber: den dritten Gang bekam man vibrationsfrei und ruckfrei bis auf 25 km/h hinunter. Sogar auf schwierigen Strecken habe ich kilometerlang im dritten Gang ohne zu schalten und ohne Loch im Drehgriff zwischen 30 und 60 km/h den Motor ruhig ziehen lassen können.

Ich glaube, daß die Tschechoslowaken mit einer solchen Maschine und einem solchen Motor, der sich also als rein ausgesprochen typischer Vertreter der »Westerwald«-Mo-

Beschleunigungsvergleich der 250er Jawa mit der Max und der DKW

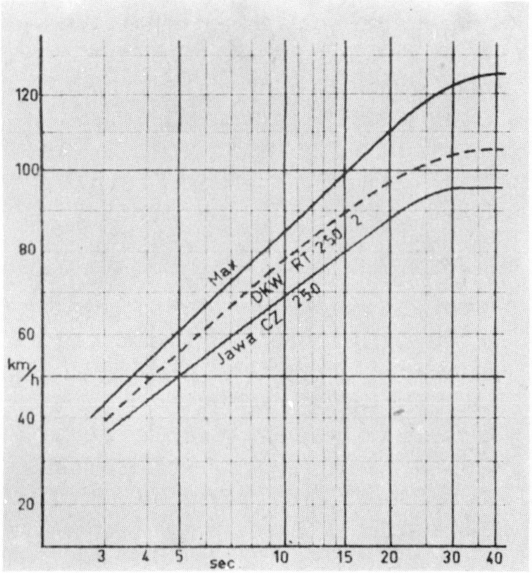

torräder entpuppte, mit ihrem Können und ihrer fahrerischen Ruhe, die diese Maschine erlaubte, auf Nummer Sicher fahrend, noch viele Male sehr, sehr ernst zu nehmende Gegner bei den Sechstagefahrten wurden.
Mein Freund Heinz Hahmeyer, der 1956 leider auf der Wintersternfahrt nach Garmisch so schwer verunglückte, daß er sich davon nie wieder erholen konnte, der aber ein ganz alter Wettefahrer und erfahrener Motorradtechniker war, meinte 1955 zu mir: »Es war verhältnismäßig einfach, einen Bauernmotor mit 12 PS aus 250 cm^3 durch normale Frisiermaßnahmen auf 15 oder 16 PS zu bringen. Aber es war schon verdammt schwer, eine 250er mit 18 PS von Hause aus noch höher zu trimmen. Die 20 PS, die man dann zum Beispiel einer NSU Max noch geben konnte, kosteten viel, viel mehr Mühe, Arbeit und Versuche, und auch die Wettbewerbsmotoren von Jawa hatten sicherlich 1955 schon mehr als 12 PS.«
Dazu noch etwas: eine Geschwindigkeit von 22 km/h im dritten Gang bei einem Kolbenhub von 75 mm (Bohrung 65 mm) ruckfrei zu fahren, wobei die Kurbelwelle etwa 1200 Touren dreht, das war doch sehr erstaunlich. Daß die Jawa-Leute bis dahin richtig gedacht hatten, mag aus allem hier Gesagten hervorgehen. Daß es allerdings ganz andere Gedankengänge waren, als sie 1955 der kleine Moritz bei Leuten vermutete, die laufend den schwersten Motorrad-Wettbewerb der Welt gewannen, das war eben das Besondere daran.
Geschwindigkeit war keine Hexerei — sicher, aber nach sechs Tagen Schinderei noch »da« zu sein und zu gewinnen, das war eben »Gewußt Wie« und eine Sache mit einem Stern dran. Wie beim Austüfteln des Radwechsels, der selbst für Anfänger wettbewerbsmäßig schnell zu machen war.
Unter der Sitzbank war übrigens Platz für einen Reserveschlauch, für etwas Zusatzwerkzeug und für eine Luftpumpe. Im Werkzeugkasten war wirklich robustes

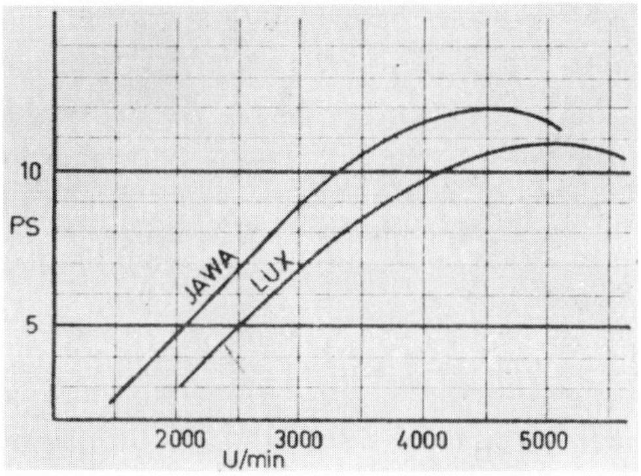

Leistungskurven der Jawa und der 200er Lux

Werkzeug drin. Keine Kinkerlitzchen und Patent-Blechzängelchen. Da war jedes Stück ausgesucht und hatte seinen genauen Platz in der Segeltuchtasche. Wir haben uns selten über das Thema des serienmäßig mitgelieferten Bordwerkzeuges bei unseren Motorrädern aufgehalten, weil wir doch immer unser besseres und gut sortiertes eigenes Zusatzwerkzeug mitnahmen, denn das mitgelieferte war doch meistens billiges, ausgestanztes und höchstens nur einmal volleinsetzbares Blech (wie auch heute noch!!!). Mit solchem Pofel gaben wir uns nicht mehr ab, übersahen ihn und lernten, notfalls damit zu leben. Aber hier bei der Jawa 1955 lohnte es sich wirklich, eine lobende Bemerkung zu machen.
Es gäbe noch viel zu diesem tschechoslowakischen Motorrad zu sagen, und wenn ich es in diesem Buch zu diesen Jahren mit erwähne, dann tue ich das eigentlich deswegen, weil gerade die Tatsache besteht, daß mit der Jawa so viele Sechstagefahrten gewonnen wurden. Auch deswegen muß ich es erzählen, weil die Charakteristik auf etwas hinweist, was in vielen Ländern auch heute tatsächlich bei Motorrädern noch wichtig ist: dort werden Motorräder nicht als Hobby-Fahrzeuge bewegt sondern im tristen und todernsten Alltag, der ganz andere Anforderungen an Zuverlässigkeit und — ja, auch — an den Preis stellt.

Von englischen »Ladies« und feurigen »Italienerinnen«

Bevor von weiteren Maschinen die Rede sein soll, die zwischen 1950 und 1960 aus dem Ausland nach Deutschland kamen, ist es nötig, dazu eine Vorbemerkung zu machen.

Unsere Motorradfreunde heute werden sich unter dem Eindruck des importierten Massenangebotes aus Japan oder Italien keine Vorstellung machen können, wie es damals mit importierten Motorrädern bei uns war.

Dieser Import wurde meist von Kaufleuten betrieben, die eine nur dünne finanzielle Decke hatten und die deswegen nicht mit großen Stückzahlen operieren konnten. Das war dann auch der Grund, daß kaum je eine Testmaschine für ausführliche Fahrten zur Verfügung stand. Und wenn es wirklich einmal eine Möglichkeit gab, von einem Importeur ein Motorrad zum »Test« zu bekommen, dann durfte der Spaß auf keinen Fall über länger als 100 Kilometer gehen.

Die Engländer waren zähe Geländefahrer. Hier einer der fröhlichen ›Schlammrutscher‹ auf der Sechstagefahrt mit einer 650 cm³ Zweizylinder Triumph

Logischerweise war auch die Angst unter den Importeuren verbreitet, daß negative Presse-Äußerungen über importierte Fahrzeuge eine Existenzbedrohung für sie sein könne. Und das war in einem »Test« nicht drin. Die Folge: Testmaschinen gab's nur wenige. Nur selten scheute sich ein Importeur nicht — besonders zwischen 1954 und 1958 — Motorräder längere Zeit und für längere Strecken zum Testen abzugeben und sich der Kritik zu stellen. Zu diesen gehörte Detlev Louis in Hamburg, Importeur englischer Maschinen. Wie später in den 50er Jahren die italienische Familie Benelli, als sie die 175-cm³-Viertakt-Motobi in Deutschland publik machen wollte.

Wie dem auch war, solche für uns traumhaften Import-Ausnahmen bestätigten die Regel, welche besagte, daß importierte Motorräder kaum für ausführliche und echte Tests greifbar waren. Eine solche Maschine etwa neu zu kaufen, sie über 4000 Kilometer zu fahren (und zu pflegen) und sie dann wieder weiterzuverkaufen, das war uns wirtschaftlich nicht möglich.

Trotzdem, wir hatten genug Freunde mit ausländischen, vor allem englischen, Maschinen. Mit ihnen waren wir oft und lange zusammen. Wir fuhren und wir schlosserten zusammen. Und so kam es, daß die in Deutschland laufenden ausländischen Motorräder auch in unseren Erfahrungsbereich gelangten. Vielleicht ergab dieser Alltag mit den Maschinen — vielfach aus Privathand — doch noch ein sehr objektives Bild.

Danach nannten wir die englischen Modelle liebevoll »Ladies« und hatten im Laufe der Jahre eine enge persönliche Freundschaft zu ihnen entwickelt. Wir wußten, daß man stundenlange Autobahnhetze mit Vollgas unterlassen sollte, vor allem bei zu knapper Vergaser-Einstellung und nicht ganz genau stimmendem Zündzeitpunkt. Auch durfte niemand Angst vor zu viel neuem oder altem Öl und dessen Spuren ha-

ben, und der (natürlich überzogene) Begriff »All-Swimming-In-Oil« machte seine Runde. Die englischen Reifen waren uns wegen der zu harten Gummimischung und zu geringer Haftung suspekt.
Es sollte auch jeder die Zusatzbeschaffung einer guten Werkzeugauswahl in englischen Zollmaßen beim Erwerb einer »Lady« mit einkalkulieren, weil er sie selbst warten mußte. Hoffentlich konnte er das auch ohne englische Sprachkenntnisse (Handbücher) und bei einem Werkstättennetz = 0. Außerdem war die Ersatzteilbeschaffung noch ein Spezialthema für sich.
Wir schätzten aber die Fahrwerke und die einmalige Handlichkeit englischer Motorräder auf kurvenreichen Bergstrecken — hier waren sie Königinnen! Die butterweich und genau schaltbaren, eng gestuften Getriebe waren Träume wert. Na, und der Ton einer ohv-Twin war Musik in unseren Ohren. Das Flair von Old-Fashion (z. B. bei Bremsen oder Hinterrad-Ausbau) ging darin emotionell unter, auch das Gefrett mit den Primärketten oder der Elektrik reizte uns nicht zum Widerspruch. Solcher verging sowieso jedem, der es gewagt hätte, einem eingefleischten Liebhaber der »Ladies« auch nur *ein* negatives Wort über dessen große Liebe zu erzählen. Und es waren in der Tat alles sehr große Liebhaber, deren Herzen an die »Ladies« von AJS, Ariel, BSA, Matchless, Norton, Royal Enfield, Triumph, Velocette oder Vincent verloren gegangen waren.
Andere Länder spielten kaum eine Rolle. Vielleicht die Tschechoslowakei mit CZ und Jawa, Italien mit der Marke Moto Guzzi und später mit Motobi oder Ducati. Alle anderen europäischen oder überseeischen Fabrikate konnten wir höchstens auf Ausstellungen in London, Mailand, Paris oder Zürich bewundern. Echte Importe nach Deutschland blieben aus. Die Puchs aus Österreich betrachteten wir nicht als ausländische Motorräder.
Nun aber darf ich von der großen Liebe zu den »Ladies« und anderen feurigen Damen der Motorradszenerie zwischen 1950 und 1960 erzählen.

AJS 18 CS, 500 cm³

1956 gab es noch nicht an jeder Straßenecke Verkehrsampeln, der Verkehr wurde vielfach noch durch Polizeibeamte mit Handzeichen geregelt. Auf meinem täglichen Brötchenweg kam ich immer an einer bestimmten Kreuzung vorbei. Und fast jeden Morgen grinste »mein« Verkehrsschutzmann schon von Weitem, wenn ich auf die Kreuzung mit der AJS 18 CS, einem richtigen klassischen Dampfhammer, losballerte. Dann sperrte er meine Fahrtrichtung mindestens für einen Augenblick, so daß ich den Schlitten anhalten mußte.
Bevor er meine Richtung wieder freigab, lachte er mich an und trat dann etwas zur Seite. Ich habe ihn nie enttäuscht, denn bevor die anderen begriffen hatten, daß es jetzt weitergehe, war ich schon hundert Meter weg. Mein Schutzmann hatte seinen Spaß daran, wie mir schien, denn die Szene wiederholte sich regelmäßig, wenn ich mit der AJS morgens vorbeikam. Ab und zu stand auch einmal ein Fahrer mit einer BMW R 50 neben mir — aber da war nichts zu machen, die Moto Cross-Maschine war in der Beschleunigung doch nicht zu schlagen.
Ja, es war 1956 noch lustig: Man konnte im öffentlichen Verkehr mit echten Moto Cross-Maschinen als Alltagsfahrzeug herumfahren, wenn diese einen Scheinwerfer, ein Signalinstrument und die normale Zulassung hatten. Und was war das für eine abenteuerliche Maschine, diese AJS! Mein Schutzmann schien Verstand für Motorräder zu haben — ich konnte begreifen, daß er sich den Apparat auf diese Weise vorführen ließ (allerdings wäre das schon eine Kreuzung weiter bei seinem Kollegen nicht mehr möglich gewesen). Das schräg nach oben ausgerichtete Endteil mit der ange-

deuteten Schalldämpfung des Auspuffrohres sah ja auch gefährlich aus. Der dicke Gelände-Hinterradreifen 4.00—19 konnte einen schon einschüchtern, der breite Lenker und der schmale Tank, der riesige Aluminiumzylinder und das große Vorderrad (21 Zoll) mit schmalem Leichtmetall-Kotflügel überdeckelt — na, *solche* Sachen rissen einen Motorradkenner schon herum, wenn er das in den Straßen seiner braven Stadt sah.

Meine Güte! Wenn man sie aber erst einmal angetreten hatte! Dann war man garantiert ein »Wilder«, denn in dem Auspufftopf war (leider oder endlich wieder mal — wir nahmen das damals nicht so ernst und man konnte es auch nehmen, wie man wollte, denn in England gab es keine Lärmpsychose) so gut wie nichts drin.

Der Motor gab 33 PS (heute sind das 24,3 kW) bei 6200 1/min her und war 1 : 8,7 verdichtet. Wenn man beim Beschleunigen in die oberen Drehbereiche kam, gab das ein ganz schönes Geballere. Nahm man das Gas weg, machte der Dampfer dasselbe hohle Sauggeräusch, das man von den Viertakt-Einzylinder-Rennmotoren her gut kannte. Was Wunder, daß die Nachbarn die Stirn runzelten und diese Donnerbolzen höchst unkultiviert fanden. Damit in einem ruhigen Hinterhof zu fahren, das bedurfte schon besonderer Sorgfalt.

Aber was wußte auch damals schon ein normaler Bürger von der Möglichkeit, auf einem wilden Motorrad elegant und leise fahren zu können — ja, was wußten denn selbst die meisten Motorradfahrer davon? Wenn ich irgendwo mit dem Bolzen einmal in der Stadt parkte, dann kamen sie immer an und meinten: »Huu — das ist aber ein Renner, kann man denn den überhaupt halten?«

Blick in die Typentabelle: Da stand für die BMW R 50 ein Gewicht von 200 kg — die AJS 18 CS wog 145 kg. War das nun ein »schweres« Motorrad? Ich glaube kaum. Hinzu aber kam die unglaubliche Handlichkeit durch die selbstverständliche Sitzposition und schließlich die Leichtigkeit, das Ding regieren zu können, wenn es auf den schlechtesten Wegen für alle anderen Solisten nur noch mit wildem Fußangeln ging. Die Maschine machte es einem leicht, auf den Motor zu achten und den nicht unnötig bellen zu lassen.

Immer wieder hatten wir uns gewundert, wenn einer der großen englischen Geländefahrer bei der Alpenfahrt oder bei den Int. Dreitagen den »furchtbar schweren« englischen Brocken wie ein Fahrrad durch die Natur zirkelte, daß einem das Gruseln kam, wenn man ihn von der Mehrl-Hütte wie der Blitz bergan wischen sah, in den Rasten stehend, nur mit dem Körper balanzierend und noch dabei zu den Zuschauern hinüber grinsend. Wie ein Fußgänger schienen sie mit einer Sicherheit über die übelsten Geländestücke zu huschen, als führen sie gemütlich plaudernd über die Autobahn. Die 18 CS hatte mir damals dann eine Erklärung dafür gegeben.

Wir waren schon immer scharf auf so ein

Mit der AJS 18 CS 500 cm³ gab es eine fantastische englische Geländemaschine im Serienbau

Ding gewesen — aber erst als Detlev Louis seine eigene Maschine nach der Int. Sechstagefahrt dreckverschmiert hinter der Borgward-Isabella abhing und sie uns in den Hof stellte, kam der Tag, an dem ich einmal selbst hinter das Geheimnis der englischen Geländekünstler kommen sollte.

Der Lenker war 73 cm breit, der Tank an der Stelle, die die Knie berührte, 22 cm — jawohl, nur zweiundzwanzig Zentimeter. Die Sitzbank war runde 30 cm breit und nicht allzu dick mit Schaumgummi ausgepolstert. So konnte man, wenn man an schwierigen Stellen in den Rasten stand, das Motorrad mit den eng zusammenliegenden Knien festhalten. Die Arme standen etwas breiter auseinander und gaben der Oberpartie des Körpers richtig festen Halt. Es war etwas Leichtes, aus den Hüften heraus kleinere Seitenbewegungen zu machen, und bei nötigem größerem Balanzieren den ganzen Oberkörper schnell und genau hin und her zu bewegen. Durch die dünne Schaumgummiauflage der Sitzbank spürte man haargenau, wie weit die Räder in der Spur blieben. Fing es an, brenzlig zu werden, dann stand man auch schon in den Fußrasten und begann mit dem Ausbalanzieren der Maschine.

Das Ganze ging nach wenigen Kilometern im Gelände schon fast automatisch. Wichtig war es, daß Brems- und Fußschalthebel genau auf Tuchfühlung mit den Fußspitzen lagen, denn dann kam man noch in den Genuß des außerordentlich genau und leicht schaltenden Getriebes und der echten Fußspitzenbremse des Hinterrades.

Der Rahmen war derselbe wie bei den Tourenmodellen und den Zweizylindertypen von AJS; Federbeine und Telegabel ebenfalls. Natürlich auch die Bremsen. Dieses Fahrwerk aber schien aus den Geländemaschinen heraus entwickelt worden zu sein, denn ich hätte für Spurtreue, Federung und Kurvenlage im Gelände nur Superlative als Zensur finden können. Das machte alles den Eindruck, als ob man wie ein Eiskunstläufer auf flachen Wiesen im Gras richtig Figuren zeichnen könne, schließlich wußte ich nach einiger Eingewöhnungszeit, wie das Motorrad auf Wasserrasten dieser oder jener Form reagieren würde.

Man wußte die vielen Arten von Längsrillen auf Acker sicher zu nehmen und scheute sich dann auch nicht mehr vor richtigen Klamotten. Ein einziges Mal passierte es, daß die Gabel bei einem Sprung nach *unten* durchknallte. Die hinteren dicken Armstrong-Federbeine machten das gern einmal auf Geröll — dann mußte es aber schon ganz dick kommen. Es war das Zeichen, das Gas etwas zurückzunehmen. Denn immer ertappte ich mich, daß ich durch die Leichtigkeit der Maschine viel zu schnell fuhr (das deckte sich mit der Aussage von Louis, der immer erlebte, daß andere Fahrer, die er auf der AJS probieren ließ, zuerst immer viel zu schnell damit durch die Gegend knatterten).

Bald aber lernte ich die Kunst, wie man nicht nur mit dem Ausbalanzieren zurecht kam, sondern auch mit dem Gasgriff arbeiten konnte. Der Motor nahm ja selbst von Leerlauf voll aufgedreht ohne Schlucken Gas an — wozu allerdings die saubere Einstellung des Amal-Monobloc-Vergasers gehörte. Dessen Daten waren wie folgt: Hauptdüse ohne Luftfilter 440, Leerlaufdüse 30, Nadelposition mittlere Kerbe.

Der Vergaser hatte einen Durchlaß von 29,55 mm und trug die Typenbezeichnung 389/12. Serienmäßig wurde er ohne Luftfilterung geliefert — aber wir fuhren ihn mit einem Spezialfilter, denn ohne dieses hätte es bestimmt bei unseren Geländefahrten allerhand Ärger gegeben.

Die 18 CS war ursprünglich ja nur für Moto-Cross gedacht, dafür bekam sie ein Motorritzel mit 18 Zähnen und hatte dann eine Gesamtübersetzung von 15,44/9,90/7,63/5,83. Das war eine Spannweite von 2,65 – also gar nicht geländemäßig. Mit diesem Getriebe holte ich dann auch die unglaubliche Beschleunigung heraus, die natürlich noch auf die 33 PS des Motors, auf das geringe Gewicht und die gute Straßenlage zurückzuführen war. Bei AJS gab es für die Zweizylinder-Modelle drei Getriebesätze und für die Einzylinder-Maschinen, so wie diese 18 CS und die Tourenmodelle, sage und schreibe vierzehn verschiedene Übersetzungsmöglichkeiten. Das machte man allein durch Auswechseln des Motorritzels — übrigens eine Arbeit, die ohne besonderen Aufwand möglich war. Bei meiner 18 CS lagen also die Gänge bei Nenndrehzahl des Motors (6200 1/min) bei 48 km/h, 75 km/h, 97 km/h und 126 km/h. Ich war gezwungen, in der Stadt fast nur im zweiten Gang zu fahren.

Im unteren Drehbereich war dieser doch eigentlich für Moto Cross-Kurzleistung getrimmte Motor auf Grund seiner Schwungmasse gar nicht einmal faul — ja, wir haben uns den Spaß gemacht, die Maschine in eine ausgefahrene Wagenspur eines Holzabfuhrweges hineinzustellen, den Zündverstellhebel am Lenker auf Spätzündung zu stellen, den Motor mit dieser Zündeinstellung bei etwas schnellerem Leerlauf laufen zu lassen, den ersten Gang einzuschalten und anzusehen, wie ein Motorrad ohne Fahrer sich selbst bewegte, bis es umfiel. Im Leerlauf nebenher zu gehen — allerdings etwas schneller als das normale Marschtempo 114 — war damit bei eingestellter Spätzündung ohne weiteres möglich, wenn das Gelände ein Sitzenbleiben auf dem Bock wirklich nicht mehr zuließ. So in den schönen, zähen Schlammstellen — ja, dann zog der Motor sogar noch durch.

Nun war es kaum möglich, draußen in der Heide die Gänge so hoch auszufahren, wie man das vielleicht auf der Straße oder auf einer Moto Cross-Strecke machte. Vielleicht beruhte darin auch das Stehvermögen bei diesem Ding, das Detlev Louis das ganze Jahr hindurch nicht auseinandergenommen hatte, obgleich er damit viele Wettbewerbe absolvierte. So wie er damit von den Sixdays kam, wurde der Dreck abgespritzt, das für den Transport vorher ausgebaute Vorderrad wieder eingebaut und losgefahren — vorsichtshalber schaute man mal nach den Ventilen, die übrigens (sehr wichtig!) bei dieser 18 CS und bei der 350er-Moto Cross 16 MCS bei handwarmen (nicht heißem) Motor eingestellt werden mußten und dabei *kein* Spiel haben durften. Man mußte die Stößel eben noch mit dem Finger drehen können, ohne daß man einen Widerstand spürte!

Natürlich bin ich bei trockenem Wetter auch einmal auf der Straße herumgebolzt. Das war mit den groben Geländereifen zwar ein etwas fragwürdiges Tun, und einen Vergleich etwa mit der BMW R 50 oder mit einer anderen 500er anzustellen, war natürlich unsinnig, denn schon allein mit der enormen Beschleunigung war man ja haushoch überlegen. Hier allerdings wurde der Motor im letzten Viertel des Drehgriffes unruhig, und man merkte ihm an den auftretenden Vibrationen an, daß da etwas mehr als üblich drin war.

Der normale Tourenmotor dieser Maschine war viel ruhiger. Daraufhin kam mir der Gedanke, daß man mit der entsprechend knapperen Straßenübersetzung, bei der man nicht so leicht in die höchsten Drehzahlen kam, mit Straßenstreifen und mit einem 50 cm-Lenker ein gewaltiges Geschütz hätte hintrimmen können. Dabei wären die Gänge bei einem 21-Zähne-Ritzel etwa bis 57 km/h, 88 km/h, 115 km/h und bis etwa 150 km/h gegangen!

Ich war davon überzeugt, daß der Motor mit dieser Übersetzung genau die gleiche Lebensdauer gehabt hätte wie in der Geländeversion mit der großen Übersetzung. Bei den hohen Drehzahlen blieben die Ventile erstaunlich ruhig. Ich habe das dann später noch einmal probiert, aber schließlich sollte das kostbare Stück ja nicht unter meinen Händen sterben und ich unterließ weitere Versuche. Trotzdem war ich ziemlich verblüfft. Die Ventilzeiten waren: Einlaßventil öffnet 59 ° v. o. T., Einlaßventil schließt 69 ° n. u. T., Auslaßventil öffnet 74 ° v. u. T., Auslaßventil schließt 48 ° n. o.

T. Auf den Stirnrändern waren natürlich Einstellpunkte angebracht, nach denen man sich richten konnte.

Ganz besonders wichtig war es aber noch — und solche Kleinigkeiten waren eben ausschlaggebend für die Lebensdauer dieser englischen Motoren — daß man an der Steuerseite des Zylinders oben die Ölzufuhr für das Einlaßventil richtig einstellte. Durch eine Nadelschraube mit Kontermutter konnte die Ölmenge einreguliert werden. Normalerweise war es eine 1/6 Umdrehung. Hatte das Einlaßventil zu wenig Öl (leises Zwitschern oder Quietschen), dann mußte man die Einstellschraube um einen Bruchteil herausschrauben. Diese Schraube war bei den Moto Cross-Modellen schon aus dem Grunde wichtig, weil zu große Ölzufuhr beim Einlaßventil die Kerze leicht verölen ließ. Das Auslaßventil wurde durch eine Bohrung im Zylinderkopf geschmiert. Die Ventile hatten Haarnadelfedern.

Das eigentlich Merkwürdige war aber, daß ich zum ersten Male bei der 18 CS einen englischen Motorradmotor erlebte, der außer am Primärkettenkasten keinerlei Ölspuren hinterließ! Erst als ich beim Ölwechsel im Getriebe, im Motor und im vorderen Kettenkasten wohl ein wenig zu viel des Guten tat, verwandelte sie sich vorübergehend in eine echte Ölsardine.

Der Ölverbrauch war dabei überhaupt nicht erwähnenswert, gefahren wurde Castrol XXL SAE 50 (»Grand Prix«), eine klassische dicke Ölsorte für die klassischen Motoren. Natürlich bedingte das, daß man den kostbaren Motor vor dem richtigen Losrackern erst einmal schön sachte warm fuhr. Mit dünnerem Öl erwartete ich größeren mechanischen Lärm, was sich allerdings nicht genau feststellen ließ, denn durch den Krach des Auspuffs wurde alles andere übertönt.

Und hier ein Hinweis für heutige Veteranenfreunde: Lasse sich keiner einfallen, bei Pflegearbeiten oder beim Drange nach Entdeckungen die Führungschraube zum Ölpumpenführungsstift herauszudrehen! Weil er den nicht wieder so leicht hinein bekommt und damit zur weiteren sauberen Arbeit der Pumpe der Motor zerlegt werden muß. Diese Schraube sitzt unter dem Steuerräder-Gehäuse ganz links!

Die Kurbelwelle lief nur in zwei Kugellagern, das Pleuel in einem Rollenlager. Das Pleuel war unten geschlossen und aus einem Stück. Wenn man es herausnehmen wollte, mußte man die Kurbelwelle ausbauen und den Pleuelzapfen regelrecht herausdrehen, der in den Kurbelwangen eingeschraubt war. Leider hatte ich damals keine Gelegenheit, zuzusehen, wie man den ganzen Motor mit dem Bordwerkzeug, drei Spezialabziehern und einer Ventilfeder-Presse auseinandernehmen konnte. Doch fast glaube ich diese Geschichte, nachdem ich dies einmal bei der 500-cm³-Zweizylinder, der »Springtwin«, gesehen hatte. Trotzdem aber: Ich würde mir immer gutes Werkzeug mit englischen Zollmaßen extra kaufen, wenn ich eine englische Maschine zu betreuen hätte.

Die Moto Cross-18 CS hatte eine Steckachse für das Hinterrad. Bei dem zum Reifenwechsel notwendigen Radausbau blieb die Hinterradbremse sitzen, denn sie war von der Aluvollnabe getrennt, und nur die Bremstrommel war fest damit verschraubt. Das Bremsgestänge, den Tachoantrieb und die Kette mußte man allerdings lösen (Bremstrommel und Zahnkranz waren auch hier aus einem Stück). Zu dieser Aktion gehörte aber etwas handwerkliche Übung und auch Training, wenn man es schnell machen wollte.

Später hatten es die 1957er und andere Modelle etwas besser, denn bei denen blieb auch die Bremstrommel mit Kette sitzen, und das Rad wurde nach dem Herausziehen der Steckachse aus den Mitnehmeraugen der Trommel herausgenommen und einfach nach hinten abgezogen.

In der ganzen Zeit, in der ich mit der AJS fahren konnte, gab es immer neue Gelegenheiten, etwas zu entdecken, was man

Horst Schmidt (links) und Detlev Louis (rechts) waren mit ihren 18 CS in den 50er Jahren große Gelände-Asse

nicht erwartet hatte. Als ich sie zum ersten Male antreten wollte, habe ich schon eine halbe Stunde vorher vor Aufregung Luft geschnappt. Prompt bekam ich dann auch fürchterlich eine gewischt, weil ich den Zündverstellhebel am Lenker nicht gänzlich auf spät gestellt hatte. Erst nach einigen Tagen bemerkte ich, wie sie brav und bieder beim ersten Tritt ansprang und ganz sanft im Leerlauf vor sich hinblubbern konnte. Ohne Dekompressionshebel war da aber nichts zu machen, und oft habe ich mich damit amüsiert, zuzusehen, wie starke Männer versuchten, das Ding in Gang zu kriegen.
Dann zerbrach ich mir den Kopf über die dünnen Speichen, bis ich entdeckte, daß sie senkrecht aus den Naben herauskamen und nicht seitlich abgebogen eingehängt waren.
Schließlich bekam ich Bedenken wegen des großen Vorderrades (3.00—21 bereift) und der Leichtmetallfelge. Wie lange würden die auf richtigen Klamottenwegen wohl rund geblieben sein? Die Antwort: Sie blieb rund — entweder fand ich nicht die richtigen Wege, oder Detlev Louis hatte seine Goldmedaillen vorher mit einem anderen Vorderrad geholt(?).
Ich erinnere mich noch gut, als die Testfahrten zu dem Zeitpunkt im Winter 1956 zu Ende waren, als es eine Menge Schnee gab. Außerdem wollte damals Detlev Louis sein kostbares Stück bald wieder haben Am 25. Dezember waren Steuer und Versicherung abgelaufen.
Bis der Spediteur sie dann abholte — das Nummernschild hatte ich leider schon vorher wegschicken müssen — hatte ich jeden Tag noch einmal eine halbe Stunde davor gesessen. Irgendwie war mir dieser Ballermann ans Herz gewachsen. Und ich dachte, daß doch nichts über schwere Brocken geht — zumal, wenn sie gar nicht einmal dem Gewicht nach so schwer waren, wenn sie einen so einfachen Motor hatten, wenn da auch noch so unheimich etwas in diesem Motor drin ist und das Fahrwerk nichts zu wünschen übrig ließ.
Diesen Dampfer habe ich lange nicht vergessen können. Er war beileibe nicht so kultiviert, wie man das damals von einer BMW R 50 oder BMW R 69 erwartete —aber es war einfach ein eindrucksvoller Schlitten. Es war zwischen einer schweren englischen Maschine dieser Art und einer deutschen schweren Maschine derselbe Unterschied wie zwischen einem Raubritter und einem kultivierten Edelmann. Es war Temperamentsache, wem man den Vorzug gab — für meine Person war das Raubrittertum gar nicht einmal immer das Schlechtere! Interessant ist zum Schluß noch, daß das Motorrad damals jährlich DM 72,— Steuern

Walter Aukthun fuhr 1956 auch eine 18 CS im Gelände

kostete und die Haftpflichtversicherung jährlich für 100 000,— DM Deckungssumme nur DM 189,— betrug.
1957 bekam dieses Modell ein neues Getriebe, der Motor hatte ein größeres Einlaßventil, stärkere Ventilfedern, veränderte Nockenwellen-Schlepphebel und bei 6200 1/min 37 PS (heute 27 kW). Die Dämpfung der Vorderradgabel, die Abdichtung des Primärkettenkastens und die bereits verbesserte Ausbaumöglichkeit des Hinterades machten das Ding dann schließlich auch noch im Hinblick auf den Preis von DM 2 700,— (1957!) zu einem begehrenswerten Untersatz.
Die Schwester der AJS 18 CS war die Matchless G 80 CS. Alles, was hier über die AJS gesagt ist, gilt natürlich genauso für dieses Matchless-Modell.

AJS Springtwin Modell 20, 500 cm³

AJS-Motorräder gehörten schon immer zu jenen Maschinen, deren Fahrwerke mit den Erfahrungen gebaut wurden die man bei Straßenrennen und vor allem auf dem schweren TT-Kurs der Isle of Man machte. Und es waren noch 1955 diese Fahrwerke, die uns veranlaßten, den englischen Maschinen immer etwas mehr Augenmerk als anderen zu schenken. Dazu kam in den 50er Jahren der Umstand, daß von 500 cm³ an aufwärts eben in Deutschland kein vergleichbares Maschinenmaterial hinsichtlich der Leistung vorhanden war.
Dieser Satz klingt sehr gelassen, aber er bedeutet genau so viel, wie man nur immer herauslesen mag: Es war kein Vorteil, keine Konkurrenz zu haben, man kann noch ein bißchen weiter gehen und sagen, daß es nur der Mangel an deutscher Konkurrenz war, der es BMW damals ermöglichte, bis zum Jahre 1955 bei diesen im Vergleich zu den englischen Maschinen nun einmal einwandfrei überholten Fahrwerken zu verharren.
Es fiel uns dabei aber gar nicht ein, nun die Engländer in *jeder* Beziehung als vorbildlich zu bezeichnen. Uns störte an den Engländern nach wie vor die furchtbar zerklüftete Bauweise, und uns störten auch die im Vergleich zu den deutschen doch recht bescheidenen Bremsen, obwohl auch diese offensichtlich — zumindest unter guten Leuten — ihren Dienst taten (bedauerlich war es nur, daß wir es uns nicht leisten konnten, mit den Testmaschinen jedes Mal zum Großglockner zu fahren. Denn die Gü-

te einer wirklich zeitgemäßen Bremse zeigte sich damals nun einmal erst bei einer wettbewerbsmäßigen Großglockner-Abfahrt).
Auch die Hinterachs-Konstruktion der Engländer hielten wir nicht für übermäßig modern und zweckmäßig, denn einer Rekordzeit für Schlauchwechsel bei einer Geländefahrt des englischen Spitzenfahrers Viney von 11 Minuten standen immerhin die 4 Minuten 50 Sekunden des Maico-Spitzenmannes Ulrich Pohl gegenüber, wobei der sich nicht einmal die Finger schwarz zu machen brauchte.
Wir wußten auch noch nicht, was eine englische Zweizylinder zu der entsetzlichen Art sagen würde, mit der wir unsere deutschen schweren Gespanne herumhetzten — sei dies nun eine Zündapp KS 601 oder eine BMW R 67 gewesen. Wir warteten tatsächlich noch auf den Tag, an dem es uns einmal möglich sein könnte, einer englischen Twin über 8 000 bis 10 000 Kilometer das zuzumuten, was wir bei unseren deutschen »brutalen« 600ern als *selbstverständliche* Leistung voraussetzten.
Wir fuhren daher alle diese Engländer nicht nur aus Neugier und zum Spaß, sondern wir beschäftigten uns sehr nachdenklich mit ihnen.
Was man damals auch allen diesen von uns gefahrenen englischen Maschinen als nicht dem deutschen — nach unserer Ansicht fortgeschrittenen — Standard entsprechend ankreiden mochte, blieb doch *ein* Gesichtspunkt übrig, unter dem man von der deutschen Produktion den Engländern 1954 noch nichts entgegensetzen konnte: Sobald die Motorleistung 25 PS erreichte und darüber hinausging, erlaubten die englischen Fahrwerke eine weit höhere und weit sicherere Ausnutzung der Motorleistung als die deutschen Fahrwerke.
Es gab zwar den Engländern entsprechende und sie möglicherweise sogar übertreffende Fahrwerke bei deutschen Maschinen. Ich denke da vor allem an die »Schwarze Josefine« (Tornax 250 cm^3) und auch an die Maico-Taifun mit ihren ans Sagenhafte grenzenden Straßenlagen, aber diese Maschinen lagen nun eben mal *unter* 20 PS.
Wenn man sich erst einmal eine ganze Weile mit den starken Engländerinnen befaßt hatte, dann kam man unweigerlich zu dem Schluß, daß wir ab 500 cm^3 ihnen zwar ebenbürtige und in einigen Punkten auch überlegene Motoren entgegenzusetzen hatten, daß aber bei diesen Maschinengrößen unsere deutschen Fahrwerke den zu vergleichenden englischen ganz einwandfrei nicht gewachsen waren. Wir haben uns nicht gescheut, so etwas auszusprechen. Denn letzten Endes kam ja nur aus solcher Erfahrung der Anstoß zum Fortschritt.
Die Feststellung der Überlegenheit englischer Fahrwerke rührte übrigens nicht nur von Einzelbeobachtungen an dieser oder jener bekannten Vergleichsecke her, wo man mit unterschiedlichen Maschinen unterschiedlich viel Geschwindigkeit stehen lassen konnte, ohne das berühmte Gefühl der Unsicherheit zu haben. Diese Feststellung rührte viel mehr aus dem Langstreckenbetrieb her. Gerade hier war der Unterschied in der nötigen fahrerischen Anstrengung besonders deutlich. Schnellreise nahm einen auf den englischen Maschinen greifbar viel weniger mit.
Diese lange Einleitung für eine einfache Motorradgeschichte war aber notwendig, damit das, was nun zu sagen ist, auf den richtig vorbreiteten Boden fällt:
Als ich in Hamburg im Frühjahr 1954 die AJS Springtwin 500 cm^3 abholte, galt mein erster Blick dem Lenkungsdämpfer. So in etwa hatte ich ja das Bild dieses Motorrades im Kopf — daß es aber keinen Lenkungsdämpfer besaß, war mir nicht aufgefallen. Er fehlte also.
Nun, nach leisem Drücken auf den Lenker und dem zugehörigen Einsinken der Telegabel, vor allem aber nach dem Ansprechen der hinteren Federbeine schaltete ich sofort auf Schwänzelbock und war ausgesprochen froh, daß Detlev Louis in weiser

Voraussicht statt der üblichen englischen Dunlops den deutschen Dunlop-Universal-Reifen montiert hatte. Demzufolge verliefen auch die ersten Kilometer recht vorsichtig in steter Erwartung von etwas Furchtbarem, das doch nun ebenso heftig wie unerwartet hätte eintreten müssen.

Nach langem Mutzusammenkratzen kam ich dann auch mal so weit, daß ich einmal vorsichtig ein Lenkerpendeln selber anstieß. Die Lenkung pendelte zwar unter Anstoß — es passierte aber nichts. Das Vorderrad beruhigte sich *sofort* nach Aufhören des Anstoßes. Das gab Selbstvertrauen, die Maschine frei von Angst laufen zu lassen; und was herauskam, das war für Hamburg—Stuttgart ein Schnitt von 84 km/h — davon kein Kilometer Autobahn, alles 1954er Landstraßen.

Die AJS 20 wirkte gedrungen und massig. Ich hatte von vornherein den Eindruck, einem »Brocken« gegenüber zu stehen. Doch nach einmal überwundenen Flatterängsten war ich darauf zu Hause. Es war aber wirklich nicht im mindesten leichtsinnig, denn der Vogel war *stur* sicher. Es fuhr sich damit wie sonst vielleicht mit der Adler M 250 oder so ähnlichem.

»Brocken« erzeugten naturgemäß in jedem, der aus 150 km/h einmal um Kopf und Kragen herunterbremsen mußte, mindestens ein Achtungsgefühl. Man fuhr danach auf so einem Ding ganz von selbst nicht mehr so knallköpfig wie als Neuling auf einer rasanten 250er, die einem — weil sie in ihrer Masse schon kein »Brocken« ist — erst dann Respekt einflößte, wenn der lose Bausand auf Basalt — den man so schnell nicht sah — das ganze Fuhrwerk ins Schwimmen brachte.

Man hatte bei 30 PS nach dem Hochbeschleunigen im zweiten Gang schon den alles andere überdeckenden Eindruck »Au, Backe! Ganz was Schnelles!«. Man war unweigerlich und unablenkbar bei der Sache, man rückte ganz von selbst auf der Sitzbank hin und her und versuchte, die beste Sitzposition zu erwischen. Vor allem aber — uns wenigstens ging es so — schaltete man mit dem Denken nicht mehr auf 100 Meter, sondern auf 200 Meter voraus, was denn nun eigentlich dieser Bäckerbursche vor einem mit dem Brötchenfahrrad wohl machte, wenn man erst mal unbremsbar fünf Meter hinter ihm sein würde.

Stadtfahrten waren mit diesem 500 cm^3 eine Sache, wie sonst mit einer handlichen 200er. Der erste Gang war nur zum Anrollen, der zweite war für ganz langsame Bewegung geeignet, der dritte war der Universal-Fahrgang und der vierte war sichtlich nur ausgelegt mit dem Gedanken, daß es irgendwo in der Welt schließlich auch einmal eine Gerade geben würde, wo man ihn dann doch mal ganz gut brauchen könnte.

So gab es im Bereich von 50 bis 120 km/h auf den kurvenreichen Strecken des Schwarzwaldes kaum eine Gelegenheit, den vierten Gang auszunutzen, wollte man der Maschine keine Schufterei anbieten.

In engen Ortsdurchfahrten auch mit zwei Personen tat es der dritte Gang vornehm murmelnd, aber auch böse aufröhrend mit lochfreier Katapult-Beschleunigung, wenn ein schnelles Überholmanöver aus Sicherheitsgründen einmal sein mußte. Der vierte Gang langte von etwa 60 bis zur gestoppten Spitze von 152 km/h. Unter 60 km/h ging es noch mit Gefühl in der Hand bis etwa 50 km/h herunter, ehe das Rucken anfing. Auf alle Fälle aber bemerkte man selbst im vierten Gang beim Beschleunigen die vorhandenen 29 PS: Von 60 bis 140 km/h im vierten Gang = 24 Sekunden unter etwa 132 Pfund Fahrergewicht.

18,5 Liter faßte der dicke Kraftstofftank. Das war eine ganz schöne Menge, und auf der Reise von Stuttgart nach Bremen (das waren 784 Landstraßen-Kilometer in 9 : 20 = 83, 9 km/h Durchschnitt) hatte ich insgesamt 35,8 Liter Benzin gebraucht. Das entsprach einem Verbrauch von etwas über 4,5 l/km. Ölverbrauch auf 1000 Kilometer etwa 1/4 Liter SAE 40. Nun war uns von jeher jegliche Verbrauchsangabe ein ziem-

Der Hamburger Importeur englischer Maschinen, Detlev Louis, war 1953 auf der Springtwin sportlich aktiv (hier auf der Deutschlandfahrt)

liches Windei — allenfalls gut für die Reklamechefs — doch war ein solches Ergebnis bei einer schwergejagten 500er Twin doch ganz erstaunlich. Später haben wir ähnlich niedrige Verbräuche auch bei anderen englischen Maschinen gehabt.

In England herrschte damals offenbar die Ansicht, daß Steckachsen nur für zahlungskräftige, verwöhnte Fahrer seien, und deshalb fand man sie in vielen Typen noch nicht serienmäßig.

Seinerzeit hatte ich immer den Gedanken: Daß du nun bloß nicht mal spät abends irgendwo mit einer dämlichen Reifenpanne im Hinterrad kleben bleibst (und es gab mehr Reifenpannen als heute — da lag noch Zeugs auf den Straßen rum)! Es schien mir doch eine Samstagsnachmittags-Reparatur zu sein, die sich nicht so leicht am Straßenrand mit den Bordmitteln beheben ließ. Gottseidank passierte mir eine solche Teufelei nie und ich konnte in Ruhe den Ausbau des Hinterrades einmal »studieren«.

Und das waren die Handgriffe: Kotflügelende raus, Tachoantrieb los, Kettenschloß öffnen, Bremsankerplatte nach Lösen der Achsmuttern und des Bremsgestänges aushängen, Rad rausziehen. Der Sechstage-Nationalmann Viney sollte das in 11 Minuten mit Montieren eines neuen Schlauches gemacht haben. Bei uns kannte man diese komplizierte Montiererei ja nun schon seit Jahren nicht mehr, eine Kette zu öffnen, das galt bei uns nahezu als Sakrileg. Letzten Endes war es natürlich eine Preisfrage, ob man einen Hinterachsantrieb so grundsätzlich umkonstruieren wollte.

Offensichtlich hatte hier die Nachkriegszeit doch eine wesentliche Rolle gespielt, die in Deutschland grundsätzliche Umkonstruktionen mehr begünstigte als in England. Und? Wie sieht ein Hinterradausbau bei den so fortschrittlichen Motorrädern heute aus — ?!

Die Bremsen der Spring-Twin stimmten mit den Bremsen der übrigen AJS-Modelle überein (Baukastensystem), und Detlev Louis machte sich eigens für mich die Arbeit, die Hinterradbremse seiner Wettbewerbs-Maschine (Modell 18 CS 500 cm^3) auszubauen, denn mit dieser Bremse hatte er bereits vier schwere Wettbewerbe gefahren. Darunter auch die Drei-Tage-Fahrt in Isny im Allgäu mit einer Silbermedaille.

Die Backen und die Gehäusewände waren mit einer dünnen Abriebschicht bedeckt, die Beläge zeigten Abnutzung, jedoch nur in geringem Maße im Verhältnis zu ihrer Beanspruchung. Dazu muß man allerdings wissen, daß die Drei-Tage-Fahrt keine ausgesprochene Bremsenstrecke war, einfach aus Mangel an wirklichen Bergen. Wenn eine Bremse hätte richtig rauchen müssen, war hier immer das Gefälle schon zu Ende. Wenn wir uns so ausgiebig mit dem Fahrwerk befaßt hatten, dann waren auch ein

paar Worte über den Motor nötig: Je besser ein Fahrwerk war, desto mehr hatte der Fahrer nämlich Zeit und Gedanken übrig, die er auf die Wahrnehmung von Motorvibrationen verwenden konnte. Schüttelei machte sich also umso mehr bemerkbar, je besser ein Fahrwerk war und dementsprechend merkte man bei der AJS, daß der normale Tourenmotor mit einem Vergaser gerade merklich stärker schüttelte als der Sportmotor mit seinen zwei Vergasern.
Ich erklärte mir das so, daß beim Zweivergaser-Motor die beiden Zylinder hinreichende Beweglichkeit besaßen, damit die bei Twins vorhandene restliche Unwucht sich im Motorgehäuse austoben konnte, ohne daß man sie als Fahrer noch spürte. Bei den Einvergaser-Motoren hingen aber die beiden Zylinderköpfe durch das gegabelte Ansaugrohr starr miteinander zusammen, so daß sich wahrscheinlich deshalb eine stärkere Schüttelei bemerkbar machte.
Wenn man bei dieser Maschine das Gas hart aufzog, ging sie natürlich hinten »in die Knie«, und die Gefahr lag nahe, daß sich dies auch in der Lenkung bemerkbar machte. Es fiel aber auf, daß weder hartes Gasaufreißen noch auch ebenso hartes Gaszumachen das Motorrad irgendwie schlingern ließen.
Die Stoßdämpfer der Federbeine wurden

Der Springtwin-Motor »aufgeschnitten«

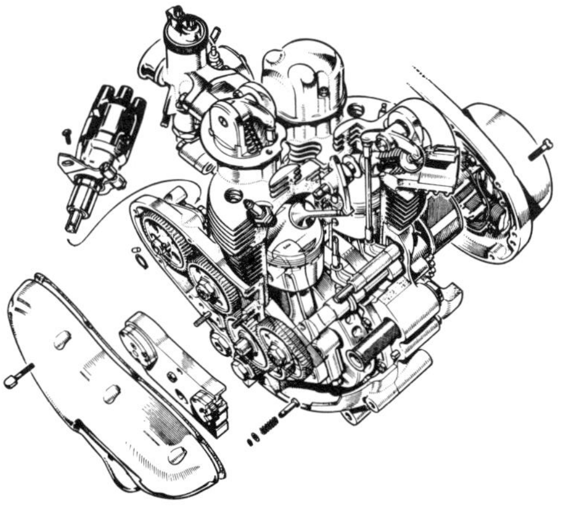

mit Motorenöl gefüllt, in unserem Falle mit SAE 20. Sehr wesentlich war das genaue Einhalten dieser Füllmenge, die zwischen 85 und 90 cm³ betragen sollte.
Daß die beiden Zylinder auf dem Kurbelkasten völlig getrennt aufgebaut waren, also auch getrennte Köpfe und getrennte Ventilantriebe aufwiesen, habe ich schon erwähnt. Das nächste Bemerkenswerte waren die vier getrennten Häuschen, unter denen der Ventil-Mechanismus im Zylinderkopf wohnte. Zwei Häuschen für Einlaß und zwei für den Auslaß, acht Schräubchen insgesamt waren zu lösen. Wer einigermaßen hören konnte, wußte gleich, unter welchem Dach bei nicht stimmendem Ventilspiel der etwaige Krach im Hinterhaus stattfand.
Längeres Leerlaufen nach scharfer Fahrt mochte der Motor nicht: Der Vergaser lag nicht allzuweit von den beiden Zylindern genau hinter ihnen in der Mitte, bekam also ohne Fahrtwind von den Zylindern Wärme nachgeschoben.
Patsch! machte der Motor und freute sich, wenn Klacks wieder runter mußte und antreten durfte.
Gottseidank war das kein Problem, denn obwohl der Brummer ein ziemliches Gewicht hatte, ließ er sich antreten, ohne daß man ihn auf den Bock stellte oder daß man erst zur Seite treten mußte. Maschine im Stehen gegen das linke Bein gelegt, zwei Millimeter Spätzündung mit dem Zündverstellhebel am Lenker eingestellt, dazu mit dem Lufthebel nur halbe Luft gegeben, brumm — da war er wieder!
Bei näherem Betrachten des Motors fiel mir auf, daß das Auspuffrohr in den Auslaßkanal des Zylinders nur hineingesteckt war — ohne besondere Dichtung, ohne Haltering oder Schraube. Dabei blies nirgendwo etwas durch! Das Auspuffrohr war tatsächlich nur an einer Stelle am Rahmen angeschraubt. Nun bitte ich einmal nachzudenken, was man anderswo alles angefangen hätte, um da vorn in der Hitze die Anschlußfuge dicht zu kriegen!

Typisch für englische Motorräder war der Pri - märkettenkasten der AJS Springtwin

Eine sehr wichtige Sache war bei den Engländern die Ersatzteilfrage. Bei AJS war das aber wenigstens insofern vereinfacht, als nahezu sämtliche Teile von Matchless auch für AJS paßten. So war die von mir gefahrene AJS-Springtwin Modell 20 identisch mit der Machtless Super Clubman G 9.
In diesem Falle brauchte man sich also nicht übermäßig zu fürchten, und man sollte vor allem etwas nicht tun, was wir damals als besonders gefährlich bei englischen Maschinen gefunden haben: Es war fast völig ausgeschlossen, eine englische Maschine einem deutschen Dorfschlosser in die Finger zu geben! Viele meiner damaligen Freunde waren nur deshalb von englischen Maschinen enttäuscht worden, weil sie nicht den Mut hatten, sich selbst darum zu kümmern und notfalls Original-Teile an Hand der ja sowieso erhältlichen Ersatzteilliste zu besorgen.
Englische Maschinen gingen bei schlechter Werkstatt genauso zugrunde wie eine deutsche Maschine , von der damals ja auch die Sage ging, der Niedergang beginne hoffnungslos von dem Zeitpunkt an, an dem sie zum Erstkundendienst über die Schwelle der Vertreter-Werkstatt geschoben wurde.
Während aber bei deutschen Maschinen immerhin noch ein Werkskundendienst da war, der den Versuchen besonders tüchtiger Vertreter-Werkstätten einigermaßen auf die Finger sah, gab es das bei englischen Maschinen in der BRD nicht.
Für das, was bei englischen Maschinen wirklich gspielt wurde, möge zur treffenden Illustration eine kleine Geschichte dienen, die sich mit der AJS ereignete: Kupplungszug gerissen!
»Herrgott, wie komme ich jetzt bloß an diesen im Getriebekasten versteckten Kupplungshebel, in dem der Zug unten eingehängt ist? Ist doch eine Blödheit, so etwas zu bauen und zusammenzuklatschen, überhaupt diese elenden, englischen Mistschlitten« —. Na, ja, die Epistel kannte damals jeder.
Und dann kam da einer, der es schon wußte und schraubte nur die Einfüllschraube für das Getriebeöl auf. Siehe da, genau da drunter hing der Nippel im Hebel, die Öffnung war riesig und mit der Zange wurde das Ding herausgezogen und der neue Zug eingefädelt. Das war alles.
Von dererlei Geschichten wären noch eine ganze Anzahl zu erzählen, doch der Clou des ganzen Testes war noch etwas ganz anderes: Die Maschine, die wir getestet hatten, die so blitzblank sauber und scheinbar neu zu uns kam, die so bestechend schön lief und die Meßwerte ergab, aus denen wir diese unangenehmen deutsch-englischen Vergleiche herleiteten, die nicht einen Wurm drin hatte — dieser Schlitten hatte bereits 42 000 km drauf. Gefahren von Hinz und Kunz, Max und Moritz. Zur Übernahme nur durchgesehen, schön geputzt und nachgewischt. Und einen neuen Tachometer draufgesetzt!
Ein halbes Jahr später haben wir an eine Springtwin einen Seitenwagen drangehängt. Diesmal war es eine neue Maschine; und wir erwarteten, daß wir eines Tages ein Telegramm nach Hamburg schicken würden »Testmaschine abholen in Bimmelburg. Nicht mehr fahrfähig.« Wir sahen uns

schon mit der Bundesbahn von irgendeinem Hergottskaff aus nach Hause dampfen.

Denn, so sagten wir uns, wenn dieser Schlitten stirbt, denn hilft dir niemand. Ersatzteile gab's nicht, passendes Werkzeug bei den englischen Zollmaßen gab es auch nicht überall — das einzige, was man brauchen konnte, waren eben deutsche Reifen.

Wider Erwarten kam es anders: Nach den ersten 2000 km entdeckte ich, daß das Gespann mit dem Steib-Seitenwagen S 501 allerhand vertrug. Wochentags ein wenig in der Stadt rumgondeln, zum Wochenende durchweg lange scharfe Strecken und Abfahren von irgendwelchen Geländestrecken der verschiedenen Zuverlässigkeitsfahrten, anschließend wieder scharfe Rückreise. Zwischendurch auch einmal eine längere schnelle Fahrt aus Zeitgründen über die Autobahn, d. h. 200 oder 300 km Vollgas. Und wenn die Liebste mitleidig war, dann nahm sie mal den Schwamm und wischte den Dreck ein bißchen ab. Und dann fiel einem ein, daß ja wohl neues Öl angebracht sei. Und weil nichts geschah, was besorgniserregend war, so wurde es 1954 eben eine der meistbenutzten Maschinen unter meinen Testobjekten.

Zum Einfahren weder im bürgerlichen Sinn noch nach speziellen Methoden habe ich mir wirklich keine besondere Zeit gelassen Etwa nach 1000 km war sie ziemlich frei. Im Gebiet der Schwäbischen Alb, im Schwarzwald oder in den Sandkuhlen der norddeutschen Ebene, in den Serpentinen des Westerwaldes oder in der Eifel — da war überall Gelegenheit dazu, einen Motor oder ein Fahrgestell bis auf's Äußerste zu beanspruchen. Und nach 3000 km war die Hinterraddecke glatt wie ein Kinderpopo. Vorn waren 2 mm Gummi runter und vom Seitenwagenrad auch schon 1,5 mm.

Dieser Gummiabrieb aber rührte nur von der überaus harten Kurvenfahrerei her, denn bislang hatte ich kaum ein Fahrgestell gefunden, daß mit angehängtem Seitenwagen das Kurvenfahren zu einem solchen Spaß wie mit einer Zündapp KS 601 gestaltete. Dies kam dem Spaß mit einem »Grünen Elefanten« ziemlich nahe.

Rechtskurven wurden zu meiner Spezialität mit der Maschine. Buchstäblich konnte man das Gespann um eine solche Kurve herumreißen — ohne daß der leere Seitenwagen in die Lüfte stieg. Dabei drückte man mit der rechten Hüfte nach links unten, wobei man das Gefühl hatte, das ganze Gespann nicht um die Kurve herum zu steuern, sondern herum zu drücken. Hierbei sackte die AJS hinten tief in die Federbeine. Bei Linkskurven aber stieg sie hinten aus den Federbeinen heraus.

Jetzt zeigte sich auch, was diese Schwinge mit den dicken Federbeinen wert war. In diesen Linkskurven nämlich, wenn sich das Hinterteil vom Boden hob, blieb das Rad am Boden fest kleben — es versetzte oder sprang nicht. Die Teleskopgabel vorn machte keine Mätzchen wie z. B. das Überspringen von Löchern, das die Lenkung unangenehm verreißen kann. Und das Gespann lief genau hinter dem Vorderrad her. Trotz härterer Federn ließ sich die unglaublich weiche Telegabel noch mit den Fingern niederdrücken. Natürlich war sie etwas elastisch, der Lenker zeigte jedesmal in den Kurven mehr Einschlag an, als das Rad wirklich hatte. Aber verziehen tat sie sich nicht. Die Maschine lief kurz vor ihrer Rückgabe solo freihändig sauber geradeaus.

Für damalige Zeiten waren 29 PS bei 6800 1/min aus einem Zweizylinder 500 cm^3 Motor eine Menge Dampf. Dabei galt diese Angabe mit einer Verdichtung 7,0 und niedrigen Kolben. Die von mir gefahrene Maschine hatte eine Verdichtung von 8,0 und die hohen Kolben. Sie hatte also etwas mehr PS.

Eine 500er Maschine, die Beschleunigungskurven erreichte, die der einer 600 cm^3 Sportmaschine gleichkamen, hatte mehr als 30 PS. Wenn dazu die Höchstgeschwindigkeit ebenfalls gleich war (mit Seitenwagen über 120 km/h), dann konnte

mir keiner erzählen, daß es sich um einen zahmen Motor handelte. Vor allem nicht, wenn er dauernd an seiner Leistungsgrenze gefahren wurde — ja, wenn er diese Grenze auch immer wieder überschritt bei langen Bergabfahrten mit Überdrehzahl.
Aber eines Tages bekam ich dann doch Ärger: Als wir es einmal zwischen München und Stuttgart sehr eilig hatten, wurde die Maschine plötzlich auffallend lahm, kam nicht mehr über 85 km/h hinaus, und Carl Hertweck lief mir mit seiner Test-Regina 400 glatt davon. Schließlich begann die AJS zu spucken, und ich fuhr auf einen Parkplatz zum Nachsehen.
Befund: Der Mitnehmer, der den Schleifring des Unterbrechers zwecks Verstellung des Zündzeitpunktes bewegte, hatte sich mit seiner Nase in der Nut des Ringes verklemmt und war auf Spätzündung zurückgesprungen. Effekt bei uns: Flucherei auf dieses Lucas-Licht-Zeug, daß in englischen Maschinen eingebaut war. Nach vieler Fummelei, an der sich auch ein ADAC-Straßenwachtmann beteiligte (die fuhren 1954 noch mit BMW-Gespannen), hatten wir den verklemmten Vogel wieder im Käfig. Aber schon nach wenigen Kilometern sprang er schon wieder auf Spätzündung. Da packte mich die Wut. Ich konnte nichts anderes tun, als langsam schimpfend und lästernd nach Hause zu fahren. Nach 50 Kilometern waren die Auspuffrohre herrlich blau. Schon rechnete ich mir aus, was würde, wenn jetzt noch Ventilschäden dazukämen, und was uns daraus noch entstehen könnte. Es geschah aber nichts. Ich gelangte wohlbehalten nach Hause, etwas später wie gewohnt, aber immerhin.
Ein paar Tage später ging ich zu einem alten Händler, der schon lange Jahre mit englischen Maschinen handelte. Gottseidank war da in Stuttgart die Fa. Herrmann. Ich wollte einen neuen Mitnehmer. Da war aber keiner zu haben. Aber in einer alten Norton, Baujahr vor dem Kriege, da war einer drin, und der paßte genau. Er hielt auch bis zuletzt, und es gab keinen Schaden an der elektrischen Anlage mehr.
Da kamen mir die alten Russen-Fords in Erinnerung, die unsere Landser 1942 lieber fuhren als unsere Kfz-15. Der Grund war: Wenn bei denen etwas zum Teufel ging, dann fand man unter Garantie in irgendeinem Wrack an der Seite der Rollbahn oder in den Wäldern das passende Ersatzteil. Bei den eigenen Fahrzeugen aber mußten wir wegen Ersatzteilen bis zum Heimatkraftfahrpark zurück.
Bei dieser Gelegenheit lernte ich, welche Teile von alten Vorkriegs-Modellen in englischen Maschinen der 50er Jahre paßten — es war eine erstaunliche Liste! Von dem Tage an bekam die Test-AJS auch nicht die leiseste Erholung mehr, wo ich wußte, daß es eben doch Ersatzteile gibt.
Dann lernte ich noch einen Mann kennen, der mir zeigte, wie man mit dem Bordwerkzeug und zwei vom Werk gelieferten Spezialabziehern für das Nockenwellen- und das Magnetrad (beide Abzieher kosteten im Einkauf nicht mehr als DM 2,50) den ganzen Schlitten sauber zerlegen konnte!
Ich konnte mir die Bemerkung nicht verkneifen, daß es bei BMW zum Reparieren aller Modelle allein 43 Spezialwerkzeuge gab, wobei jedoch ein Gerät zum Ausrichten der Kurbelwelle z. B. gar nicht dabei war. Dagegen standen 26 Spezialwerkzeuge bei AJS für alle Modelle zur Verfügung bis einschließlich Baujahr 1950. Da waren Arbeiten wir Kurbelwellen ausrichten, Pleuel richten, kurz und gut ganze Generalüberholungen drin!
Trotzdem aber habe ich jedem Fahrer einer englischen Maschine damals immer geraten, sich gutes Zollwerkzeug noch extra zu kaufen.
Noch etwas war an der AJS anders, als wir es sonst bei englischen Maschinen gewohnt waren. Der Motor baute am Kurbeltrieb so schmal, daß für die Einzylindermotoren und für den Springtwin-Motor das gleiche Fahrgestell mit den gleichen Abmessungen benutzt werden konnte. Dadurch war die Kurbelwelle sehr kurz — die

AJS wies bemerkenswert geringe Vibrationen auf. Daß doch noch Schwingungen vorhanden waren, zeigte das Dröhnen des Seitenwagen-Kotflügels, wenn die Gänge ausgefahren wurden. Das war dann auch sozusagen ein Zeichen Schalten.
Der erste Gang war etwas zu knapp übersetzt, obwohl die Maschine mit Seitenwagenübersetzung geliefert wurde (Solo 20 Zähne am Getrieberitzel und 42 Zähne am Kettenkranz des Hinterrades. Für Seitenwagenbetrieb 18 Zähne am Getrieberitzel). So kam es auch, daß das Hinterrad im Gelände ziemlich leicht und schnell durchdrehte und die Kupplung dadurch erheblich belastet wurde. Hatte die Kupplung zuerst beim Fahren einer längeren Strecke mit Spätzündung durch die Wärme in ihren fünf Druckfedern gelitten, so mußte sie nun im Gelände beim Abfahren einiger Strecken von Zuverlässigkeitsfahrten nochmals herhalten. Sie hielt das auch durch, doch hätte ich mir im Getriebe die Auslegung des ersten Ganges so geändert, daß seine Übersetzung größer gewesen wäre. Ich wagte kaum daran zu denken, wo die Beschleunigungskurve dann angelangt wäre, wenn der erste Gang für Seitenwagenbetrieb richtig übersetzt gewesen wäre.
Wie bei vielen englischen Motorrädern jener Zeit hatte der Vergaser nichtmal ein Luftfilter. Ich möchte heute nicht wissen, was der Motor damals alles schlucken mußte. Und das muß man eigentlich im Hinblick auf seine erfahrene Standfestigkeit erwähnen.
Da unsere Seitenwagen in Deutschland meistens Rechtsanschluß hatten und der Kickstarter der AJS rechts saß, konnte man natürlich einmal mit dem Schienbein beim Antreten an die mittlere Seitenwagenstrebe schlagen, wenn der Motor zurückschlug. Ich habe später sogar die Zündverstellung auf »Früh« stehen lassen und den Motor immer ohne Zurückschlagen durchtreten können, so daß mich der Kickstarter rechts nicht mehr gestört hat.
In diesem halben Jahr später präsentierte man als Neuheit serienmäßig hinten eine Steckachse. Und wie das so nach dem Sprichwort »gut Ding will Weile haben« ging, war diese Steckachse wirklich das, was man brauchte. Mit einem Schlüssel drehte man die Mutter los und zog die Achse heraus. Die Bremse blieb sitzen, wenn man das Rad aus den Mitnehmerbohrungen herausnahm. Kein Klopfen, kein Quälen. Man machte das ganz zivil.
Als ich nach 3000 Kilometern das erste Mal das Hinterrad ausbaute, um einen neuen Reifen aufzuziehen, gönnte ich bei dieser Gelegenheit der Hinterradkette einen Blick. Und das auch nur, weil ich Detlev Louis in Wiesbaden auf der Zweitagefahrt traf und er mir stirnrunzelnd sagte, daß es ja wohl mal Zeit würde, sich um die Kette zu kümmern; die sehe jedenfalls sehr danach aus. Damit hatte er recht. Weil ich aber keine Zeit hatte für den Kram mit Ausbauen Auskochen usw. — ließ ich mir vom Castrol-Renndienst einmal die ganze Länge mit Kettenfett einpinseln. Und dann habe ich um drei Gewindegänge nachgespannt. Dabei blieb es. Und als ich den Reifen wechsete, stellte ich fest, daß alle roten Roststellen an der Kette verschwunden waren, und daß ich nicht mal nachspannen brauchte. Diese Kette war noch immer gut, als ich das Motorrad wieder ablieferte.
Im Zusammenhang mit dem Seitenwagenbetrieb mußte ich auch noch einmal über die Bremsen und Speichen etwas sagen. Die Vorderradbremse war eine echte Vollnabenbremse. Ihr Durchmesser mit 180 mm war nicht größer als der der Hinterradbremse, obwohl es durch den größeren Nabenkörper den Anschein hatte. Die Hinterradbremse war neben der Radnabe links. Die Radnabe war als Vollnabe ausgebildet und besaß zur Verzierung Kühlrippen.
Aber gerade diese Vollnabe des Hinterrades machte sich jetzt bezahlt, denn damit konnten Geradwegspeichen verwendet werden, die viel dünner als die Speichen in unseren deutschen schweren Gespann-

maschinen waren. Erstaunlich war, daß ich keine Speiche nachzuziehen brauchte, und ich habe die Vorderradbremse — nicht die Hinterradbremse —während der ganzen Testzeit nur einmal nachgestellt. Allerdings hatte ich mehr mit der Vorderradbremse gebremst, einer echten Fingerspitzen-Bremse. Der Fußbremshebel war sehr lang, damit erreichte man auch mit der Hinterradbremse eine Fußspitzenwirkung. Am Steib-Seitenwagen war die Steib-Öldruckbremse eingebaut.

In den Benzintank gingen gut 17 Liter hinein, und da ich es nicht fertigbrachte, den thermisch so gut ausgeglichenen Motor auf einen Verbrauch auf über sieben Liter zu bringen und auf langen Reisen mit fünf bis sechs Litern auskam, war diese Menge im Tank ausreichend. Der Ölverbrauch bewegte sich normal zwischen einem halben Liter und einem viertel Liter Castrol Grand Prix SAE 50 auf 1500 Kilometer. Mit dem Benzintank hatte ich einmal das kuriose Erlebnis, daß er sich selbständig machte. Da waren die Sicherungen der Halteschrauben rausgegangen und die Schrauben hatten das Weite gesucht.

Die Solomaschine ließ sich ohne Lenkungsdämpfer fahren, für den Seitenwagenbetrieb war er nötig. Der Vorlauf des Vorderrades wurde ja für Gespannbetrieb nicht geändert. Aber man brauchte ihn nur wenig anzuziehen und Lenkerflatterei gab es auch nur beim Anfahren.

Mit der AJS erlebte ich also Erstaunliches. Trotz der Grundbauweise, die damals schon dreißig Jahre alt war, erwies sich das Motorrad als ungeheuer brauchbar. Dieses Urbild eines Viertaktmotors hatte eine erstaunliche Reife. Allerdings — nicht alle englischen Motoren, zeigten sich von einer solchen Sonnenseite.

AJS 30/31 CSR Sporttwin, 600/650 cm³

Bei der Associated Motor Cycles Ltd., London (AMC), dem Konzern, in dem AJS und Matchless 1958 zusammengefaßt waren, kam man in den 50er Jahren erst spät zu dem Entschluß, aus dem 500-cm³-Zweizylinder-Modell 20 Springtwin und der Matchless G 9 eine 600er und später eine 650-cm³-Maschine zu machen. Vorläufer dieser Sporttwins fuhren zwar 1955 bei uns erstmals auf der Dreitagefahrt im Allgäu als 500-cm³-Modelle mit. Aber nur langsam, ganz langsam drehten sich die Räder in der sehr konservativen Fabrik auf dem Wege zu der Erkenntnis, daß man seinen vielen Motorradfreunden in der ganzen Welt endlich auch einmal große Twins mit 35 und mehr PS anbieten müsse, wie das alle anderen englischen Motorradfabriken längst taten.

Dabei hatte man es eigentlich gar nicht so schwer: Man brauchte ja keine neuen Motoren und Fahrwerke zu konstruieren, weil seit Jahrzehnten der Typenreichtum von AMC nur aus zwei Elementen bestand: Einzylindermotoren und Zweizylindermotoren. Der Rahmen war immer gleich. Das war doch ein einmaliges Baukastensystem. Aber vielleicht mußte man sich in die englische Mentalität hineinfühlen können, um dieses komische Zögern zu begreifen. Verlangt wurden Motoren über 30 bis 40 PS doch seit vielen Jahren schon, wobei natürlich der amerikanische Importeur am meisten drängte.

Das Zögern bei AMC, an eine 650er mit 40 PS (heute 29,5 kW) heranzugehen, hatte sein Gutes. Je länger man das hinauszuschieben vermochte, desto länger konnte man sich auch den Versuchen widmen. Als endlich eines Tages die ersten Worte über eine neue Sporttwin von AMC fielen, reagierte das Werk nur mit einem Foto und einer kurzen Beschreibung. Aber eines Tages — es war schon zum Ende des Jahres 1958 — konnte ich dann doch so eine neue Maschine fahren.

Die von mir Ende 1958 gefahrene 650-cm³-Maschine mit der Typenbezeichnung 31 CSR hatte aber zunächst eine Vorgängerin als 600er mit der Typenbezeichnung 30 CSR. Die Entwicklung war folgendermaßen: 1957 kam im Herbst zu der Zweizylin-

Die AJS Sporttwin 30/31 CSR 650 cm³ / 1958

der-Maschine Modell 20 Springtwin 500 cm³ dieses Modell 30 mit 600 cm³ als normale Tourenmaschine. Sie hatte schätzungweise 33 bis 35 PS. Das 500er Modell Springtwin hatte 66 mm Bohrung und 72,8 mm Hub. Die 600er bekam 72 mm Bohrung, behielt aber den gleichen Hub. So konnte man die gleichen Kurbelwellen verwenden. Im Jahre 1958 gab es dann zu dieser 600er Typenreihe die 30 CS (Geländesport) und die 30 CSR (Straßensport) mit erhöhter Verdichtung mit gleichem Hubraum. .Die Motorleistung bei 6200 1/min betrug 39 PS (heute 28,7 kW).

In Amerika wollte man aber unbedingt eine 650er Maschine haben. So bekam der 600er Motor der Touren- und der Sporttypen zur 72 mm Bohrung nun einen größeren Hub von 79,3 mm. Es wurde daraus ein 650-cm³-Motor. Die Verdichtung beider Versionen wurde nicht geändert, die Leistung war ebenfalls genau gleich, danach aber wurde dann der 600er Motor aufgegeben.

Man konnte sich das erlauben, denn man hatte genügend passende Teile, um die gelieferten 600er auf lange Zeit mit Eratzteilen zu versorgen. In diesem 600er Motor paßten z. B. die Kurbelwelle des 500er Motors (der Hub war ja nicht geändert) und die Kolben der 650-cm³-Maschine.

Diese 650er bekam die Typenbezeichnung »Modell 31«. In dieser Reihe gab es dann die normale 31, die 31 de Luxe mit ein bißchen mehr Chrom, die 31 CS als Geländesport-Maschine und 31 CSR als Straßensport-Ausgabe.

Diese Straßensport-Ausgabe, die Sporttwin, unterschied sich im Äußeren von der Tourenmaschine 31 durch einen größeren Öltank, durch Leichtmetall-Kotflügel, niedrigere und helle Sitzbank, ein kleineres Stopplicht, abklappbaren Kickstarter und den beiden in einem Stück und einem Auspufftopf endenden Auspuffrohren. Es wurden ungefähr 10 kg Gewicht gegenüber der Tourenmaschine gespart.

Da der Rahmen mit allen Abmessungen und vorgesehenen Motor- und Getriebebefestigungspunkten beider Typen gleich war, konnte man den höher verdichteten Sportmotor ohne weiteres in den Rahmen der Tourenmaschine einbauen. Damit konnte man sich dort die Möglichkeit schaffen, auch mit zwei Personen bequem längere Strecken zu fahren. Der Sitz auf der Sporttwin war nicht dazu geeignet, eine Sozia »wie auf Händen getragen« durch die Lande zu befördern, und leider paßte der größere Sitz der Tourenmaschine nicht so ohne weiteres auf die Sporttwin. Aber wer fuhr denn schon mit der Sporttwin zu zweit?

Da ich wußte, daß englische Maschinen ihr richtiges Temperament erst nach ziemlich langer Laufzeit von 5000 km entwickelten, war es nichts Besonderes, daß das brandneue Stück zunächst nur 145 km/h ging, als ich es übernahm. Und diese 5000 Kilometer mußten sozusagen im Alltag erst mit Ruhe zusammengefahren werden. So wurde die 31 CSR ein Brötchenholfahrzeug, Alltags- und Schulweg-Motorrad.

Ganz langsam wurde dann der Motor weicher. Die anfänglich sehr starken Vibratrionen zwischen 130 und 140 km/h empfand ich nicht mehr als so schlimm, und nach 1800 Kilometer Laufstrecke war die Höchstgeschwindigkeit auf 167,6 km/h langliegend mit engem Lederzeug angestiegen. Das rechte Auspuffrohr war bis zur Zusammenführung mit dem linken Rohr fast blau, an der Vereinigung der beiden Rohre zeigte sich wieder intensive blauviolette Färbung. Das linke Rohr selbst zeigte keinerlei Färbung. Die Vibrationen aber hatten schon einen kleinen Schaden angerichtet, denn in der hinteren linken Tankbefestigung war ein Bolzen weg: Riß!

Da kein passender Tank für die 600er in Hamburg am Lager war, schickte Detlev Louis einen neuen Tank der 350er AJS. Um vor weiteren Rissen sicher zu sein, wurde dieser Tank nicht mit dem Rahmen verschraubt, sondern auf die Querträger einfach aufgelegt. Die Schaumgummistücke dienten als Polster. Die Sitzbanknase hielt den Tank genügend fest, daß er nicht verrutschen konnte. So blieb er die ganze Zeit sitzen, auch später bei den Testfahrten auf dem Nürburgring. Eine verblüffend einfache und gute Lösung.

Zu jener Zeit war die 31 CSR neben der 40 PS Road-Rocket von BSA, der Triumph-Thunderbird und der 60 PS starken Vincent-Black-Shadow eines der schnellsten englischen Serienmotorräder. Nachdem die englische Bereifung von Dunlop gegen deutsche Metzeler C-Reifen ausgetauscht waren, verlor sich auf nasser Straße und in schnellen Kurven bei großer Schräglage auch noch das leichte Schwimmen. Nun konnte man endlich auf dem Nürburgring (siehe auch Seite 185) selbst bei nasser Bahn am Schwedenkreuz die langgezogene Linkskurve mit über 165 ehrlichen km/h durchfahren. Die Fuchsröhre hinunter waren es über 170 km/h, so es daß einen unten im Grund beim Aufstieg zum Adenauer Forst unheimlich auf den Tank preßte.

Die schnelle Linkskurve am Metzgesfeld vertrug 140 km/h. Da brauchte man das Gas nicht mehr wegzunehmen, was man vorher regelmäßig mußte, weil das linke Schwimmen auf dem Dunlop-Profil an dieser Stelle beängstigend war (beim ersten Durchgang bekam ich da einen ganz schönen Schrecken!)

Ferner durfte man etwa an der Kuppe oben am Brünnchen in der Rechtskurve bei feuchter Straße kein Gas geben — das gab jedes Mal einen schönen Schlenker. In England waren Blaubasalt und glatte Asphaltstraßen ebenso gut wie unbekannt. Da kannte man keine besonderen Profilsorgen für Alltagsreifen, und man machte noch Motorradreifen mit breiten Mittelstegen im Profil. Trotzdem aber war es möglich, mit der Sport-AJS bei Regen und mit diesen Reifen Rundendurchschnitte zwischen 100 und 105 km/h auf dem Nürburgring herauszufahren. Die schnellste Runde auf trockener Straße und mit Metzeler C-Profil war mit fliegendem Start eine Zeit von 11 : 56 = 114,7 km/h, wobei noch zwei Baustellen an der Quiddelbacher Höhe und am Wippermann zu berücksichtigen waren.

Wenn wir diese Zahlen des Nürburgringes

als Maßstab der damals möglichen Fahrleistung nehmen, dann mußte man auch wohl glauben, daß längere Fahrten über mehrere hundert Kilometer mit sehr hohen Reisedurchschnitten zu machen waren. Selbst wenn man die Autobahnen mied, war es leicht, einen 90er Reiseschnitt über 400 Kilometer einschließlich aller Pausen zu erreichen, ohne daß das nun den Fahrer besonders mitnahm (solange er nicht auf den Gedanken kam, sich auf schlechten Straßen langgemacht auf den hinteren Teil der Sitzbank zu verziehen. Er hätte sich dann ebensogut gleich auf den nackten Kotflügel setzen können.

Der Straßenverkehr vor mehr als 20 Jahren machte so etwas noch möglich. Es gab Landschaften, da staunte man, wenn man einem Auto begegnete.

Die vollgetankte, mit Fahrtschreiber an Bord nur 190 kg schwere Maschine war, wie die meisten englischen Brocken, leicht wie ein Fahrrad zu fahren. Kurvenlage und Radfederung entsprachen den Eigenschaften einer Vollschwingen-Maschine. Nur hatte das Modell 31 vielleicht noch einen ganz kleinen Vorteil: Bevor sie nämlich auf der bei den Tests immer wieder befahrenen Rheinufer-Straße mit dem großen Blaubasalt zum Straßenrand weggehen wollte, bemerkte man im Lenker deutlich, daß die Bodenhaftung nicht mehr ideal war. Vielleicht hatte eine sehr gute Telegabel wie die der AJS so etwas einer Langarmschwinge noch voraus. Wenn nämlich ein Schwingenfahrwerk erst einmal so weit war, daß das Motorrad wegflog, dann war da meist nichts mehr zu retten, weil es viel eher bei einer sehr viel höheren Geschwindigkeit unruhig wurde und vorher keine Warnungen austeilte.

39 oder 40 PS waren im Jahre 1958 bei den damals herrschenden Verhältnissen etwas Gewaltiges. Auch die Verkehrsverhältnisse spielten dabei natürlich eine Rolle. Außerdem war man solche Leistungen überhaupt nicht gewohnt. Man mußte sich ganz umstellen, denn bei diesen Geschwindigkeiten sah eine Straße und alles, was darauf geschah, ganz anders aus. Man mußte laufend 200 m voraussehen, denken und handeln. So etwas ist vielleicht bei unseren heutigen schnellen Maschinen schon zur Gewohnheit geworden — damals war das keineswegs der Fall.

31 CSR Motor 1958

Auf der anderen Seite war es wieder sehr beruhigend, gegenüber anderen Fahrzeugen immer noch eine Reserve im Motor zu wissen, wenn die anderen Verkehrsteilnehmer mit ihrer Höchstgeschwindigkeit am Ende waren.

Wir haben uns da natürlich auch die Frage gestellt, ob man mit diesen 39 PS wirklich so gut umzugehen vermochte, daß man sie auch auf die Straße brachte. Dazu möchte ich heute sagen, daß es auch damals schon Motoren mit noch mehr PS gab, und die trotzdem diese bullige Kraft nicht auf den Boden brachten, weil sie nicht das entsprechende Fahrwerk hatten. Mit dem AJS-Fahrwerk waren aber 40 PS wirklich auf den Boden zu bringen. Erst dann am Nürburgring zeigte sich sicht- und meßbar, daß auf nassem Grund das Reifenprofil eine große Rolle zu spielen begann.

Wie schon gesagt: Der eigentliche Grund zur Entwicklung der 31 CS waren die in Amerika üblichen Gelände-Langstrecken-Rennen. Etwa der berühmte »Big-Bear-Run«, bei dem es über 400 km quer durch die Wüste und das Gebirge ging. Wer zu-

erst da war, der hatte gewonnen. Das war ein Sport, der in Europa einfach undenkbar war, weil dazu auch bei uns schon vom Gelände her jede Voraussetzung fehlte. Aber Erfolge bei einem Big-Bear-Run waren gleichbedeutend mit Verkaufserfolg.
Dazu brauchte man ein Getriebe, bei dem der zweite und der dritte Gang als Fahrgang galten. Deshalb war der dritte Gang in Abweichung zu den sonst in England üblichen Getrieben nicht dicht an den vierten Gang gerückt, sondern er lag wesentlich tiefer.
Für die Straße wirkte sich das ungünstig aus, weil man den dritten Gang immer bis ganz oben hin ausfuhr. Auf dem Nürburgring war diese Abstufung besonders an der langen Steigung aus dem Kesselchen heraus zu merken. Bei 130 km/h drehte der Motor im vierten Gang etwa 5500 1/min (= etwa 37 PS) und fiel bis auf 115 km/h ab. Im dritten Gang wären es weit über 7000 1/min bei 130 km/h gewesen.
So kam man erst kurz vorm Anstieg zum Karussel bei etwa 110 km/h und noch vertretbaren 6500 1/min in den dritten Gang. Mit dem normalen englischen Getriebe wäre man das ganze Stück ohne zu schalten im dritten Gang gefahren, und eine andere 40-PS-Engländerin wäre ohne Tempoabfall mit 130 km/h im dritten Gang bis zur Rechtskurve vorm Karusselaufstieg durch diese Steigung gezogen. Vielleicht die Norton-Atlas.
Der vierte Gang der 31 CSR kam auf dem Nürburgring eigentlich nur in absoluten Höchstgeschwindigkeitsstücken zum Zuge, und der dritte Gang verleitete immer wieder zum Überdrehen des Motors. Ganz abgesehen davon war die Maschine mit dem 23-Zähne-Ritzel am Motor nach meinem Straßengeschmack noch viel zu reichlich übersetzt. Bei 150 km/h war die Höchstdrehzahl des Motors erreicht, bei 165 km/h kamen etwa 7000 1/min zum Vorschein. Mit 39 PS hätte man aber mit knapperer Übersetzung über 170 km/h fahren können.

Der Motor war im Grundaufbau im Verhältnis zum Modell 20 noch immer unverändert. Die Kurbelwelle war dreifach gelagert, das Mittellager und die beiden Pleuellager waren Vanderwell-Gleitlager, die Kurbelzapfen waren in Käfigrollenlagern gelagert. Der Kolbenbolzen saß ohne Buchse im Leichtmetall-Pleuel und im Kolben. Je eine Nockenwelle war für die beiden Einlaßventile und für die Auslaßventile vorgesehen. Sie lagen über dem Kurbelgehäuse vor und hinter den Zylindern. Kurze Leichtmetall-Stoßstangen führten zu den Kipphebeln. Diese waren zur Spieleinstellung exzentrisch gelagert.
Neu für AJS war das Leichtmetallgehäuse für den Primärantrieb. Früher war die Primärkette von zwei Blechschalen eingefaßt, die durch einen umlegten Metallreifen zusammengehalten wurden. Das wirklich dicht zu bekommen, war oft sehr schwierig. Das Ganze war doch manchmal bei mangelnder Pflege eine ziemliche Ölsabberei. Das war nun vorbei, der Leichtmetallkasten war absolut dicht. Die Testmaschine zeigte auch nach etwa 40 Runden um den Nürburgring nur eine leichte Ölhaut an der Gehäusenaht.
So abenteuerlich verwinkelt dieser klassische Aufbau englischer Motorräder wirken mochte, so hatte doch alles auch seine wohlüberlegte Ordnung. Vielleicht wirkte die 31 CSR durch den Wegfall aller überflüssigen Blechverschönerungen noch verwinkelter. Sie wendete sich aber auch an Fahrer, deren Sinn gerade eben nicht nach Verkleidungen aller Art stand. Solchen Leuten waren die gute Zugänglichkeit zu allen lebenswichtigen Teilen, eine gute Sitzposition, richtige Lage aller Hand- und Fußhebel und die schönen PS, die im Bauch des Motors steckten, sehr viel wichtiger.
Schwer schaltbare Getriebe, wie sie bei uns immer noch toleriert wurden, waren für so ein Cowboy-Pferd von vornherein unmöglich. Das Getriebe der Sporttwin ließ sich wie alle englischen Motorradgetriebe leicht und genau schalten, die sehr weich grei-

Auspuffanlage 2 in 1: AJS 31 CSR

fende Kupplung ging dennoch so leicht zu ziehen, wie das bei uns noch lange nicht zur Norm gehörte. Dafür hatte man dann wieder einen superbreiten Lenker, und serienmäßig gab es auch kein Luftfilter für den Vergaser.
Seit 1955 hatten die AJS-Modelle vorn eine Leichtmetall-Vollnabenbremse und hinten eine von der Nabe getrennte Trommelbremse, auf der nach alter Väter Art der Zahnkranz saß. Die Geradspeichen schienen der eigentliche Grund für die Vollnaben zu sein. Die Bremsen selbst reichten auch auf dem Nürburgring immer aus und brauchten auch beim Gespannfahren mit der Testmaschine 1955 bekanntlich nicht nachgestellt zu werden. Bremsendurchmesser vorn und hinten 180 mm.
Weiter waren die in drei Stufen verstellbaren hinteren Federbeine erwähnenswert, sowie die serienmäßig vorhandene Schwenkstütze. Der Scheinwerfer hatte nun 180 mm Durchmesser und mit einer 35/35 Watt-Lampe war es das bis dahin beste Licht, was wir an einem Motorrad erlebten. Der Durchschnitt auf dem Nürburgring bei Nacht auf trockener Bahn war immer noch 14 : 06 (= etwa 97 km/h).
Diese 31 CSR war ein dramatisches Motorrad für Einzelgänger — für ausgesprochene Liebhaber des Solofahrens auf einem schnellen Untersatz. Alles, was an dieser Maschine dran war, atmete Unternehmungsgeist.

Technische Daten

Bezeichnung: AJS 31 CSR oder Matchless G 12 CSR

Hub/Bohrung:	79,3/72 mm, 2 Zylinder
Hubraum:	646 ccm
Verdichtung:	8,5
Motorleistung:	39 PS bei 6200 1/min

Magnetzündung — Mehrscheibenkupplung im Ölbad

Gesamtübersetzung

1. 22 Zähne am Motorritzel:	13,4/8,9/6,8/5,0
2. 23 Zähne am Motorritzel:	12,8/8,5/6,5/4,8 (Serie)

Ritzel mit 19 und 20 Zähnen erhältlich.

Vergaser: Amal-Monobloc	28,6 mm ∅
Tankinhalt:	ca. 17 Liter
Öltank:	ca. 2,5 Liter
Bereifung: vorn	3.25—19
hinten	3.50—19

Gewicht der Testmaschine
mit vollem Tank und Fahrtenschreiber: 190 kg

Testverbrauch:	ca. 5—6 Liter/100 km

Die Geländesportmaschine 31 CS unterscheidet sich von der Straßensportmaschine durch kleineren Scheinwerfer (Tachometer außerhalb befestigt), kleineren Tank (ca. 10 Liter Inhalt), andere Räder und Bereifung (Dunlop-Geländereifen, vorn 3.00—21, hinten 4.00—19) und andere Gesamtübersetzung (21 Zähne am Motorritzel: 14,0/9,3/7,1/5,25 serienmäßig).

Ariel Huntmaster 650 cm^3

Der Markenname Ariel aus England war uns 1954 sehr geläufig. Dort gab es ein berühmtes Vierzylinder-Modell — 1000 cm^3, über 40 PS, Modellname »Square Four« — mit einem sagenhaften Ruf. Doch war die Ariel bei uns in Deutschland relativ selten. Nur einmal konnte ich einen besonderen Typ fahren und damit Erfahrungen sammeln. Das war das Modell 650-cm^3-Huntmaser.

Lassen Sie mich von dieser starken 40-PS-Maschine erzählen. So wie sich die Verhältnisse bis heute verändert haben, so muß man sagen, daß so ein Brocken in den 50er Jahren für uns dasselbe war wie vielleicht heute eine 100-PS-Bolide. Nur mit einem Unterschied: Heute ist unser Verkehr so dicht geworen, daß man mit einer 100-PS-Maschine an den Grenzen menschlicher Fähigkeiten in diesem Wirbel angekommen ist. Auf abgsperrten Rundkursen — wie z. B. auf dem Nürburgring — machen solche Renner natürlich noch immer Spaß. Doch verhindert unsere gesamte Verkehrssituation im Grunde genommen die wirkliche Ausnutzung solcher hohen Leistungen.

Mit der 650 cm^3-Zweizylinder-Ariel Huntmaster bekamen wir 1954 erstmals eine englische Schwingenmaschine zum Testen

Damals — wie erwähnt — war das noch anders: Mit 40 PS war man absoluter König und hatte draußen auf den Landstraßen und auf den Autobahnen noch viel mehr Freiheiten. Umso interessanter aber ist es, daß wir 1954 schon einige Bemerkungen machten, die darauf hinweisen, daß 40 PS schon damals eine Grenze waren: Wenn man einen solchen enormen Brocken wie die Huntmaster mit ihren 40 PS in die Finger kriegte, ging man zunächst einmal mit einiger Ehrfurcht drumherum. Schließlich war ja eine 100-Meilen-Maschine kein Spielzeug für kleine Jungen und erst recht nicht für Leute, die sich von den 100 Meilen einen Reiz versprachen. Dazu waren 100 Meilen unserer Meinung nach objektiv viel zu gefährlich.

Solche Renner waren unserer Meinung nach etwas für alte erfahrene Leute, die sich noch ein gutes Stück ihrer jugendlichen Spannkraft bewahrt haben. In den Händen junger Angeber waren sie aber schlimmer als ungesicherte Pistolen.

Wir hatten schon auf manchem anderen bulligen Apparat gesessen, der für sich in Anspruch nahm, eine 100-Meilen-Maschine zu sein. Und die hatten sich alle so verhalten, daß unser oben besagter Eindruck von Kitzligkeit der 100-Meilen-Grenze immer mehr gefestigt worden war.

Setzte man sich also zum ersten Male auf die Huntmaster drauf, dann war man zwar nicht gerade ängstlich, im Gegenteil: Man nahm den Tank sehr fest zwischen die Knie und auch in den Armen und Schultern war man auf so Einiges gefaßt.

Trotzdem der erste Eindruck »Donnerschlag, das Ding fährt sich wie eine deutsche 200er«!

Dieser Eindruck war so zwingend, daß ich gar nicht anders konnte, als ihm meiner Betracht voranzustellen.

Natürlich war es unheimlich, wie dieser Motor mit einem abging. Es war tatsächlich das schnellste Serien-Motorrad, das ich bis Mai 1954 solo gefahren hatte. Dennoch war dieser Abzug nicht der stärkste Eindruck, sondern eben die enorme Handlichkeit. Trotz der mehr als vier Zentner Gewicht. Jedenfalls traute man sich mit der Ariel mehr zu als mit einer entsprechenden deutschen Maschine.

Wir hatten auf der Autobahn Stuttgart-München zwischen Aichelberg und Drackenstein ein verhältnismäßig ebenes Stück, und zwar zwischen dem oberen Ende Aichelberg und dem unteren Ende Drackenstein. Das war um 1950 herum schon eine ewige Baustelle und ist es bis heute — länger als 30 Jahre! — geblieben. Der Grund unter dem Pflaster hatte nachgegeben, und es waren tückische Wellen und Senkungen entstanden, die eine ganze Anzahl uns bekannter Motorräder wüst tanzen ließen. Ich kannte mehr als einen schweren Brocken, mit dem man auf dieser Strecke noch unter 70 km/h heruntergehen mußte, und mit dem man trotzdem froh war, wenn man diese paar wenigen Kilometer hinter sich gebracht hatte — bei Nässe blieb man ganz brav noch unter 60 km/h.

Die Huntmaster aber ließ sich — auch wenn man sich noch keine 1000 Kilometer lang an sie gewöhnt hatte — in Richtung Drackenstein mit über 100 km/h über diese Pflasterstrecke jagen. Wohlgemerkt, aber ohne das Gefühl, damit eine besondere Leistung vollbracht zu haben.

Umgekehrt, also Drackenstein-Aichelberg, konnte man ebenso ohne das Gefühl einer besonderen Leistung 120 km/h stehen lassen.

Carl schrieb dann einmal zu dieser Ariel: »Wenn sich also jemand eine Huntmaster kauft, nur um sich damit selbst seine Männlichkeit zu beweisen, dann habe ich ihn immerhin gewarnt.« Meiner Meinung nach könnte man diesen Satz heute hinter jeden Test einer 100-PS-Maschine schreiben.

Doch zuerst hatte dieses Motorrad, das wir 1954 im Frühjahr fahren konnten, völlig verstellte Ventilzeiten. Statt eines 15er Spiels war es ein 40er Spiel. Der Motor gab kaum einen Ton von sich, und nachdem er uns beinahe beim ersten Antreten durch einen Rückschlag aufbrannte (da hättet Ihr uns einmal rennen sehen können!), da verloren wir so langsam die Lust. Vier Nächte haben wir nicht geschlafen, weil die Mühle doch so gewaltig aussah und nicht laufen wollte. Aber dann gab sie doch noch Muckse von sich, als die Denkerstirnen endlich den Fehler entdeckt hatten. Die erste Reise dann von der Wohnung weg durch die Stadt zur Tankstelle und zurück — Leute, das erlebte man nur alle heiligen Zeiten einmal!

Das Besondere an diesem sportlichen Motor, der immerhin eine Sportnockenwelle, Leichtmetall-Pleuel mit Bleibronzelagern, eine Verdichtung von 1 : 7,25 aufwies und am Besten mit 310er-Rennkerzen zu fahren war (Testverbrauch 6 Liter auf 100 km), war die absolute Laufruhe. Es war ohne weiteres möglich, im vierten Gang mit 50 km/h wie ein Lord durch die Hauptstraßen zu rauschen. Dabei gab es bis knapp über 30 km/h kein Rucken. Auch die 310er-Rennkerze blieb dabei noch sauber.

Wir lernten das Problem der Vibrationen, das wir immer wieder bei Zweizylinder-Motoren ähnlicher Art erlebten. zweimal brach am Ansatz des Auspuffrohres der rechte Schalldämpfer. Eine zusätzliche Befesti-

Carl löscht den Vergaserbrand der Huntmaster mit Lappen und Wasser

gung des Rohres zwischen Zylinder und Schalldämpfer war sehr leicht zu machen und behob diesen Mangel sicher.
Diese Ariel hatte eine derartige Straßenlage, daß sie einem das Gefühl für die wirkliche Geschwindigkeit nahm. Man mußte den Tacho dauernd im Auge behalten. Darin lag natürlich auch einige Gefahr. Und die sah etwa folgendermaßen aus: Enge Ortsdurchfahrt, durch langes Schnellfahren abgestumpftes Geschwindigkeitsgefühl, plötzlich aus irgendeiner Seitengasse irgendein Fahrzeug oder Fußgänger, hinein in die Bremsen — aber, sie tut's nicht mehr bis dahin, sie zieht weiter. Der letzte Blick geht vielleicht noch zum Tachometer, der zeigt 100 km/h an.
Solche Erfahrungen waren doch ziemlich neu für uns. Und daß man Reiseschnitte von 95 km/h über 450 Kilometer Tagesstrecke ohne einen Meter Autobahn erzielte, daß man nach einer solchen Reise zwar nicht mehr ganz frisch, aber nervenmäßig noch völlig auf der Höhe aus dem Sattel kletterte, das erstaunte uns gewaltig.
Vorn hatte die Machine ein 20-Zoll-Rad, hinten ein 19er. Die Telegabel war mit den letzten Erkenntnissen gebaut, und das Motorrad lag auch bei Tachometer-Anzeige 170 km/h auf der Autobahn Frankfurt-Darmstadt trotz Seitenwind noch haargenau in der Spur.
In dem ewigen Kurven-Hinundher des Sauerlandes, in blockigen und schmierigen Steinwegen der Eifel, auf den ekelhaften Blaukopfstraßen des Rheinufers und auf den »Katzenköpfen« der Lünebuger Heide hatte dieses Fahrwerk nicht ein einziges Mal eine Seite gezeigt, die geeignet wäre, meinen Bericht anders abzufassen als heute noch. Aber die Grunderkenntnis war diese: 40 PS ohne ein solches Fahrgestell waren purer Wahnsinn — 40 PS mit einem so guten Fahrgestell aber brachten doch noch etwas. Man mußte sich dazu nur auskennen.
Und auch der Schluß dieser Betrachtung mag für heutige Motorradfahrer nicht uninteressant sein, obwohl er — oder gerade weil er — aus dem Jahre 1954 stammt:
Es war eben ein eigenartiges Gefühl, ein Motorrad zu haben, mit dem man in der Stadt höchstens zweimal in den dritten Gang kommen konnte und das auch nur für wenige Sekunden bei leeren Straßen. Und dann gab es Streckenstücke über Land, die für mich eine Erinnerung an die NSU-Rennmaschinen der Weltmeisterschaft 1953 waren. Solche Maschinen hatte ich einmal auf dem Hockenheimring ausgiebig fahren können. Denn die Beschleunigung und auch die Spitze der Ariel kamen doch weitgehend an die der 1953er 250-cm^3-NSU-Rennmaschinen heran.
Da tauchte nun der Gedanke auf, daß eine solche Leistung menschlich und sportlich kaum noch zu vertreten sein dürfte. Ich hatte dazu sogar die entsprechende Beobachtung an mir selber gemacht: Wohl war ich mit der übermächtigen Beschleunigung dieser 650er im Verkehr ein kleiner Blitz, aber sehr viel schneller war ich auch nicht von meiner Wohnung am Bahnhof als z. B. mit der NSU-Max. Warum? Weil einfach zu viele Hindernisse in der Stadt vorhanden waren, die ein Ausnutzen der 40 PS unmöglich machten. Und ich war zudem wesentlich vorsichtiger auf dem fixen Vehikel als auf der Max. Nicht auf Grund ausgesprochener Überlegung — nein, rein gefühlsmäßig.
Anders dann auf der Landstraße! Meine Reiseschnitte wuchsen beträchtlich, und schon allein die Möglichkeit, die Beschleunigung tatsächlich ausnutzen zu können, gaben mir hier nicht das Gefühl, vielleicht unvorsichtig oder unsicher zu sein. Wozu natürlich die Straßenlage und enorme Bremsfähigkeit beitrugen. Die Fahrten mit den Rennmaschinen auf dem Hockenheimring damit zu vergleichen, das war hochinteressant. Die 250er-NSU-Rennmaschinen ließen sich sehr schön handlich fahren (bis auf meine langen Gräten, für die ich erst hatte Platz suchen müssen), auch da gab es nicht das geringste Gefühl von

Ariel Huntmaster-Motor 40 PS (29,5 kW)

Unsicherheit. Trotz ungewohnter Bananen-Verkleidung. Würde diese Rennmaschine die 200-km/h-Grenze weit überschreiten — wie dann später die großen Vierzylinder von Gilera, MV-Augusta oder Moto Guzzi — hätte ich mich darauf auch noch nicht gefährlich unsicher bei dem Fahrgestell gefühlt. Und auf schwierigen Kursen wahrscheinlich die Bremsen intensiver benutzt.
Die Ariel hatte 650 cm^3, 40 PS und wog leer 187 kg gegenüber der 250er-NSU-Rennmaschine mit 121 kg und 33 PS. Wer beschrieb aber meine Verwunderung, als ich feststellte, daß die Beschleunigung dieses Brummers gar nicht einmal so haushoch von der der Rennmaschine entfernt war, wobei man berücksichtigen mußte, daß das Verhältnis Ariel-PS/L und kg/PS zu NSU-Rennmaschinen-PS/L und kg/PS aussieht wie 61,5 PS/L und 46,75 kg/PS zu 132 PS/L und 36,6 kg/PS.

Ich hatte also mit der Ariel auf dem Hockenheimring einen ähnlichen Fahreindruck wie mit dem 250er NSU-Renner von 1953. Wobei natürlich unbedingt erwähnenswert ist, daß ich mich mit den Rennmaschinen erst mit einem gewissen »vorsichtigen Abstand« bewegte, es war doch der berühmteste Renner der damaligen Zeit — während ich mich mit der Ariel von vornherein sicherer fühlte, weil sie eben »nur« eine Tourenmaschine sein sollte. Dabei waren meine Rundenzeiten etwa gleich: NSU-Rennmaschine 1953 = 145,6 km/h Durchschnitt — Ariel 1954 = 147,8 km/h Durchschnitt. Dieses Ergebnis brachte für mich auch noch zusätzlich den Beweis, daß ein gewisses psychologisches Moment bei diesen hohen Geschwindigkeiten von ganz ausschlaggebender Bedeutung für den Fahrer sein kann.
Noch in den 60er Jahren verschwand die Marke Ariel aus der Liste englischer Motorradfabriken. AJS und Machtless hielten sich etwas länger, aber auch für sie kam bald die Stunde, daß die Tore geschlossen werden mußten. Sie leben aber in unserer Motorrad-Erinnerung fort, und ich glaube bestimmt, daß sich mancher Leser darüber freuen wird, wenn wir hier diese Erinnerungen wieder einmal auffrischen.

BSA B 31, 350 cm^3

Als die Ariel 1954 von mir zu Lohmann & Louis nach Hamburg zurückgebracht wurde, stand mir eine Rückreise mit der Bahn bevor. Da mir wohl jeder nachfühlen kann, wie man sich mit Lederzeug und Tankrucksack dabei vorkommt, mußten auch Walter Lohmann und Detlev Louis in Kauf nehmen, daß ich in ihrem Laden nach einem fahrbaren Untersatz für die Rückreise Ausschau hielt. Da sie aber beide auch »zwei von uns« waren, verstanden sie das wohl, und ich konnte bei ihnen eine nagelneue BSA-B-31 für die MOTORRAD-Redaktion aus einer Kiste ziehen.

Demonstration klassischen Motorenbaus der 30er Jahre an der B 31 / 1954

Dieses Motorrad war wirklich so neu, daß der Staub der Holzwolle noch zu sehen war. Also wurden die Bowdenzüge eingehängt, Öl und Benzin eingefüllt, und ohne den Vergaser oder die Zündung oder sonst noch etwas nachzusehen, sogleich die Rückfahrt angetreten. Der Motor war seit der Prüfstandabnahme in Birmingham nicht gelaufen.

Die BSA-B-31 wurde als Tourenmaschine mit einem Viertakt-Einzylindermotor ohv 350 cm^3 gebaut und war eine gezielte Konkurrenz zur Horex Regina. Obwohl die Leistung nach unseren Begriffen von Motorrädern dieser Klasse als die eines Sportmotors anzusehen war, wollte sie als Tourenmaschine behandelt sein. Von großangelegten Verbesserungen in den letzten Jahren vor 1954 war außer der erst aufgekommenen Hinterrad-Schwinge für dieses Modell nichts geschehen. Wenn wir es richtig sahen, so wurde sie noch in genau derselben Art gebaut wie vor 20 Jahren, also 1934. Das war wirlich ein »klassisches« Motorrad.

Es sei hier noch einmal eine Betrachtung allgemeiner Art über englische Maschinen eingefügt. Die erste eigene Berührung mit ihnen erhielt ich durch die Heeres-Schlitten der Besatzungstruppen nach dem zweiten Weltkrieg, und im Vergleich mit den späteren Maschinen ergab sich ein Bild, daß sich in allen Modellen wiederholte. Der Grundaufbau war durchweg gleich und auch die einzelnen Details wiesen dieselbe Einfachheit auf, wie wir sie — grob ausgedrückt — aus uralten Schemazeichnungen der »Fahrschulfibel in Frage und Antwort« kannten.

Ich hatte Gelegenheit, das Getriebe einer BSA zu sehen: Es entsprach tatsächlich dem Schemabild eines »Kraftwagen-Wechselgetriebes« aus der Schulfibel. Das wäre an sich nichts Besonders gewesen. Wenn ich aber bedachte, mit welchen Finessen im Getriebebau 1954 sonst schon gearbeitet wurde, dann war das doch sehr bemerkenswert, daß dieses »primitive« BSA-Getriebe nach Schaltwegen, leichter Schaltbarkeit und Sicherheit des »Fassens« von einer Qualität war, wie sie bei uns durchaus noch nicht zur Norm gehörte.

Wenn ich 1954 ganz ehrlich sein wollte, dann hätte ich — wie schon erwähnt — zugeben müssen, daß ich bis zum Ariel-Test englischen Maschinen äußerst reserviert gegenüberstand. »Verbaute Schlitten«, »Ölsardinen« waren so ungefähr die Richtung, in der sich meine persönlichen Gedanken bewegten. Dann aber mußte ich feststellen, daß diese Einstellung sich nicht halten ließ, nachdem erst einmal einige tausend Kilometer auf diesen Apparaten zusammengekommen waren. Maßgebend dafür war immer wieder — wie bei der Ariel — die Straßenlage, die ja in erster Linie — bei üblichen Geschwindigkeiten — von der Güte der Federung abhing.

Über die Hinterradfederung der BSA wäre also zu sagen: Der Drehpunkt der Schwinge lag knapp unter dem Punkt, wo der Reifen zu Ende ging. Die Breite langte gerade für das Rad und die Kettenabdeckung, sie war also sehr schmal. Stand die Maschine auf dem Ständer, war zwischen Reifen und

Kotflügel Platz für einen ganzen Frühstückstisch einschließlich Kaffeewärmer. Nahm man aber den Klotz vom Ständer, sackten die Federbeine lautlos vornehm in sich zusammen. Setzte man sich dann bei der Soloeinstellung mit 130 Pfund Gewicht drauf, sackte der Kram noch weiter zusammen, und der Kritiker stellte von außen fest, daß ja nun wohl kaum Federweg übrig blieb. Aber das war ein Irrtum, denn es waren noch reichlich 65 bis 70 mm Weg da. Und in dieser Einstellung sprach die ganze Geschichte noch auf Kieselsteine an, ohne aber in den Katzenkopf-Löcherwegen der Lüneburger Heide durchzuschlagen.

Die fehlende Vorspannung dieser Federbeine in ihrer unteren Endlage gestattete es, die Hauptfeder z. B. auszuwechseln, ohne die ganze Geschichte auszubauen. Die Hülse wurde etwas heruntergezogen, die beiden Ringkeile herausgenommen, der Bolzen herausgeschraubt und Hülse und Hauptfeder nach oben abgezogen. Der Stoßdämpfer blieb unten sitzen.

Bei schmalen Schwingen schalteten wir durchweg auf »Schwänzeln«, und brachten solche Maschinen bei Bodenwellen und in Kurven sehr langsam und sehr vorsichtig auf »Test«-Geschwindigkeiten. So natürlich auch die B 31. Man konnte ja nicht wissen ob ....

Außerdem dürfen wir heute nicht vergessen, daß es 1954 bei uns so gut wie keine Maschine über 350 cm^3 mit Schwinge gab. Die BSA-Schwinge für die B 31 war ja auch noch nicht alt, und gerade mit einer schmalen Schwinge hatte ich ein halbes Jahr vorher ganz besonders schlechte Erfahrungen gemacht. Auch sah mir das englische Dunlop-Profil nicht besonders vertrauenerweckend aus (großflächige Stollen, keine Mittelnut, dafür aber ein Mittelsteg). Um allem vorzubeugen, versah ich beide Räder mit dem deutschen Dunlop-Universal, weil er neben vielen kleineren Blöcken und breiteren Nuten auch eine breite Mittelnut aufwies.

Das sah dann so aus: Es gab lange, schnelle, etwas wellige Kurven, die für die Wirksamkeit schmaler Schwingen kritisch waren. Mit dem englischen Dunlop-Profil kam der Apparat bei über 90 ins Pendeln. Es war auch nichts dagegen zu machen. Mit dem deutschen Dunlop-Profil ging das anders. Bis 80 tat sich nichts, dann kam die erste kleine Schräglage, in der die Mittelnut absetzte und der Profilsteg bis zur nächsten Nut das tragende Element war. Hier gab es wieder ein wenig Pendeln. Dann — bei noch mehr Gas — wurde die Schräglage noch größer und jetzt kam die nächste Nut zum Tragen: Siehe da, das Pendeln hörte wieder auf und die Maschine ließ sich ohne besondere Aufmerksamkeit halten. Diese Pendelei lag also nicht an der Schwingenbauart, sondern allein am Reifenprofil.

Ein Wort dabei zur Telegabel: Daß sie auf Fingerdruck eintauchte — nun, man erwartete das von einer guten Telegabel. Daß sie nicht durchschlug, erwartete man ebenfalls. In jeden Holm der BSA gehörten 0,5 l Öl SAE 20, nicht mehr und nicht weniger. Wenn in dem einen Holm vielleicht nur 0,13 oder 0,12 l hineingekommen waren, dann

BSA B 31 350 cm^3 / 1954

Ventilspiel-Einstellung neben dem Zylinderfuß bei der BSA B 31

merkte man das schon beim Durchfedern im Lenker genau. Denn der Lenker reagierte nach der Seite, die stärker gedämpft war. Daß die BSA-B-31 einen Motor mit Leistung hatte, das merkte man außer an der Beschleunigung und an der Höchstgeschwindigkeit auch an den Vibrationen. Es schüttelte zunächst den Auspufftopf los, dann entfernten sich die beiden Halteschräubchen des Abblendschalters, und zuletzt zerschlug es meine Lenkeruhr, die in Gummi gelagert war. Diese Vibrationen waren aber nicht in den Händen als Sekt oder Gefrorenes zu spüren, sie machten sich nur in lockeren Schrauben bemerkbar und bei fast leerem Tank durch dessen Mitdröhnen trotz Gummipolsterung.

Wehe also, wenn man nicht alle tausend Kilometer einmal nach der Motoraufhängung sah oder nach losen Teilen! Die Ventile waren übrigens beim Fahren nur laut, wenn es im dritten Gang über 90 ging. Der erste Gang ging gut und gerne bis auf 45, der zweite langte bis 60, dazwischen war eine Lücke, die kam zwischen 50 und 60, also zwischen zweitem und drittem Gang — der dritte langte bis etwas über 90, und der vierte Gang reichte für alles, was darüber lag, noch mit sehr deutlicher Beschleunigung.

Die Leistung des Motors wurde in England mit 17 PS (heute 12,5 kW) bei 5500 1/min angegeben, aber gerade diese Leistung konnte auf keinen Fall mit unseren guten Beschleunigungsmessungen zusammenstimmen. Eine Rückfrage ergab dann die Aufklärung: Der B-31-Motor konnte in England wegen der unzulänglichen Kraftstoff-Qualitäten nur mit viel niedrigerer Verdichtung geliefert werden. Die Exportmotoren, die nach Deutschland gingen, wurden mit 20 PS bei 5800 1/min angegeben.

Erst 1954 war man auch in England von den Vergaser-Ansaugtrichtern ohne Luftfilter abgegangen. So erschien die B-31 mit einem Ölbad-Luftfilter, der durch eine Gummimanschette mit dem Vergaser verbunden war. Von Geräuschdämpfung aber möchte ich nicht sprechen, denn bei dem trockenen Ton des Einports kam auch der Ventillärm noch kaum durch. Die Maschine war zwar nicht aufdringlich laut, doch habe ich das Signalhorn wenig gebrauchen müssen und bin so eigentlich sicherer gefahren als mit einem »flüsternden« Motorrad, wie der 200er Triumph-Cornet. (Man hatte noch recht rustikale Sicherheits-Auffassungen!).

Die Maschine mußte erst eine Weile warmgefahren werden, wenn sie plötzliches Gasaufreißen nicht mit Absterben quittieren sollte. Es nützte da auch nichts, daß man am Vergaser herumfummelte, besser fuhr man die ersten zwei Kilometer morgens mit geschlossenem Luftschieber. Andererseits durfte man aber bei warmem Motor den Vergaser nicht fluten, weil sie dann regelmäßig abgesoffen war.

Anäßlich der beiden Reifenwechsel wurde natürlich der Hinterradausbau kritisch untersucht. Es waren dafür nur zwei Hand-

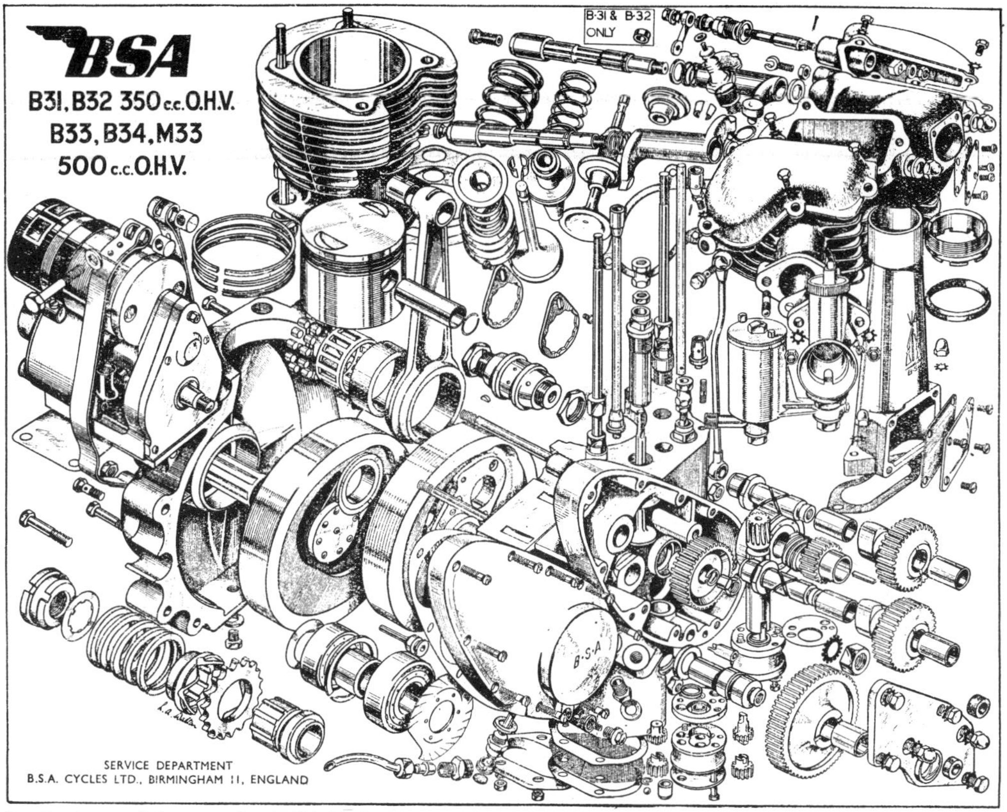

Explosionszeichnung des B 31-Motors

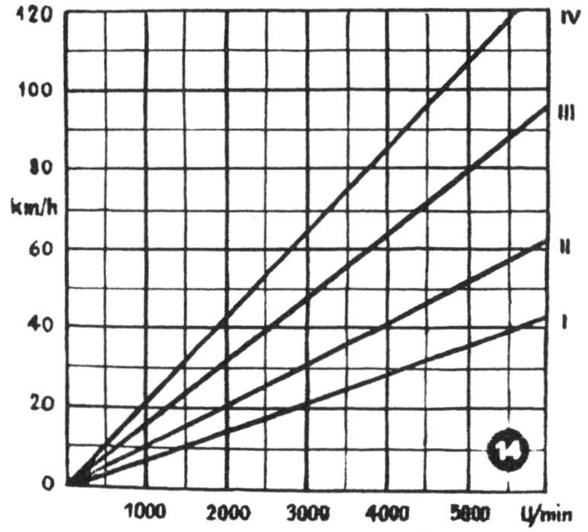

Das Gangdiagramm. Zwischen dem 2. und 3. Gang ist eine sehr fühlbare Lücke. Im Übrigen scheint die Stufung typisch für englische Getriebe: 1. Gang 16,7 : 1; 2. Gang 11,5 : 1; 3 Gang 7,4 : 1; 4. Gang 5,6 : 1.

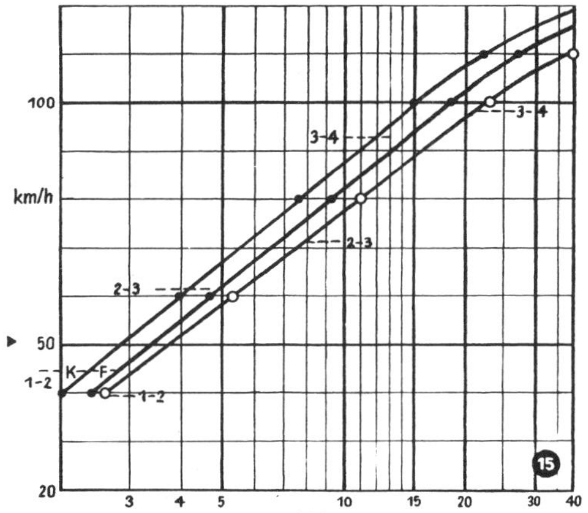

Das sind die Beschleunigungslinien. Die beiden oberen stammen von der BSA, die untere von einer deutschen 350er-Sportmaschine. Linie K deutete Klacks' 65 kg an, Linie F die eines 100-kg-Mannes. Mit 65-kg-Fahrer ging die B 31 gestoppt etwas über 130 km/h langliegend. Bei 5800 1/min sind 20 PS da.

griffe nötig: Haltemutter der Steckachse lösen und Steckachse herausziehen. Rad aus der Feinverzahnung (!) des Mitnehmers lösen und herausnehmen. Letzteres aber ging bei uns nicht ohne Hammer! Nach dieser Erfahrung hatten wir immer einen kräftigen und schweren Kunststoffhammer im Bordgepäck.

BSA Road Rocket 650 cm³.

Als in Stevenage in England die berühmte Vincent-Reihe aus der Serienproduktion verschwand und damit das Feld des schnellsten Serienmotorrades der Welt jener Zeit für andere Marken frei wurde, da war es unter anderem auch die seit 1954 stark diskutierte BAS Road Rocket, die sich mit ihren 40 PS und einer Höchstgeschwindigkeit von knappen 180 km/h um diesen Titel bewarb. Neben ihr standen noch die 1000-cm³-Vierzylinder-Ariel, die »Square Four«, die 650-cm³-Ariel-Huntmaster, die Triumph-Tiger 110, die große Norton und die 700-cm³-Meteor von Royal Enfield. Diese bildeten eine ganze Gruppe sagenumwobener Motorräder, die außerhalb Deutschlands um den Ruhm des größten Nimbus wetteiferten.
Es waren Maschinen, deren Namen man ausschließlich mit Bewunderung in den Mund nahm. Sie wurden auch nicht gleich in tausenden von Stücken auf dem Fließband hergestellt. Es dauerte also seine Zeit, bis ich einmal eine Road Rocket 1957 fahren konnte. Da in Deutschland mit solchen Brocken kein großes Geschäft mehr zu machen war, war es auch die einzige Maschine dieses Typs, die 1957 überhaupt nach Deutschland kam.
Die Road Rocket war eine Weiterentwicklung der Super Flash, die aus dem 650 cm³ Zweizylinder-Tourenmodell Golden Flash entstand. Von dieser relativ zahmen Ausgabe unterschied sich die Road Rocket (Modell A 10 RR) durch höhere Kolben und damit höhere Verdichtung (Golden Flash 6,5; Road Rocket 8), durch eine andere Nockenwelle, Hand-Zündverstellung, Amal-TT-Vergaser (Type X TT 9), zum Tachometer zusätzlich serienmäßig montierten Drehzahlmesser. Außerdem wurden gegenüber der Golden Flash etwa 5 kg Gewicht eingespart (die Road Rocket wog nur 188 kg).
Diese Gewichtsersparnis gewann man aber nur durch leichtere Kotflügel und fehlende Blechverkleidungen des Scheinwerfers. Der Rahmen mit der Hinterradschwinge und der Telegabel war der gleiche wie bei den Modellen B-31, B-33, A-7, Shooting Star, Golden Flash und der Gold Star.
Die beiden nebeneinanderstehenden Zylinder bildeten ein Gußstück, in dessen rückwärtigem Teil auch die Stoßstangen zu den Kipphebeln Aufnahme fanden. Der kritische Punkt dabei war die Wärmeableitung aus der Trennwand zwischen den Zylindern. Die Kurbelwelle war auf der Antriebsseite rollengelagert, auf der Steuerseite lief sie in einem Gleitlager. Zwischen den auf durchgehenden Hubzapfen sich bewegenden Pleueln befand sich die Schwungmasse, so daß der Motorblock der Zweizylinder-Maschine nur wenig breiter als beim Einzylinder-Modell war. Die Nockenwelle lag oberhalb der Kurbelwelle hinter den Zylindern und wurde durch Zahnräder angetrieben. Die Stoßstangen waren von den vier über der Nockenwelle nebeneinander angeordneten Stößeln etwas geneigt bis in den Raum zwischen den beiden Einlaß-Ventilen im Zylinderkopf geführt und betätigten von dort aus die Einlaß- und Auslaßkipphebel.
Der Zylinderkopf aus Leichtmetall bestand aus zwei Teilen. In dem unteren Teil über dem Zylinder saßen die Ventile und darüber war der Deckel angeschraubt, in dem die Kipphebel gelagert waren. Durch zwei Abdeckkappen vorn und hinten kam man sehr bequem an die Einstellschrauben her-

BSA Road Rocket 650 cm³ / 1956

an, um das Ventilspiel zu kontrollieren und nachzustellen.
Das war deshalb bequem, weil man den Tank zum Arbeiten am Ventilmechanismus oder zum Demontieren des Zylinderkopfes nach Lösen nur einer Schraube abnehmen konnte. Interessant war, daß die meisten Schrauben, z. B. die der Tankbefestigung wie auch alle Muttern und Stehbolzen, welche Zylinderkopf, Zylinderdeckel, Zylinder und Kurbelgehäuse zusammenhielten, dieselbe Schlüsselweite hatten, die etwa unserem 14er Schlüssel entsprach. Sie waren mit nur einem Gabel- und nur einem Steckschlüssel erreichbar.
Hinter dieses Geheimnis kam ich erst, als es nach etwa 500 km nötig war, einmal sämtliche vorhandenen Muttern, Schrauben und Stehbolzen nachzuziehen, die sich inzwischen gesetzt hatten. Dabei merkte ich außerdem, daß mit dieser einen Schlüsselweite auch noch Rahmenteile und Kotflügelbefestigungen, Sitzbank und Schalldämpfer festgezogen werden konnten (ich habe mich immer darüber gewundert, daß die Werbung des Hauses BSA diese Tatsache nicht ausgenutzt hat).
Der Motor war nicht ganz frei von Vibrationen. Außerdem war das Motorrad noch nagelneu und erst 1000 Kilometer gelaufen, als ich es bei Alan Bruce in Köln übernahm. Diese Motorvibrationen bewegten sich nach dem Tachometer im ersten Gang zwischen 40 und 50 km/h, im zweiten zwischen 60 und 75, im dritten zwischen 80 und 95 und im vierten zwischen 110 und 125 km/h. Nach dem Drehzahlmesser waren das dann immer zwischen 4500 und 5500 1/min.
Bevor ich mich mit dem Brocken eingefahren hatte, traute ich mich gar nicht so recht über 4500 1/min zu gehen. Als ich dann aber auf der Autobahn endlich soviel Gleichmut bekam und mich trotz Sekt in den Fingern weiter nach oben traute, merkte ich, wie sie jenseits von 5000 1/min immer ruhiger wurde und schließlich nichts mehr von Schüttelei zu bemerken war. Ich lernte, nach der Anzeige des Drehzahlmessers zu fahren.

Bis etwas über 6000 1/min traute ich mich hinauf, im vierten Gang allerdings höchstens auf der Autobahn, das waren dann schon an die 160 km/h. Auf freier Landstraße benutzte ich den vierten Gang kaum einmal. Da reichte es selten mal über 130. Auf einer Fahrt von Mainz am Rhein entlang bis Koblenz bin ich fast nur im dritten Gang gefahren und könnte die wenigen Male aufzählen, wo es für den vierten Gang reichte.
Der Motor klang etwa wie ein frisierter VW-Motor, dessen Besitzer den Schalldämpfer an einem Felsstein aufgerissen hatte — allerdings nur in den höheren Drehbereichen. Für einen Enthusiasten mochte das Sphärenmusik sein, für die »Umweltschützer« aber war es Anlaß, böse Briefe über die Motorradfahrer an das Morgenblättle zu schreiben. Sobald man aber unterhalb von 4000 1/min blieb, war er so leise und sanft anzuhören wie eine BMW. Immerhin gehörten dazu im vierten Gang schon gute 100 km/h und im dritten 85 km/h, so daß es einwandfrei möglich war, wie der vollendete Kavalier am Steuer durch die Lande zu säuseln. Mit der Road Rocket hätte man sogar bei 50 km/h im zweiten Gang ebenso herumschleichen können wie jeder leise Wagen. Die Lautstärke war amtlich im Kraftfahrzeugschein mit 76 dB angegeben.
Die Beschleunigungskurve lag nach unseren Messungen über der Kurve der BMW R 69. Die annähernde Höchstgeschwindigkeit erreichte sie bei 168 km/h in 32 Sekunden. Besonderen Spaß machte es immer wieder, aus engen Kurven heraus — möglichst noch in großer Schräglage — den Vogel richtig aufzuziehen und aus den Ecken regelrecht herauszuschießen. Da gab es keine Schwänzelei, diese Rakete (im wahrsten Sinne des Wortes) blieb sauber in der Spur und erlaubte sich wirklich keine unangenehmen Extratouren. Auf der Hinterhand war sie für sehr schlechte Straßen siebter Ordnung und fürs Gelände etwas hart, aber die Road Rocket war ja nicht für Klinkerkopfwege der Lüneburger Heide oder für Abenteuer am Ettaler Berg gebaut worden. Trotzdem bin ich teilweise mit ihr auf der Strecke der Mittelrheinischen Zuverlässigkeitsfahrt herumgekrochen und war stolz, daß ich den schweren Wiggerl Kraus hinten drauf ohne viel Zauberei die halbe Sonderprüfungsstrecke durch die engen Serpentinen den Berg in der Nähe der Schmausemühle bei Obergondersheim hinaufbekam. Vorher hatte ich einen großen Monteur samt vollem 20-Liter-Kanister die Steilstrecke hinaufbefördert und dabei das einzige Mal in der ganzen Testzeit erlebt, daß die Telegabel völlig durchschlug. Wer also Geländefahren wollte, der hätte sich damals lieber die herrliche Einzylinder-Gold-Star in Competition-Ausfürung kaufen sollen. Die Road Rocket war nur für schnelle Straßenfahrten gedacht.
So ab 130 km/h brauchte man schon die Sitzbank in der ganzen Länge. Man mußte sich nämlich mit den Knien an der Sitzbanknase halten, um dem Druck des Fahrtwindes standzuhalten. Die Oberschenkel lagen dann an dem breiten vorderen Teil der Sitzbank an, die Arme waren leicht gestreckt und der Oberkörper natürlich nach vorn gelegt. Da hätte man serienmäßig einen etwas schmaleren Lenker haben müssen, damit man nicht mit ausgebreiteten Armen durch die Gegend segelte. Die Spurtreue hätte das ohne weiteres zugelassen.
Wenn man sich die Road Rocket von der linken Seite anschaute, so hätte man meinen können, daß die Engländer von ihrer klassischen Bauweise bei dieser Maschine abgekommen wären. Denn da sah man einen Kettenkasten, der die Hinterradkette umschloß. Er bestand aus drei geschlossenen, zusammengeschraubten Teilen. Eine Schauöffnung diente zum Kontrollieren der richtigen Spannung, eine zweite Öffnung über der Hinterradachse verdeckte die Verschraubung der Mitnehmer. Auf der anderen Seite aber war die alte Bauart erhalten geblieben, und der Vergaser hatte noch kein Luftfilter.

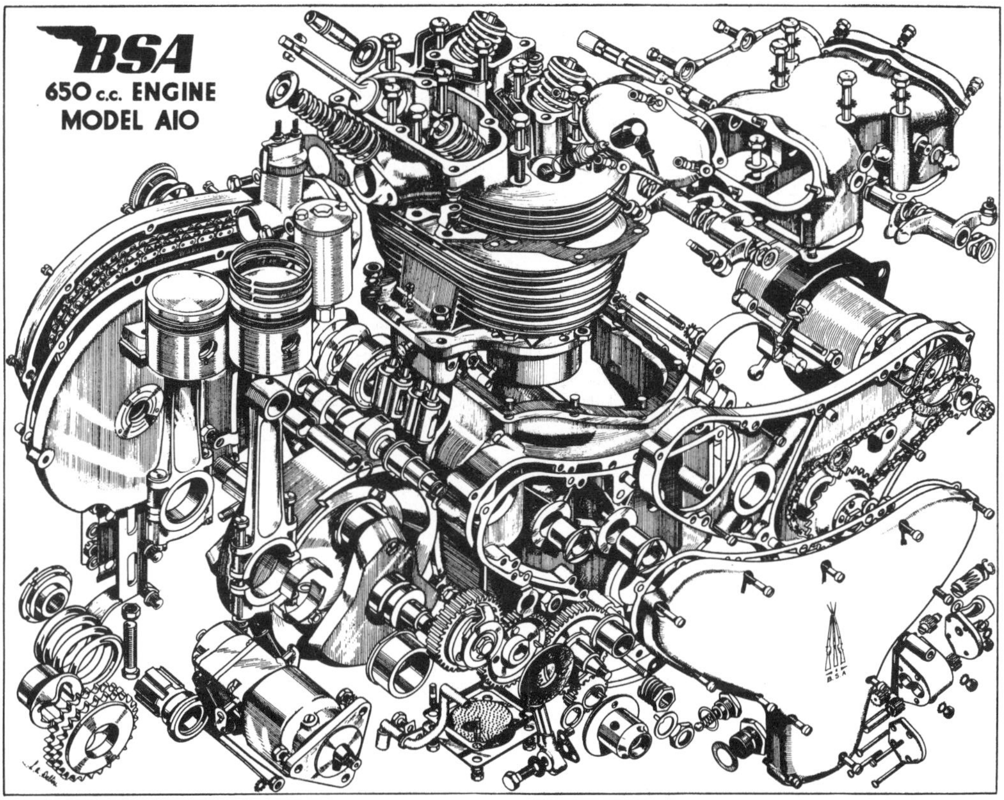

Explosionszeichnung des BSA-Zweizylinder-Motors

Bei uns gab es schon 1925 an den Wanderer-Motorrädern (seligen Angedenkens) echte Steckachsen (das sollten sich einmal einige ungeheuer »creative« Konstrukteure der 80er Jahre hier und da hinter die Ohren schreiben). In England fand die Steckachse erst etwa 1954 Verbreitung. Die Road-Rocket hatte eine einfache Ausbaumöglichkeit des Hinterrades: Aber die Bremsvollnabe war nicht auf die Mitnehmerbolzen aufgesteckt, sondern sie war verschraubt, so daß man diese vier Bolzen zum völligen Herausnehmen des Rades erst lösen mußte. Trotzdem war das schon ein wenig Fortschritt gegenüber manchen anderen Bauformen.

Viele — ich darf mich nicht ausnehmen —fanden die BSA zwar imponierend, kamen dann aber mit dem Argument der Ölsauerei, der alten Bauweise, Motor getrennt vom Getriebe und anderen Eigenheiten, die den dicken englischen Brocken immer wieder angelastet wurden. Doch ging die Entwicklung dann wie folgt: Wenn ich morgens in die Garage kam und auf dem Garagenboden unter der Road-Rocket in der Nähe des Kettenkastens einen Öltropfen fand, oder wenn ich nach einer langen Reise Ölnebel an den Gehäusenähten bemerkte — also, Freunde, mir ist es 1957 nicht mehr in den Sinn gekommen, daß das nun ein großes Manko sei. Bei einer *BMW* hätte es mich vielleicht zu einer kleinen Untersuchung angeregt, woher das Zeug gekommen sei. Aber wenn der Motor dann auf den ersten Tritt da war, wenn sich bei der mor-

gendlichen Runde um die Solitude die Rakete noch bei 120 km/h einwandfrei um die Schlängelkurven des Mahdentales herumschwenken ließ (das ging 1957 noch!), am Abend auf der Autobahn dann manchen 220er-Mercedes und sogar einmal einen 1500er gut gefahrenen Porsche zum Aufgeben zwang und man wieder einmal viel früher am Reiseziel anlangte als einkalkuliert, dann hätte ich mich vielleicht sogar über einen Pedanten geärgert, der auf den Motor gezeigt und gesagt hätte: »Mensch, sieh doch mal diese Ölnebel da, da kleckert ja aus dem Kettenkasten alles raus«.
Es war nun einmal so: Ein alter Waldhüter hatte schon mal Rostflecken auf seinem Uralt-Allround-Schießprügel, der Herrenjäger kam mit einer eingeölten Ferlacher Büchse von Sodia und Zielfernrohr — entscheidend war aber wohl, was sie beide trafen. Und dann war es wirklich nicht so tragisch, die Road-Rocket einmal zu reinigen. So schrecklich verwinkelte Ecken hatte sie nun auch wieder nicht. Mit dem Sprit-Pinsel kam man an jede Stelle des Motors und des Getriebes.
Im Gegenteil, eigentlich hätte man sich freuen sollen, daß es möglich war, das Getriebe noch getrennt vom Motor auszubauen, alle Wartungsarbeiten mit dem Bordwerkzeug selber machen zu können und eine Art Dampfer zu besitzen, mit dem man auch auf einer Hazienda in Mexico zurechtgekommen wäre. Im Übrigen hielt ich das aus lauter Fahrfreude nicht mehr für wichtig, sondern für reine Geschmackssache, ob man Freude an so einem tollen englischen Renner hatte oder nicht. Handlichkeit und Fahreindruck der Rocket waren die einer 250-cm³-Rennmaschine.
Ich hätte es gar nicht glauben wollen, daß ein Mädchen mit so einem Ding klarkommen würde, aber auf dem Autobahnparkplatz in Langen bei Frankfurt traf ich zwei englische Mädchen aus Essex, die machten mit einer Straßenrakete einen Abstecher nach dem Süden. Und meine eigene — die Inge Rogge — brachte auf der Solitude immerhin auch einen 90er Schnitt zustande.
Mir kam die Road-Rocket gar nicht so unübel vor. Es war wieder mal etwas nach meinem persönlichen Geschmack: Schnell, sehr schnell, nicht zu schwer, und dazu handlich, fabelhafte Kurvenlage und ein imponierender Motor.

Technische Daten:
Bohrung/Hub mm 70 x 84
Zylinderinhalt 646 ccm
Verdichtung 8
Leistung 40,5 PS bei 6000 1/min
Getriebestufung 1 — 1,21 — 1,75 — 2,68
Gesamtübersetzung im 4. Gang 4,53
Reifen 3.25—19 vorn / 3.50—19 hinten
Tankinhalt ca. 18 Liter
Ölmenge ca. 3 Liter
Testverbrauch 4,8—5,7 Liter
Höchstgeschwindigkeit, gemessen bei km-Stand 1467, ca. 169 km/h

Matchless G 80 S / 500 cm³. Der »Hammer«.

Die Machtles G 80 S / 500 cm³ war identisch mit dem AJS-Modell 18. Nur die Tankzeichen unterschieden sich. So kann diese Betrachtung also für beide Motorräder gelten: für zwei Maschinen mit einem großvolumigen Viertakt-Einzylinder-Motor, den wir liebevoll »Dampfhammer« tauften.
Dieser Matchless-Motor aus dem Jahre 1956 war ein typischer Vertreter klassischen Viertakt-Motorenbaues. (Seine Konzeption stammte noch aus den 30er Jahren!). Er hatte 82,5 mm Zylinderbohrung und 93 mm Kolbenhub. Das ergab 498 cm³ Hubraum. Als Leistung wurden 24 PS bei 5000 1/min angegeben. Zum Antreten gehörte ein bißchen Witz. Mit der großen Starterübersetzung machte der Kolben bei einmal Runtertreten gerade den Weg einmal runter und rauf!
Na, das konnte ja heiter werden!
Sowas kriegte man ohne den Ausheber gar nicht zum Laufen — und meist standen auch fröhlich grinsende Gesichter um ei-

Matchless G 80 S 500 cm³ / AJS 18 500 cm³

nen herum. Doch wer den Bogen raus hatte, mit Spätzündung und mit Loslassen des Ventilaushebers im richtigen Moment, der kriegte so einen Hammer auch sehr leicht und sofort zum Laufen. Nachher waren wir so gewitzt, daß wir den Ventilausheber nur zum Abstellen benutzten. Wenn der Motor richtig warm war und zwei Minuten gestanden hatte, dann machte man nur den Lufthebel zu. War er völig kalt, wurde natürlich gründlich der Vergaser geflutet.
Ob so ein Ding laut war? Man konnte es beim Fahren in niedrigen Drehzahlen buchstäblich schnüffeln lassen, so daß das Ansauggeräusch beinahe lauter war als der Auspuffton. Ventilklickern hörte man von der Fahrerhöhe aus kaum — nur wenn man direkt daneben stand. Ansonsten war in diesem Topf nichts von einem Erfinderschrei zu sehen, und der Vergaser steckte seine Lufttrompete lustig ohne Filter ins Freie. Allerdings gab es für Anspruchsvolle auf Wunsch eine komplette Luftfilter- und Ansauggeräuschdämpfer-Anlage zum nachträglichen Einbau.

Auf den ersten Kilometern hinter Köln hatte ich das Gefühl, daß dieser Methusalem überhaupt keine Lust und nur wenig Temperament hätte. Man kam auf der Autobahn nach dem Smith-Tachometer einfach nicht an die 110 km/h. Der dritte Gang ging bis 80 km/h — darüber war nichts zu haben. Schließlich drehte ich den Hahn mal eine längere Zeit bis zum Ende auf — langsam wurde der Motor müde — und ich konnte gerade den erwarteten Klemmer so abfangen, daß der Motor nach zweimal Schlucken rundum weiter lief.
Das war bei Kilometerstand 65. An der nächsten Abfahrt fuhr ich dann von der Autobahn herunter, denn es gab auf der Bundesstraße 42 rechts vom Rhein viel mehr Gelegenheit, die Gänge auszunutzen, mit dem Gas zu spielen und den Motor in sämtlichen Drehzahlen von unten bis oben laufen zu lassen. Und dabei konnte ich handgreiflich feststellen, wie mit zunehmender Kilometerzahl die Beschleunigung immer besser wurde. Zweimal dachte der Hammer noch daran, mich mit einem

Klemmer zu foppen — dazu war ich dann aber doch zu sehr auf der Hut. Bei Kilometerstand 180 fuhr ich in der Gegend von Wiesbaden wieder auf die Autobahn. Und siehe da — ganz, ganz langsam kletterte die Nadel des Tachometers bis auf 115 km/h hinauf. Da blieb sie dann so fünf Minuten — holla, der Motor wurde wieder langsamer — Kupplung gezogen — ausrollen lassen — zweiten Gang rein — einkuppeln, und so weiter. Bei Kilometer 320 nochmal — siehste, jetzt langte es bereits bis 120 km/h.

Sehr bald hatte ich heraus, daß der Motor bei einem nahenden Klemmer bei Vollgas *langsam* wurde, das spielte sich im Zeitraum von einer vollen Minute ab. Dabei sank die Nadel von 120 km/h auf 95 km/h in der Ebene ab. Das war erst der Zeitpunkt, zu dem man auskuppeln mußte, um den Klemmer zu vermeiden. Eine so deutliche Ankündigung eines Kolbenklemmers hatte ich bis dahin noch bei keiner Maschine erlebt.

Der Kolben war ein an sich schon wohlbekannter Schlitzmantelkolben. Unter dem Ölabstreifring war das Kolbenhemd zwischen Ringen und Bolzen außerdem noch mit einem flachen Stahldraht vierfach umwickelt. Das Kolbenhemd hatte auf der Auslaßseite einen durchgefürten senkrechten und darüber unter den Kolbenringen einen querliegenden Schlitz, so daß es bei Erwärmung ausweichen konnte und sich nicht nach außen verformte. Wenn dieser Kolben klemmen sollte, dann mußte einer den brandneuen Motor schon mehr als stur gejagt haben. Er mußte obendrein ein solches Würstchen sein, daß er nicht merkte, wie der Motor bei Vollgas vor einem Klemmer minutenlang erst lahm und lahmer wird, bis er endlich kreischte.

Nach 2000 Kilometern betrug die Höchstgeschwindigkeit inzwischen 132 km/h; man hatte aber das Gefühl, daß es noch nicht das Ende war. Erfahrene Matchless-Fahrer sagten mir, daß dieser Punkt erst bei etwa 5000 km erreicht sei. Wenn man die Maschine bis dahin möglichst oft mit allem Dampf über kurvenreiche Bundesstraßen gejagt hätte, dann müßte sie 140 km/h annähernd gehen, einige würden 145 km/h schaffen.

So langsam wurde also unser Hieronymus lebendiger und lebendiger. Und schließlich hatten wir auch eine Beschleunigung, die etwa im Bereich der früheren BMW R 68 lag.

Wie bei allen englischen Maschinen üblich, war die Getriebespannweite nicht sehr groß. Der erste Gang mit der Gesamtübersetzung 13,25 langte ohne Überdrehen (5500 1/min) bis 50 km/h, man zog ihn aber immer noch drüber, jenseits 55 km/h war erst Schluß — das entsprach dann einer Motordrehzahl von 6000 1/min. Der zweite Gang war 8,50 übersetzt und langte bei 6000 1/min bis 85 km/h. Da allerdings merkte man schon bei knapp 80, daß nicht mehr viel kam — der Motor fing an, hart zu vibrieren, und jetzt hörte man auch etwas von den Ventilen.

Immerhin — 80 km/h im zweiten Gang haute ganz schön hin. Der dritte Gang hatte die Gesamtübersetzung 6,54 und ging bei Vollgas bis an 100 km/h heran. Der vierte mit einer Gesamtüberstzung von 5,0 entsprach bei Vollgas der gestoppten Höchstgeschwindigkeit. In den letzten beiden Gängen merkte man dann, daß der Motor jenseits von 5500 1/min nur noch ungern Leistung hergab — dafür aber langte er dann sehr schön tief bis in den Keller.

Ich machte mir den Spaß, die kurvenreiche Strecke von Stuttgart nach Bruchsal nur im vierten und im dritten Gang zu fahren — einschließlich Ortsdurchfahrten mit 40-km/h-Beschränkungen. Nur zweimal mußte ich weiter herunterschalten — auf freier Strecke habe ich den dritten Gang überhaupt nicht angerührt, denn im vierten Gang konnte man glatt bis 45 km/h heruntergehen, von da an ruckfrei mit ausreichender Beschleunigung bis etwa 70 km/h fahren,und ab 80 km/h mit einer Beschleunigung, die man bei anderen Maschinen nur durch Zurückschalten in den dritten Gang erreichte. Im vierten Gang von 85 km/h bis 100 km/h brauchte ich dazu zwischen 10 und 12 Sekunden.

Bei einer solchen Fahrerei fiel mir auf, daß der Motor unwahrscheinlich wenig Benzin brauchte. Etwa 3,7 Liter auf 100 Kilometer. Natürlich machte das Fahren auf kurvenreichen Nebenstraßen besonders viel Freude. Die Matchless hatte ja das gleiche Fahrgestell wie die AJS-Modelle, es war bei der 350er-Einzylinder, der 500er-Einzylinder, der 500er, der 600er und 650er Zweizylinder gleich. Nach einiger Gewöhnung wunderte man sich, mit wieviel Dampf man an schärfste Kurven herangehen konnte, wie weit man dabei Schräglage bekam, und daß es überhaupt kein Lenkerpendeln gab. Am Lenkkopf war zwar ein Lenkungsdämpfer vorhanden, den habe ich aber nie angezogen. Der überaus breite Lenker wurde von mir gegen den ganz schmalen Lenker einer deutschen 175-cm³-Maschine ausgetauscht, weil die Armhaltung dadurch besser wurde.

Das Fahren machte mir soviel Spaß, daß ich mich immer wieder zur Seite herausbeugte, um das Spielen der Telegabel auf schlechter Strecke zu beobachten — und selbst auf topfeben empfundener Autobahn sah ich mit Vergnügen den seitlichen Schatten des Vorderrades im Sonnenlicht, wie es in der Gabel immer leicht auf und ab ging. Die dicken Armstrong-Federbeine der Hinteradschwinge spielten da nicht so sichtbar, aber durch den breiten Schaumgummisitz kam nicht ein harter Schlag durch.

Eines Tages aber wurde Hieronymus übermütig und ich fand etwas: Es tropfte Öl!

Nach einigem Suchen wurde schließlich der Kettenkasten des Primärantriebs aufgemacht. Siehe da — da hatte irgendwer einen Grat in die Kante gestoßen. Der wurde schnell beseitigt und damit hörte die Öltropferei auf. Bei diesen Maschinen hatte man immer einmal solche undichten Stel-

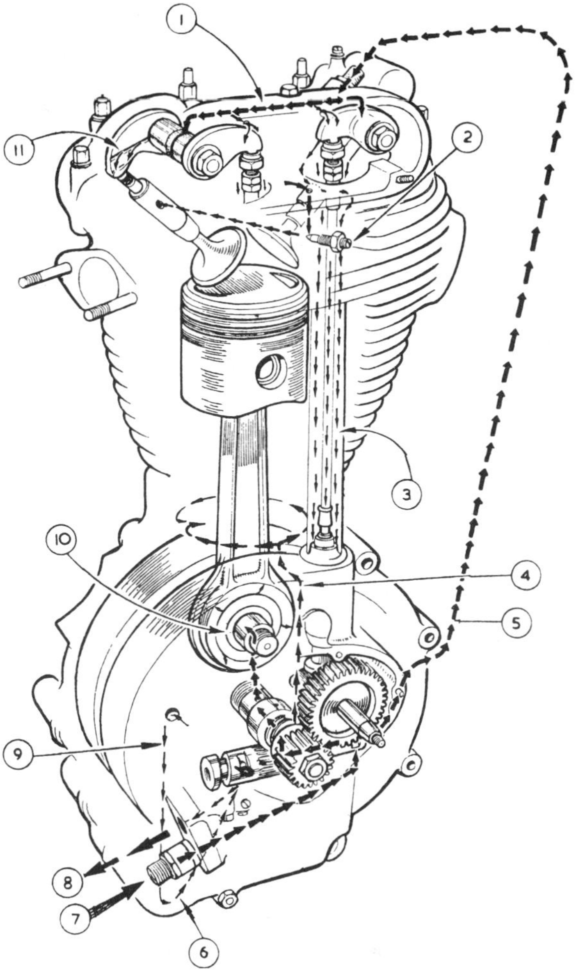

Ölkreislauf des Matchless-Motors G 80 S

1 Das Öl wird zu den Kipphebelwellen geleitet
2 Einstellschraube für Einlaßventilschmierung
3 Das Öl läuft zurück über die Stoßstangenstößel und Steuerräder
4 Kanäle im Zylinderfuß
5 Zufuhrleitung von der Ölpumpe zum Kipphebelgehäuse
6 Das Öl wird aus dem Sumpf in den Öltank zurückgeführt
7 Vom Tank
8 Zum Tank
9 Überflüssiges Öl von den Steuerrädern zum Sumpf
10 Das Öl wird mit Überdruck in das Hauptlager geführt
11 Ölzufuhr von den Buchsen zur Kipphebelwelle

len, und da half eben nur systematische Suche nach kleinsten Öffnungen, Ritzen und Rissen. Denn wenn das 20er Öl im Kettenkasten einmal warm war, dann ging es natürlich durch die winzigsten Spalten hindurch. In den Öltank gingen übrigens 2,8 Liter hinein.

Das umlaufende Öl floß ohne Filterung in den Tank zurück und wurde nur durch einen Metallgazefilter gereinigt, das vor der Hauptleitung im Tank zur Ölpumpe saß. Wenn man die Ölleitung mit der Gummiverbindung vom Tank abzog, konnte man dieses Filter nach unten herausziehen und reinigen, was bei jedem Ölwechsel nötig war. Dazu mußte aber die starre Rohrleitung am Motor unten gelöst werden — eine Sache, die zuerst nach Fingerverdrehen aussah, aber bei richtigem Ansetzen des Schlüssels einfach war.

Es war eine Genugtuung, wieder einmal ein Motorrad in der Hand zu haben, bei dem man allen lebenswichtigen Teilen mit dem Bordwerkzeug die nötige Pflege geben konnte. Ohne Wochenend-Basteleien, Verkleidungsabpulen, Fingerverrenkung und sonstige unnütze Gymnastik. Hieronymus war ein Motorrad aus dem ganz alten Lehrbuch — ein überaus klassisches Motorrad. Da lag der Vergaser fast wie auf dem Tisch, Magnet und Lichtmaschine konnten nicht zugänglicher sein, Batterie und Werkzeug, Seilzüge und Kabelanschlüsse lagen so, wie sie mußten. Der Regler — der war überhaupt nicht angeschraubt. Der war einfach mit genügend langen Kabelenden im linken Kasten unter der Sitzbank in einem Fach in ein Schaumgummibett hineingelegt. Darum störte es mich wirklich nicht, daß man sich bei diesem Motorrad die einzelnen Teile einmal öfter ansehen mußte, als das vielleicht bei anderen Maschinen der Fall war.

Viele Ketten und Kettchen hatte es, die man beim Fahren leise summen hörte. Natürlich zuerst die Hinterradkette — ich hatte sie noch nicht nachspannen müssen, obwohl kein geschlossener Kettenkasten vorhanden war — jeden Sonnabend Mittag sollte man aber mal sehen, ob die 2 cm Spiel im unteren Teil noch da waren.

Dann die Primärkette: Dafür war ein öldichtes Schauloch vorgesehen. Beim Nachspannen zog man nach Lösen der Getriebehaltebolzen und der zugehörigen Anschlagschraube mit den hinteren Kettenspannern Hinterrad und Getriebe bis zur richtigen Spannung der Primärkette zurück. Dann wurde das Getriebe wieder festgeschraubt, die Anschlagschraube wieder eingestellt und die Hinterradkette wieder auf richtige Spannung nachgelassen. Anschließend mußte man die Radspur kontrollieren, was bei Hieronymussens Temperament natürlich wichtig war.

Die Kontrolle der Antriebskette zur Lichtmaschine, die hinter der Primärkette im Kettenkasten lag, war zeitraubend, denn man mußte — falls ein Nachspannen nötig war — die exzentrisch gelagerte Lichtmaschine drehen. Aber es lag alles so, daß man sich keine Verzierungen abzubrechen brauchte.

Die vierte Kette saß auf der rechten Seite in einem Gußkasten und trieb den Magnet mit der automatischen Fliehkraftzündverstellung an, die übrigens bei AJS und Matchless erst 1956 neu eingeführt wurde, die aber die Testmaschine noch nicht hatte. Man stellte diese Kette durch Verdrehen des Magneten nach. Diese Kontrolle war aber nur alle 5000 Kilometer nötig.

Das waren die kompliziertesten Arbeiten, die man regelmäßig zu machen hatte.

Viel einfacher war das Kontrollieren des Ventilspiels. Auf der rechten Seite des Zylinderkopfs, unmittelbar unter dem Tank, nahm man nach dem Lösen von drei Rändelmuttern den Deckel ab. Dahinter lagen die beiden oberen Enden der Stoßstangen mit den geschraubten Verlängerungen und ihren Kontermuttern. Nur alle 8000 Kilometer war es normalerweise nötig, hier nachzusehen. Bei kaltem Motor mußte man die Stoßstangen gerade frei mit dem Finger drehen können — beim Einlaß- eine Idee schwerer als beim Auslaßventil. Also Ventilspiel = 0. Klar, daß dabei der Kolben im oberen Totpunkt stehen und beide Ventile geschlossen sein mußten. Das Einlaßventil machte im Ölumlauf eine Ausnahme. Seine Schmierung konnte durch eine Nadelschraube mit Kontermutter geregelt werden, genau wie bei der Moto Cross-AJS 18 CS.

Unterbrecher-Kontaktabstand, Zündeinstellung, Vergaser-Reinigung, Ölwechsel und Getriebeöl-Kontrolle waren Sachen, die bei dieser Maschine nicht zu erwähnen waren. Nachem die Steckachsen eingeführt wurden, war auch der Hinterradausbau kein Problem mehr — es ging so einfach und leicht wie bei unseren besten Konstruktionen aus Deutschland.

Es gab noch einige Tricks mehr. Wenn der Bremsschlüssel der Hinterradbremse in seiner letzten Position angekommen war, mußte man unter den Druckpilz, auf den der Bremsnocken drückte, eine Unterlagsscheibe einlegen die im Bordwerkzeug mitgeliefert wurde. Die Vorderradbremse war eine echte Vollnabenbremse mit Leichtmetallgehäuse, die Hinterradbremse hatte die alte Form: Kettenkranz auf der Trommel. Wobei zu bemängeln war, daß die Wärme der Bremse sich zur Kette hin fortsetzte und daß die Kettenwärme sich in die Bremse verkroch. Beiden Teilen tat das auf die Dauer nicht gut. Besonders dann nicht, wenn man schwer beladen im Gebirge lange Abfahrten zu bewältigen hatte.

Für die Machtless und die AJS waren sieben Motorritzel von 15 bis 21 Zähnen zu haben und im Handbuch waren für jedes Motorritzel die Gesamtübersetzung angegeben. Da konnte sich einer nach seinem Geschmack das Richtige heraussuchen. In diesem Handbuch — das in Auszügen sogar in deutscher Sprache erschien — waren Motordemontagen und Arbeiten an den Innereien mit ganz hervorragenden Illustrationen beschrieben. Die elektrische Lucas-Anlage wurde mit genauen Typenbezeichnungen selbst kleinster Teile erklärt, und hinten auf den letzten Seiten fand der Mann, der fern irgendeiner Werkstatt sein Motorrad am Leben erhalten mußte, eine Aufstellung aller besonderen Werkzeuge, die er außer dem Bordwerkzeug brauchte: Zwei Abzieher (nur für Zweizylinder-Modelle), einen Ventilhalter, eine Ventilfederpresse, eine Gradscheibe, einen kompletten Dichtungssatz.

Wir haben uns 1956 die Frage gestellt, ob man mit so einem »unmodernen« Dampfer überhaupt noch warm werden konnte — mit so einem alten, klassischen Schlitten. Waren diese Maschinen überhaupt noch aktuell? Dazu gab es eine nicht uninteressante Antwort: Was wir an modernen Motorrädern zum Teil sahen, das zeigte, daß sich manche Leute eine Maschine wie die Matchless G 80 S vorher hätten einmal genau ansehen sollen, bevor sie daran gingen, etwas Neues zu konstruieren. Denn lieber waren uns Einfachheit, ein »fertiger« Motor, eine lange Lebensdauer, bequeme Zugänglichkeit zu allen Teilen, als schon 1954 da und dort aufkommende »Blech-Ideen«.

So kam es wohl, daß sich solche »alten« Konstruktionen noch lange gehalten haben und sich großer Zuneigung unter den Motorradbegeisterten erfreuten.

Technische Daten

Bohrung	82,5 mm
Hub	
Hubraum	498 ccm
Verdichtung	6,8
Getriebestufung	2,65; 1,7; 1,3; 1,0
Gesamtübersetzung 4. Gang	1 : 5,0
Reifen vorn 3.25—19″, hinten 3.50—19	
Gewicht fahrfertig	ca. 193 kg
zul. Gesamtgewicht	320 kg
Vergaser Amal Monobloc	29,5 mm ∅
Lichtmaschine	6 Volt/55 Watt
Tankinhalt	17 Liter
damaliger Preis für Modell G 80 S/1956 ab Köln einschl. Zoll	DM 1 745,—

Die »unapproachable« Norton

Das englische Wort ›unapproachable‹ hat zwei Bedeutungen. Erstens: unzugänglich, unnahbar. Zweitens: unvergleichlich.
Da die Väter der berühmten Norton-Motorräder bestimmt nicht wollten, daß ihre Maschinen als unzugänglich oder unnahbar bezeichnet wurden, meinten sie wohl eher den Begriff *unvergleichlich*. Also tauchte bei jeder Nennung des Markennamens Norton immer die Bezeichnung der »unapproachable« Norton auf.
Man konnte sich das erlauben, weil in den 20er, 30er und 50er Jahren Norton-Rennmaschinen in den Klassen 350 und 500 cm^3 fast unschlagbar waren. Zu den großen Fahrern gehörten Stanley Woods (20er Jahre), Jimmy Guthrie (30er Jahre) oder Geoffrey Duke (50er Jahre). Natürlich ist die Liste der großen Rennfahrer auf Norton sehr, sehr groß, doch verbietet mir der hier viel zu knappe Raum eine Art Telefonbuch mit Namen zu schreiben. Auf alle Fälle war Norton bis in die 70er Jahre hinein mit den Rennmaschinen so unheimlich erfolgreich, daß es zum Symbol-Begriff englischer Motorräder wurde.
Zu Beginn der 50er Jahre war noch nichts vom späteren Niedergang der englischen Motorradindustrie zu spüren. Solche negativen Zeichen merkte man erst ab 1955. So war das Zweizylinder-Modell 88 (500 cm^3) oder 99 (600 cm^3) für uns noch eines jener sagenhaften englischen Motorräder, für die wir Haus und Hof weggegeben hätten, nur um einmal damit fahren zu können. Norton — welch' ein Nimbus lag für uns in diesem Namen!
1954 konnte ich eine Zweizylinder-Norton 88, 500 cm^3, mit dem von den Einzylinder-Rennmaschinen übernommenen Federbett-Rahmen fahren. 28 PS (heute = 20,6 kW) bei 6000 1/min sollte dieser Viertakt-

Eine 500er Norton-International ohc mit Federbett-Rahmen und Hinterradschwinge war 1954 eine unglaublich schöne Rarität

motor mit seinen zwei parallel stehenden Zylindern haben.
Auffallend war sofort das leichte Anspringen des Motors, sein Ton war im unteren Drehbereich absolut dezent. Beim Erreichen höherer Drehzahlen entstand eine sonore Musik, aber es gab auch Vibrationen zu spüren, die wir — nach BMW-Motoren-Maßstäben — nicht gewohnt waren. Doch hatte dieser Motor bei wenigen Umdrehungen der Kurbelwelle mächtig viel Kraft — von etwa 35 km/h an konnte man im vierten Gang Vollgas geben, da gab's kein Verschlucken, sondern nur ein sich ständig steigernden Anzug wie bei einer Lokomotive. *Das* war das Norton-Erlebnis! Dazu kam eine fantastische Kurvenlage. Es war ein Motorrad für Bergstraßen. Die Hinterrad-Schwinge federte wirklich, die Vorderradgabel gehörte zum Besten, was wir bis dahin an Gabeln bei Solomaschinen erlebt hatten. Da sich auch das Getriebe fabelhaft leicht und genau ohne Geräusch schalten ließ, machte das Fahren ungeheuren Spaß.
Aber man mußte auf Autobahnen bei längerem Vollgas und bei hoher Geschwindigkeit aufpassen, weil die Zylinder eng nebeneinander angeordnet und ein kompaktes Gußstück bildeten. Auch der Zylinderkopf war ein Leichtmetall-Bock und hatte zwei dicht nebeneinander liegende Brennräume. Das ergab beim Zylinderblock leicht Wärmeverzug und ganz allgemein Probleme mit ausreichender Wärmeableitung. Man mußte schon einige Zeit mit Zünd- und Vergasereinstellung laborieren, um hier etwas ausgleichen zu können und um das Motorrad für extreme Belastungen vollgasfest zu kriegen.
Auf den kurvenreichen englischen Straßen gelangte das nur selten zu Bedeutung, weil man fast nie die höchste Drehzahl erreichte. So konnten sich keine Wärmestaus bilden. Aber auf unseren Autobahnen waren längere Vollgas-Abschnitte durchaus möglich (und wurden auch gefahren). Es gehörte also viel Erfahrung und Sorgfalt dazu, mit

Norton Zweizylinder-Motor 650 cm³ / 1958. Noch immer war das Getriebe vom Motor getrennt

dieser Norton ungeschoren Belastungsproben solcher Art zu überstehen.
Die Pleuel waren aus Leichtmetall und hatten teilbare Füße auf Gleitlagern. Die Schwungscheibe lag in der Mitte zwischen den Pleueln. Die Nockenwelle wurde über eine Kette angetrieben, die Stoßstangen bewegten sich in zwei Kanälen *vor* den Zylindern.
Die Getriebespannweite betrug 2,7 (Gesamtübersetzung in den vier Gängen 12,7 / 8,41 / 6,31 / 4,75). Der erste Gang reichte bei Höchstdrehzahl bis 55 km/h, der zweite Gang bis 84 km/h, der dritte Gang bis 110 km/h und der vierte Gang erreichte bei 6000 1/min eine Geschwindigkeit von 148 km/h.
Wenn der Smith-Tachometer tatsächlich 150 km/h anzeigte, dann war man auch im Bereich wirkungsvoller Vibrationen angelangt. Auf kurvenreichen Landstraßen kam

Norton Atlas 750 cm³ Zweizylinder

man nie mit der Drehzahl so hoch, denn man konnte ja infolge des gut im Drehbereich plazierten hohen Drehmoments fast alles ohne Sekundenverlust im vierten Gang fahren. So forderte das Motorrad geradezu zu einer Fahrweise heraus, die man wohl als nervenschonend bezeichnen konnte.

Wenn schon von optimaler Vergaser- und Zündeinstellung die Rede war und wir damit zum Kapitel Pflege kommen, so muß gesagt weren, daß die 88 zu den Maschinen gehörte, die für viel Sorgfalt in dieser Hinsicht dankbar war. Ständige Kontrollen (und evtl. Nachstellen) des Ventilspieles waren nötig, und ebenso empfindlich war die Primärkette auf die richtige Spannung. Diese wurde durch Verschieben des Getriebes justiert. Das war arbeitsmäßig mit Zeitaufwand verbunden. Außerdem mußte die Ölmenge im Primärkettenkasten stimmen.

Es konnten dabei sehr leicht Fehler gemacht werden und völlig frei von Ölnebel an Gehäusenähten und am Primärkettenkasten war der Renner nie.

So gesehen war die Norton eine anspruchsvolle Lady, aber sie fand doch viele Liebhaber, denn im Reigen aller Motorräder jener Zeit stellte die Zweizylinder mit dem großen Namen für viele Motorradfreunde einen Traum dar. Sie bot fahrerisch mögliche Eleganz, eine enorme Beschleunigung, sehr gute Kurvenlage und großartige Handlichkeit. Das Leergewicht wurde mit 178 kg angegeben.

Zum Vergleich mit heutigen Motorrädern von 500 cm³ oder von solchen mit 28 PS

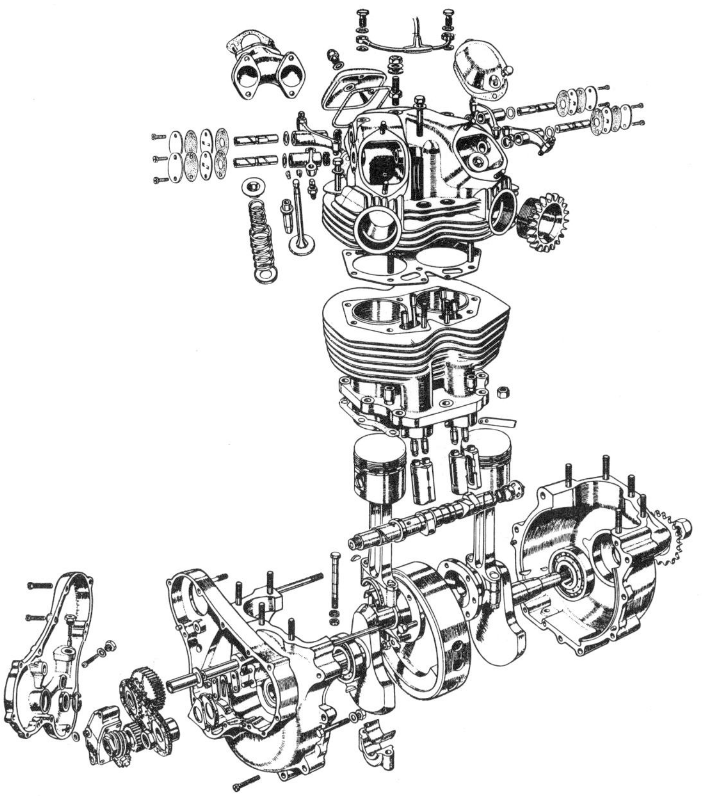

Explosionszeichnung des Norton Zweizylinder-Motors Modell 88 (500 cm³) und Modell 99 (600 cm³)

seien noch folgende Zahlen festgehalten: Leistungsgewicht (leer) 6,4 kg/PS; Hubraumleistung 56,3 PS/Liter; Kolbengeschwindigkeit bei 6000 1/min = 14,5 m/s. Die Zylinderbohrung betrug 66 mm; Kolbenhub 72,6 mm; Hubraum 497 cm³. Verdichtung 6,7.
Für das Getriebe gab es verschiedene Stufungen, außerdem konnte man Motorritzel mit verschiedenen Zähnezahlen bekommen. So war es möglich, sich ganz individuell eine Gesamtübersetzung herauszusuchen und zu fahren. Sehr viele Teile fanden bei allen Norton-Modellen von 350 cm³ bis 600 cm³ Einzylinder, von 500 cm³ bis 600 cm³ Zweizylinder Verwendung — man hatte so eine Art Baukastensystem, mit dem viele Varianten einschließlich für Seitenwagenbetrieb erstellt werden konnten. Außerdem gab es zu den normalen Modellen das Manx-Rennmodell 350 cm³ und 500 cm³ Einzylinder ohc, mit dem viele Privatfahrer das Renngeschehen erfolgreich belebten.

Triumph Thunderbird 650 cm³

Eine der in den 50er Jahren am meisten verbreiteten englischen Motorradmarken war Triumph.
Diese große englische Maschine gehörte zu den Top-Modellen, die man 1955 kaufen konnte. Da ihre Endgeschwindigkeit über 160 km/h lag und da sie eine enorme Beschleunigung hatte, vermittelte sie dem Könner einen wirklichen Genuß.
Es ist vielleicht ganz interessant, was man mit einem solchen Motorrad erlebte und wie die Fahrverhältnisse mit ihm waren.
Wir meinten schon, daß eine so schnelle

Triumph Thunderbird 650 cm³ / 1955

und starke Maschine nicht für den geeignet sei, der gerade vor vierzehn Tagen seinen Führerschein gemacht hatte. Denn es war schon ein Ding, in acht Sekunden aus dem Stand weg auf 100 km/h zu kommen. Und eine Reise über 400 Kilometer in 3 Stunden 40 Minuten über die Autobahn war auch nicht von Pappe — wobei es nicht einmal eine besonders hohe Leistung war, denn es gab noch ganz andere Möglichkeiten, höhere Durchschnitte zu erreichen.

Wer überhaupt fähig war, einen so schnellen Apparat zu beherrschen, kam in den Genuß einer ganz besonderen Erfahrung: 8 Stunden mit einem Schnitt von 50 km/h machten müder als nur vier Stunden mit einem Schnitt von 100 km/h. Allerdings: man mußte schon fähig sein, die für den 100er Schnitt nötige größere geistige Spannkraft aufzubringen.

1955 war es noch ein tolles Erlebnis, wie haushoch überlegen man sich vom übrigen Verkehr auf der Autobahn oder auf einer schnellen Fernverkehrsstraße lösen konnte und wie mutterseelenallein man selbst über lange Strecken blieb, auf denen einen höchstens einmal ein ganz schneller und obendrein noch gut gefahrener Sportwagen begleitete. Ein ebensolches Erlebnis war aber auch das Gegenteil, das ruhige Dahinfahren im dritten Gang über die Hauptallee einer Stadt, wenn der Motor unten nur ganz leise brummte. Man bekam einen ganz anderen Begriff und eine ganz andere Einstellung zu Entfernungen und zur Zeit.

Das Brummen des Motors war ab 80 km/h nicht mehr zu hören, weil der Fahrtwind jedes Geräusch übertönte. Aber auch in engen Straßen wurde keine Fensterscheibe zum Zittern gebracht — wie es sich das Bimmelburger Käseblättchen bei einer solchen schweren Sportmaschine vorstellte. Nur neben den Lastwagen und Omnibussen gab es beim Überholen einen tiefen Summton zu hören, den der Wind aber sofort wieder mit fortnahm.

Da merkte man auch, welche Wucht der Fahrtwind haben konnte. Bei 150 km/h mußte man schon Kraft aufwenden um die Hand wieder zum Lenker zu bringen, wenn man einmal nach einem Mantelzipfel gegangelt hatte.

Nun, mit 34 PS (heute = 25 kW) war bei einem Leergewicht von nur 168 kg schon etwas anzufangen, wenn dazu ein Fahrwerk wie das der Thunderbird kam. Der Lauf des Motors war sehr ruhig — er war sogar ausgesprochen leise. Ich habe gar keine besondere Einfahrvorschrift beachtet, denn die ersten tausend Kilometer war ich sehr vorsichtig und bin nur auf Bundesstraßen gefahren, um mich an das Motorrad zu gewöhnen. Als ich es von Alan Bruce in Köln übernommen hatte, standen 800 km auf dem Kilometerzähler.

Nach 2000 km machte ich die erste Höchstgeschwindigkeitsmessung. Es waren 157,8 km/h. Bei Kilometerstand 4000 folgte die nächste Messung. Sie ergab

SU-Unterdruck-Vergaser an der Thunderbird 1955

164,5 km/h, bei 4500 kamen 166,7 km/h heraus. So konnte man automatisch mit der Gewöhnung an das Motorrad zu einem einwandfrei eingelaufenen Motor kommen. Vibrationen waren über den ganzen Drehbereich nur eben spürbar. Die Schwungmasse lag zwischen den beiden Zylindern, wie das oft bei englischen Zweizylinder-Motorrädern der Fall war — die Kolben bewegten sich wie bei einem Einzylinder gleichzeitig auf und ab. Die Thunderbird hatte Graugußß-Zylinder und -köpfe. Nur die 500er Sport (Tiger 100) und die 650er Sport (Tiger 110) sowie die Geländemaschine (TR 5) hatten Leichtmetallzylinder und -köpfe mit sehr enger Verrippung. Wunderbar war es, wie der Motor — kalt und nach Nächten im Freien — jedesmal beim ersten Tritt ansprang.
Der SU-Vergaser wich sehr erheblich von unseren gewohnten Schiebervergasern ab. Betätigt wurde eine Drosselklappe, wie bei Wagenvergasern, deren Funktion aber durch einen Schieber unterstützt wurde, der vom Unterdruck in der Ansaugleitung gesteuert wurde, also einer eventuellen Falschbedienung durch den Fahrer entzogen war. Dies war der erste Unterdruck-Vergaser (heute nennt man diese Art auch »Gleichdruck-Vergaser«), der mir in einem Motorrad begegnete. Erst Mitte der 60er Jahre wurden derartige Vergaser mehr und mehr besonders bei japanischen Modellen eingesetzt.
Motorräder der 50er Jahre hatten oft so große Ansaugweiten (Thunderbird 31 mm Durchmesser), daß es genügte, bei etwa 40 km/h im vierten Gang einfach das Gas brutal aufzureißen, damit der Motor nach längstens zehn Takten stehen blieb. In harmlosen Fällen spuckte und patschte er nur, lief zwar weiter, beschleunigte aber praktisch

nicht mehr. Der von Sport-Automobilen her bekannte SU-Vergaser der Thunderbird verhinderte nun mit der automatischen Unterdrucksteuerung das Verschlucken. Man konnte zwar die Drosselklappe plötzlich aufreißen, der Schieber ging aber nur in dem Maße nach oben, wie der Motor in der Drehzahl zulegte! Der Motor konnte sich nicht verschlucken.
Auf den ersten Blick sah das wie eine Beschränkung aus, die Beschleunigungskurve zeigte aber, daß diese Automatik eine Beschleunigung lieferte, die man »von Hand« nur mit viel Können zu erzielen vermochte. Die Automatik war schneller als die Handbedienung, denn von Hand zog man entweder vorsichtig und zu langsam auf, oder aber zu schnell und verlor dabei Sekunden durch Wieder-Zurückgehen nach einem Patscher. Die Automatik gab optimale Beschleunigung, ohne daß man — etwa in schwieriger Situation — Sorgfalt auf genügend langsames Aufziehen verwenden mußte. Aus dieser Sicht haben wir damals sogar gesagt, daß so ein Unterdruck-Vergaser durch Entlastung des Fahrers einen recht spürbaren Sicherheitsfaktor darstellte.
Die Thunderbird besaß eine Lucas-Wechselstrom-Lichtmaschine, die den gesamten Strom über einen Gleichrichter, der unter der Sitzbank versteckt war, an die Batterie abgab. Mit dem sehr kleinen Zündschlüssel (eine Büroklammer ging auch!) konnte man den Strom vom Gleichrichter auch unmittelbar auf die Zündspule der Batteriezündung umschalten, wenn die Batterie einmal ausgefallen war. In diesem Falle war natürlich Anschieben nötig, aber es war eine feine Sache, daß bei nächtlichen Störungen dieser Art die ekelhafte Fummelei unter der Scheinwerfer-Verkleidung nicht

Fußschaltung rechts, Getriebe vom Motor getrennt (Thunderbird)

mehr nötig war. Bei der Lichtmaschine drehte sich der Permanentmagnet-Rotor im Spulenkranz.

Die Thunderbird hatte das für Straßenbetrieb gemessene Standard-Getriebe mit der Stufung 2,44 / 1,69 / 1,19 / 1. Es gab aber, wie bei den meisten englischen Motorrädern, noch weitere Radsätze: eine größere Spannweite für das Geländemodell TR 5, die aber auch für jede andere Type zu haben war, mit der Stufung 2,92 / 2,21 / 1,42 / 1 und eine sehr kleine, die sich nur für Straßenrennen eignete mit der Stufung 1,7 / 1,3 / 1/1 / 1. Durch eine ganze Anzahl verschiedener Maschinenritzel — von Zähnezahl 17 bis 25 — konnte man so mittels der drei erhältlichen Getriebesätze insgesamt 27 Abstufungen zusammenstellen, die man sich aus dem Handbuch heraussuchte.

Normal wurde die Maschine mit Zähnezahl 21 für Seitenwagenbetrieb und 24 für Solobetrieb geliefert. Diese Abstufung im Verein mit der Standard-Spannweite sah dann in der Praxis etwa so aus: Beim Anfahren unter normalen Verhältnissen kam der Apparat im ersten Gang spätestens in 3,5 Sekunden auf 50 km/h. Stadtdurchfahrten, enge Ortschaften Feld- und Waldwege — dafür war der zweite Gang zuständig.

Der Motor war sehr elastisch. Er bewies das dadurch, daß er sich aus einer Geschwindigkeit von 45 km/h im vierten Gang bei Soloübersetzung der Standard-Spannweite ruckfrei und ohne Tuckern beschleunigen ließ. Er drehte dabei nur etwa 1700 1/min (etwa 10,8 PS). Allerdings benutzte ich den vierten Gang solo fast nur auf der Autobahn und auf besonders guten Fernverkehrsstraßen. Denn auf kurvenreichen Streckenstücken war der dritte Gang, der so knapp unter dem vierten lag und mit dem man ja auch 130 km/h erreichte, ohne den Motor zu überdrehen, viel besser zum Abbremsen geeignet, zum Beschleunigen und zum Durchziehen. Dabei fiel natürlich das zeitfressende Schalten weg.

Das Getriebe ging wie Butter und sehr genau. Ein Antippen des Schalthebels, und der Gang war drin. Im Gegensatz zum üblichen Schaltschema englischer Motorräder lag der erste Gang unten, die anderen Gänge wurden mit der Fußspitze hochgezogen. Bei sehr hoher Außentemperatur und bei warmem Motor — beispielsweise nach einer sehr langen Baustellendurchfahrt, wo man Schlange fahren mußte und kein Raum war, um sich neben einem dicken Lastwagen vorbeizumogeln — also da merkte man in der Fußspitze beim Aufwärtsschalten den Leerlauf zwischen den Gängen. Bei kaltem Motor bedurfte es einiger Übung, den ersten Gang ohne Kratzen hineinzukriegen.

Trotz des wirklich einfachen Aufbaus der Bremsen waren es aber Fingerspitzenbremsen. Schon die Hebel — besonders der Fußbremshebel — waren extrem lang; 33,5 cm. Dieser lange Fußhebel mußte so stehen, daß man mit der Fußspitze ständig Tuchfühlung hielt. Zuerst störte mich das — die Fußrasten waren nicht groß zu verstellen — später aber empfand ich diese Tuchfühlung doch zweckmäßig. Nach 3000 km war an der hinteren Bremstrommel der Lack verheizt, so daß nur das nackte Metall übrig blieb — trotz der sichtbar hohen Temperaturen funktionierte die Bremse aber noch einwandfrei.

Wenn ich die ganze Geschichte betrachtete, dann wollten Erinnerungen an unsere alten Dosendeckelbremsen kommen, und dieser und jener sagte auch, daß eine so vorsintflutliche Bremsanlage an dieser Maschine doch wohl nicht das Richtige sei.

Nun ja, so ganz ohne Probleme war das wirklich nicht. Der Kettenkranz war nämlich mit der gegossenen Trommel aus einem Stück gefertigt. Er wirkte zwar als Schrumpfring, aber natürlich konnte man nun die Kette nicht mehr in einem geschlossenen Kasten unterbringen, in dem sich die Bremswärme ansammelte. Das wäre ihr bestimmt nicht bekommen. Dafür war aber die Kettenabdeckung gegen den Straßen- und Reifendreck sehr gut. Weil die

Trommelbremse mit Zahnkranz am Thunderbird-Hinterrad

Kettenqualität auch eine Rolle spielte und durch genügenden Luftzutritt die Kette hinreichend gekühlt wurde, so hielt das Ding ungewöhnlich lange.
Beim Primärkettenantrieb in einem Leichtmetallgehäuse mußte man ganz besonders auf den Ölstand achten. Am Ende des Kastens in Höhe der Kupplung war eine kleine Regulierschraube angebracht, die eine Bohrung öffnete oder verschloß, aus der das herumgeschleuderte Öl nach außen auf die Hinterradkette gelangen konnte. Wenn man diese Schraube zu weit öffnete, mußte man naturgemäß alle 1000 Kilometer einmal nachsehen, ob noch Öl im Kettenkasten war. Im Übrigen war der Ölverbrauch zu dem schon sehr geringen Benzinverbrauch minimal — Benzin 5,5 Liter auf 100 km, Öl ein Viertel Liter auf 1000 km. Es war eine Druckumlaufschmierung, wobei ein Anzeigestift am Druckventil die richtige Ölförderung anzeigte. Durch Bohrungen in der Kurbelwelle gelangte das Öl zu den Pleuellagern. An der Rückförderleitung mit ihrem geringen Druck war die Abzweigung für den Ventiltrieb. An der hinteren Abzweigung für die beiden Zylinderköpfe wurde eine Dichtung nach etwa 4000 km durch eine gelöste Schraube undicht. Ölverlust, Vibrationserscheinungen — also unbedingt alle 1000 km einmal alle Schrauben nachziehen — auch diese. Sonst konnte es plötzlich einen unangenehmen Kolbenklemmer geben.
Das Kurvenfahren war ein besonderes Vergnügen, denn die Maschine lag hervorragend in der Hand. Sie verhielt sich auch auf welligen Straßen völlig ruhig — Schwänzeln, Springen gab es nicht. Die Telegabel und die hinteren Federbeine (Girling, verstellbar) schluckten alles auf, die Lenkung pendelte zwar beim Anstoßen des Lenkers, war aber sofort ruhig. Also auch auf hoppeligem Pflaster ging es tadellos freihändig

geradeaus. Überhaupt ließ sich dieser Brocken, übertrieben gesagt, wie ein Fahrrad regieren — eine Feststellung, die ich schon bei der Ariel-Huntmaster und bei der AJS-Springtwin machen konnte.
Zu der Telegabel und der hinteren Schwinge kam nun noch die Sitzbank. Fast wäre Sitzbank nicht der richtige Ausdruck, man hätte von einer Sitzplatte sprechen sollen, so flach war sie. Es darf nicht unerwähnt bleiben, daß man auf dieser Platte, die aus Dunlopillo auf fester Grundplatte bestand (keine Federeinlage, Kunstlederbezug) ausgezeichnet saß. Die 33 cm Breite waren der Grund für die Möglichkeit, stundenlang ohne Ermüdung oder gar Muskelkrampf fahren zu können.
Beim Reifenwechsel stellte ich fest, daß der Radausbau gar nicht so gefährlich war. Hinten war nämlich eine Steckachse. Man drehte die Gegenmutter los, drehte die Steckachse auf und zog sie heraus. Das Distanzstück fiel runter, und schon war das Rad draußen. Allerdings mußte man die Maschine etwas nach links legen, da das Kotflügelende nicht aufklappbar war.
Als Mitnehmereinrichtung diente eine Feinverzahnung. Vor dem Einbau habe ich diese immer sorgfältig mit Benzin abgewaschen und mit Öl besprüht, dann ging es ganz leicht. Fett hatte da nichts zu suchen, denn es hemmte den Zusammenbau.
Die Pflege des guten Stückes bedingte naturgemäß einige Mühe, weil mit Finger, Schwamm und Lappen in die vielen Ecken und Winkelchen nicht hineinzukommen war. Für Zündkerzenputzer und Reinlichkeitsfanatiker war die zerklüftete Bauweise ein wunderschönes Betätigungsfeld. Für andere, die ihre Maschine selbst ohne Werkstatthilfe in Ordnung hielten, war sie ein nicht zu unterschätzender Vorteil, denn man konnte bequem an alles heran, ohne den ganzen Motor auseinander pulen zu müssen.
Die Hinterradschwinge wurde durch einen Schmiernippel abgeschmiert. Das Spannen der Primärkette erfolgte durch Verschieben des gesamten Getriebes mittels zweier Stellschrauben. Die Kupplungseinstellung war am Getriebegehäuse oben.
Für Leute, die alles selbst machen wollten oder mußten, war das Handbuch zu erwähnen. In diesem Buch stand alles drin, war jeder Handgriff genau mit hervorragenden Zeichnungen beschrieben, jedes Bauteil einer Zubehörfirma war mit der Adresse des Herstellers aufgeführt.
Vom Demontieren des Motors bis zum Auswechseln der Rücklicht- und Stopplichtbirne war jeder Handgriff aufgezählt. Dazu wiesen Ziffern und Worte auf das Werkzeug hin, daß man für jede Arbeit benötigte. Für alle Handgriffe sollten die 19 Teile des Bordwerkzeuges und fünf Spezialabzieher ausreichen. Mit einem Gummihammer, einem Durchschlag, Schraubstock und einem Taschenmesser zusätzlich sollte der Farmer in Australiens Wüsten sich immer helfen, wenn da etwas nicht mehr funktionierte. Das war sehr schön gedacht und auch sehr schön erklärt. Aber trotzdem — wir hatten da noch einiges Werkzeug mit englischen Zollmaßen und aus Chrom-Vanadium mehr in unserem Werkzeugschrank. Und darüber waren wir sehr glücklich.

Ein kleines englisches Zusatzkapitel: Vincent — die Trauben, die für uns zu hoch hingen

»220 km/h garantiert ab Laden« — »Beschleunigung noch nie gemessen« — »Wenn du bei *dem* Tempo einen Maikäfer auf die Nase kriegst, hast du ein gestanztes Loch im Kopf« — »Antreten nur nach Einnehmen von zwei Kraftpillen und nur auf dem Ständer möglich« — »Was denn? BMW R 68 ist dagegen eine Miele-Sachs« — !
Vincent Black-Shadow, 1000 cm^3, 55 PS.
Vincent Black-Lightning, 1000 cm^3, 72 PS.
Die ganzen Jahre war ich mit Argusaugen

Das war die legendäre Vincent Black Shadow (1955), 1000 cm³ / 55 PS (40 kW)

durch die Welt gefahren, um nur einmal einen solchen Apparat zu sehen. Nichts. Nur Fotos in Zeitschriften und hin und wieder einmal eine Beschreibung. Auch keine Prospekte.

Dabei sollten angeblich nach dem Krieg fünf oder sechs dieser Maschinen in Westdeutschland verkauft worden sein. Entweder blieben diese Fünf immer zu Hause, weil sie gerade geputzt wurden, oder sie waren bereits zerschlagen, bevor der Reiter überhaupt dahinter gekommen war, was für einen Donnervogel er besaß. Oder aber sie waren soo schnell, daß man sie nicht sehen konnte.

Aber die Geschichten um den »Schwarzen Schatten« oder über den »Schwarzen Blitz« hörten niemals auf. Zum Beispiel: in Paris seien in einem Jahre acht Stück verkauft worden, von denen aber sieben noch im gleichen Jahr ihre Besitzer erschlugen.

So gingen die Geschichten, so war der Nimbus der Vincent-Motorräder aus Stevenage in England, einer Firma, die zwischen 1950 und 1955 den gleichen Ruf hatte wie früher zum Beispiel Brough Superior mit den großen, schnellen Rennern.

1955 im Winter aber entdeckte ich dann doch so etwas. Und zwar das Modell »Black Prince«, die letzte und neueste Ausgabe mit einer Vollverkleidung.

Die »Black Prince« unteschied sich von ihren Vorgängerinnen nur durch die häßliche Fiberglas-Verkleidung. Der Motor war der der »Black Shadow« — 55 PS bei 5700 1/min. Hubraum 998 cm³. Zwei Zylinder in V-Form, Zylinderwinkel 50 °, hintereinander liegend im Rahmen eingebaut. Sie ging im vierten Gang noch sehr schön rund bei 30 km/h — das machte ihr gar nichts.

Wenn man sie aber im dritten Gang bei 150 km/h aufriß, dann rutschte man auf dem Sattel nach hinten weg. Aber was sollte es? Warum sollte man diesen Motor so verrückt aufziehen? Selbst bei Halbgas blieb man noch immer der schnellste Mann auf den Straßen in Deutschland. Und dann waren 120 Meilen schon viel zu viel — selbst auf der Autobahn — und das war noch nicht

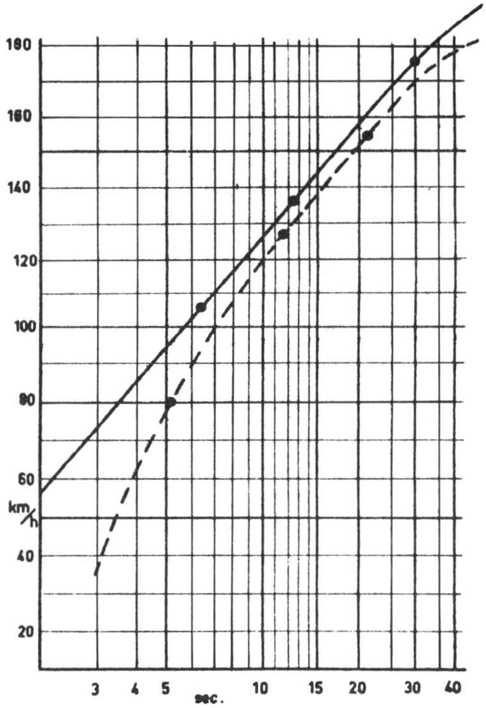

Beschleunigung der Black Shadow (oben) und der Rapid (unten, 45 PS / 33 kW)

einmal die Höchstgeschwindigkeit, das waren »erst« 190 km/h.

Ja, Leute, wer mit *dem* Torpedo lostoben wollte, der mußte sich vorher im Klaren darüber sein, daß er auch auf der Autobahn höchstens 300 m weit die Situation im voraus überblicken konnte. Man mußte sich einmal die möglichen Geschwindigkeiten in den einzelnen Gängen vorstellen: erster Gang bis 104, zweiter bis 136, dritter bis 175 km/h, vierter - - - -!

Wenn das meine Nachbarin gehört hätte — eine Lyzeums-Direktorin — der ich das bei Gelegenheit einmal hätte erzählen sollen, dann hätte die ihre spitze Nase gekräuselt und natürlich gesagt: »Junger Mann — in meiner Jugendzeit sprachen wir vom Opernball, aber nicht von einer Teufelsmaschine, die in der dritten Etage 175 Kilometer in einer Stunde fährt. In meiner Schulzeitung muß ich das doch einmal zum Anlaß eines entsprechenden warnenden Artikels nehmen«.

Jeder der beiden Aluminium-Zylinder der Black Prince hatte seinen eigenen Amal-Monobloc-Vergaser, 27 mm ∅. Die Ventile hatten kurze Kipphebel und im V geführte kurze Stoßstangen, so daß vier Hülsen neben den Zylindern saßen. Das sah mindestens imponierend aus. Der Motor war mechanisch nicht sehr laut, der Auspuffton glich dem eines Porsche.

Es war selbstverständlich, daß man bei einer so großen Motorleistung auf das Fahrwerk schielte: vorn gab es eine ölgedämpfte Trapezgabel, hinten eine Zentralfeder, ölgedämpft, gegen die sich die Hinterradgabel samt Kettenschutz abstützte (also schon eine Cantilever-Federung). Vorn war ein Avon-Reifen 3.50—19, hinten ein Dunlop 4.00—18 montiert. Die Verkleidung verdeckte leider den ganzen hinteren Fahrzeugteil und trug oben eine ziemlich harte Sitzfläche. Da mußte man schon einen gut gepolsterten Achtersteven mitbringen, wenn man darauf 400 km an einem Stück verbringen wollte.

Natürlich konnte man bei zivilem Fahrbetrieb diesen Schlitten immer halten — doch interessierte es mich gewaltig, ob der Dampfer wohl geschlingert hätte, wenn er mit 170 km/h über das Autobahnpflaster zwischen dem Drackensteiner Hang und dem Aichelberg gejagt worden wäre, oder was er wohl zu den Wellen am Metzgesfeld auf dem Nürburgring gesagt hätte bei 120 km/h.

Beim Betrachten der PS-Fabrik unter dem Tank, der Federung, der Instrumente und anderer Details drängte sich ein sehr wichtiger Gedanke auf: Durchschnitts-Motorräder für den Normalverbraucher wurden möglichst in großen Stückzahlen serienmäßig auf dem Band zusammengesetzt. Aber man konnte noch nicht eine 1000er mit 55 PS oder 72 PS und mit *den* Geschwindigkeiten in solcher Weise herstellen — auch, wenn man Aufträge aus der ganzen Welt für eine Serie zusammenkriegte.

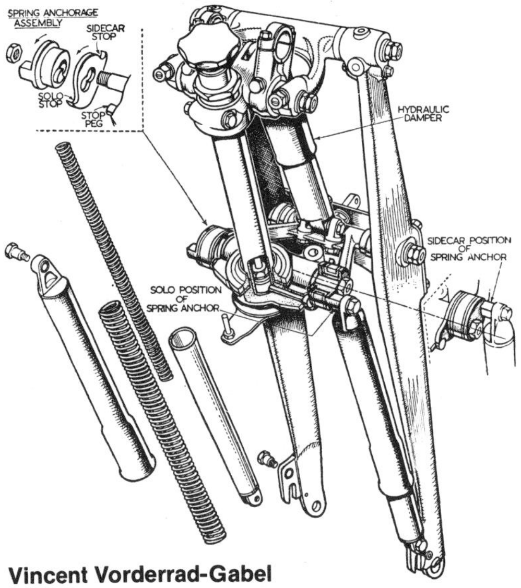

Vincent Vorderrad-Gabel

Hier mußte doch jede einzelne Schraube mit Liebe reingedreht werden. Und das war bestimmt teurer. So teuer, daß selbst bei größter Begeisterung die Kunden immer rarer werden mußten. 1950 bis 1955. Und so stellte dann ja auch die Firma Vincent in Stevenage im Jahr 1956 die Produktion dieses außergewöhnlichen Motorrades ein.

Man konnte in den Jahren danach noch hier und da eine neue kriegen, aber langsam und sicher erlosch auch dieser Stern am Motorradhimmel. Zuletzt kostete eine Vincent etwa DM 5 000,— (BMW R 69 im Jahre 1955 DM 3 950,—).

Alte Vincent-Fahrer sagten zum Modell »Black Prince«, daß es schade wäre, daß sie eine so häßliche Verkleidung bekommen hätte. Und in der Tat sahen die unverkleideten Modelle viel schöner, klassischer und interessanter aus. Der Tank faßte 16 Liter, das erschien nicht viel, doch blieb der Verbrauch zwischen fünf und sechs Litern auf 100 Kilometern bei Reisen durch das Bundesgebiet, weil niemand das Motorrad so ausfahren konnte, daß acht oder neun Liter auf 100 Kilometer durchliefen. Denn schon ganz geringe Drehbewegungen am Gasgriff lieferten Beschleunigungswerte für die »Black Shadow«, die weit über dem lagen, was eigentlich nötig war. Im zweiten Gang von 90 auf 130 km/h in 6,5 Sekunden, von 60 auf 150 km/h in 15,5 Sekunden und von 0 bis 100 km/h in 5,5 Sekunden! Die Beschleunigung der »Black Lightning« hatte noch nie jemand gemessen. Im Prospekt stand »not yet tested« — !

Um annähernd die Höchstgeschwindigkeit bei stehendem Start zu erreichen, waren 50 Sekunden bei der »Black Shadow« nötig — also bis ca. 200 km/h.

Man fuhr auf kurvenreichen Strecken kaum im vierten Gang. »Straßen für den vierten Gang bei sportlicher Fahrweise gibt es in Europa für diese Maschine kaum« — Zitat-Ende aus dem Prospekt.

Weiter konnte man darin lesen »erfahrene Fahrer benutzen die Vorderradbremsen häufiger, deswegen haben wir bei ihrer Konstruktion besondere Sorgfalt walten lassen und auch das Stopplicht so eingerichtet, daß es auch beim Betätigen der vorderen Bremsen leuchtet«. Das schrieb und baute man 1955 bei Vincent!

Rechts und links der Vorderrad-Nabe waren zwei Innenbackenbremsen durch Mitnehmer mit der Nabe verbunden, und die Radspeichen saßen nicht an den Bremstrommeln fest, sondern waren direkt in der Nabe eingehängt. Über einen Waagebalken wurde die Bremskraft gleichmäßig auf beide Trommeln übertragen. Das waren Gußtrommeln mit schmalen Kühl- bzw. Versteifungsrippen.

Eines der berühmtesten Motorräder verschwand mit Einstellung der Serienproduktion langsam in den nächsten Jahren nach und nach von der Bildfläche. Es hat nie viele davon gegeben — doch jedes Stück, das das Werk in Stevenage verlassen hatte, vergrößerte den Nimbus, der unter den Motorradfahrern in aller Welt entstanden war.

Noch lange blieb dieser Glanz erhalten. Und eines Tages erlebten wir noch etwas ganz Besonderes: wir entdeckten drei Vincent-Modelle in einem Städtchen halb so

Black Shadow-Fahrer 1956 (Dr. Roland Baumann, links / Klara Nyfeler, rechts)

Eine der schönsten Zeichnungen eines berühmten Motorrades: Black Shadow 1952

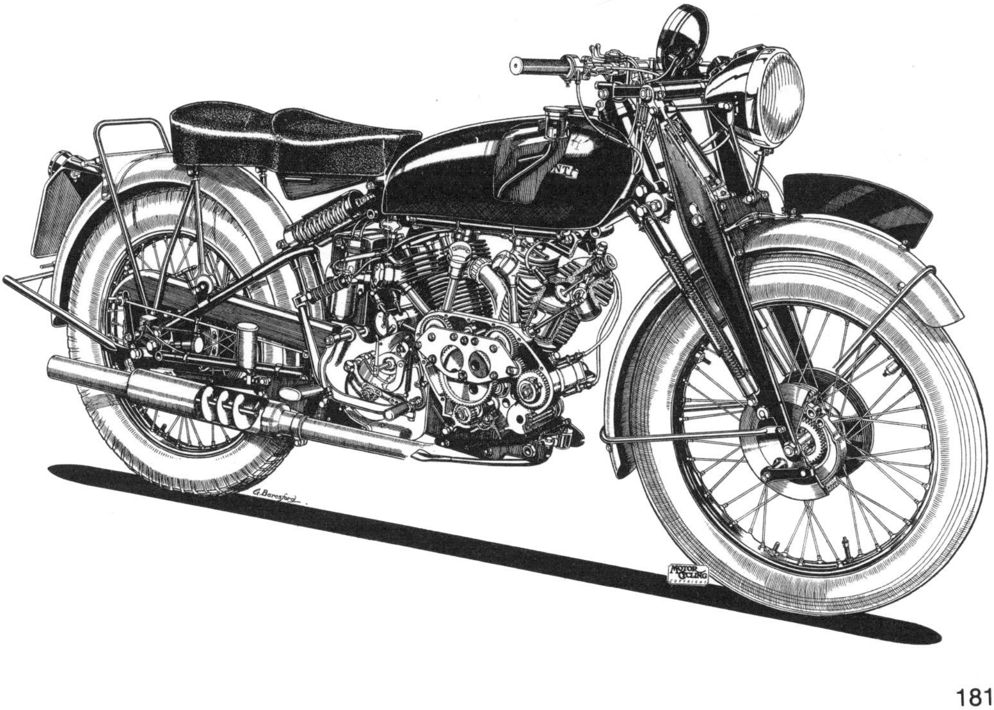

groß wie Rüdesheim. Das war in Weil am Rhein. Es waren eine Black Shadow, eine Comet (500er-Einzylinder im gleichen Fahrwerk) und eine Black Lightning, und in der näheren und weiteren Umgebung in diesem Dreiländereck bei Basel befanden sich drei oder vier weitere Vincents. Im Frühjahr 1956.
Doch davon erzähle ich in einem anderen Buch, es ist eine schöne Motorradgeschichte.

Eine leichte Italienerin stahl unsere Herzen: Motobi-Catria 175 cm^3 — 1957

Das Ansehen italienischer Motorräder — na, das war so um 1955 herum bei uns nicht gerade besonders hoch: man hielt von italienischen Serienmaschinen nicht viel. Übertriebene Leistungsangaben, ein Haufen Krach und nichts dahinter, spiddellige Fahrwerke, allenfalls auf Asphaltstraßen für Schneider-Gewichte — nichts Solides. Und, was wir vielleicht als solide bezeichnet hätten, nämlich die Marke Moto Guzzi, die war in Deutschland nur unbedeutend vertreten. Wie Gilera, MV-Augusta oder Bianchi und Morini fuhr auch Moto Guzzi viele Siege in Rennen heraus (es gab 1957 sogar die berühmte 500er-Achtzylinder-Rennmaschine), aber Serienmaschinen sah man bei uns auf den Straßen fast überhaupt nicht.
So lag unsere Meinung gar nicht so weit weg neben den Tatsachen. Daß man es aber in Italien doch anders konnte, das haben wir bei einer uns bis dahin unbekannten kleinen Marke, bei der Motobi, bemerkt. Da steckte nämlich doch allerhand drin. Wir hätten nie gedacht, *wieviel* doch gekonnter Leichtbau ausmacht, und wir hätten nie gedacht — vor allem —, daß man trotz dieses Leichtbaues ein Fahrwerk hinstellen konnte, das auch unter einem hohen Fahrergewicht so lammfromm ging.
Wir haben mit den Motobi-Modellen auf dem Nürburgring eine Menge dazugelernt. Dabei wurden die Motobi-Männer von ihren italienischen Kollegen-Konkurrenten für verrückt erklärt, weil sie sich zu einem Nürburgring-Versuch stellten (wahrscheinlich war denen allen genau das Gleiche klar, was wir über italienische Serien-Motorräder dachten).
Was nun die Motobis auf dem Nürburgring gemacht haben, war auch nach unseren extremen Anforderungen so, daß man sich davon eigentlich schon im Jahr 1957 viele Scheiben hätte abschneiden können. Nämlich unsere eigenen Motorrad-Macher — die zu dem Zeitpunkt vielfach aus dem letzten Loch pfiffen und nicht mehr an eine Zukunft glaubten.
Es hatte das zum Beispiel bei unseren deutschen Partnern bis dato noch nicht gegeben: Konstrukteure, Techniker und Direktoren einer Motorradfabrik, die bei Rückgabe eines auseinandergesprengten Testmotors nicht finstere Rachegedanken ausbrüteten, sondern ernsthaft in die Diskussion über Ursache und Wirkung eintraten. Erst recht aber hatte es das bis 1957 noch nie gegeben, solange ich es schon mit Motorradherstellern zu tun hatte, nämlich einen Brief von einer Fabrik:
„Sehr geehrte Herren!
*Schön, wir haben mit einem Motor in einer unserer Testmaschinen bei Ihnen vielleicht dummes Pech gehabt. *)*
Eine Zulieferfirma wurde durch Bergrutsch im Apennin halb verschüttet und wir mußten schnell von anderswo her Teile haben, um Lieferverpflichtungen einhalten zu können. (So ehrlich waren die obendrein auch noch!) *Wir werden Ihnen aber zeigen, daß unsere Motoren halten. Wir schicken Ihnen einen der ersten 175-cm^3-Viertakt-Sportmotoren, den wir aus dem Tourenmotor entwickeln. Und damit gehen wir mit Ihnen zusammen auf den Nürburgring. Wenn das Aggregat dann wieder ausein-*

*) Der Motor einer Motobi-Tourenmaschine 175 cm^3 hatte bei unserem Test einen Pleuelbruch erlitten.

Motobi Catria Supersport 175 cm³ / 1957

anderfliegt, können Sie das auch schreiben. Wir möchten einmal sehen, wer von uns zuletzt lacht, Sie »Motoren-Mörder« oder wir.
Damit dieses Unternehmen auch noch einen weiteren Nutzen hat, bringen wir Herrn Luigi Benelli, Direktor Ciacchi, Chefkonstrukteur Prampolini, drei Monteure und einen Lastwagen voll Motorräder mit, um ein wenig praktische Erprobung zu treiben. Der Weg von der Adria bis in die Eifel in Deutschland (Pesaro — Nürburgring = ca. 1350 km) ist uns nicht zu weit dafür.
Freundliche Grüße!
Unterschriften

Ja, das gab es wirklich. Wir hatten es hier mit einem Hersteller zu tun, der seine Erzeugnisse selber ernst nahm, der aus einem Land kam, an dem jeden Sonntag überall kleine Straßenrennen gefahren wurden.

Dort verschrottete man keine alten Rennmaschinen (selbst nicht, wenn man den großen Sport mit Spezialmaschinen eines Tages aufgab). Man baute allerdings auch keine »Kraftzweiräder«, man ließ Sportmaschinen entstehen.
Es ist immer Spaß an der Leistung und viel Ehrgeiz dabei gewesen. Und Motobi wollte nun beweisen, daß man nicht nur schnelles Aussehen und fixe Motoren züchtete, sondern außerdem noch Zuverlässigkeit und Stehvermögen — bei aller Verspieltheit.
Wie wir schon gemerkt haben, gehörte diese kleine Fabrik zur Benelli-Motorradfamilie, und Benelli hatte schon vor dem Krieg einen guten Namen im Sport gehabt.
Der Sommer ging vorbei, aber wir hörten nur ab und zu, daß den Leuten aus Pesaro im eigenen Lande auch von gewichtigen Zunftgenossen dringend abgeraten wurde, sich den Stuttgarter »Mördern« auf dem Nürburgring auszuliefern. Luigi Benelli, Di-

Auf der Catria fuhr man wie beim Grand Prix

rektor Ciacchi und Ingenieur Prampolini aber beharrten auf ihrem Entschluß und bereiteten die Expedition in aller Ruhe vor. Inzwischen sandten sie unsere Testmaschine ab, gaben noch eine Catria-Sport an den belgischen Rennfahrer Jules Nies in Brüssel, der die Fernfahrt Brüssel—Prag—Brüssel schnell mit Gold durchstand und sich erfolgreich an anderen Veranstaltungen in Belgien beteiligte. Gleichzeitig begann dann auch die Serienfertigung der Sportausgabe, wobei auch noch so eine Art Rennbaukasten zum weiteren Schnellermachen und obendrein eine regelrechte Rennmaschine für die Giro d'Italia herauskamen, mit der sie übrigens eine Tagesetappe gewannen.
Solche Sporterfolge waren die erste Voraussetzung, um wenigstens in Italien einen Verkaufserfolg zu erzielen. Vor dem Sportmaschinen-Rennen in Monza fürchtete man sich auch nicht, wenn auch da um 1956/57 herum die Bianchis und die eine Guzzi den Kuchen unter sich verteilten.
Der Nürburgring war aber in diesen Jahren für uns die maßgebliche Vergleichs- und Prüfstrecke, auf der wir mit einem Spezialfahrtschreiber Runde für Runde genau aufzeichneten. Aus den Fahrtschreiberblättern ließen sich durch Zurückrechnen und Auswerten der aufgezeichneten Geschwindigkeiten — und zwar Kilometer für Kilometer — sehr genaue und ziemlich objektive Testbilder und Aussagen erstellen. Von der Motorradcharakteristik bis zum Fahrwerkverhalten wurde *alles* sicht- und meßbar. Testen hieß für uns in erster Linie Grenzwerte herausfahren und messen.
Als unsere Motobi-Testmaschine ankam, war es schon zu spät, zur Rheinlandfahrt,

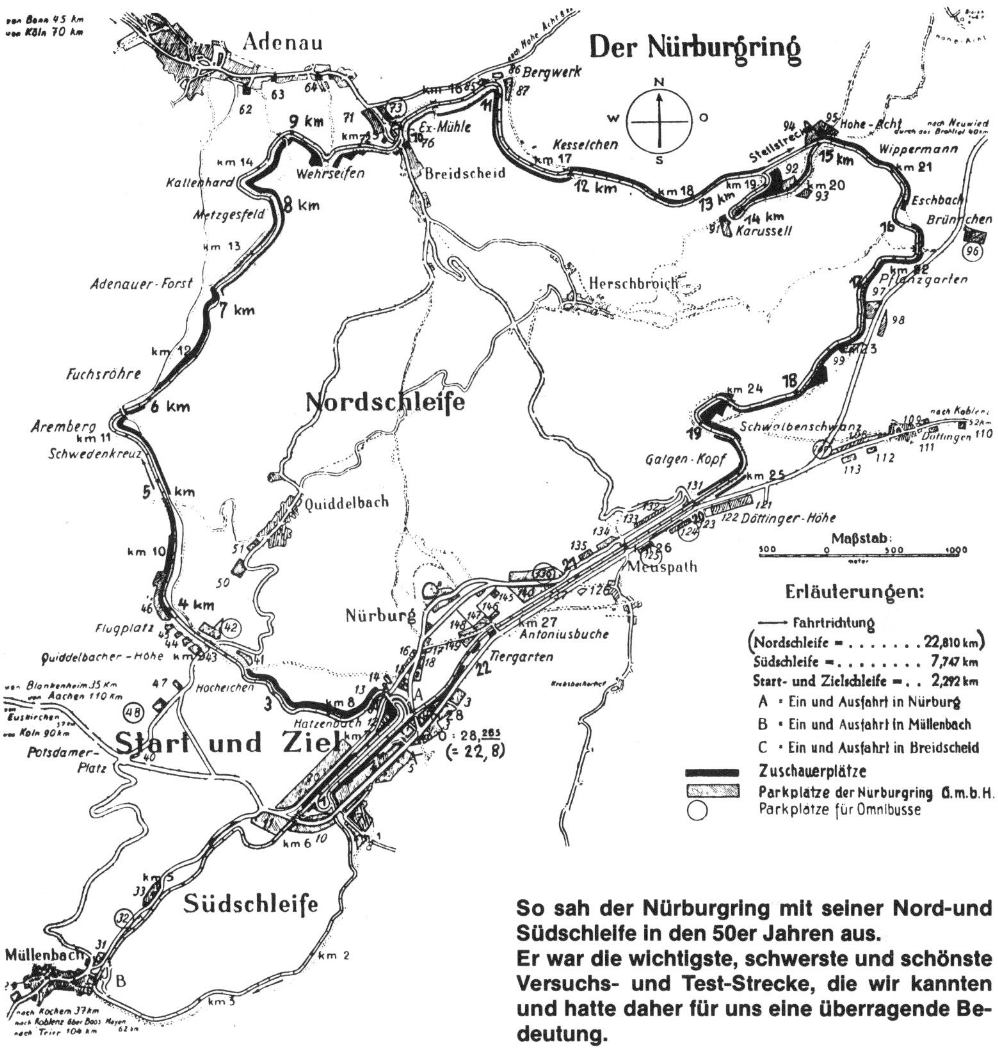

So sah der Nürburgring mit seiner Nord-und Südschleife in den 50er Jahren aus. Er war die wichtigste, schwerste und schönste Versuchs- und Test-Strecke, die wir kannten und hatte daher für uns eine überragende Bedeutung.

einem Straßenwettbewerb auf dem Nürburgring, zu melden. Außerdem war sie ja noch brandneu, und die Benelli-Leute baten ausdrücklich darum, sie nicht gleich mit Vollgas durch die Gegend zu jagen. Sie hatte im 22er Dell'Orto-Vergaser auch eine Plombe.

Die aber flog bei uns raus. Nach unserer bewährten Einfahr-Methode ging es gleich los. Es dauerte dann etwa 110 Kilometer, bis man auf den Fahrtschreiber-Diagrammen von der Solitude-Rennstrecke eine deutliche Verbesserung der Fahrleistung ablesen konnte. Wichtige Testmaschinen fuhren wir damals immer mit Fahrtschreiber-Aufzeichnungen (dies jenen erklärt, die heute geringschätzig meinen, die Tests wären nur »mit Handstoppung« erstellt worden!).

Von der Tourenausgabe der Motobi Catria unterschied sich die Sportversion auf den ersten Blick kaum, denn die äußere Form von Rahmen und Motor war gleich. Es war die Form des »Kraftei«, wie wir das nannten.

Geöffnetes »Kraftei«: Catria-Motor

Auch die Teleskopgabel und die Hinterradschwinge mit den Federbeinen waren gleich. In Wirklichkeit gab es aber eine ganze Reihe Änderungen.
Wer genau hinsah, bemerkte zunächst, daß kein durchgehender Lenker vorhanden war. Es waren zwei Lenkerstummel mit Schellen an den Gabelholmen festgeklemmt. Sie lagen tiefer als die Lenkerenden der Tourenmaschine, so daß man von vornherein eine richtige tiefe Sitzposition einnahm.
Die Vorderradbremse hatte einen noch größeren Durchmeser (190 mm ∅, 30 mm Belagbreite) und eine Belüftung bekommen. Die Hinterradbremse hatte 180 mm ∅.
Der Tank machte einen etwas höheren Buckel und faßte runde 20 Liter (!). Der hintere Kotflügel hatte keine seitliche Versteifung mehr, sondern wurde durch einen nach hinten geführten Rohrbogen abgestützt, an dem auch der längere Entlüftungsschlauch befestigt war, der vom Motorgehäuse ausging.
Der Schalldämpfer war nach hinten offen im Gegensatz zur Tourenmaschine, deren Auspufftopf untenliegende und verdeckte Querschlitze hatte.
Den Sportmotor erkannte man außerdem an dem 22er Dell'Orto-Vergaser, der im leichten Winkel aufrecht nach hinten montiert war und eine offene Ansaugtrompete ohne Filter besaß.
Unsere Testmaschine hatte noch eine Handzündverstellung, später wurde eine automatische Zündverstellung geliefert.
Der Vorderrad-Reifen der Sportmaschine hatte das leichte, in längliche Blöcke eingeteilte Rillenprofil (Pirelli), hinten das schon an der Tourenversion als besonders gut befundene, fein gezackte Blockprofil mit erstaunlicher Griffigkeit. Reifengröße vorn 2.50—19, hinten 2.75—19. So schmale Reifen bei einem derartigen Motorrad wären bei uns eigentlich undenkbar gewesen. Das ging auch nur für Leichtgewichte, hatte aber Vorteile, wenn man erst einmal auf hohe Nutzlast verzichtete und nur die Sportfahrerei und geringen Rollwiderstand im Auge hatte.
Die Leistung des Motors wurde von 9 PS bei 6800 1/min auf 12 PS bei 8500 1/min erhöht. Die zusätzlichen PS holte man durch die größere Ansaugweite und durch ein größeres Einlaßventil, durch höhere Verdichtung und auch durch stärkere Ventilfedern. Auch die Nocken waren ein wenig höher. Außerdem hatte dieser Sportmotor in der Ventilabdeckung eine zusätzliche Entlüftung durch ein Kugelventil. Alles andere war genau wie beim Tourenmotor.
Nachdem das Aggregat immer lebendiger geworden war, bekam ich natürlich auch immer mehr Spaß am Fahren. Aber es war keine Maschine, mit der man tagaus, tagein zum Brötchenverdienen fahren konnte. Wenn auch der Belgier Jules Nies die Fernfahrt Brüssel—Prag—Brüssel auf dem harten und sehr schmalen Rennsitz durchstand — sogar mit Erfolg — und von Brüs-

sel zum Nürburgring immerhin einschließlich Grenzübergang einen 90er Reiseschnitt erreichte, und wenn mir selbst auch zehn hintereinander gefahrene 22,8-km-Runden um die Nordschleife des Nürburgringes damit nichts ausmachten (bei der Rheinlandfahrt wären 20 Runden um die ganze Strecke — also pro Runde 27 km — fällig gewesen!), so war es nach unseren Begriffen doch kein Motorrad für gemächliche Urlaubsreisen.
Der Sitz war sportlich, aber nicht bequem. Die Federbeine waren nicht für Soziuslast nachstellbar, der Scheinwerfer war klein. Aber das spielte alles im Ursprungsland keine Rolle. Wir durften nicht vergessen, daß in Italien zu jener Zeit *nur* der Straßensport das Bild der Motorräder bestimmte.
Damit fiel die Catria-Sport in die Kategorie der reinen Liebhaberstücke. Das war 1957 noch keineswegs die Norm, wie später in den 70er und 80er Jahren in denen Motorräder fast ausschließlich als Hobby-Instrumente angeschafft wurden bzw. werden. Der Kreis der Leute, die sich so etwas 1957 für schnellen Straßenbetrieb hinstellen würden, weil ihnen ein ganz dicker Brocken für diesen Spaß unerreichbar blieb, fand aber in diesem Modell eine begehrenswerte Maschine. Hier kriegten sie eben *ihre* besonders gewünschten Extras wie Rennlenker, großen Tank, Rennbremse, schmale Sitzbank, geringes Gewicht usw. gleich serienmäßig frei Haus — wieder im Gegensatz zu der einzigen interessierenden deutschen Maschine dieser Kategorie der kleineren Supersport-Maschine, die noch das brave Aussehen eines »Kraftrades« hatte und an der man umgekehrt wieder eine Menge basteln mußte, um das ihr gebührende schnelle Aussehen zu bekommen. Das war die Maico-Supersport 175 cm^3 mit dem 15-PS-Einzylinder-Zweitaktmotor und dessen sehr breiter Zylinder-Verrippung.
Ich möchte nicht behaupten, daß auch in diesem Käuferkreis damals der Hang zum Viertaktmotor größer war als zum Zweitakter, doch war immer die erste Frage zufälliger Betrachter der Catria-Sport: »Ist das nicht ein Viertakter? — Ja? — Na, prima!« Tatsächlich unterschied sich beim ersten Hinsehen der 125-cm^3-Einzylinder-Zweitaktmotor der Motobi Aridizio-57 kaum vom 125-cm^3-Viertakt-Einzylinder der Motobi Imperiale. Die Motobi-Leute sagten auch, daß ihre Viertakter in Italien besser verkauft würden als die Zweitakt-Typen.
Hier sei mir ein Hinweis auf die spätere Modellpolitik der Japaner gestattet, als diese den Motorrad-Weltmarkt wieder ankurbelten. Mit *was* kamen sie? Mit Motorrädern, die im Äußeren und im Detail absolute Ähnlichkeiten zu Rennmaschinen hatten. Siehe Honda CB 72, 250 cm^3, 1961/62. Aber bei uns im braven Lande sah man Ende der 50er Jahre diese *einzige* Chance zum Wiederaufleben der Motorradfreude überhaupt nicht. Und deswegen kamen solche Sachen wie die Catria und später die Ducati in starker, beeindruckender Weise bei uns Motorradnarren an.
Aber ganz abgesehen von diesen Gedanken — für die Catria sprach tatsächlich in jenen Tagen gerade bei uns das Äußere. Wo ich die kleine, rot lackierte Maschine auch hinstellte, bildeten sich Ansammlungen von Zuschauern. Auf der Solitude-Rennstrecke hielten sogar Personen- und Lastwagenfahrer, wenn wir dort Meßfahrten unternahmen.
Ich selbst bekam auch unbewußt diese Note zu spüren, denn richtig wohl fühlte ich mich auf dem Flitzer erst, wenn ich Lederzeug anhatte, Stiefel und leichte Handschuhe anzog.
Dieses Mal ging ein italienischer Tachometer kaum viel vor. Zuerst allerdings nahm ich das fest an, denn der dritte Gang beispielsweise ließ sich nach diesem Tachometer bis knapp über 100 km/h hochziehen, und die Maschine ging dann im vierten Gang etwa 120 km/h. Ich zog daraufhin wie selbstverständlich bei allen vorläufigen Rechnungen mindestens 10% Tachometer-Voreilung ab.

Eines Morgens begann ich aber die Solitude-Rennstrecke mit dem Fahrtschreiber zu umkreiseln, und dabei kam ein Schnitt von 101 km/h heraus (so etwas war 1957 auf der herrlichen Strecke frühmorgens noch möglich!). Der Fahrtschreiber zeigte die Vollgasstrecke am Büsnauer Hof mit 118 km/h an. Da bekam ich das erste Mal Zweifel, ob die vom Werk angegebenen 12 PS vielleicht doch zu *wenig* seien. Denn nach unseren für normale Machinen und Fahrer ermittelten Widerstandslinien gehörten zu 120 km/h mit lang liegendem Fahrer ohne Flatteranzug, der außerdem auch nicht gerade viel über 100 Pfund wiegen durfte, ehrliche 15 PS (die NSU-Supermax sollte 126 km/h gehen, dazu waren aber unter gleichen Bedingungen mindestens 17 bis 18 PS nötig, die bei der Supermax ja auch da waren).
Schön, die Motobi war eine superleichte Machine. Eigengewicht um 90 kg herum, mit vollem Tank zwischen 112 und 115 kg. Außerdem war die Sitzposition so, daß der Fahrer buchstäblich über den Tank gegossen lag. Die Arme lagen automatisch an, und auf keinem anderen Motorrad konnte man sich so verstecken.
Bei einem Maschinengewicht von 112 kg und einem Fahrergewicht von 65 kg mußten für 120 km/h immer noch 14 PS vorhanden sein. Also immer noch mehr, als offiziell angegeben war. Nach der auf dem Nürburgring später gezeigten Fahrleistung war ich schließlich überzeugt, daß die Leistungsangabe mindestens recht vorsichtig war. Die PS wurden am Getrieberitzel auf dem Prüfstand gemessen. Wirklich, eine einmalige Sache, die Leistungsangabe einer Fabrik nach oben verbessern zu müssen! Wenn natürlich hier die schmalen Reifen auch erheblich mitbeteiligt gewesen sein dürften. Die Leistungskurve verlief ziemlich flach. Bei 7 000 Touren waren 11 PS da, bei 8 000 waren es 11,8 PS, bei 8 500 wurden 12 PS angezeigt, bei 9 000 etwa wieder 11,8 PS.
Auf dem Nürburgring bin ich außer mit dem Fahrtschreiber auch mit Drehzahlmesser gefahren. Wenn man die Maschine beispielsweise im dritten Gang hochjubeln ließ, drehte der Motor wunderbar sauber und gleichmäßig immer höher. Es war nicht möglich, ihn über 9 000 1/min zu bringen. Selbst im Gefälle der Fuchsröhre kam er im vierten Gang nicht über 9 000 Touren. Nicht, daß man da die Ventile schnattern hörte — der Motor war erfreulich geräuscharm — aber bei 9 000 1/min fuhr man »gegen Gummi«. Also hörte hier eben der Unterbrecher auf. Zwischen der Drehzahl der Höchstleistung 8 500 1/min und der gerade noch möglichen Überdrehzahl 9 000 1/min war also nur ein kleiner Spielraum von 500 Touren.
Da kam aber nun der nötige Trick 17 zum Vorschein. Denn man mußte seine Gesamtübersetzung schon ganz genau und individuell auf den Fahrer abgestimmt wählen. Mit einem 17-Zähne-Ritzel am Getriebeausgang und 41 Zähnen auf dem Hinterrad-Zahnkranz probierte ich es auf dem Ring zuerst. Das war etwas zu knapp, denn ich kam mit dem vierten Gang nur in der Fuchsröhre auf über 8 500 1/min und fuhr beinahe nur im dritten Gang um die ganze Nordschleife herum.
Mit einem 16er Ritzel am Getriebe kam ich jedoch in der Fuchsröhre, am Schwedenkreuz und ebenso an der langen Steigung im Kesselchen an 9 000 Touren heran. Aber da war dann Schluß. Die Kiste ließ sich einfach nicht weiter überdrehen, um die nötige Geschwindigkeit für einen 95-km/h-Schnitt zu erreichen. Darin lag der Unterschied zu der 15-PS-Maico, die sich von 6 000 bis 8 000 1/min glatt überdrehen ließ. Zweitakter!
Schließlich einigte ich mich mit Chefkonstrukteur Prampolini auf 17 Zähne am Getriebeausgang und 42 Zähne am Hinterrad-Zahnkranz. Damit kam ich nun auch im vierten Gang soweit an die 8 500 1/min heran, daß es immer langte und der dritte Gang nicht zum fast ausschließlichen Fahrgang wurde. Mit dieser Gesamtübersetzung kletterte der Rundendurchschnitt

an 95,5 km/h heran. Die meisten Runden lagen bei 93 km/h Durchschnitt für die 22,8 Kilometer der Nürburgring-Nordschleife.
Nun galt es festzustellen, ob die Catria-Sport auch durchhielt. Am Abend des ersten Tages saßen wir bei Pasta Asciutta, die der eigens mitgebrachte italienische Koch meisterhaft fabriziert hatte, und rechneten (heute würde man dazu »Arbeits-Essen« sagen!): für die Fuchsröhre zeigten die ersten zehn Fahrtschreiber-Blätter bis an die 140 km/h an. Mir fiel es gar nicht auf, daß Luigi Benelli, Ingenieur Prampolini und die Monteure blasse Nasen kriegten. Aber sie sprachen plötzlich sehr schnell italienisch-pesarorisch miteinander — Mamma mia — und als der Käse auf den Tisch kam, schob mir jemand diesen Zettel auf den Teller:

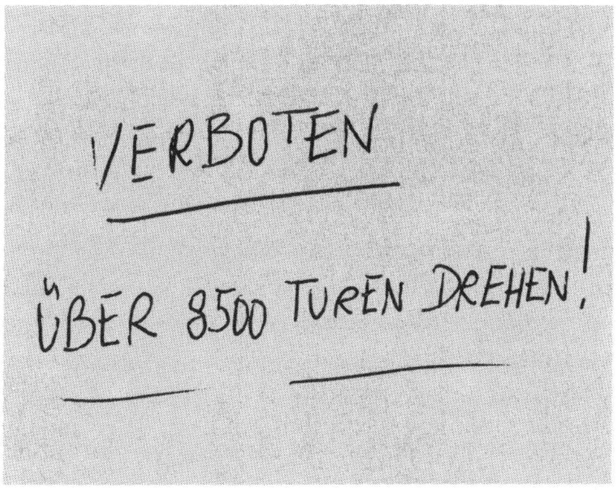

Sie lächelten. Und Luigi Benelli sagte auf englisch, unserer Umgangssprache dort: »Remember Mr. Steinmetz, the Killer, you know. This friend did kill the first engine — remember. You know.«
Ja, es war in der Tat Klaus Steinmetz gewesen. Ja, genau der gleiche, der später die BMW-Formel-2-Rennwagen unter sich hatte, schnelle Opels machte, mit Alfa Romeo einiges Sportliche aufstellte. 1956 war er noch Student des Maschinenbaues in Stuttgart und beteiligte sich an unseren Motorradtests. Als er mit der 9-PS-Touren-Motobi im Herbst 1956 in Feuerbach bei Stuttgart neben einer Straßenbahn fuhr, riß ihm im zweiten Gang das Pleuel ab und zerschlug binnen einer Sekunde den ganzen Motor. Da waren wohl ein paar Touren zuviel »auf der Uhr« gewesen — !
Ich beruhigte Luigi, daß der Klaus nicht in der Nähe sei und niemand beabsichtige, noch einmal so eine schöne feurige Italienerin zu »killen«. Er lächelt etwas zweifelnd und ungläubig und schickte zehn Stoßseufzer zu allen Heiligen und der Jungfrau Maria.
Nun ja, das mußte ich wohl verstehen!
Die Sorge, daß der armen Catria vorzeitig das Lebenslicht ausgeblasen würde! Aber es zeigte auch, daß die Motobi-Leute jetzt merkten, *was* scharfes Fahren auf dem Nürburgring tatsächlich bedeutete.
Der Motor lief aber noch immer ohne jedes Rasseln und Klappern, also machten wir weiter. Der Zettel kam einstweilen in die Brieftasche. Ich habe ihn bis heute zur Erinnerung aufbewahrt.
Es kamen dann noch weitere 22 Runden dazu, jedesmal ging es an mindestens 18 Stellen der Strecke auf die bösen 9 000 Touren los. Flugplatz, Fuchsröhre, Kesselchen Hohe Acht, Döttinger Höhe und Antoniusbuche. Aber die Catria *hielt*, und flog *nicht* auseinander. Und nach *jeder* Runde tuckerte sie beim Wechseln des Fahrtschreiber-Blattes im Leerlauf ruhig vor sich hin. Sogar die Gesichter der Motobi-Mannschaft waren nicht mehr ganz so sorgenvoll.
Der zweite und der dritte Gang lagen dicht beieinander, während zwischen dem dritten und dem vierten Gang ein größerer Sprung war (Getriebestufung 2,96 / 1,79 / 1,4 / 1). Auf dem Fahrdiagramm der Nordschleife konnte man deutlich sehen, was die Folge war. 200 m hinter der Nordkurve gegenüber von Start und Ziel lag die 90 ° Linksbiegung zum Hatzenbach hinunter. Ab Nordkurve fuhr man normal bis zum Hatzenbach-Gefälle im dritten Gang. Diese Nordkurve etwa mit 80 km/h, die Linksbiegung mit 70 km/h — schalten lohnte da kaum, denn für den zweiten Gang der übli-

chen deutschen 175-cm^3-Maschinen war 70 km/h schon zu hoch. Also vertat man keine unnötige Sekunde.
Bei der Catria waren 70 km/h im dritten Gang gleich 6250 Touren, also weit unterhalb der ausnutzbaren Drehzahl. Im zweiten Gang waren es aber immer noch nicht 8500 1/min, sondern erst 7900. Da lohnte sich dann schon das schnelle Runterschalten zum nachträglichen besseren Beschleunigen aus der Kurve heraus, was im dritten Gang langsamer gewesen wäre.
Im Hatzenbach blieb man im dritten Gang und bewegte sich zwischen 6800 und 7600 Touren. Erst wenn die erste lange abfallende Gerade hinter Hocheichen kam, die zur Quiddelbacher Höhe und zum Flugplatz führte, gelangte man wieder in den vierten Gang. Da blieb man aber unter 7500.
Bei dem kleinen Buckel am Flugplatz ging man aber in den dritten Gang hinunter, denn hier fiel das Tempo im vierten Gang von 115 km/h auf fast 95 km/h ab. Und da war dieser Getriebesprung: 115 km/h im vierten Gang waren etwa 7200 1/min, 95 km/h im dritten Gang bedeuteten 8600. Man mußte also auf einem kurvenreichen und bergigen Kurs den dritten Gang bei der Wahl der Gesamtübersetzung im Auge behalten.
Deswegen legten ja die Engländer bei ihren Getriebestufungen den dritten und den vierten Gang viel enger zusammen. Meist nur 1 : 1,2 bis 1 : 1,25 auseinander.
Der Getriebekasten der Motobi war vom Kurbelkasten nicht durch eine besondere Gehäusewand getrennt. Zylinder, Zylinderkopf, Kurbelwelle, Pleuel, Getrieberäder, Ölpumpe, Ölmenge und noch mehr andere Details waren beim Touren- und Sportmotor gleich. Es war an sich eine Kleinigkeit, aus dem Tourenmotor einen Sportmotor zu machen. Ebenso wie es gleich wenig Arbeit war, aus dem Sportmotor durch Auswechseln des Vergasers, der Nockenwelle, des Kolbens und des Schalldämpfers einen etwas gezähmten Rennmotor herzustellen.
Verblüffend war die Möglichkeit, die Nockenwelle auszuwechseln: beide Gehäuse-Abdeckschalen wurden abgenommen, die Ventilabedeckung wurde entfernt. Auf der rechten Motorseite wurde das Nockenwellenrad abgezogen, links der Schwungmagnet. Hinter dem Schwungrad schraubte man einen kleinen Deckel auf. Durch diese Öffnung wurde die Nockenwelle leicht gedreht, damit der Schneckentrieb für das Antriebsrad der Ölpumpe frei wurde und die Welle danach herausgezogen werden konnte.
Vorher hatte man natürlich die Stoßstangen entfernt.
Das Einsetzen der neuen Nockenwelle erfolgte in umgekehrter Reihenfolge.
So brauchte man also den Motor nicht zu zerlegen. Beachtlich war noch, daß man bei den Pflegearbeiten mit einem 14er, 12er und 10er Maulschlüssel auskommen konnte. Aus der Grundkonstruktion, dem Tourenmotor, ließ sich also nur durch Auswechseln weniger Teile ein Sportmotor und aus dem Sportmotor ein Rennmotor herstellen. Das alles sogar mit ganz wenig Werkzeug! Und der Motor brauchte dazu nicht aus dem Fahrwerk ausgebaut zu werden!!
Es war das erste *wirkliche* Baukastensystem, das seinen Namen zu Recht erhielt, und das uns 1957 vorgestellt wurde. Es war auch schon deshalb so sensationell, weil es so konzipiert war, daß damit jeder zurecht kommen konnte, der auch nur einigermaßen eine Schraube von einer Mutter unterscheiden konnte und ein wenig vom Schlossern selbst verstand. *Welche* Möglichkeiten taten sich mit dieser Konzeption für eine gesunde Motorrad-Aktivität auf!
Wir haben auch in den späteren Jahren keine Motorradkonstruktion wieder gefunden, die in *dieser* Form ihre Modelle entwickelte. Und dabei wären damit so viele gute, interessante Vorteile verbunden gewesen!
Man stelle sich aber einmal vor, was hätte damit werden können: da fing der junge

Fahrer an, sich durch den Tourenmotor an das schnelle Fahren zu gewöhnen. Hatte er sich wieder etwas zusammengespart, konnte er sich selbst seinen Sportmotor zusammenbauen und war das noch nicht genug, war ihm die Möglichkeit gegeben, sich schließlich aus seiner Maschine etwas ganz Schnelles zu machen.
Auf dem Nürburgring habe ich nach den 32 Runden den gleichen Motor mit gleicher Kurbelwelle dann auch in schnellerer Ausführung probiert. Nach mehreren Runden wurde er wieder — Hokuspokus Fidibus — in den Sportmotor zurückverwandelt (das machten Camili und Benito in 40 Minuten).
Da man sich im Klaren darüber war, daß ein offener Auspuff der Rennversion nicht in jedem Land auf das Verständnis der Mitmenschen stoßen würde, gab es noch einen Schalldämpfer, der das Auspuffgeräusch auf das Maß einer Horex-Regina verminderte.
Also noch einmal aufgezählt: 32 Runden mit dem Sportmotor, dann acht Runden mit demselben Motor umgeändert auf Rennmotor — das war die italienische Formel 2 für Sportmaschinen 1957. Dann wieder zurück in den normalen Sportmotor. Und er wurde keineswegs zerschmettert oder laut. Bei allen unseren Umbauten kam der Motor nicht aus dem Rahmen der Maschine heraus!
Der für die italienische Formel 2 umgeänderte Motor hatte die Typenbezeichnung Catria-Sport-F-2 und leistete bei 9000 1/min nach Fabrikangabe etwa 15 PS. Er brachte damit in der Ebene ein Tempo von 125 km/h, und es reichte mir für einen Rundendurchschnitt von 13:55 = 98,3 km/h. Stehend am Start und stehend im Ziel (Zeit am Tachographen abgelesen, dazu mußte die Maschine eben still stehen). Am Schwedenkreuz und in der Fuchsröhre waren über 140 km/h drin. Die Schreibnadel der Tachographen stieß dabei an die obere Begrenzung an.
Wenn man selber hätte zusehen können, wie es mit so einem Federball von Motorrad bei 140 km/h die Fuchsröhre abwärts ging, würde einem vielleicht doch gegraust haben. War denn so ein leichtes Fahrwerk noch für derartige Geschwindigkeiten zu vertreten, ohne aus speziellem Rohrmaterial zu bestehen und speziell für einen solchen Zweck entworfen zu sein?
Es würde zwar nicht auseinanderfallen, aber es müßte doch merkbar unruhig gewesen sein.
Dazu mußte ich sagen, daß ich auf der Catria nichts derlei Negatives bemerken konnte. Beim Metzgesfeld war da doch diese langgezogene Linkskurve, in der es einige Wellen gab, in die man bei starker Schräglage hinein geriet. Es gab nur ganz wenige Maschinen, bei denen ich das Gas an dieser Stelle nicht weggenommen hatte. Es handelte sich dabei immer um ein Tempo von ca. 120 km/h. Das waren aber bis dahin immer grundsolide, schwere, deutsche Maschinen gewesen — die Puch SGS und SGA, die NSU-Supermax oder eine große BMW z. B. — bei jedem leichteren Ding kam ich immer in Schwierigkeiten.
Man konnte es auf dem Fahrtschreiber-Blatt deutlich sehen: mit 120 km/h an dieser Stelle der Strecke angekommen, plötzlich auf unter 95 km/h herunter gebremst und bis zur nächsten scharfen Linkskurve in Richtung Kallenhard kurz wieder hoch beschleunigt. Mit der Catria-Sport und der Sport-F-2 ließ ich das Gas genau hier voll stehen!
Diese leichten Flitzer wurden dort selbst bei nötiger großer Schräglage nicht unruhig. Dabei hatte ich den Lenkungsdämpfer nicht einmal angezogen.
Auch am Wippermann sackte das Tempo nicht ab, und die große und schnelle Rechtskurve über den Buckel vorm Eschbach nahm ich immer mit über 100 km/h und Fußraste am Boden.
Die einzige Unruhe entstand, wenn man die Hinterradbremse schärfer betätigte als die Vorderradbremse. Da genügte schon ein kleiner Unterschied. Als ich das Pram-

polini sagte, fuhr er sofort zur Eschbach-Kurve, die man ja sehr stark anbremste, um das selbst beobachten zu können.
Für alle Motobi-Typen wurde ein Kasten-Schalenrahmen verwendet, der so gut wie gar keine elastische Verformung oder Verdrehung zuließ. Mit der Weiterentwicklung des Catria-Motors von der Tourenausgabe bis zur Type F-2 und der Konstruktion eines 200er Zweitakt-Twins und eines 250-cm^3-Zweitakt-Twins in zahmer und scharfer Ausführung schweißte man später in den Schalenrahmen vom Lenkkopf bis zu der Stelle, an der der Rahmen nach unten abbog und die Sitzbank begann, ein zusätzliches Stützrohr ein. Der obere Ausleger nach hinten, auf dem die Sitzbank ruhte und an dem die Federbeine befestigt waren, hatte eine aufgeschweißte Stahlblech-Versteifung.
Die Dämpfung der Telegabel und der hinteren Federbeine wurden verfeinert. Diese Telegabel schluckte auch feine Unebenheiten, und die Enden der Holme schwangen am Wippermann kaum feststellbar.
Hinzu kam nun noch, daß ich persönlich auf dieser Catria wie nach Maß saß — nein, besser ausgedrückt, wie angegossen klebte. Da spürte man jede anormale Regung beim Fahren. Man glich automatisch aus, man hatte richtig Bodenkontakt — und ganz ehrlich, in jenen Tagen da auf dem Ring pfiff ich sogar auf weiche Sitzbänke. Nun ja, man war schon einiges gewöhnt, außerdem kriegte man bei der Sitzhaltung die Stöße nicht senkrecht von unten durch die vier Buchstaben und den Rücken bis ins Hirn. Man dachte nur daran, die höchstmögliche Schräglage zu erfühlen, die nötige Bremskraft richtig zu erwischen, ja nicht zu spät Gas zu geben und zu schalten, auf der langen Geraden so klein wie möglich zu bleiben — da kriegte ich übrigens beinahe die Genickstarre, weil ich den Kopf wegen des Sturzhelmschirms immer so weit hoch halten mußte, um richtig die Scheitelpunkte von Kurven anzupeilen und auf die linke Kante der Brücke bei der Antoniusbuche oder auf die Innenseite der kleinen Biegung in der Fuchsröhre zu zielen.
Die Nürburgring-Nordschleife, 22,8 km lang — der Herr aller Speedmeister und Kurvenfans sei ihr gnädig und erhalte ihr ein ewiges Leben! Es war die schönste Renn- und Versuchsstrecke der Welt. Wir liebten sie, die herrliche Eifellandschaft und das Fahren darauf ganz besonders. Man konnte dort ungestört Motorräder an der Grenze der Leistungsfähigkeiten testen und messen und Tests zusammenstellen, die kein Bla-Bla sondern vergleichskräftig waren. Von 1951 bis 1973 schaffte ich mehr als 150 000 km nur mit Motorrädern — Test- und Versuchsmaschinen — auf diesem Kurs. Und keine Runde war wie die andere — jedesmal war es neu, und jedesmal war's ein großes Erlebnis voller Fahrfreude. Davon zehre ich heute noch, und was das moderne Renn-Show-Business daraus zu machen im Begriff ist, stimmt jeden Freund des ›alten‹ Nürburgringes traurig.
Aber noch einmal zurück zur Catria: eigentlich hatte ich mich gewundert, daß mich dieses Sitz-Klemm- oder Hock-Instrument nicht ernsthaft gestört hat. Das Fahrerlebnis der schnellsten 175-cm^3-Maschine, die ich bis dahin hatte fahren können, war wohl doch größer als irgendwelche damit zusammenhängende Strapazen.
Auf dem Nürburgring hatte die Maschine einen Verbrauch von 4,9 Litern auf 100 Kilometern. Von den knappen zwei Litern der Öl-Füllmenge SAE 40 war mindestens ein halber Liter durch den Entlüftungsschlauch verpustet worden. Vielleicht war da dann doch zuviel Öl im Motor gewesen. Doch hier hatten Camili und Benito keine Hemmungen, denn Öl wurde ja auch als zusätzliches Kühlmittel betrachtet. Die Menge wies auch schon darauf hin. Die Pumpe förderte 60 Liter/Stunde. Die Öltemperatur war nach einer Runde nicht höher als 89 °C.
Der Ventilmechanismus erhielt durch die eine Stoßstangen-Bohrung direkt nach

vorn gepumptes Öl, das durch den anderen Stoßstangen-Kanal wieder zurück strömte. Alle Gehäusenähte des wunderschön aufgeräumten, liegenden Motors zeigten ganz geringe Ölspuren. Nur an den Austrittsöffnungen der Kugelventile für die Zylinderkopf-Entlüftung bildete sich etwas Schmiere. Also war das ein sauberer Motor noch dazu und keine Ölsardine.

Interessant war, daß der Vergaser reichlich Kondenstropfen zeigte. Solche Dinge waren im warmen Süden natürlich nicht aktuell, Jules Nies berichtete jedoch, daß er bei der Fernfahrt Brüssel—Prag—Brüssel mit festgefrorenem Schieber in der Nacht einmal Aufenthalt hatte. Auch mit einer ausreichenden Ausleuchtung der Fahrbahn im Dunkeln (Zündlichtanlage 6 Volt, 25/25 Watt, 130 mm Scheinwerfer-∅) machte man sich im sonnigen Italien wenig Kopfzerbrechen. Ein großer Scheinwerfer würde ja auch die sportliche Linie der Machine schrecklich beeinträchtigen. Wer fuhr denn auch schon mit so einer Art Rennbolzen im Dunkeln herum? (Haha — sowas hörte ich sogar noch 1980 von einem Motorradimporteur!!)

Viel wichtiger nahm man dagegen die Bremsen, einen ausreichend großen Tank (!), schmale Lenker, gutes Fahrwerk, richtig profilierte Reifen und vor allem leichtes Gewicht.

Das leichte Wechseln des hinteren Zahnkranzes, die Zugänglichkeit zu Vergaser, Ventil- und Zündeinstellung, möglichst einfacher Aufbau des Motors waren da weitaus bedeutungsvoller. Und an jeder Ecke der Maschine fand man wieder Keinigkeiten, die auf Erfahrungen aus dem Straßen-Rennbetrieb hindeuteten.

Vom Sportwickelgriff bis zur Befestigung des Kupplungszuges, von dem Tankschnellverschluß (reichlich kleine Einfüll-Öffnung) bis zur haargenau richtig gelegten Fußschaltwippe. Ja, die Lage der Zündkerze (langes Gewinde, Wärmewert 280 bis 310 je nach Beanspruchung) und den zur Armauflage seitlich ausladenden Tank (hier kein Showeffekt sondern eine echte, nutzbare Sache) durfte man da auch nicht vergessen.

Aber für uns war es weiter bedeutsam, daß die Catria-Sport gehalten hatte und daß die Italiener gezeigt hatten, daß sie *doch* etwas konnten. Auch wenn es sich — 1957! — um ein so spritziges Spielzeug drehte.

Viele Jahre hindurch versuchte die Benelli-Familie die Motobis — auch unter dem Namen Benelli — in Deutschland einzuführen. Es fanden sich rührige und begeisterte Importeure, und noch in den 70er Jahren war das »Kraftei« — fast unverändert seit 1957 — bei uns im Handel. Nur hatten doch viele Betriebsblinde der Motorradszenerie nie richtig erkannt, was man daraus hätte im Großen machen können, obwohl sie eigentlich schon Zeichen für die Motorradentwicklung 20 Jahre später hätte setzen können.

Für uns blieb dieses italienische Motorrad ein technischer Markstein in der Motorradgeschichte. Und wer sie fuhr und mit ihr zurecht kam, der muß mir bestätigen, daß es ein mitreißendes kleines Feuerzeug war!

III. Unvergeßliche Namen

Sie prägten die Motorradjahre des Dezenniums

Man weiß einfach nicht, mit welcher Persönlichkeit man anfangen soll, wenn man über die Motorradzeit zwischen 1950 und 1960 erzählt.

Die Jahrzehnte gehen da auch ineinander über, und das fruchtbringende Wirken einiger wichtiger Menschen ist auch heute noch in der Szene vorhanden.

Man weiß auch gar nicht, wer von ihnen allen nun die größte Bedeutung hatte, und wessen Einsätze und Erfolge am wichtigsten und am bedeutungsvollsten für die Entwicklung ist oder war.

Was soll ich da nur machen?

Schon hatte ich den Weg rückwärts antreten und dies Kapitel vergessen wollen. Aber es geht nicht. Wir müssen auch darüber sprechen, wer dieser und wer jener ist oder war. Denn ohne gute Leute läuft und lief überhaupt nichts.

Also will ich tapfer den Weg nach vorn gehen und mich dem Wagnis aussetzen, jemanden vergessen oder falsch dargestellt zu haben. Wobei ich bescheiden einwenden möchte, daß ich auch nur ein Mensch mit einem normalen Kopf bin, in dem nicht *alles* drin ist. Sollte also hier ein Name fehlen, dann ist es bestimmt kein böser Wille —!

*

Lassen Sie mich so berichten, wie es mir einfällt, dann ist die Story wenigstens schon ein wenig entkrampft.

Was sich in meinem engeren Kollegen- und Freundeskreis so tat, steht bereits teilweise in den anderen Kapiteln und wurde dort erwähnt. Wir gehen also aus diesem Zirkel heraus — ganz woanders hin.

In dem alten, niedrigen Versuchstrakt bei BMW in München an der Lerchenauer Straße, in dem es um die Motorräder ging, residierte in der interessantesten Zeit Max Klankermeier, der übrigens 50 Jahre bei BMW tätig war.

Er war Kundendienstmann, Versuchsmann, Sportler (mit Deutschen Meisterschaften und entsetzlich vielen Trophäen, Medaillen, Bechern usw.) und Motorrad-Enthusiast.

Gegen Ende der 50er Jahre fuhren wir regelmäßig nach München, der Pförtner kannte uns, ließ uns ungefragt und ohne Besuchszettel mit unserem R-69-Gespann durchfahren. Schnurstracks steuerten wir das Versuchsgebäude mitten im Werk an.

Vor der Tür stand eine Bank, damit man bei warmem Wetter eine gute Brotzeit machen konnte. Auf dieser Bank saßen dann der Klankermaxe, sein Meister Achatz, der große Praktiker, mit uns zusammen, und wir besprachen unsere technischen Probleme mit den BMWs und anderen Motorrädern.

Von solchen Konsultationen kamen wir vollgestopft mit Wissen wieder heim. Ein ähnlich gutes Verhältnis hatten wir mit Erasmus Grüttefien, Georg Weiß, Ernst Keitel und Meister Krausold von Zündapp in

Die Maico-Fahrer Westphal (links), Haas (Mitte) und Ilgenstein (rechts) gewannen die Clubtrophäe der Sixdays 1952

Nürnberg, wenn es um den »Grünen Elefanten«, um die »Norma«, »Comfort«, später um die »Elastik« und viele andere Motorrad- und Motorradsport-Themen ging. Diese Männer sorgten dafür, daß wir von Zündapps Motorrädern alles aus dem ff wußten.

Georg Weiß war außerdem der große Fahrer und später Sportleiter und Teamchef der Zündapp-Fabrik- und Privatfahrer. Er getaltete nicht nur den Sporteinsatz der Fabrik, sondern darüber hinaus den Motorrad-Zuverlässigkeitssport ganz allgemein mit.

Bei Victoria in Nürnberg war es vor allem August Prüssing, Ing. Harald Oelerich (er war vorher bei Horex), auch Walfried Winkler (der alte DKW-Rennfahrer), Georg Dotterweich (der 1951 mit einem 38-cm^3-Fahrradhilfsmotor an einem Rennfahrrad 79 km/h und einen Weltrekord fuhr) und — bevor er Chefredakteur von »DAS MOTORRAD« wurde — Oberingenieur Siegfried Rauch. Diese Männer waren unsere Freunde, von denen wir viel lernten, und die für die Sache des Fahrzeuges Motorrad als Techniker und Fahrer mehr taten, als man es vordergründig sehen konnte.

Die Motorradfabrik von Hercules in Nürnberg hatte auch einige Persönlichkeiten, die für uns und die Gesamtheit viel taten. Alfred Winkler, Ingenieur Heidenreich, der Mechaniker Kohler gehörten zu unserem Partnerteam, und mit ihnen fochten wir unsere konstruktiven Sträuße aus. Auch der Sport verband uns sehr eng. Bei Hercules war man immer böse, wenn man die Marke als »Konfektionäre« ansah, weil sie keinen eigenen Motor bauten sondern für ihre Maschinen Motoren bei Ilo in Pinneberg oder

25jähriges Sportjubiläum von Georg Weiß. Dr. Hans-Friedrich Neumeyer (Zündapp, Nürnberg) gratuliert (1951)

Fichtel & Sachs in Schweinfurt einkauften. Sie empfanden solche Darstellung als abwertend.

Dabei waren die Hercules-Motorräder alles andere als »Konfektionsware« im negativen Sinn. Die 250er beispielsweise mit dem Zweizylinder-Zweitaktmotor von Ilo (15 PS) war ein sportlicher Straßenrenner, der uns sehr viel Spaß machte. Man verwendete als erste Hinterradfederungen die Einbauteile von Karl Jurisch.

Da sind wir nun auf einen besonderen Mann gestoßen, dessen Motorrad-Begeisterung weit über jedes normale Maß hinauswuchs. Karl Jurisch hatte schon vor dem Krieg viele interessante Eigenkonstruktionen bei Renn- und Sportveranstaltungen gefahren und brillierte in den 50er Jahren vor allem mit seiner Hinterradfederung, die er an viele Motorradhersteller verkaufte. Auch war er sehr, sehr aktiv im Sport dabei und hatte immer neue Ideen, für Motorräder etwas zu tun. Wo auch nur die kleinste Möglichkeit war, dem Motorradsport zu helfen oder neue technische Überlegungen zu verwirklichen, war Karl Jurisch sofort »an der Front«.

Bei DKW in Ingolstadt war der Schöpfer der Werksrennmaschinen ab 1950 Erich Wolf. Seiner Arbeit waren die Zweizylinder-Rennmaschinen 1951 später auch 125er-Einzylinder-Rennmaschinen (die ersten 125er waren aus der RT 125 entwickelte Motorräder für den Renneinsatz von Carl Döring und H. P. Müller). 1952 entstand dann auch die berühmte Dreizylinder-Rennmaschine 350 cm^3, die Drehzahlen bis 12000 1/min erreichte und wie eine singende Säge mit mehr als 38 PS und 200 km/h um die Rennstrecken pfiff und dabei genügend Erfolge herausfuhr, um den Konkurrenten das Fürchten zu lernen. Auch Franz Ischinger war ein klassischer DKW-Name. Als Chef des Motorradbaues fuhr er in den ersten 50er Jahren als alter Sportfahrer noch im Gelände. 1955 kam Helmut Görg als Renningenieur zu DKW, aber hinter der wertvollsten DKW-Technik stand auch noch Professor Dr. Eberan von Eberhorst, ein Mann, der schon vor dem Kriege mit Ferdinand Porsche zusammengearbeitet hatte.

Merkwürdigerweise war ein so enger Kontakt wie zu den anderen Motorradherstellern in Deutschland mit der Auto Union in Ingolstadt nicht möglich. Doch wenn man die Motorrad-Versuchsleute auf dem Nürburgring bei Versuchen in Grenzbereichen traf, konnte man hin und wieder einen Blick in deren Testwerkstatt werfen. Dann entspann sich auch wohl ein Benzingespräch. Aber wie das meist war, mit den Renn- und Sportfahrern lief das besser.

Siegfried Wünsche, Ewald Kluge, H. P. Müller waren noch von früher her uns gegenüber aufgeschlossen und sorgten für das nötige »Leben in unserer Bude«, wie wir sagten. Später waren das August Hobl oder Karl Hofmann, Karl Lottes oder Hans Bartl, mit denen man interessante Gespräche in den Fahrerlagern führen konnte.

Ähnlich war es mit dem Hause Adler. Wäre Willy Klee, der hervorragende Rennme-

Direktor Friedrich begrüßte seine erfolgreiche Sixdays-Mannschaft 1956 im Adler-Werk / Frankfurt. Am Fuß des Podiums mit umgehängter Kamera Willy Klee, der unermüdliche Adler-Mechaniker

chaniker, wären die Sportfahrer wie Walter Vogel / Ladenburg, Klaus und Ulli Krämer / Köln, Ernst Bilger, Hans Schöffmann, Günter Beer / Frankfurt, Vater und Sohn Hallmeier, Hubert Luttenberger oder Rudi Meier und Dieter Falk nicht gewesen, dazu auch Konstrukteur J. F. Drkosch und Dipl. Ing. Kurt Grasmann, der gute F. A. E. Martin — mit Adler nur als Kontaktperson in Direktor Friedrich — dem autoritären Perfektionisten — wäre in der Zusammenarbeit nicht viel gelaufen. Da fehlte es einfach an der Atmosphäre, die an sich nur — wie wir sagten und immer wieder bestätigt fanden — über ein Gespräch »von Motorradfahrer zu Motorradfahrer unterwegs mit dem Wind im Gesicht« richtig entstehen konnte. Wir sind und waren immer Motorradnarren und — vielleicht auch -fanatiker — deren Aufnahmefähigkeit dort blockiert wurde, wo der Gesprächspartner nicht in der Lage war, eine gleiche innere Motorradsprache zu reden und zu verstehen.

Ein Mann wie der cholerische Zündapp-Fahrer Werner Kritter konnte eher und bedeutungsvoller mit weitaus besserem Kontakt und Informationen zu uns sprechen als z. B. ADAC-Sportpräsident Jules Köther, der u. E. n. über Motorräder, Motorradsport und ähnliche Sachen selbst überhaupt nicht kompetent sein konnte und nie mit dem richtigen Einfühlungsvermögen eine Unterhaltung mit uns zustande gebracht hätte, weil wir ihn nie selbst Motorrad fahren sahen und er bar jeder Praxis war. Er war sozusagen zumindest ein Fremder.

Aber ein Mensch wie Ingenieur Joachim Penz von der Lenkerarmaturen-Fabrik Magura, der tagaus und tagein mit seiner BMW oder mit seiner NSU-Konsul unter-

Victoria-Kämpe Georg Dotterweich und seine Bergmeister, mit der er auch 1981 noch fuhr

wegs war, war für uns eine Persönlichkeit und ein Mann für fruchtbringende Kontakte. Er, der die Nase immer im Straßenwind hatte, wußte wovon er sprach und »schwätzte kein gelehrtes Bepp raus«. Wir konnten wichtigtuende »M-a-n-a-g-e-r«, Vereinsfunktionäre oder Leute ähnlicher Abstammung deswegen nie kompetent finden und akzeptieren, solange sie uns nicht bewiesen, daß wir aus ihrer Praxis im Umgang mit Motorrädern noch etwas lernen konnten.

Deswegen standen wir stets in Opposition zu manchen Institutionen und Persönlichkeiten, hatten aber umso größere Freude, wenn wir Männer trafen, die wie wir Motorrad fuhren und uns da noch etwas vormachten. Zum Beispiel war es für uns ein Fest, als Wilhelm Noll eines Tages OMK-Präsident war (aber erst in den 70er Jahren — leider). Und wenn Schorsch Weiß mit uns diskutierte, war das eine ganz andere Sache, als wenn ein großer Verbandshäuptling ohne echten Motorradkontakt zu einem »Arbeitsessen« einlud. (Ich bitte alle diese Menschen um Verzeihung, wenn ich ihnen damals Unrecht antat, und gebe zu, heute etwas »weiser« zu sein — !)

Doch wir sprechen ja von den 50er Jahren und nicht von heute, mehr als 30 Jahre später.

Wenn man da einen rennbegeisterten Chef Fritz Kleemann von Horex oder den Horex-Techniker Fischer-Jene traf, war man fasziniert. Wenn man Ernst Wewer von Tornax über »seine« Motorräder und »seine« Motorradfahrer reden hörte, ging einem das Herz auf. Wenn man die NSU-Männer bei den Rennen erlebte — Dr. Fröde, Ing. Ewald Praxl oder Meister Horch — dann flogen da schon die Funken von uns zu ihnen hin und umgekehrt. Und wenn ein so großer Könner wie der Wiggerl Klaus später als Renn- und PR-Chef bei Metzeler mit uns über Reifen diskutierte, dann war er eine von uns absolut akzeptierte Koryphäe — auch menschlich.

Zu solchen bei uns hochangesehenen Partnern gehörte unbedingt Ulrich Pohl bei Maico. *Das* war genau der Mann, der auf seinen Posten als Versuchsingenieur und Konstrukteur, erfolgreicher Sportfahrer und uralter Praktiker paßte. Wir hätten ihm einen weit größeren Wirkungskreis gegönnt, als er ihn in Pfäffingen hatte.

Ingenieur Helmut Werner Bönsch — für die Maschinen-Abnahmen nach einheitlicher Norm bei neuen Modellen in der deutschen Motorradindustrie verantwortlich, Fachjournalist und später der Mann bei BMW, der maßgeblich dafür sorgte, daß die BMW-Motorräder nicht vom Markt verschwanden (und auch heute noch aktiv im Geschehen), ist hier unbedingt ebenso zu nennen wie Ing. Johann Hilber bei Kreidler, der das 50-cm³-Modell Florett 1956 und die Kreidler Renn- und Geländemaschinen später schuf, die so sehr erfolgreich waren.

Und wissen Sie, wer Gottlieb Haas ist? Nein? Dann hätten Sie einmal bei Maico hineinschauen sollen, dorthin, wo im Allerheiligsten an Versuchs- und Sportmotorrädern geschraubt wurde. 1980 war er als Versuchs- und Sportmechaniker 35 Jahre im Pfäffinger Werk und erlebte ganze Generationen von Ingenieuren, Technikern und Fahrern. Er hat alle Maico-Modelle nach 1945 mit »erschlossert«, im Versuch gefahren, im Sport bewegt und die größten Geländefahrer und Moto Cross-Asse betreut. »Nur zum Verzähle fällt m'r nix ei«, sagt er.

Auch der Gottlieb ist in seiner Art eine starke Persönlichkeit und hat mit seiner mechanischen Kunst und seinem unermüdlichen »Schaffe« das Bild der Motorräder geprägt. Das Motorrad ist sein Lebensinhalt, wie es das für viele Menschen ist.

Das alles waren Begegnungen, die irgendwie im Gedächtnis haften geblieben sind, weil wir davon eben in besonderem Maße beeindruckt waren.

Darüberhinaus wirkten im Motorrad-Bereich natürlich noch viele Menschen, die uns nicht so oft begegneten oder mit denen man weniger Kontakte fand, weil deren und unsere Tätigkeit doch irgendwie zu weit voneinander entfernt waren, z.B. Karl Bader, Konstrukteur bei Triumph, Nürnberg. Aber ihre Namen würde ich auch nicht vergessen. Rennleiter Balthasar von St. Wendel oder der Sportpräsident des ADAC-Gaues Nordrhein, der viele Motorradveranstaltungen am Nürburgring machte und selbst ein alter Wettbewerbsfahrer war: Jupp Müller — die beiden gehören zum Beispiel in diesen Kreis. Dann natürlich auch die vielen guten Rennfahrer, Mechaniker, Geländefahrer und Betreuer — mein Buch wäre sozusagen eine Art Adressenbuch, könnte man sie alle nennen.

Renningenieur Ewald Praxl (NSU) 1953

Eines war zwischen 1950 und 1960 jedoch sehr auffallend. Das war das Gefühl, daß man in einer Art großer Familie lebte, deren Mitglieder alle ihre Herzen an das verflixte Motorrad verloren hatten. Im Februar 1981 feierte zum Beispiel Siegfried Rauch, Chefredakteur von »DAS MOTORRAD« von 1959 bis 1976, seinen 75. Geburtstag. Zur Gratulation kamen fast ohne Ausnahme alle Persönlichkeiten, die aus jener Zeit zwischen 1950 und 1960 noch am Leben und damals heftigst aktiv waren. Sie repräsentierten genau die Atmosphäre, in der wir uns in diesem Zeitabschnitt des Motorradgeschehens begegneten. Jeder kannte jeden und wußte, was man zusammen erfolgreich oder unter Schwierigkeiten geschafft hatte.

Als es 1958 und dann 1959 so weit war, daß auf den Straßen immer weniger Motorräder fuhren, erlebten wir immer wieder, daß wir unterwegs oder an Treffpunkten wie Nür-

Mit Max Klankermeier vor der BMW-Versuchswerkstatt 1958

burgring, Elefantentreffen, Sechstagefahrt, Großer Preis von Deutschland oder bei anderen Veranstaltungen sogar den Lebensweg einzelner Motorräder verfolgten.
Irgendwo stand am Nürburgring eine BMW R 51/3. Sie hatte einen Hoske-Tank und einen nachträglich angebauten Drehzahlmesser (Smith, England). Das war 1957. Bis dahin hatte sie ein Kennzeichen aus München gehabt — nun plötzlich stand sie hier mit einem Kennzeichen aus Hannover.
Ja, doch — es war die »Drehzahlmesser-51«.
Also — so schlossen wir daraus — hatte der Münchener Besitzer sie jetzt nach Hannover verkauft oder war dorthin verzogen. Dann kam auch ein junger Mann, legte einen Tankrucksack auf den Tank, und wollte damit wegfahren.
Es war der neue Besitzer, und er war so »neu« unter uns, daß er erstaunt fragte, wieso wir die persönliche Geschichte seiner R 51/3 wohl kannten. Wir erklärten ihm, daß der Vorbesitzer fast überall anzutreffen gewesen war, wo es etwas Interessantes für Motorradfahrer zu erleben gab, und daß wir daher die Maschine immer im Auge gehabt hatten. Es ging eben nichts in einer riesigen Motorrad-Masse verloren wie dann wieder nach Einsetzen des Booms der 70er Jahre. Für uns war die Motorradszene klein, individuell, persönlich und überschaubar.
So ging es uns aber nicht nur mit dieser BMW. Da war noch eine Horex-Imperator, ein KS-Gespann, eine besondere Max usw. Die Motorradwelt war »eng« geworden zum Ende der 50er Jahre — !
Persönlichkeiten wie Pastor Glow, Pfarrer Billmann, Pastor Gnoth (der »KS-Pastor«), Rudolf Mundhenke, Dr. Roland Baumann und viele andere bildeten als Fahrer und interessante Menschen Knotenpunkte im Kreis der Motorradbegeisterten, die immer weniger geworden waren und sich fast vorkamen wie das letzte Fähnlein der Aufrechten.
Aber sie bewahrten ihre Freude und fuhren mit uns immer weiter in die 60er Jahre hinein, aus denen schließlich der neue Aufstieg heraus gestartet wurde in die nächste Phase des Motorradspaßes.

Bedeutender Motorrad-Sport

Der Motorradsport war noch keine Show!

Gleich nach dem Krieg versuchten viele alte Rennfahrer und Veranstalter, den Motorradsport wieder in Gang zu bringen.
Aber das war zunächst sehr schwer. Es gab fast keine Rennmaschinen mehr — bis auf ein paar durch die Wirren der Zeit gerettete Exemplare der 30er Jahre. Viele gute Sportler hatte der Krieg behalten, sie kamen nicht wieder. In den Lebensräumen der Menschen waren die Vereine und Clubs verschwunden und bedurften der Erneuerung, falls überhaupt jemand Zeit und Sinn zwischen all' den Trümmern für solche »überflüssigen« Sachen aufbringen konnte.
Deutschland war in Besatzungszonen aufgeteilt, deren Grenzen oftmals schwieriger zu überschreiten waren, als wünschenswert erschien. Es gab nichts zu essen, es gab für das normale Leben fast nichts mehr. Höchstens Trümmersteine. An Fahrzeuge, Fahrzeugteile, Reparaturmöglichkeiten, Werkzeuge und Transportgelegenheiten herrschte ein krasser Mangel. Wer etwas auf die Räder stellen wollte, der mußte »kompensieren« (= Tauschhandel = Schwarzmarkt-Aktionen betreiben). Und man mußte improvisieren können.
Vor diesem traurigen und deprimierenden Hintergrund wagten es aber trotzdem hier und da vereinzelt Interessengruppen, wieder Motorradrennen zu veranstalten. Dabei fand man auch die Hilfe zum Beispiel amerikanische Besatzungs-Offiziere.
So kamen die ersten Rennen trotz allem wieder in Gang.
Das war 1946. Noch ohne große Dachorganisationen, ohne neue Sportregeln und Regelüberwachung seitens einer neuen Sport-»Behörde«. Zum Teil waren es wilde, abenteuerliche Unternehmen und der erste Sport ging über die Bühne wie bei schnell improvisierten Fußballspielen Dorf A gegen Dorf B.
Aber die Begeisterung war da, und damit kamen sie plötzlich alle zum Vorschein.
Irgendwie kamen die alten Rennmaschinen auch auf die Straße. Wilhelm Herz hatte tatsächlich ein paar alte NSU-Rennmaschinen gerettet, einige DKW-Fahrer besaßen noch Ladepumpen-DKWs, es tauchten alte BMW-R-5-Modelle im Renntrimm auf, dann gab es noch alte Velocette-Modelle, Maschinen von Rudge oder Excelsior. Schließlich wurden aus alten Teilen ganz abenteuerliche Eigenbauten zusammengestellt. So fing der große Spaß wieder an.
Ende der 40er Jahre gab es größere Verbände, Vereine und Clubs. Es entstanden der ADM, später der DMV (Deutscher Motorsport-Verband), der ADAC (Allgemeiner Deutscher Automobil-Club) und eines Tages die überwachende Sportorganisation, die OMK (Oberste Motorradsport-Kommission). Und 1951 durfte Deutschland auch wieder international unter den Fittichen der FIM (Federation Internationale Motocycliste) mitmischen.
Die Deutsche Straßenmeisterschaft kam auf, die Straßenweltmeisterschaft etablier-

1950 fuhr man noch mit solchen Kompressorpaketen: NSU 350 cm^3 = 68 PS, 500 cm^3 = 95 PS — !

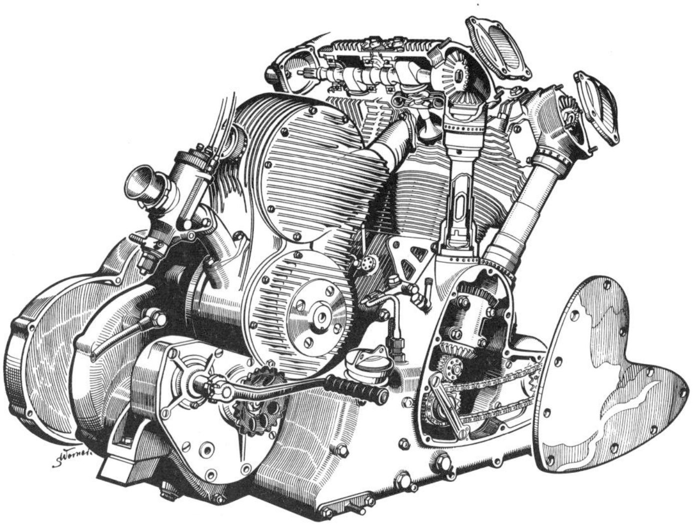

te sich neu. Das Sportleben war wieder gestartet.

Zwischen 1950 und 1960 wären einige sportliche Höhepunkte zu nennen, die großen Einfluß auf die Gesamtentwicklung alles dessen hatten, was mit dem Motorrad zusammenhing.

Zunächst einmal wäre die Tatsache zu erwähnen, daß man in der aufbauenden Industrie die wichtige Rolle des Sportes wieder erkannte. Denn diese Industrie brauchte wettbewerbsmäßige Möglichkeiten für die Prüfung ihrer Konstruktionen und ihrer technischen Entwürfe, sie brauchte unbedingt Publizität und »Umtrieb«, sie hatte den Sport für einen neuen Anfang bitter nötig.

Das war natürlich zuerst nicht einfach, denn dazu gehörte ja auch Geld. Die Entwicklung von Rennfahrzeugen, der Einsatz eines Renn-Teams, das Engagement von Fahrern und guten Technikern war nicht mit einem Ei und Butterbrot zu machen.

Aber es wurde investiert. Die drei »Großen« — BMW, DKW, NSU — rüsteten zum sportlichen Streit.

Dabei spielte in erster Linie der Straßensport die größte Rolle. Hier hatte es vor dem Krieg die meisten Zuschauer und die größte Publizität gegeben. Die Leute wollten »ihre« BMW, »ihre« DKW, »ihre« NSU sehen und erleben. Die Bedeutung des Geländesportes zog erst später nach, und der Moto Cross-Sport fand in Deutschland viel später als in anderen europäischen Ländern Eingang.

Nun war man aber im Ausland uns Deutschen mindestens zwei Jahre voraus, denn dort hatte man sofort nach dem Krieg wieder mit großen internationalen Wettbewerben begonnen. Marken wie AJS, Matchless, Norton in England (um einige zu nennen), Benelli, Gilera, Mondial, Moto Guzzi, Moto Parilla, Morini, MV-Augusta in Italien hatten gleich wieder mit Vollgas angefangen. Man konnte auf eine Auswahl glänzender Fahrer zurückgreifen — Kanonen, gegen die in Deutschland sofort noch keine gleichwertigen Kräfte zu mobilisieren waren. Man war im Ausland technisch gesehen ebenso zwei Jahre zumindest voraus. Zum Beispiel waren bereits aufgeladene Motoren verboten (also Kompressor- oder Ladepumpen-Motoren), während wir in Deutschland in den ersten Jahren nach dem Krieg bis zum erneuten internationalen Anschluß mit Kompressor- und Ladepumpen-Motoren noch Rennen fuhren. Bei uns kam das Kompressor-Verbot erst 1951.

Wie sich dann weiter herausstellte, hatten

BMW-Rennmaschine 1953

unsere Sportfreunde im Ausland natürlich auch einen Vorsprung in der Fahrwerk-Entwicklung machen können, wo wir noch nachhinkten.
Es bedeutete also schon ein Wagnis, wenn eine Fabrik in Deutschland sich entschloß, gegen diese Vorteile der ausländischen Konkurrenten anzutreten. Und es bedeutete — sollte der Einsatz wirklich von Erfolg gekrönt sein — einen gewaltigen finanziellen, personellen und organisatorischen Aufwand, unter dem wiederum eine Serien-Neuentwicklung, eine Modellpflege bestehender Produktionen auf keinen Fall leiden durften.
1938 hatte Ewald Kluge mit der 250-cm^3-Ladepumpen-DKW auf der Isle of Man die Lightweight-TT, die »Tourist Trophy« gewonnen. Die TT galt schon damals als schwerstes und damit bedeutungsvollstes Motorradrennen der Welt. Wer dort erfolgreich war, gehörte zur Marken- und Fahrer-Elite und konnte sicher sein, im Weltmarkt eine große Rolle spielen zu können.
1939 folgte Schorsch Meier mit der 500-cm^3-Kompressor-BMW als Sieger der Senior-TT, als Gewinner der wichtigsten Klasse der »Tourist Trophy«, und setzte damit vor dem Krieg noch einen Nimbus für Marke und Fahrer, der bis heute nicht geschmälert ist. Meiers TT-Sieg war eine ungeheure Sensation, vor allem für die Engländer und die englische Motorrad-Industrie.
Kein Wunder, daß die Engländer nach dem Krieg 1945 wie die Teufel hinter den Konstruktionsplänen dieser sensationellen Kompressor-BMW 500 cm^3 her waren. Von der Jagd auf diese Pläne, auf die berühmte Siegermaschine und dem schließlichen Erfolg dieser Aktion gibt es heute noch sagenumwobene Geschichten. Von denen jedoch niemand weiß, wie wahr diese sind — !
Der berühmte »Renn-Professor« von Norton, Renn- und Entwicklungsleiter Joe Craig, soll jahrelang darunter gelitten haben, daß man ihn und andere der »Beschlagnahme« der Pläne und der Maschine bezichtigte. Es gingen die wildesten Gerüchte herum.

Die erste Adler-RS 250 cm³ 1954 in Dieburg

Diese wohl bedeutungsvollsten deutschen Siege bei Motorradrennen standen allen vor Augen, als BMW und später die Auto-Union in Ingolstadt mit den DKWs und als NSU fabrikseitig wieder voll in den Motorradsport einstiegen.
1949 ging es bei NSU wieder los, im gleichen Jahre auch bei BMW, und bei DKW in Ingolstadt fiel der offizielle Startschuß für den Renneinsatz 1950. 1954 in Dieburg sah man später die ersten Adler-Rennzweitakter im Fabrikeinsatz.
Die ersten Jahre ging es — wie bereits erwähnt — auf der Grundlage der Vorkriegs-Rennmaschinen weiter. Für BMW fuhren in der Hauptsache Schorsch Meier, Max Klankermeier mit Beifahrer Wolz, Wiggerl Kraus mit Beifahrer Huser. Für DKW fuhren Siegfried Wünsche, Ewald Kluge, H. P. Müller, Carl Döring, Kurt Mansfeld und noch andere. Bei NSU waren es zunächst Fahrer wie Heiner Fleischmann, Wilhelm Herz und Hermann Böhm mit Beifahrer Karl Fuchs. Natürlich setzten die Werke im Verlaufe des Geschehens noch weitere gute Rennfahrer in die Sättel ihrer Werksmaschinen, es sei mir aber gestattet — ohne Abwertung, bitte, der einzelnen vielleicht nicht genannten Persönlichkeiten — mich auf die Nennung der obigen Namen aus Raumgründen in diesem Buch zu beschränken.
Die heißen Duelle zwischen Heiner Fleischmann auf der 500er Kompressor-NSU und Schorsch Meier auf der Kompressor-BMW des gleichen Hubraumes in der 500er Klasse und in den entscheidenden Rennen um die ersten Deutschen Meisterschaften nach dem Kriege sind bestimmt noch vielen Sportfreunden in bester Erinnerung. In der Klasse bis 350 cm³ fanden die Duelle zwischen DKW und NSU statt, und bei den Gespannen ging es ebenfalls hart zwischen Klankermeier/Wolz (BMW), Kraus/Huser (BMW) und Böhm/Fuchs (NSU) zu.
1951 fand Deutschland Zugang zur FIM, und in diesem Jahre wurde auf der Solitude-Rennstrecke vor fast 400 000 (vierhunderttausend in Worten!) Zuschauern der erste »Große Preis von Deutschland« nach dem Kriege ausgetragen. Das wurde zu einem Ereignis sondergleichen, bei dem auch die deutschen Motorradsport-Fans

Die letzte Ausgabe der 350er DKW-Dreizylinder-Rennmaschine

vorgesetzt bekamen, was inzwischen im Ausland geschehen war.

Mit den Fahrern Ken Kavanagh, Jack Brett, Geoffrey Duke und Lockett trat das Team von Norton mit den 500er Einzylindern an, die den von Rex McCandless neu konstruierten »Federbett«-Rahmen hatten.

Allein schon die Fahrer waren eine unerhörte Elite, dazu der Norton-Rennleiter Joe Craig. Aber dieser Rahmen — entstanden aus den Erfahrungen auf der berüchtigt-berühmten TT-Strecke der Isle of Man — verlieh den (etwa 50 PS starken) ohc-Einzylindern eine geradezu sagenhafte Straßenlage.

Und das Team fuhr sportlich diszipliniert allen seinen Konkurrenten davon. Duke siegte, gefolgt von seinen drei Mannschafts-Kameraden.

Aber: schon an vierter Stelle kam Schorsch Meier mit der BMW ins Ziel und hinter ihm Walter Zeller. Es waren keine Kompressor-Maschinen mehr, sondern ohc-»Saug«-Motoren (also normale Motoren mit zwei Vergasern — Kompressoren waren, wie schon erwähnt, international seit 1950 verboten).

Vielleicht ging den meisten Zuschauern überhaupt nicht auf, was da passierte. Daß Schorsch Meier, der wohl zum ersten Male 1939 auf der TT so gefordert worden war, nun eines der ganz großen Rennen seines Lebens gefahren war, was übrigens ebenso für den jungen Werksfahrer Walter Zeller galt. Und vielleicht erkannten die meisten Beobachter gar nicht, daß dies die erste große Demonstration der sportlichen und technischen Leistungsfähigkeit der deutschen Motorradindustrie nach dem Wiedereintritt in den internationalen Wettbewerb war. 12 Jahre waren seit 1939 vergangen.

Damit war der Mut der BMW-Leute belohnt worden, und nun stieg man in München mit festen Vorstellungen in den Grand Prix-Sport ein. Doch auch bei DKW und NSU waren 1951 durch die Vergleiche, die auf dem Solitudekurs möglich waren, die Ansichten und Meinungen für die verstärkte

NSUs seltsame 500 cm^3 Vierzylinder-Rennmaschine. Hier fährt sie Gerd von Woetke 1951 am Feldberg

Beschäftigung mit dem internationalen Sport kultiviert worden. Und so kam es 1952 wieder beim Großen Preis von Deutschland auf der Solitude-Rennstrecke (11,5 km lang) zu dem zweiten entscheidenden Geschehen des Motorradsportes dieser Jahre.

In der Klasse bis 125 cm^3 hatte NSU beim Training, durch Sturz verletzt, den Fabrikfahrer Wilhelm Hofmann verloren. Den Augsburger jungen Nachwuchsfahrer Werner Haas hätten gerne die Horex-Leute eingesetzt, doch es gelang, ihn für die NSU-Mannschaft zu gewinnen und ihm die 125er Rennmaschine zu geben.

Inmitten einer gefährlichen Weltelite von Fahrern und Maschinen mußte Werner Haas auf der NSU sein Debut als Fabrikfahrer geben. Seine Gegner waren immerhin Weltmeister 1951 Carlo Ubbiali (Mondial / Italien), Cecil Sandford (MV-Agusta / England, Italien), H. P. Müller (Mondial / Deutschland, Italien), Carlo Mendogni (Morini / Italien) und natürlich noch ein paar Asse mehr. Vor der letzten Runde war es fast klar, daß entweder Ubbiali oder Sandford siegen würde. Doch Werner Haas war in dieser Gruppe drin geblieben, und es gelang ihm ein unerhörter Endspurt mit der kleinen NSU. Als knapper Sieger vor Ubbiali und Sandford beendete er, als erster siegreicher deutscher Fahrer eines Weltmeisterschaftslaufes, das Rennen (vor dem Kriege hatte es nur Europameisterschaften und noch keine Weltmeisterschaft gegeben).

Damit waren die Würfel für einen noch größeren Fabrikeinsatz deutscher Fabriken im Motorradsport gefallen. 1953 trat BMW mit vier Solofahrern an: Schorsch Meier,

Hans Meier, Hans Baltisberger, Gerhard Mette. Dazu kamen drei Gespann-Teams: Noll / Cron, Faust / Remmert, Hillebrandt / Grunwald. Zu DKW gehörten Ewald Kluge, Siegfried Wünsche, später August Hobl, Karl Hoffmann und Hans Bartl. Der Höhepunkt bei NSU war im Jahre 1954 die Mannschaft Werner Haas, Ruppert Hollaus (Österreich), H. P. Müller und Hans Baltisberger.

In der Weltmeisterschaft zwischen 1950 und 1960 konnte Deutschland dann folgende Titel buchen: *1953:* Werner Haas — 125 cm^3 und 250 cm^3. *1954:* Werner Haas — 250 cm^3 (der Österreicher Rupert Hollaus hatte die Klasse bis 125 cm^3 auf NSU gewonnen), Wilhelm Noll / Fritz Cron (BMW) — 500 cm^3 mit Seitenwagen. *1955:* H. P. Müller (NSU) — 250 cm^3, Faust / Remmert (BMW) — 500 cm^3 mit Seitenwagen. *1956:* Noll / Cron (BMW) — 500 cm^3 mit Seitenwagen. *1957:* Hillebrand / Grunwald (BMW) — 500 cm^3 mit Seitenwagen. *1958:* Walter Schneider / Strauß (BMW) — 500 cm^3 mit Seitenwagen. *1959:* Schneider / Strauß (BMW) — 500 cm^3 mit Seitenwagen.

In den großen Soloklassen war gegen die fahrerische und technische Überlegenheit des Auslandes kein Kraut gewachsen.

Inzwischen hatten aber BMW und NSU durch die Produktion käuflicher Rennmaschinen für eine sehr starke Belebung des nationalen und internationalen Rennsportes gesorgt. Die BMW-RS 500 cm^3 ohc war der eine Maschinentyp, die NSU-Sportmax 250 und 350 cm^3 war die andere Maschine. Auch Horex hatte inzwischen 500-cm^3-Rennmaschinen an Privatfahrer abgegeben und eine intensive Maschinenentwicklung mit Einzylinder- (Roland Schnell) und Zweizylinder-Motoren betrieben. Adler war im Renngeschehen aufgetreten (Hallmeier, Vogel, Luttenberger, Lohmann, Beer u. a.) und spielte seinen Part mit.

Doch am erfolgreichsten waren im internationalen Sportgeschehen die BMW-Ge-

NSU-Sportmax 250/350 cm^3 (1955)

1952 fuhr Wilhelm Hofmann den 125 cm³ Straßenrennmotor im NSU-Foxrahmen auf der Sechstagefahrt!

spanne. Das war die große deutsche Domäne, die über mehr als zwanzig Jahre anhielt. Max Deubel, Helmut Fath, Klaus Enders, Siegfried Schauzu setzten diese Erfolgsreihe in den 60er und 70er Jahren fort. Deutschland hatte sich — in knapp anderthalb Jahren nach 1950 und in fast nur einem Jahr nach 1951 — sportlich durchgesetzt und damit die Voraussetzungen geschaffen, Marktsituationen in den Griff zu bekommen. Wenn es dann anders kam in der Wirtschaft, dann lag das nicht an fehlenden Sporterfolgen.

Aber im Geländesport ging es ebenfalls mit Vehemenz nach 1950 wieder los.

Vor allem war es wichtig, daß man Anerkennung auf dem internationalen Parkett fand und erfolgreich auf dem schwersten Motorrad-Geländewettbewerb der Welt, auf der Sechstagefahrt, sein konnte.

Fast alle deutschen Hersteller hatten sich hier im Gelände werkseitig engagiert. Von Ardie bis Zündapp gab es solche Beteiligung, sogar mit einem erheblichen Aufwand. Und auch hier konnte man zuerst auf alte Vorkriegs-Kämpen zurückgreifen, zu denen auch Straßenrennfahrer wie zum Beispiel Schorsch Meier, Wiggerl Kraus oder Walter Zeller bei BMW gehörten.

1933, 1934 und 1935 hatte Deutschland die Sixdays einmal in England (1933) und zweimal im eigenen Land (Garmisch und Oberstdorf) gewonnen. Da dieses Ereignis in erster Linie als Mannschafts-Wettbewerb eine Sache der Nationalteams war (zwischen drei Fahrern vor dem Krieg und fünf bis sechs Fahrern nach dem Krieg), holte man in diese Gruppen die besten Geländefahrer zusammen, die eine Nation aufbieten konnte.

1952 konnte Deutchland zum ersten Male nach dem Krieg wieder an den Sixdays teilnehmen. Die Fahrt fand in Bad Aussee in Österreich statt und wurde von der Tschechoslowakei gewonnen.

Im national wieder aufgelebten Zuverlässigkeitssport mit großen Veranstaltungen, wie zum Beispiel die Deutschlandfahrt, wurden langsam aber sicher tüchtige und erfolgreiche Könner herangezogen. Männer wie Ulrich Pohl, Walter Aukthun, Volker von Zitzewitz mögen hier für viele dieser hervorragenden Spezialisten genannt sein. Aber wir mußten bis 1955 warten, bis eine

Georg Meier, bis 1954 noch ein As auf den Rennstrecken

Werner Haas, das Idol der Jugend in den 50er Jahren.

deutsche Mannschaft (v. Zitzewitz / Maico, Ernst Deike / Maico, Johann Abt / DKW, Otto Brack / DKW und Udo Feser / DKW) wieder einmal die Trophy der Sixdays gewann. Das geschah in Gottwaldov in der Tschechoslowakei.

Im Jahre 1957 gelang es der deutschen Mannschaft (v. Zitzewitz / Maico, Walter Aukthun / Maico, Rolf Hessler / Zündapp, Gernot Leistner / Zündapp und Hans Specht / Zündapp), noch einmal in diesem Jahrzehnt die Sixdays zu gewinnen. Das war in Spindlermühle in der Tschechoslowakei.

Bei BMW, DKW und NSU — neben Hercules, Maico oder Victoria und Zündpp (um einige weitere stark im Geländesport engagierte Marken jener Jahre zu nennen) — wurde auch dieser Geländesport mit vollem technischen, finanziellen und personellen Aufwand betrieben. Die Maschinen dieser Firmen brillierten in den Solo- aber auch in den Seitenwagen-Klassen. Auch bei Adler gab es den gleichen Einsatz.

Die großen Zündapp- oder BMW-Gespanne oder die Gespanne mit der Max von NSU, 250 cm^3, belebten die Szenerie ungemein. NSU-Gespannfahrer waren u. a. Sautter / Piwon, bei BMW glänzte immer noch Wiggerl Kraus mit seinem alten Beifahrer Huser, Max Klankermeier kam dazu. Bei Zündapp war es die Gespannmannschaft mit Ernst Keitel / Georg Weiß und Ernst, später der draufgängerische Werner Kritter mit seinem Beifahrer Kreuzer — alle auf der KS 601.

Als das Jahr 1959 kam, konnte Deutchland auch hier stolz auf seine Erfolge sein.

Doch war natürlich auch der nationale Straßensport und der nationale Geländesport sowie das neu angefangene Moto Cross von großer Bedeutung. Es war eine ungeheure Sporttätigkeit bis hinunter in

die kleinsten Clubs, wo man mit kleinen Orientierungsfahrten, Geschicklichkeits-Turnieren und Straßen-Wettbewerben angefangen hatte.
Der ADAC, dessen Sportpräsident Jules Köther ganz zu Anfang gesagt hatte, daß der ADAC nicht wieder im großen Umfang mit Motorradsport beginnen würde, hatte diese Aussage bald revidieren müssen, und war wieder »voll da«. Der Deutsche Motorsport-Verband — im Vergleich zum ADAC nur eine kleine Interessengemeinschaft — war aber mindestens so aktiv und ging mit der Veranstaltung ganz bedeutender Straßen-und Geländewettbewerbe nicht selten große finanzielle Risiken ein.
Nach den stets im voraus einzukalkulierenden Siegen und Erfolgen von Fabrikfahrern über die Privatfahrer entstanden Diskussionen, wie man zu einem gerechteren Reglement in einigen Disziplinen kommen könnte, und die OMK als alles überwachende Sportbehörde hatte zwischen 1950 und 1960 nicht immer sehr einfache Schwierigkeiten zu lösen. Aber man raufte sich immer wieder zusammen, und konnte

Auch die Damen mischten kräftig mit: Hier Emmi Stahl auf der 250er Victoria bei den Dreitagen 1955 in Isny.

selbst nach 1955, als die allgemeine Lage in der Motorrad-Wirtschaft immer schwieriger wurde, den Motorradsport am Leben erhalten.
Die Zuschauerzahlen wurden geringer, viele Rennen konnten nicht mehr organisiert werden, aber es reichte immer zu einer Deutschen Meisterschaft und es reichte immer, Mannschaften und Starter für die große Sechstagefahrt zusammenzustellen.
Es gab an Veranstaltungsmöglichkeiten zuerst noch eine ganze Reihe berühmter Rennstrecken. Die Strecke rund um den Kellersee in Schleswig Holstein, den Kieler Hafenkurs, den Hamburger Stadtpark, den Eilenriede Kurs in Hannover, den Grenzlandring bei Rheydt, den Kölner Stadtkurs, das Neuwieder Dreieck, den Bremer Flughafenkurs, den Kasseler Bergring, das Feldbergrennen im Taunus, den Schottenring, das Dieburger Dreieck, den Nürburgring, den Hockenheimring, St. Wendel im Saarland, die Solitude-Rennstrecke bei Stuttgart, den Norisring in Nürnberg, die Rennstrecke vom Schauinsland bei Freiburg, den Battenberg-Ring im Sauerland, die Avus in Berlin, und noch einige mehr.
Auch hier fand eine Dezimierung statt, und schließlich blieben außer dem Nürburgring, dem Hockenheimring, der Schauinsland-Bergstrecke und einige andere Strecken, auf denen man gemischte Motorrad- und Automobil-Rennen fahren konnte, nicht viel von der einstmals großen Streckenzahl übrig. Erwähnenswert wäre vielleicht noch das Fischereihafen-Rennen von Bremerhaven, auf dem nach 1959 für Nachwuchsfahrer bis in die 70er Jahre hinein Startmöglichkeiten bestanden.
So begannen unsere guten Fahrer, mehr und mehr in das nähere Ausland mit ihren Starts »abzuwandern«, wo sie es jedoch mit Start- und Erfolgsmöglichkeiten ungleich schwieriger als die ansässigen Sportfreunde hatten.
Als dann der Fabriksport zuerst auf der Straße offiziell seitens der Hersteller eingestellt wurde — das begann auch etwa um

Sie fuhren zuletzt um Weltrekorde: Wilhelm Herz (links) und H. P. Müller (rechts)

1955 herum — und später viele Fabriken das Gleiche auch im Geländesport tun mußten, fanden sich aber immer wieder Wege, die erfolgreichen Maschinen einsatzbereit und erfolgreich zu halten.
Da gab es private Initiativen von Mechanikern und Fahrern — z. B. bei Adler von dem kleinen Mechaniker Willy Klee — die es ermöglichten, mit den Motorrädern auch dann noch erfolgreich mitzumischen, wenn es das Werk gar nicht mehr gab.
Aus dem Ausland waren schon 1950 käufliche Renn- und Geländemaschinen nach Deutschland gekommen, die das Sportleben ebenso in Gang hielten. Zum Beispiel die 350er AJS (der »Boyracer«), dann die 350 cm^3 und 500 cm^3 Manx-Nortons. Maschinen von Moto Guzzi, Moto Parilla, Gilera und andere aus Italien gehörten zur Ausrüstung unserer Fahrer.
Dabei befruchteten viele technische Details dieser Sportfahrzeuge die Gesamtentwicklung der Motorräder erheblich positiv. Da gab es den Vollschwingen-Rahmen der BMW RS als Vorläufer für die spätere Serie von R 50, R 69. Der Norton-»Federbett«-Rahmen war in den Rennmaschien Vorläufer für die Serie. Es wurde mit besonderen Ventilsteuerungen, mit Benzineinspritzung, mit Reifen, mit Bremsen und Fahrwerken erfolgreich experimentiert, und dieser Sport — Straße und Gelände — war noch ein wichtiges technisches Testfeld, auf dem keine Sackgassen-Entwicklungen nur für den Selbstzweck »Rennen« entstanden.
Die italienischen Vierzylinder-Motoren (Gilera, Moto Guzzi oder MV Agusta z. B.) läuteten eine neue Aera für Antriebsaggregate ein. Ja, 1957 ließ Moto Guzzi seine berühmte 500-cm^3-Achtzylinder-Rennmaschine mit vier obenliegenden Nockenwellen und acht Vergasern unter Dickie Dale laufen.
Am Ende dieses Jahrzehnts hatte man

durch den Sport einen gewaltigen Schritt in den technischen Erkenntnissen vorwärts gemacht. Noch war das alles nicht nur zur Show, zu Zirkus und Geschäft geworden.
Dazu gehörten auch die Weltrekordversuche, die — hier an dem »absoluten« Weltrekord-Wettkampf aufgezählt — für Deutschland im Jahre 1951 unseren alten Fahrer Wilhelm Herz auf NSU mit 288,0 km/h (NSU, 500 cm^3) sah. 1956 fuhr er nochmals, und zwar 302,4 km/h auf einer 350-cm^3-NSU und 336,0 km/h auf der 500-cm^3-Maschine der gleichen Marke.
Auch BMW machte darin Versuche, und sogar das Haus Victoria wagte sich mit einem 38 cm^3-Fahrradhilfsmotor unter Georg Dotterweich an einen Weltrekord. 79 km/h erreichte Dotterweich damit auf der Autobahn München-Ingolstadt im Jahre 1951.

Bevor es losging, schaute man sich die Maschinen nachdenklich an. Dies war die 250er Zweizylinder-NSU-Rennmaschine 1953.

Zum Ende der zehn Jahre, besonders dann ab 1959, spielten solche kleine Motoren im deutschen Sport als Anfang eine größere Rolle beim neu entstandenen »Moto Cup Hockenheim« für 50-cm^3-Rennmaschinen. Kreidler hatte 1956 sein 50 cm^3-Motorrad, das »Florett«, vorgestellt!
Das Sportjahrzehnt wurde ausgeläutet, aber schon waren neue interessante Entwicklungen eingeleitet worden, aus denen in den nächsten zehn Jahren wieder große deutsche Erfolge hervorgingen.

Maschinen des Jahrzehntes

Nach der Saison konnten wir im November 1953 auf dem Hockenheimring zusammen mit einigen Kollegen die NSU-Werksrennmaschinen fahren. Der Hockenheimring war noch der einfache und sehr schnelle Rundkurs mit Ostkurve, Friedhofs-Kurve und Stadtkurve. Mit diesen Motorrädern hatten NSU und Werner Haas die Weltmeisterschaft der 125er- und der 250er-Klasse gewonnen.
Die 125-cm^3-Maschine hatte einen Einzylinder-Motor mit obenliegender Nockenwelle, die 250er hatte zwei Zylinder mit zwei obenliegenden Nockenwellen und zwei Königswellen. Während man annahm, daß die 125er etwa 15 oder 16 PS Motorleistung erzielte — analog den erzielten Geschwindigkeiten bei etwa 160 km/h (mit der Halbverkleidung), hatte der 250-cm^3-Zweizylindermotor 1952 und 1953 ungefähr 30 PS bei 11 000 1/min und erzielte über 190 km/h Endgeschwindigkeit.
Solche Zahlen muten heutzutage als nichts Besonderes an, seitdem in der 250er Klasse Serienmaschinen mit 30 PS im Handel waren und sind. 1953 aber waren die Leistungen noch bei speziell hergerichteten Werksrennmaschinen sensationell. Diese Rennmaschinen aber hatten schon mit den Serien-NSU-Maschinen kaum noch etwas Gemeinsames. Vielleicht Rahmen- oder einzelne Gehäuseteile.

Mit der 125 cm³-NSU-Rennmaschine 1953 in Hockenheim.

Doch hatte man dabei nicht nur Grand Prix-Siege im Auge, sondern auch zukünftige Serien-Motorräder, wie sie vielleicht ein paar Jahre später auf den Motorradmarkt kommen mußten (wie es Honda dann ja auch bewies — siehe die CB 72 ab 1960).

Für uns waren die Rennmaschinen etwas Ungeheuerliches, und daß wir sie fahren durften, das war mehr als ein Weihnachtsfest. Meine Eindrücke von diesen Fahrten sind mir bis heute unvergeßlich geblieben, und vielleicht darf ich davon noch einmal erzählen. Sie lassen das Leistungsniveau von Rennmaschinen 1953 und 1954 gut erkennen.

An einem — etwas dunstigen — Novembermorgen warteten wir neben den Boxen des Hockenheimrings, fix und fertig in Leder, mit Helm und Handschuhen, ungeduldig auf den Beginn des großen Ereignisses. Die Mechaniker unter Leitung von Meister Horch ließen die kleine 125er warmlaufen. Vorher war ich noch einmal mit einer Hercules 200 cm³ (Einzylinder-Zweitaktmotor, 11 PS, gebaut von Ilo, vier Gänge) um die Strecke gefahren, damit ich mir noch einige Einzelheiten einprägen konnte. Ich wollte gerne wissen, ob da nicht der Wind gerade in der Ostkurve ein Blätterhäufchen zusammengetragen hatte, in dem die Nässe noch saß. Das sollte man nämlich vorher wissen, sonst würde man da mit Dampf um die Ecke sausen und — schwupp! — hätte es einen schon hingehauen.

Aber es war alles sauber bis 200 m vor dem Kurveneingang auf der rechten Bahnseite, wo man gerade ausholte, um auf die Innenseite zu kommen. Da würde man aber noch sehr gut herumwischen können.

Und dann waren da auf dem alten Hockenheim-Kurs diese langen Wellen an der Friedhofs-Kurve — da hatte doch mancher bei dem Rennen im Mai mit seiner Schwinggabel gezaubert.

Mal sehen. Es würde schon gehen, und die Stadtkurve war eine Angelegenheit guter Bremsen und des zweiten Ganges.

Nun war alles fertig. Der tolle Spaß konnte losgehen. Die Maschine wurde rückwärts mit eingeschaltetem zweiten Gang auf Kompression gezogen, dann schob ich sie an.

Ein paar Male zündete sie und gab einzelne Töne von sich, aber dann kam sie. Gleich den zweiten Gang benutzen, und der Drehzahlmesser zeigte schon 8500 Touren. Dann folgte der dritte Gang — wieder bis 8500. Vierten Gang rein, Fünften rein, sechsten Gang — ja, die Dinger hatten schon sechs Gänge — »herrjeh, zog die ab! Das sollte nur eine 125er sein?«

Das war der vollverkleidete 125 cm^3 NSU-Blauwal 1954 in Hockenheim

Meine langen Beine angelten nach den kleinen Fußrasten. Der Werner Haas war halt viel kleiner als ich. Wo war die Fußbremse? Ah, das war der Hebel.
So, aufgepaßt — Ostkurve.
Es gab Maßarbeit an dem Blätterhaufen, angebremst — schöööön — fünfter Gang — vierter Gang — dritter Gang — dann wieder Gas aufgezogen.
Donnerwetter, ließ das Motorrad sich in die Kurve legen! Es ging innen herum. Und das war so toll, daß ich das alles in einer nächsten Runde nochmal exerzieren mußte. *Das* Anziehen des Motors im dritten Gang! Der Tourenzähler ging auf 9 000, auf 10 000. Nur nicht zu viel drehen lassen! Dann aber den vierten Gang, und nicht das Herumlegen um die Ecke vergessen. Dann den fünften Gang. Der sechste Gang klebte noch etwas. Und jetzt war ich neugierig, was sie bei Vollgas auf der langen Geraden in Richtung Hockenheim wohl machte.
Wenn ich nur nicht so schrecklich lange Gräten gehabt hätte! Der Drehgriff war inzwischen ganz nach hinten auf Anschlag gedreht, und wenn alles günstig wäre, müßten das eigentlich an die 160 km/h gewesen sein. Merkwürdig war es, daß ich mir

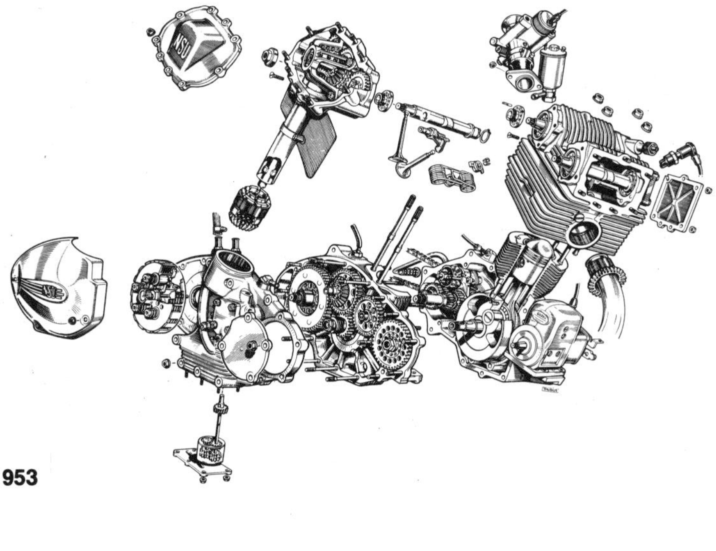

Explosionszeichnung des 125 cm^3 NSU-Rennmotors 1953

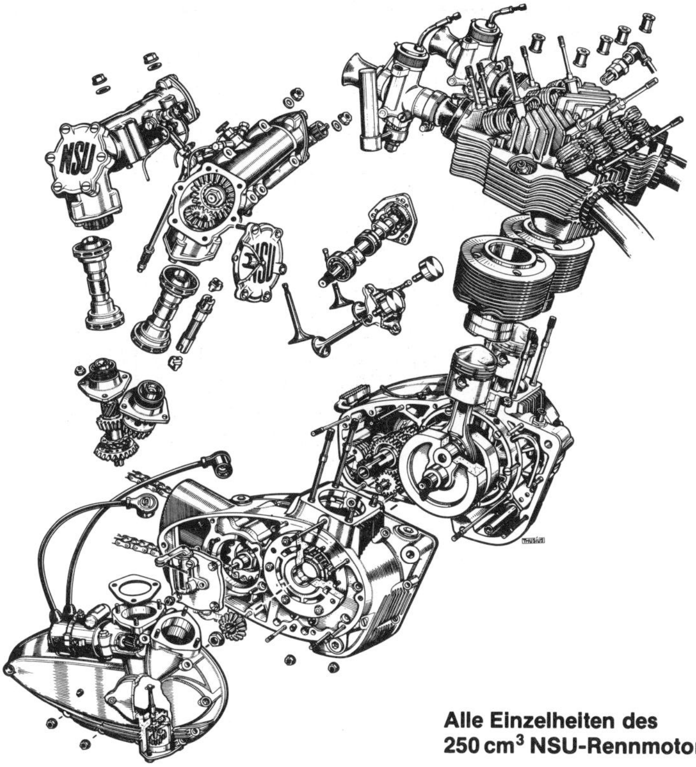

Alle Einzelheiten des
250 cm³ NSU-Rennmotors 1953

vorkam wie auf meiner meiner Triumph Cornet mit 90 km/h.
Dann kam der Seitenweg beim Friedhof. Der Mann, der dort zur Absperrung stand, winkte mir zu. Wieso denn nur? — — Au, natürlich, es war die Friedhofs-Kurve, das Tempo war ja gewaltig, und da mußte ich sie doch weiter als geplant in Schräglage bringen. Auch wartete ich nun auf den Wellen auf irgendeine Schaukelei, es kam aber nichts. Das Gas blieb sogar stehen, außerdem war das sowieso Ehrensache.
Jetzt wurde von rechts angeschnitten, und — hui! — da war die Stadtkurve.
Breeeemsen — ! Und ganz schnell — fünfter Gang, vierter Gang, dritter Gang. Aber die Ecke war doch enger, als ich dachte. Also mußte der Renner noch weiter heruntergedrückt werden.
Es war unheimlich, wie weit man in Schräglage gehen konnte, ohne daß die Maschine wegrutschte. Zweiten Gang rein, wieder aufziehen, dritter Gang, vierter Gang, fünfter Gang, sechster Gang. Dann lang gemacht, noch kleiner, Arme ran, Gas ganz auf —
— da tauchten die Boxen und die Tribüne auf. Es ging mit 9500 Touren dran vorbei, und meine Freunde winkten mir zu.
Später erfuhr ich dann die Zeit: 3 Minuten 41 Sekunden = 122,6 km/h. Ja, die Stadtkurve hatte also doch Sekunden gekostet.
Aus der dritten Runde wurde dann plötzlich nichts mehr. Der Motor begann zu stottern. Aus.
Da war der ganze Ansaugtrichter bis zum Gasschieber *vereist!*
Tja. Es war ein Tag im November. So zwischen Feuchtigkeit im Dunst, zwei Grad über Null. Die Luftfeuchtigkeit beim Ansaugen, Lufttemperatur, Alkoholnebel vom Kraftstoff her, fertig war die Kühlmaschine. Die anderen versuchten es dann nach mir auch. Einer von ihnen kam mit 4 Minuten 3

Nockenwellenantrieb des 250 cm^3 NSU-Rennmotors 1954

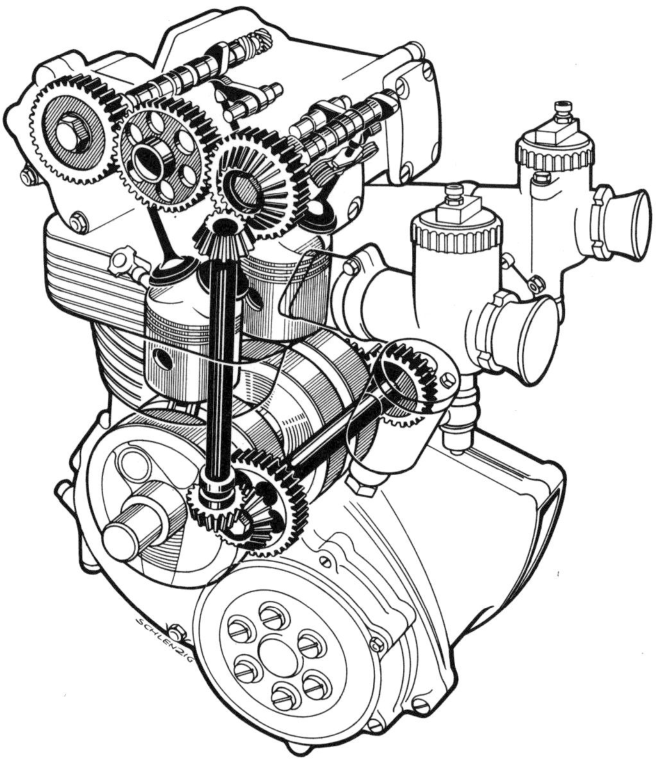

Sekunden = 114,5 km/h noch auf etwas Tempo. Dann war es aber mit dem Motor endgültig vorbei, die Vergaservereisung wurde immer stärker.

Ich saß am Tisch vor dem alten Bretterhaus der Hockenheim-Tribüne, in dem bei Rennen sonst die Zielrichter und Zeitnehmer untergebracht waren, und rauchte. Unglaublich, das sollten 125 cm^3 gewesen sein? Mir fiel meine alte 125er Ardie ein. Und bei *der* Kompression, bei *den* Drehzahlen keine harten Vibrationen? Und dieses leichte Ding mit meinen 120 Pfund hatte an der Friedhofs-Kurve nicht geschwänzelt? Und die freche Fahrerei in der Ostkurve?

Ganz abgesehen davon, daß bei meinem »Fahrgestell« und der Reichweite meiner Arme alle Hebelei nicht paßte, war es doch so, als hätte ich auf der Maschine schon immer gesessen und sie gefahren. Verblüffend leicht und sicher war ihre Handhabung. Es zeigte sich, daß die Lage der Hebel und ihre Anpassung an die Größe und Sitzhaltung des Fahrers doch bei solchen Motorrädern ungeheuer wichtig war. Außerdem bewies die schnellste Zeit von Werner Haas mit dieser 125er hier in Hockenheim von 142,1 km/h, daß der Bursche unglaublich fahren konnte.

Inzwischen war die 250er Rennmaschine warmgelaufen. Wieder war bei mir das untere Ende der Beine zu lang — oben ging es einigermaßen. Trotzdem war das Sitzen bequemer als auf der 125er, und ich kam an den Schalthebel und an die Fußbremse besser heran. Die halb liegende Sitzweise war von Hause aus schon gegeben.

Auf Kompression gezogen — angeschoben — erst ein paar »leere« Zündungen — aber dann sprang der Motor an.

Bei 9000 Touren ging es in den zweiten Gang, der dritte folgte gleich hinterher. Und dann der vierte Gang. Es fiel mir auf, daß die Maschine sehr handlich war und wie auf einer Schiene gezogen in der Spur ging. Wo war ihr Gewicht geblieben, das mich beim Anschieben noch beeindruckt hatte?

Tausend Wahrnehmungen jagten mir gleichzeitig durch den Kopf. Die Bäume flogen vorbei — und da war schon die Ostkurve.
Ausgeholt — da war der Blätterhaufen — drüber weg — und dann die Kurve angebremst. Die Hinterradbremse ging fast so scharf wie die Vorderadbremse, also sachte gemacht, die Maschine in Schräglage und nach innen gezogen. Sie spurte wunderbar und konnte tief heruntergelegt werden. Nach der Kurve aus dem dritten Gang heraus in den vierten hinein.
9 000 — 9 500 — 10 000 Touren, dann schalten.
Das nächste, was ich machte, war das Versteckspiel und das Kleinmachen hinter der halben Verkleidung. Der Drehgriff saß am Anschlag, weiter ging er nicht. Die Luft pfiff gewaltig, mein Taschentuch, mein Kamm entwetzten aus der offenen Hosentasche. Die Kälte merkte ich überhaupt nicht. Der Windschlag war enorm.
Und *mehr* war da nicht drin? *Das* sollte die Spitze sein? Um die 190 km/h herum? Unmöglich. Das konnte doch nicht wahr sein. Oder doch?
Aber da tauchte wahnsinnig schnell die Friedhofs-Kurve auf. Schon jetzt. Und furchtbar scharf wirkte die ansonsten doch so »zahme« Biegung. Wo waren die gefährlichen Wellen der Straße?
Und dann war schon die Stadtkurve da. Die Bremsen waren toll, das Motorrad konnte man unheimlich in Schräglage bringen. Dritter Gang, zweiter Gang. Und dann wieder aufziehen. *Diese* Beschleunigung müßte man in der Cornet haben. Dann wieder der dritte Gang.
Wie sie da alle vor der Tribüne standen und guckten! Winken, Taschentücher, lachende Gesichter. Und *dann* ging ich erst in den vierten Gang. Noch eine Runde, und noch eine und noch eine. Und nun drohten sie schon mit einem Spazierstock.
Nein, sie hätten mich nun von dem Motorrad runterschießen müssen wie einen Hasen, dachte ich. Eher wollte ich nicht aufhören zu fahren. Der Wald fegte vorüber, Ostkurve, dritter Gang, aufziehen, welch ein Gefühl — !
Die Erdenschwere war weg und ich war irgendwo sehr glücklich. Bestimmt in jenen Augenblicken der glücklichste Motorrad-

Einzelheiten der ersten Ausgabe der 125er NSU-Rennmaschine 1954

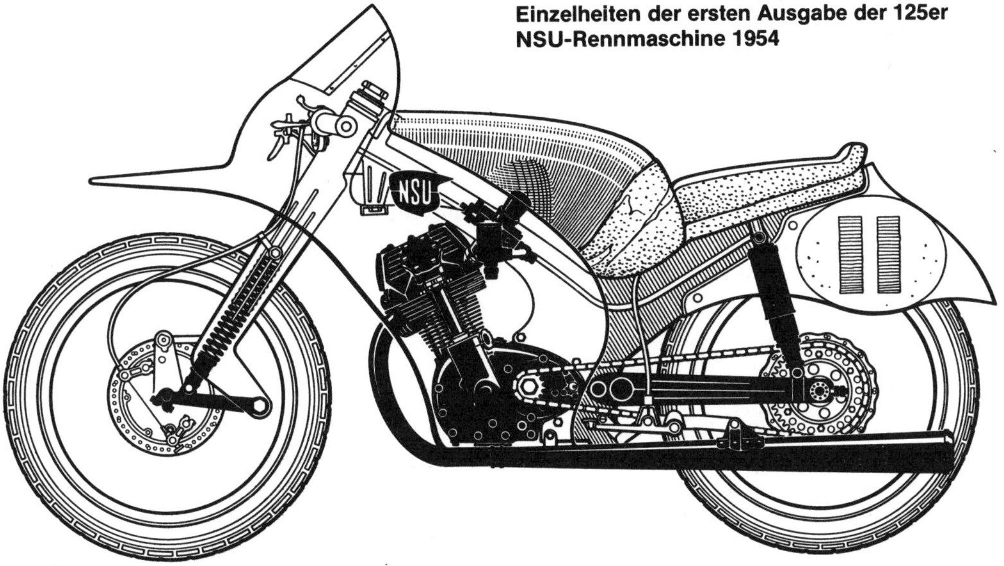

fahrer der Welt auf der schnellsten 250er der Welt.

Aber dann winkten sie massiv mit einer schwarz-weiß karierten Zielflagge und mit Fäusten. Ich *mußte* aufhören. Also auslaufen lassen, Gas weg, bremsen.

Dann setzte ich mich in eine Ecke. Meine Zeit 3 Minuten 11 Sekunden = 145,6 km/h. Auf der langen Geraden waren es tatsächlich an die 190 km/h gewesen. Man merkte sie aber nicht.

Wie hatte Werner Haas nur seine 165,5 km/h pro Runde gefahren — ?

Drei Tage brauchte ich, um mit diesem Erlebnis eines der tollsten Traum-Motorräder von 1953 fertig zu werden.

*

Doch ein Jahr später trafen wir uns wieder am Ende der Saison auf dem Hockenheimring, und wir konnten noch einmal NSU-Rennmaschinen fahren. 1954 hatte Rupert Hollaus auf der 125er-Vollverkleideten die Weltmeisterschaft gefahren, und Werner Haas war Weltmeister in der 250er Klasse geworden. Ihre Motorräder standen nun vor uns zum Fahren.

Man hatte sie weiter entwickelt. Die 125er hatte einen kürzeren Kolbenhub bekommen (Bohrung 58 mm, Kolbenhub 47 mm) und auch etwas mehr Drehzahl. Über die Leistung schwieg man sich aus, sie muß aber jenseits von 17 PS gelegen haben.

Die Zweizylinder-250 hatte einen fast gänzlich neuen Motor. Er hatte nur eine Königswelle und zwei in sich geteilte Nockenwellen. Seine Höchstdrehzahl lag bei 11 500 Touren, und seine Leistung wurde offiziell mit 39 PS angegeben. Die Zylinderbohrungen waren 55,9 mm, der Kolbenhub 50,8 mm — 1953 war das Verhältnis 54/54 gewesen. Nicht nur die höhere Motorleistung sondern auch die Vollverkleidung — wir nannten die Maschinen wegen ihres Aussehens »Blauwale« — sorgten für noch größere Endgeschwindigkeit. Man dürfte sie wohl auf 220 km/h geschätzt haben.

Wir hatten nicht erwartet, daß man uns so kostbare Stücke noch einmal in die Hände geben würde. Obwohl wir nicht gerade Laien waren, so fuhren wir beim MOTORRAD doch nicht aktiv Rennen, und es war nicht sicher, ob alle mit solchen leichten Fahrzeugen, mit Verkleidungen und so hohen Geschwindigkeiten zurechtkommen würden. Irgendwie wagte ich, das zu bezweifeln, mich selbst natürlich nicht ausgenommen.

Als es bekannt wurde, daß wir von NSU die Rennmaschinen am Ende der Saison wieder fahren durften, hatte ich im Mai '54 die Ariel-Huntmaster 650 cm^3 (siehe Seite 150), jene 40-PS-Maschine, die mit ihrer Spitze von 180 km/h die schnellste Serienmaschine war, die ich bis dahin gefahren hatte.

Was lag wohl näher, als mit diesem Hobel ein wenig den Hockenheimring vor dem großen Ereignis zu studieren? Da wollten auch ein paar französische Freunde und Kollegen der »moto revue« unsere letztjährigen Rundenzeiten ein wenig »schrauben«. Es würde also »Konkurrenz« da sein. Na, schön — so etwas hob ja immer das Geschäft.

Mit der Huntmaster konnte ich auf dem alten Kurs eine Runde von 137 km/h erreichen und hatte das Gefühl, daß das mit dem dazu gehörenden seelischen und körperlichen Aufwand genug sei, um in Ehren bestehen zu können. Denn ohne ein ausführliches fahrerisches Training würde ich mich bestimmt nicht hinter diese halben Sargdeckel setzen.

Aber die Rechnung ging weit über das Zeil hinaus. Denn die ersten paar hundert Meter in der Verkleidung des 125er »Blauwales« verblüfften mich sehr, als ich merkte, daß man hinter diesem Fenster von einer fahrerischen Unsicherheit — wie ich mir das vorgestellt hatte — nichts fühlte. Oder war es vielleicht der gleiche »Schutz«-Eindruck, den man noch von Landsers her mit einer Zeltplane über dem Kopf in eisenhaltiger Luft hatte?

Wie dem auch sei, auch heute noch fällt es mir schwer, diese Fahrten nüchtern und sachlich zu schildern. Oder ist vielleicht unter meinen Freunden und Lesern keiner, dem das Herz nicht auch übergegangen wäre, wenn er einmal mit einem solchen berühmten Rennmotorrad über eine Rennstrecke hätte fahren können?
Daß Werner Haas, Rupert Hollaus, H. P. Müller und Hans Baltisberger keine kraftstrotzenden Bizeps-Träger waren sondern kleine, zierliche und schlanke Typen, war natürlich bei diesen NSU-Rennern von ausschlaggebender Bedeutung. So versuchte ich also meine langen Beine in der Enge irgendwie unterzubringen und brauchte etwa eine Runde, um auf beiden Maschinen mit dieser Platzverteilung fertig zu werden.
Die 125er ging unglaublich los. Das Schalten funktionierte butterweich wie bei englischen Getrieben.
Kopf runter (Mensch, da kriegte man ja fast eine Genickstarre!). Außer der Straße war da aber auch noch der Drehzahlmesser. Meister Horch meinte: »Fahren Sie bitte so, daß Sie bei 10500 Touren schalten. Und vergessen Sie nicht, die Gänge mitzuzählen. Es sind wieder sechs.«
Als ich soweit gedacht hatte, war da schon die Ostkurve — rechts im Einlauf wie das Jahr zuvor war es feucht. Runtergeschaltet, runtergeschaltet, das war dann wohl der zweite Gang. Durch die Kurve ging es in wahnsinniger Schräglage.
Dann mußte ich mich in der Verkleidung irgendwie verstecken, denn der Fahrsturm hätte mir sonst den Rundenschnitt versaut. Von der Orientierungsrunde am Morgen mit dem Zündapp-Gespann hatte ich da noch so einige sanfte Kurven, Wellen und feuchte Stellen im Kopf. Mit der 250er »Sportmax« war ich auch schon da herumgetrudelt und die hatte dort ein bißchen im Lenker geflattert (nebenbei: ein schöööönes Gefühl bei 170 km/h — das weckte einen so fein auf). So war es klar, daß ich vor der Friedhofs-Kurve auf höchster Alarmstufe war.
Umsonst. Es kam gar nichts. Es brummte nur sehr schön unter der Alu-Schnauze der 125er, und Fliegen waren auch mit einem Male da. In dieser Jahreszeit, im November? Allerhand.
Hinter meinem Fensterlein erschien das Tempo lahm. Es waren aber der sechste Gang und 11000 Touren. Als ich den Kopf ein wenig aus der Verkleidung hob, da gab mir der Wind eine Ohrfeige.
Teufel! War die Friedhofs-Kurve scharf — ! Runter in den fünften Gang. Dann kam die Stadtkurve. Vierter Gang, dritter Gang, zweiter Gang.
Da war etwas Nässe. Nur nicht bremsen, und dann in Schräglage gehen. Warum mußte der Fotomeister Kolb mit seiner Leica ausgerechnet in meiner Blickrichtung am Kurvenaußenrand hocken? Da vor der Bretterwand?
Danach kam das Schönste: *diese* Beschleunigung! Am Start- und Zielplatz standen alle zusammen, darunter unser Medizinmann Dr. Wilhelm, »der Doktor, der selber fuhr«. Das war ein kleiner Mann, er redete mit Armen, Beinen, Haaren, Baskenmütze und allen zehn Fingern auf einmal. Er war unter dem Volke nicht zu verkennen. Jetzt schaute er her und haute mit der Faust immer runter.
Also gut. Dann die nächste Runde etwas schneller.
Sie *wurde* auch schneller. Diesmal riskierte ich in der Ostkurve den dritten Gang. Mit respektabler Schräglage ging das, die Verkleidung hinderte also nicht. Sie dröhnte auch nicht, nur unter 9000 Touren schüttelte sie etwas. Der Motor lief immer sehr schön glatt.
In der nächsten Runde nahm ich in der Ostkurve den dritten Gang nicht mehr, sondern schaltete weiter runter, obwohl meine langen Latschen zum Schalten immer angeln mußten. Außerdem mußte man im dritten Gang dann die Kupplung schleifen lassen, weil man noch nicht die Traute für mehr Gas hatte.
Dann waren meine drei mir zugestandenen

Runden vorüber. Meine Freunde — darunter Crius aus Paris — blinzelten in die Sonne und meinten, ob das »wohl Spaß gemacht habe«. Der kleine Doktor zappelte irgendetwas Aufgeregtes, was ich nicht verstand, als ich den Kopf beim Stillstand der Maschine aus der Verkleidung hob. Unser Freund Nebout aus Paris machte große Augen. Er wußte noch nicht, daß man hinter der Verkleidung bei diesem Tempo (meine Zeit: 136,8 km/h, letztes Jahr in der zweiten Runde 125,6 km/h) weniger Angst schwitzte als auf der unverkleideten 250er »Sportmax« bei 137,7 km/h Rundenschnitt. Diese 125er war schon ein Erlebnis.
Es waren richtige Formen, in denen man wie festgegossen war. Bei der kleinen wie auch bei der 250-cm^3-Maschine. Diese Formen sagten einem beim Sitzen genau, daß man *nur* mit *diesem* Knieschluß, mit *dieser* Armhaltung fahren sollte. Sie hielten einen fest, zwangen den Blick über die Drehzahlmesser durch die »Fenster« auf die Bahn und ließen nichts von dem übrig, was man sonst vom Motorradfahren merkte. Man wurde zu einem Rechner und Navigator und fuhr dabei wie des Teufels Großmutter zum Hexenfest. Das waren bei 11 500 Touren des 250er »Blauwales« weit über 200 km/h.
Und dann machte ich noch eine Erfahrung: großes Windschattenfahren hinter dieser Art von Motorrad gab es nicht mehr. Denn da war kaum noch ein Windschatten! Er war wie weggeblasen.
So ging auch dieser Tag auf dem Hockenheimring zu Ende. Vergaservereisungen passierten 1954 nicht mehr, und wir konnten ungestört von solchen Defekten die Motorräder bewegen.
Diese Erlebnisse habe ich bis heute nicht aus der Erinnerung verloren, jede Fahr-Sekunde ist mir noch gegenwärtig. Und ab und zu schaue ich im Neckarsulmer Zweiradmuseum nach, ob die Maschinen noch da sind.
Dann sitzt man davor und schaut sie immer nur an, während man den Ton des Motors noch im Ohr und die alte Hockenheimer Bahn vor Augen hat — — — !

Zum Schluß noch eine Entschuldigung und ein Dankeschön an viele

Ja, ja — ich weiß.
Da fehlen ein paar Namen, ein paar Marken, ein paar Modelle, ein paar Abenteuer und Geschichten! Und natürlich ganz besonders dieser ganz besondere Mensch da und diese ganz exklusive technische Finesse — !
Unerhört, das auszulassen! Ich streue Asche auf mein Haupt für alles Ausgelassene und Vergessene. Aber ich schwöre: Nichts davon ist boshaft weggelassen! Nichts. Entweder bin ich zu unwissend oder blöd dazu, oder aber ich habe wiedermal einen Kompromiß machen müssen. In der Tat, alles ist ein Kompromiß.
Schreiben wollte ich gern 1000 Seiten und dazu 2000 Bilder aus meinem Archiv beisteuern. Dann wäre *alles* drin gewesen in diesem Buch. Aber dann hätt' es nicht unter DM 100,— (im Jahre 1982, später vielleicht das Dreifache, wenn's mit dem Geld so weitergeht) gekostet. Und das hätten dann nicht alle lesen können. Und mein Verleger Paul Pietsch hätte noch ein paar graue Haare mehr gehabt. Da er aber auch ein Benzingetaufter ist, da er diese 50er Jahre ganz bestimmt auch mit durchkämpft hat, wollten wir, daß das Buch *unbedingt* gedruckt werden konnte.
Also — wie sagte man mir auf der Kunstschule? — die Kunst besteht im Weglassen. Und nur so konnte das Buch gedruckt werden. Hier ist's.
Und nun kommt dazu das Dankeschön.
An alle, die mir dabei geholfen haben, und an alle, die sich vielleicht nun darüber ein wenig freuen.
Dazu eine Geschichte noch, die für alles

Wir sahen nur wenige Verbotsschilder im Wald und auf der Heide, und ein Gespann wie diese Horex-Regina 400 war für uns das Schönste auf der Welt — 1954 — !

Der Nürburgring war für uns mehr als das tollste Urlaubsland der Erde. Mit der Zündapp 200 S, der Horex Imperator, der NSU-Max und der Puch SG waren wir glückliche Ferienkinder — 1956 — !

spricht: Bei einem Konditormeister im Schwäbischen Wald fand ich einen Zweizylinder-Imme-Motor. Genau den, den so wertvollen. Zwischen seinen vielen anderen alten Motorrädern, die er da hütet. Und diesen Imme-Motor wollte ich natürlich für dieses Buch fotografieren.
In seiner Garage ging das nicht wegen Platzmangel. Aber nachmittags, mittwochs, als seine Backstube von den Frühschichten der Woche ausruhte, da war *dort* Platz. Auf dem Teig-Ausroll-Tisch.
Gesagt, getan. Es kam sehr viel, sehr viel Papier auf diesen Tisch, dann wurden die Motorteile draufgewuchtet (auf das schöne Eichenholz). Und sogleich fotografiert.

Und so fuhren und bauten wir uns durch das Jahrzehnt. Es waren keine leichten, aber es waren wunderschöne Jahre — 1950 bis 1960

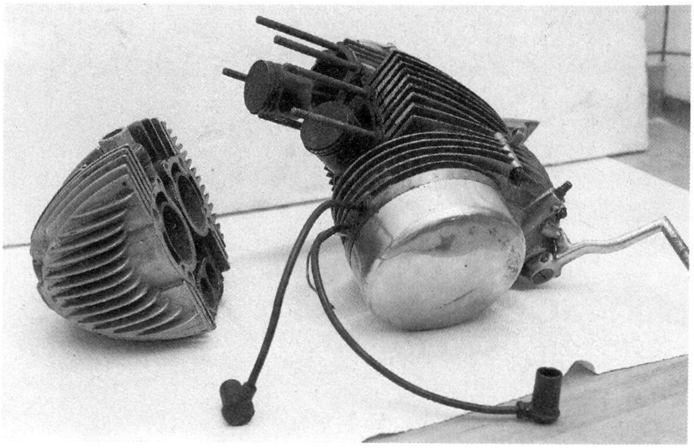

... und dann lag da der Imme-Zweizylinder zum Fotografieren auf dem Backstubentisch...

Die Tür ging auf, und die Frau Meisterin erschien mit großen Augen. »Was macht ihr *denn jetzt* da auf *dem* Tisch?« Der gestrenge Ton war nicht zu überhören.
»Wir fotografieren die Imme!« sagten wir etwas kleinlaut.
»Ach, *sooo — !*« lächelte die Meisterin. »Dann wascht euch nachher die Hände. Ich bringe ein Handtuch. Und noch einen Putzlappen für den Motor — !«
Klarer Fall, daß der Teigtisch wieder spiegelblank gemacht wurde, steril natürlich. Und daß wir uns die Hände wuschen, der Karl und ich.
Daß wir dann aber auch noch Stunden hinterm Backofen in der Konditorei hockten und erzählten und erzählten. Es war ja der freie Mittwoch für ihn. Und die Frau Meisterin saß dabei und erzählte mit. Wie sie mit ihrem Karl auf der R 69 fuhr, wie sie in Salzburg dabei war, als er mit seiner AJS, dem »Boyracer« 350 cm^3, mitmischte, als sie mit dem KS-750-Gespann im Festzug dabei waren. Und so weiter, und so weiter— !
So entstand dieses Buch. Mit solchen Hilfen und mit so viel Freude am Rande. Dazu allen, die auch hier bei diesem Abenteuer dabei waren, meinen großen Dank. Und meiner Inge Rogge für's Tippen. Mensch, hat die geklappert auf der IBM — ! Mit Castrol-R geschmiert — ! Und mit tollen Zeiten pro Seite, schnell wie zuletzt mit dem Ducati-Gespann, das sie fuhr.
Und wenn es jemandem gefallen hat, dann freue ich mich furchtbar. Denn es waren wohl die tollsten Jahre unseres Lebens.
Aber jetzt wollen wir wieder fahren, weil draußen endlich wieder die Sonne scheint, und weil wir noch so viele, viele Motorradkilometer erleben müssen — !
Drum »Tschüß«, »Hals- und Beinbruch«, »Bye, bye«, » Au revoir« und vor allem »auf ein gesundes Wiedersehen in den 80er, 90er und 2000er Jahren mit Motorrädern«! Denn die Show geht garantiert weiter, und wir haben noch lange nicht die Nase voll von Motorrädern. Noch lange nicht — !

Euer

Klaus